Gerhard Zwerenz

Vergiß die Träume deiner Jugend nicht

Eine autobiographische Deutschlandsaga

Rasch und Röhring Verlag

Der unvergeßlichen Bertha von Suttner gewidmet und allen Opfern des Wahns in beiden deutschen Staaten, des Wahns der Politik, Ideologie, Rachsucht, Verfolgung und Aufrüstung.
Gewidmet denen, die die Schuld bei sich selber suchen, statt bei anderen.

CIP-Titelaufnahme der Deutschen Bibliothek

Zwerenz, Gerhard:
Vergiß die Träume deiner Jugend nicht: eine autobiographische Deutschlandsaga / Gerhard Zwerenz. –
Hamburg: Rasch u. Röhring, 1989
ISBN 3-89136-281-1

Einbandgestaltung: Peter Albers, Studio Reisenberger
Gesetzt aus der Palatino
Satz-, Druck- und Bindearbeiten: Bercker Graphischer Betrieb, Kevelaer

Inhalt

Die Katze besitzt, heißt es, sieben Leben. So teile ich das Buch in sieben Lebenskapitel ein.

DAS VIERTE LEBEN

DAS FÜNFTE LEBEN

DAS SECHSTE LEBEN

DAS SIEBTE LEBEN

Erfahrungen

Und als ich unter die Intellektuellen gefallen war, fiel mir auf, daß es ein erstickender Qualm war, durch den ich meiner Wege ging.

Und als ich die Philosophen kennenlernte, lernte ich ihre Ratlosigkeit kennen, und ihre Angst, sie zuzugeben.

Und als ich die Literaturwissenschaftler erblickte, da ergriff mich der ganze eitle Jammer der Welt.

Und als ich unter den Dichtern atmete, verschlug es mir den Atem. Nichts als zurück sehnte ich mich in die Unschuld kindlicher Poesien.

G. Z.

Geleit

Schuldig geworden bin ich wie viele Deutsche. Leiden hab' ich müssen wie wenige Deutsche. Ich liebe mein Volk und beklage die Verwüstungen unserer Landschaften und Seelen. Doch möchte ich, auf Dauer, nirgendwo sonst leben, denn wenn wir auch manchmal verzagt sind und ermüden und uns die Wut aus den Hälsen schreien müssen, so wissen wir doch am Tag darauf, daß es eine Lust sein kann zu leben, wenn einer nur nicht glaubt, es würde ihm geschenkt.
Die Form dieses Buches habe ich erfinden dürfen. Kein Buch ist am andern zu messen, denn der Charakter resultiert aus den Inhalten. Form ist die List des Autors, sich unumgänglich zu machen. Imagination erfindet hier nichts, sucht nach dem genauesten Ausdruck, bedient sich ungewohnter Mittel. Damals als Kind vernahm ich die Geschichten meiner Großmutter, deren Kindheit in die siebziger Jahre des 19. Jahrhunderts fiel wie meine in die zwanziger Jahre des 20.
Durch die Berichte meiner Großmutter umfasse ich eine Gedächtnis-Zeitspanne von gut 120 Jahren. Ich brauche sie nur mit 20 zu multiplizieren und gelange ins klassische Griechenland zurück, weit vor unserer Zeitrechnung. Setzen wir ein Leben mit durchschnittlich 70 Jahren an, liegen keine dreißig Generationen zwischen uns und jenem Jesus von Nazareth. Erinnere ich mich heute, wie ich als Kind der Stimme meiner Großmutter lausche, vernehme ich den Bericht vom Menschen ohne Zeit und begreife, es existiert nur, was berichtet wird.
Viele Wehrmachtsoffiziere wurden nach 1945 angestellt, ihre Kriegsgeschichte aufzuzeichnen. Einfache Landser erhalten dafür weder Auftrag noch Lohn. Da fehlen Planstellen. Ihr Krieg findet in der militärgeschichtlichen Literatur gar nicht statt.
Ich nutzte jede Möglichkeit, in Romane, Krimis, Thriller einzelne Erlebnisse einzuschmuggeln. Irgendwann, später, so nahm ich mir vor, würde sich das zusammenfügen. Seit meinem siebzehnten Lebensjahr schreibe, seit dem achtundzwanzigsten veröffentliche ich. Mit einunddreißig Jahren ergriff ich den Unsicherheitsberuf des freien Schriftstellers, den ich beibehielt,

bis ich jetzt »in Rente gehe«. War mein Leben aus einem Guß?
Da ich das Manuskript der dramaturgischen Anordnung halber überlese, fällt mir auf, ich berichte fast nur von Toten.
Weil ich literaturwissenschaftlich nicht gebildet genug bin, um zu wissen, ob es schon einmal eine Lebensgeschichte in Kurzgeschichten gab, kann ich nicht sagen, ob dies hier die erste ist. Eines aber kann ich gewiß versichern: Meine erste ist es... Und zweitens sei behauptet mit aller verfügbaren Unschuld: Der Mensch wird unschuldig geboren. Den Rest des Lebens verbringt er damit, die Unschuld seiner Kindheit wieder zu erlangen.
Ist das nun meine Autobiographie? Ich glaube, so was Klassisches gibt's nur bei Schauspielern, Sängern, Fernsehstars und Politikern, deren Leben wie die Autobahn verläuft: stets mit Vollgas voran.
Bei Schriftstellern ist das anders. Die Papiertiger können keine Autobiographie schreiben, mangels Lebensmasse. Andere können mehr als ein Dutzend schreiben, denn sie leben plural. Stets werden verschwiegene Szenen übrigbleiben, unausgeleuchtete Seelenwinkel, die nach dem Lichte dürsten, den Schatten zu vertreiben. Betrachte ich's gelassen, habe ich noch mindestens sieben Autobiographien vor mir, falls die Zeit dafür reicht.
Der Krieg ist das Werk der Großen und das Leid der Kleinen. In Literatur und Wissenschaft berichten Große von Großen. Grimmelshausen, Babel, Remarque, Orwell, Malaparte, Plivier, Traven sind die Ausnahme. Ihre Kunst besteht im Sammeln, Anordnen, in der kühn-revolutionären Dramaturgie, die eine neue Sicht erlaubt. Ich vergaß Alfred Andersch mit »Die Kirschen der Freiheit« und »Die unerträgliche Leichtigkeit des Seins« von Milan Kundera. Du erträgst das Gewicht des Lebens in der Fremdheit nur, wenn du verstehst, dich gewichtlos zu erheben.
Nachdem ich mehr als drei Jahrzehnte fast ununterbrochen geschrieben habe, unterstützt und ertragen von Ingrid Zwerenz, kann ich nun, als Rentner, damit aufhören. Unser beider Ein-

kommen, auf die ganze Zeit berechnet, erreicht fast das eines Junglehrers. Ich selbst darbte bis ins 41. Lebensjahr, als ein unverhoffter Bestseller die Kasse aufbesserte. Das erklärt, wieso sich, auf Jahrzehnte umgelegt, immerhin ein durchschnittliches Lehrergehalt ergibt.

Aus Angst, im Alter alles vergessen zu haben, schrieb ich mich atemlos durch die Jahre. Jetzt kann das Geschriebene, neu geordnet und überarbeitet, als Überlieferung des Vergangenen, aber nicht Vergessenen auftreten. Denn was geschieht, vergeht wie der Abend vor dem Fernsehschirm. Doch das Buch bewahrt die Toten als Lebendige auf. Es ist das Jüngste Gericht. Weshalb die Leserschaft schrumpft. Es gibt leichtere Formen des Lebens. Wer liest, lebt gesteigert.

Ich verzichtete darauf, dem Soldaten und Gefangenen der Jahre 1943 bis '48 im nachhinein jene Weisheiten einzuschreiben, die heute jeder kennen kann, der sie kennen will. Vielmehr suchte ich etwas von jener wilden Atmosphäre der Unkenntnis, Angst und Hoffnungslosigkeit zu erhalten, die damals vorherrschte. Der einfache Soldat kämpft wie der Gefangene einen verzweifelten, wenig aussichtsreichen Kampf um die Bewahrung seines kleinen Lebens, das für ihn verständlicherweise so klein nicht ist, denn er hat kein anderes. Sosehr ich betone, daß der ehemalige Soldat Einsicht nehmen sollte in seinen Schuldanteil, sowenig kann ich die forsche Naivität derer akzeptieren, die als Nachgeborene vor uns hintreten und unser damaliges Verhalten so unbegreiflich wie unverzeihbar finden. Sie brauchen sich nur zu fragen, wo sie waren und was sie taten, als die vielen Massaker nach 1945 stattfanden und die Amerikaner Vietnam bombten, die Sowjets in Prag oder Afghanistan eindrangen. Wiederbewaffnung der beiden Deutschland, Stationierung von Atomraketen, Rassenunterdrückung von Südafrika, französischer Algerien-Krieg, in dem Frankreich ein Neuntel des algerischen Volkes massakrierte – was, ihr tapfren, aufrecht-gerechten Nachkommen, habt ihr verhindert? Und, speziell an meine Freunde von der Linken gewandt: Als Stalin noch lebte, was brachtet ihr vor gegen den Massenvolksmörder? Und als seine Nachgeburten den Stalin-Kritiker Chruschtschow abservierten,

wo wart ihr zu vernehmen? Was sagtet ihr, als der vielgescholtene Solschenizyn vom Lager Gulag berichtete? Ihr hättet es nach 1945 leicht gehabt, aufrecht zu gehen, die Wahrheit erkennend, die Wahrheit zu sagen. Ihr konntet euch informieren, in den Medien und am Ort des Geschehens. Wie eng ist dagegen der Raum des Infanteristen in seinem Kriegsschützenloch.
Soviel zur Verteidigung des einfachen Soldaten. Und nichts zu seiner Verteidigung, wenn er nach Kriegsende blieb, was er vordem gewesen ist: Kanonenfutter, Mörder & Selbstmörder. Auf Staatskosten vom Menschen zum Unmenschen degradiert, wozu die Militärmaschinen da sind.
Wenn meine Geschichten von Krieg und Gefangenschaft etwas ahnen lassen, bin ich's zufrieden. Im übrigen glaube ich nicht, daß ich ein besonders interessantes Leben führte. Es war nur auf exemplarische Weise deutsch und brachte mich an viele Fronten und in unterschiedliche Lager, seien es auch die gegensätzlichsten, miteinander tödlich verfeindeten. Ich war immer »der kleine Mann«.
Das war weder mein Verdienst noch meine Schuld. Es treibt uns hierhin und dorthin, ich veränderte lediglich den Kurs einige Male. Das bekam mir nicht, auch das mußte aufgeschrieben werden. Es ging mir stets um Authentizität, das heißt, ich suchte, oft schier verzweifelt, nach dem optimalen Ausdruck. Waren meine ursprünglichen Kriegsnotizen sarkastisch, so wurde der Sarkasmus weiter ausgeführt. Zeigten die Ur-Notizen einen dümmlichen Kriegsalltagsbeschreiber, dann nagelte ich ihn (mich) im erweiterten Manuskript auch darauf fest. Stieß ich auf kritische Eintragungen, war es mir eine Lust, sie in der Kritik vorzuführen. Derart schwankend verlief mein Zeitalter barbarischer Dummheit, das mußte festgehalten, das durfte nicht korrigiert werden, es bedeutete optimale Ehrlichkeit und Genauigkeit. Und keine Ausflüchte, Sprüche, Taktiken. Nichts durfte gemildert, erfunden, ausgeschmückt werden. Ein Kreislauf aus Worten mußte es sein, wie mein Lebenskreislauf.
Wenn ich sage, ich suchte den genauesten optimalen und zugleich authentischen Ausdruck, so heißt das, Kindheit und Jugend mußten poetisch-märchenhaft real sein. Der Krieg hatte

den Tod in jedem Wort zu signalisieren, so, wie das Pulver die Granate füllt. Die Zeit der Gefangenschaft hätte die Hoffnung in der Hoffnungslosigkeit zu zeigen, die Rückkehr aber ist nicht, wie erwünscht, Heimkehr, sondern Übergang zu neuen Irrtümern.
Wenn es nicht bei mir liegen kann, zu entscheiden, ob und in welchem Maße mir geriet, was beabsichtigt war, so darf ich doch darauf aufmerksam machen, daß ich einige paradigmatische Züge deutschen Lebensschicksals im 20. Jahrhundert aufweise. Was da erlitten wurde, spiegelt das Leid vieler wider, denen ich begegnete oder die sich in der Lektüre selbst begegnen. Und besitzen wir keine Nation mehr, so die gemeinsame Vergangenheit, aus der einer klüger herauskommen kann, als er hineinging, wenn er's nur riskiert. Wir, die Deutschen, sind besser als unser schlechter Ruf, wenn wir's so wollen.
Die Kurzgeschichten werden an manchen Stellen von Reportagen aus der Gegenwart komplettiert, was sich biographisch durch den Umstand erklärt, daß ich die ersten dreißig Jahre meines Lebens gezwungenermaßen kämpfend und leidend verbrachte, die zweiten dreißig Jahre hingegen schreibend und leidend. Genaue Beschreibungen waren mir erst im zweiten Abschnitt möglich. Was weit zurückliegt, fußt auf damals gefertigten Stichworten. Wenn wir die Reportagen aufs Wesentliche zusammenstreichen, verdichten sie sich zu Mythen. Das mag der Vorzug des Alters sein. Es war mir in den ersten dreißig Jahren nicht gegeben, reportagehaft genau zu schildern. Die Geschehnisse erzwangen Stakkato, Unterbrechung, Pausen, Fluchten. Und ich besaß nicht die Kraft durchgehender Schilderung. Wir waren damals zu dicht und oft dem Tod konfrontiert, Angst, Schreck, Kampf ums Überleben lassen die Energie erlahmen. Im Artilleriefeuer und unter Bomben läßt sich noch ins Notizbuch kritzeln, im Kleingewehrfeuer und Handgranatenhagel, bei Rückzügen und Gegenstößen wird geschossen, nicht geschrieben. Die Hand hat anderes zu tun. Der Kopf ist nicht frei. Ihn frei zu machen fiel danach noch schwer genug. Das jetzt vorliegende Buch ist als Band I zu verstehen. Band II als Weg von Leipzig nach Frankfurt und in den Taunus (auf Umwegen) trägt den Arbeitstitel »Im Tal der verkauften Seelen«.

Ob das verbliebene Leben dazu noch reicht, wird sich zeigen. Eine bittere Lehre möchte ich gern verbreiten – wie schwer es dem Menschen gemacht wird, Pazifist zu sein. Kaum bist du den Kinderschuhen entwachsen, stehen Staat, Kirchen, Parteien bereit, dich in die Kaserne zu holen und aufs Töten zu trainieren. Das wird belobigt und geübt und kann gar nicht genug Zeit und Geld kosten. Wenn du aber widerstehen willst, bist du allein. Sie ziehen ihre Ausbilder zurück, ihre Prediger und Vergünstigungen.

Der Friede ist ein schönes Wort, das ihnen jederzeit fließend von den Lippen geht. Wer ihn jedoch zum Ernstfall macht, wird selbst zum ernsten Fall. Wir Deutschen stießen im 20. Jahrhundert das Höllentor zum Völkermord auf, wohin uns andere nachfolgten. Wir können den Ausweg finden.

Ein Großelternkind

Zwergenhafte Nachkommen strecken mir ihre schwarzen Bücher entgegen und sehnen sich nach Blutvergießen und Schwertgeklirr. Ich fing sanft an und gut. Ich war ein Idiot.

Der Traum von den Lebendigen Buchstaben

Der Feldberg im Taunus erreicht nicht die Höhe des Feldbergs im Schwarzwald, doch der Hausberg der Frankfurter wurde durch Goethe geadelt, der als Kind aus dem Dachfenster des Hauses in der Stadt am Main das Spiel der Wolken beobachtete, wie sie die Höhen von Altkönig und Feldberg verhüllten, enthüllten, ein ewiger Kreislauf. Oberreifenberg, wo wir seit 1978 wohnen, liegt nördlich des Großen Feldberg, Luftlinie vier Kilometer, etwa zweihundert Meter unterhalb des Gipfelplateaus. Die meiste Zeit verbringen wir in stiller Abgeschiedenheit. Doch bei sonnigem Wetter, im Winter bei Schnee und Sonne drängen die Städter in Scharen herauf, winden sich endlose Wagenkolonnen über die Bergstraßen, bis jeder Parkplatz besetzt, das letzte Rasenrandstück mit Blechlawinen zugedeckt ist. Wir bleiben dann im Haus, und wenn der Chow, auf seinem Recht bestehend, zum täglichen zweimaligen Gang durch den Wald auffordert, wählen wir abgelegene Routen.
Seit mehr als einem Jahrzehnt wohnen wir hier. Seit mehr als drei Jahrzehnten lebe ich vom Schreiben. Die Zugehörigkeit zur seltsamen Gilde freischwebender, vogelfreier Schriftsteller wurde mir nicht an der Wiege gesungen. Es begann ganz und gar anders. Die Existenz Seiner Majestät des Alphabets war mir vollkommen unbekannt. Lesen war eine Haltung, keine Tätigkeit. Wenn ein Erwachsener las, hielt er jenes graue Papier, das sie Zeitung nannten, mit beiden Händen vors Gesicht und gab von Zeit zu Zeit kummervolle Seufzer von sich. Wenn sie lasen, bekamen die Menschen besorgte Gesichter. Um lesen zu können, mußte man ganz schön erwachsen sein, weil sonst die Spannbreite beider Arme nicht ausreichte, die Zeitung aufzuschlagen. Großmutter blätterte die Zeitung nie auf. Bei ihr blieb sie im halben Format zusammengefaltet, kam mit der Vorderseite nach unten auf die Tischplatte, also die Hinterseite nach oben. Nun setzte sich Großmutter die Brille auf und beugte sich nach vorn, wobei sie mit dem Zeigefinger der rechten Hand über das geheimnisvolle Papier fuhr, dem sie mannigfaltige Nachrichten entnahm. Es handelte sich immer um die

wichtigsten und allerwichtigsten Informationen, über Geburt, Hochzeit und Tod von Menschen, an denen Großmutter offensichtlich viel lag; warum sonst ereiferte sie sich derart.
Offen gestanden ließ es mich völlig kalt, ob eine Annemarie Lehmann geboren oder ein Moritz Graupner verstorben war oder umgekehrt. Geboren, verlobt, verheiratet, geschieden, gestorben, das spielte sich alles außerhalb unseres Hauses ab, weit entfernt in unbekannten Gegenden. Es war lachhaft, daß Großmutter sich über alle diese Leute drunt' in der Türkei so erregen konnte.
Eine erste zage Ahnung von der Existenz des merkwürdigen Alphabets faßte mich erst, als die kuriose Geschichte mit dem Schulanfang passierte. An dem Tag, da sie uns in den blödsinnig-trübsinnigen und dazu äußerst übelriechenden Raum führten, von dem behauptet wurde, er heiße Klassenzimmer, saß ich mit anderen Wesen meiner Größenordnung zusammen, die das Abc oder Teile desselben schon daheim in elterlichen Trainingsstunden kennengelernt hatten. Ich beneidete die fremden Kinder nicht, denn was sie berichteten, konnte einen ganz schön ängstigen. Richtig fürchtete ich mich an diesem Morgen aber nicht. Ringsum saßen und standen eine Menge Erwachsene, die auf den Namen Eltern hörten, und vorn an dem schrägen Ding, das offenbar Pult hieß, hatte sich ein komischer Bartträger festgeklammert, eine schon auf den ersten Blick unangenehme Figur mit falsch-freundlichen Worten und mühsam verhüllter Feindseligkeit.
Am Ende der Strapaze bekam man einen längeren bunten, spitz zulaufenden Gegenstand in die Arme gelegt, die Zuckertüte, mit der sie einen in die Schule gelockt hatten. Darin waren allerhand Süßigkeiten versteckt, nicht aber das vermutete Alphabet.
Das erschien erst tags darauf mit einem A-Männchen als Vorboten. Es sah im Grunde genommen ganz lustig aus, dieses A-Männchen. Nicht zu glauben, daß man ein solches Männchen aus ganzen drei Strichen bauen konnte.
Ein Schrägstrich von links unten nach rechts oben. Ein Schrägstrich von oben nach rechts unten, und fertig war das Dach.

Jetzt noch in der ungefähren Mitte ein waagerechtes Strichlein, und schon hüpfte ein A-Männchen umher. Dem konnte man Kopf, Ärmchen und Beinchen leicht hinzufügen. Die Geburt der Männchen war nicht schwer. Man brauchte nur eine Schiefertafel und einen Schieferstift dazu. Oder Papier und Bleistift.
Der falsche Fuffziger von Lehrer, der sich hinter seinem verlogenen Vollbart verbarg, rief mich süßlich lächelnd nach vorne an die Tafel, wo ich mit Kreide ein ganzes Volk von A-Männchen entstehen ließ. Der Vollbart sollte bloß nicht glauben, meine Schöpferkräfte seien beschränkt. Der Stoff ging mir nicht aus. Als ich die Hälfte der Tafelfläche mit A-Männchen besiedelt hatte, wurde der Pult-Herr eifersüchtig und neidisch und suchte mich an der weiteren Produktion zu hindern, indem er säuselte, nun sei es wirklich genug. Es war aber noch nicht genug, und es war noch so verlockend viel Platz vorhanden, also bedeckte ich die Tafel bis unten hin mit Männchen. Die Kinder in den Bänken klatschten fröhlich Beifall. Wir spielten Vermehrung.
Einmal im Zuge, ließ ich meine Geschöpfe über den gestrichenen Holzrahmen der Tafel marschieren. Der Rausch des Kreativen hatte mich ergriffen. Geiz gehörte nicht zu meinen Eigenschaften, wenn ich gab, gab ich mit vollen Händen. Außerdem mußte die Verlogenheit des Lehrers mit Bart nach Kräften festgeklopft werden. Dieser Mensch verlockte uns zum Zeichnen der A-Männchen, obwohl es gar nicht nötig war, denn er hielt Dutzende der Männchen in Form verschieden großer Pappstreifen in einem Holzkasten gefangen.
Statt die rauszulassen, verlangte er von uns Handarbeit. Also lieferte ich ein solches Übermaß von Handarbeit, daß ihm das Eingeständnis seines vorsätzlichen Betruges um so schwerer fallen mußte.
So geschah es denn auch. Die Klasse reagierte peinlich berührt, als der Lehrer seine Pappkameraden, diese auf Karton gedruckten A-Männchen, endlich vorführte. Sie sahen seltsam langweilig und künstlich aus, jedenfalls fielen sie, verglichen mit meinen lustigen Kreidemännchen, welche die Tafel bevölkerten

und über alle Ränder sprangen, ganz gewaltig ab. Außerdem hatte ich meine A-Männchen in unterschiedlichsten Größen und Formen gezeugt, eine Ansammlung von Individuen, während des Lehrers Pappmännchen einer wie der andere daherkamen, öde und jämmerlich.
Der Lehrer enttäuschte und ernüchterte uns noch öfter. Den A-Männchen auf dem Fuße folgten die B-Männchen. Trat man ihnen ganz unvoreingenommen gegenüber, konnte man sie respektieren. Die Erschwernis bei der Gestaltung glich sich durch ein größeres Gefühl von Genugtuung aus, war der Schaffensprozeß gelungen. Allerdings fiel es oft nicht leicht, die zwei Rundbogen so in der Mitte zwischen Schwunghaftigkeit und Schwunglosigkeit an den linken Mast zu heften, daß es ein zusammenhängendes B-Männchen wurde. Bald flatterten die beiden Bögen zu klein am Mast und spielten Fahne, bald folgten sie einem geheimnishaften Drang ins zu Weite und Große und kamen nach unten links zurückkehrend nicht heim zum aufrechten Strich. Das wollte viel geübt und gut gezielt sein. Immerhin, die B-Männchen standen auch bald in hellen Scharen herum, bildeten Linien, Reihen, Gruppen, als ich aber meinem A-Rausch folgend einen B-Rausch genießen wollte und gerade damit begonnen hatte, die Wandtafel mit B-Männchen vollzukritzeln, schrieb der Lehrer mit Schwung einen Haken mitten an die Tafel.
Es war skandalös. Genau dorthin, wo ich die B-Männchen zu setzen gedachte, hatte er seinen unförmigen Schnörkel geworfen, ein wurmiges, höchst unästhetisches Ding, oben beginnend, nach links unten fahrend und gleich unten wiederum nach rechts, wo alles plötzlich aufhörte, unfertig, ein Bauch, so dick wie hohl.
Mein Impuls, zum Schwamm zu greifen und den Hakenwurm wegzuwischen, war so richtig wie natürlich, und nur die überkindgroßen Kräfte des Pädagogen hinderten mich daran, es zu tun. Der Pult-Herr erklärte süffisant, es sei uns unbenommen, dem Haken jetzt auch einen Kopf aufzusetzen, zwei Ärmchen und zwei Beinchen anzuzeichnen und also ein C-Männchen zu produzieren. Doch rate er, der König über Kreide und Wasser-

schwamm, davon ab. Intelligenz nämlich zeige sich im weglassenden Können und Erkennen, so käme man später von den Männchen über die Buchstaben zu den Buchstabenverkürzungen, den stenografischen Kürzeln, nun aber sei eben der erste Schritt dran, die Klügeren unter uns hätten den Quatsch mit den A- und B-Männchen sowieso durchschaut, nicht ganz ernst genommen, nur aus pädagogischen Gründen mitgemacht, es handle sich, kurzum, gar nicht um Männchen, sondern um Buchstaben. Und der Krakel oder Wurm jetzt sei also gar kein Männchen, ein C-Männchen schon gar nicht, sondern schlicht und bündig ein C. Punktum! Das hatte ich nicht gewußt, aber geargwöhnt und kommen sehen. So waren sie, die Erwachsenen. Man durfte ihnen nie trauen.

Mein schlimmster Verdacht bewahrheitete sich umgehend. Keine Männchen mehr. Nur noch blanke, bloße, nackte Zeichen. Nach den von A-Männchen und B-Männchen auf A und B reduzierten Lettern kamen sie der Reihe nach an: C D E F G H I J K L M N O P Q R S T U V W X Y Z. Da hatten wir die Bescherung.

Ich meldete mich krank. Das war, als den Großbuchstaben auf dem Fuße die Kleinbuchstaben folgten. Jetzt durften nicht einmal die angefangenen a und b als Männchen auftreten. Kalt und nüchtern waren sie eben a und b.

Da machte ich nicht weiter mit. Man sollte es mit dieser Schule auch nicht übertreiben. Die Klassenkameraden erwiesen sich als Opportunisten, die die Liquidation der Männchen stumm hinnahmen. Aus dem, was an Strichen und Bogen übrigblieb, ergab sich kein Lesen. Das wußte ich sehr gut.

Wenn Großmutter die Zeitung auf dem Tisch vor sich liegen hatte, die Rückseite nach oben, und wenn sie die Heirats-, Geburts- und Todesanzeigen vorlas, so schlüpften ihr auch keine kalten Zeichen aus dem Mund. Das kranke Alphabet, das dieser Lehrer dort in der Schule lehrte, konnte mich mal. Mein Abc sah ganz anders aus. Viel lebendiger, größer und kleiner, viel bunter, abenteuerlicher.

Wenn Großmutter aus der Zeitung vorlas, wurden lauter Geschichten aus den Buchstaben. In der Schule dagegen wurden

aus allen Geschichten langweilige Buchstaben. Mochten alle anderen ihre Großmütter an die Lehrer verraten, ich dachte nicht daran, hier mitzuhalten. Das sagte ich auch dem Mann, zu dem sie mich brachten und von dem es hieß, er sei auf seinem Gebiet eine Koryphäe. Das Wort Koryphäe flößte mir sogleich Vertrauen ein. Es war klar, das ließ sich nicht einfach in langweilige Buchstaben zerlegen. Es war ja ein so schönes, buntes und exotisches Wort, ich verliebte mich auf der Stelle, denn es war kein Wort, sondern eine Geschichte, die sich erzählen ließ, beginnend mit der Hinfahrt zur Koryphäe und dem vernünftigen Gespräch, das wir führten, die Koryphäe und ich, zwei Koryphäen also, die sich in der Unterhaltung unverzüglich fanden, verstanden, zwei Seelen, zwei Herzen im gleichen Takt, die Koryphäe hatte auch eine Schultafel an der Zimmerwand, eine schöne, saubere, schwarzgelackte, und feine, frisch gespitzte Kreidestäbchen dazu, wir verständigten uns mit wenigen Worten, traten an die Tafel, bedeckten die erfrischend leere, deutlich nach Fülle lechzende Glanzfläche mit Mengen von Männchen und Weibchen, wir standen und besprachen uns, wir entwarfen und zeichneten und malten, wir wischten aus und weg und konstruierten neu, wir verbesserten, gefielen uns in atemberaubenden Kombinationen, wir entdeckten und alberten, wir debattierten, stritten uns und korrigierten einander, wir korrigierten ein jeder sich selbst aus lauter Einsicht, wir erlahmten und schöpften neue Kraft wie neuen Mut, wir zauberten die luftigsten und lustigsten Gespinste und wuschen sie hinweg und schöpften Neues, der Mann war gut, der Mann war Klasse, mit so einem Mann wollte ich auf der Schulbank sitzen, da machte das Leben wieder Spaß.
Ihr Junge, sagte die Koryphäe, ist ein Eidetiker. So, sagte Mama, ein Eidetiker, also das ist doch die Höhe. Mama lief rot an. Papa, als er hörte, was sein Sohn sei, reagierte mit Unmut. Er hatte dem Kind schon viele Namen gegeben, hatte es Jungchen, Schmutzfink, Angsthase, Langschläfer, Muttersöhnchen und Faulpelz geheißen, auf Eidetiker aber wäre er nicht verfallen. Worin äußert sich diese Krankheit? fragte Papa. Mama berichtete, was die Koryphäe gesagt hatte: Der Junge denkt, liest,

wünscht, erzählt in Bildern. Mama gab sich die größte Erklärmühe. Wie normale Menschen nachts Träume haben, so lebt der Junge auch am Tage. Er ist innen immer voller Bilder. Dann soll er doch Maler werden, sagte Papa. Das ist nicht das Problem, sagte Mama. Was dann? fragte Papa. Mama erklärte weiter. Armer Junge, sagte Papa zu mir, stimmt es wirklich, du siehst lauter A- und B-Männchen? Ja, sagte ich. Und was bin ich? fragte Papa. Du bist ein Z-Männchen, sagte ich. Und du wachst nie auf? fragte Papa. Ich weigere mich, sagte ich, und warum soll ich aufwachen, innen in mir ist es viel schöner als bei euch draußen mit euren kalten, nüchternen Zeichen. Papa warf mir einen mitleidvollen Blick zu. Er war ein volkommen normaler und gesunder Mann, wie kam er zu diesem kranken Kind?
Stimmt es, du träumst einen Traum von den Buchstaben? fragte Papa und sah jetzt wahrhaftig sehr bekümmert aus, als bestehe die Gefahr, daß die schwere Krankheit auch ihn ergreife. Ich habe einen Traum von den Buchstaben, bestätigte ich, von Buchstaben und Worten und Tieren und Menschen und Göttern, von den Toten und Lebenden... Hör auf, sagte Papa, sonst werde ich auch noch so ein verrückter Eidetiker.
So sagte Papa. Ich aber stand unterm Schutz der Koryphäe. Ich war ein Eidetiker, also krank. Im Schutze meiner Krankheit träume ich meinen Traum seit vielen Jahren und Jahrzehnten, und es sind bis jetzt mehr als hundert Bücher und ein paar Filme daraus geworden. Bei den andern hab' ich nie mehr mitgemacht. Ich bin zu krank dazu.
Mein Großvater väterlicherseits kam aus den böhmischen Wäldern.
Ich wußte nicht, was das war, die böhmischen Wälder, und stellte mir eine wilde, bizarre Märchenbaumlandschaft vor, Urwald, irgendwo fern am Horizont, drohend sichtbar. Als schwarzer Strich unter dem gehlen Mond.
Hier begann die Nacht ganz in der Nähe seines gelben Auges.
Mein Mond war auf Moos gelagert. Weich und in völliger Stille rollte das gelbe Rad unterm Himmel dahin.

Aus diesem Urgrund war Großvater gekommen. Irgendwann, lange bevor ich gekommen war, aus meinem Vater wie mein Vater aus meinem Großvater.
An die Mütter dachte ich nicht, wenn ich an die Väter dachte. Die liebsamen Mütter und Großmütter verblaßten hinter den vierschrötig-wuchtigen Mannsbildern.
Mein Großvater aus den böhmischen Wäldern hatte Hände wie Schaufeln und einen Kopf mit zwei Augen aus schwarzglühender Kohle. Sein graues, verpechtes Haar war kurzgeschnitten, vorn hing eine Strähne in die breitgeschwungene Stirn. Wenn mein Großvater sich nach vorn beugte, mit den Schaufelhänden in die ziegelroten Ziegel langend, die Backsteine ergreifend, hochhebend, hochwerfend im Schwung zum Nächsten, der die Ziegel weiterwuchtete, daß sich eine Kette von Muskeln und rhythmisch bewegenden Armen bildete, wenn mein Großvater sich nach vorn beugte, fiel ihm die widerspenstige Haarsträhne ins Gesicht und klebte fest im Schweiß.
Mein Großvater roch nach Leder. Nach den Fingerschutzledern, die die Ziegelstreicher zum Schutz gegen die aufreißenden, scharfen Ziegelsteinkanten über die Hände streiften.
Mein Großvater war groß und breit und hatte einen schweren wiegenden Gang. Mein Großvater sprach eine scharfe Sprache. Böhmisch, sagten die Leute und sahen einander an. Bedeutungsvoll.
Ich fürchtete meinen Großvater.
Mein Großvater mochte mich, als ich ankam, nicht. Er sah in den Wagen, in dem ich lag.
Ich sah ihn nicht. Ich war blind wie eine junge Katze. Ich hörte die Worte, die mein Großvater sagte, als er sich über mich beugte. Ich sehe die beiden schwarzen Feuerradaugen auf meine Blindheit gerichtet. Rieche Leder. Höre die schweren rollenden böhmischen »r-r-r«. »Du Würgel«, sprach zornig mein Großvater, »du hast mich zum Großvater gemacht!«
Ich schrie nicht. Lag still. Lauschte. Einer der Götter dort draußen hatte Laut gegeben. Ich war geortet worden.
Es hieß sich einrichten in der irdischen Hölle, die so ein Leben umgab, diesem Feuerloch, in dem Steine gebrannt werden.

Genau einundfünfzig Jahre später kehrte ich an den Ort zurück, wo mein Großvater die letzten Jahrzehnte gelebt, nach Schweiß und Leder gerochen und seine Arbeitsmänner kommandiert hatte. An einem Vormittag, wenige Minuten nach zehn Uhr, stand ich an der Stelle, an der er mich Würgel voll böhmischen Unmuts begrüßt hatte.
Die Ziegelei war abgerissen und vergangen. Der Schornstein, den ich ein halbes Jahrhundert lang in meinen Tag- und Nachtträumen in die Luft hatte ragen sehen, war irgendwann gesprengt worden.
Den Brennofen hatten sie eingeebnet.
Die Holzregale der langgestreckten Ziegelscheunen waren in den brennstoffarmen kalten Kriegswintern zerhackt und weggeholt, in den eisernen Öfen der umwohnenden armen Leute zum Wohle des Überlebens verheizt worden. Zum Hunger noch die Kälte wäre der Tod.
Die hinter der Ziegelei sich erstreckende Grube, aus der Jahrzehnte hindurch Kies und Sand herausgehackt, geschaufelt, gekarrt worden waren, hatten sie in den Nachkriegsjahren mit Müll und Abfall angefüllt. Wo einst die Grube offen gähnte, lag nun alles ebenerdig vor mir, mit Zäunen darauf, Garagen, Abstellplätzen für irgendwelche Geräte und riesigen Holzhürden.
Keine Ziegelei.
Wildes Gras wuchs. Wuchergebüsch wucherte. Gar nicht mehr junges Unterholz leugnete die vormalige Ziegelfabrik. Hier ist nichts, war nichts, ist nie etwas gewesen. Der von unzähligen Fuhrwerken und Fahrzeugen eingespurte Weg, ein Oval, um den Brennofen geschlungen, ins drückende Nichts aufgelöst.
Nirgendwo der kleinste Gerümpelrest. Großvater und sein Leben dahin. Spurenlos vergangen.
Den Garten vorm Haus glaubte ich durch winzige Unebenheiten des Bodens noch erkennen zu können. Wohl mehr Täuschung und Wunsch nach Nichtvergänglichkeit.
An der Seite, die Trockenschuppen entlang, war ein Hang gewesen, von Pflaumenbäumen bestanden, an deren Früchten ich mich zur Reifezeit gütlich getan hatte.

Keine Pflaumenbäume mehr.
Kein Hang. Keine Erhebung und Andeutung eines Hangs.
Im Winter war ich im frischgefallenen Schnee hier hinabgerutscht. Hosenbodenschlittenfahrten. Nichts davon.
Wo die Schafe angepflockt gewesen waren: nichts.
Wo die Hühner und Gänse gegackert und geschnattert hatten: nichts. Wo das Scheißhäusl gestanden hatte: nichts.
Aber die Feldscheune ist noch da. Sie allein. Ausgebaut zum Wohnhaus. Hier hausen Menschen. Das Gebäude sieht manierlich aus. Wohlgepflegt. Planvoll erneuert für Menschensiedlung.
Früher waren hier Heu und Stroh von den der Ziegelei zugehörigen Feldern ringsum eingefahren worden.
Ich hatte mich oft hinaufgeschlichen, auf dem Boden oben in Heu und Stroh verborgen. Jungenhaft sicher schlief sich's hier. Indianergetarnt. Karl May im Sinn. Den Skalp eingeschmeichelt in die trockene Strohtarnung.
Die alte Eule, wir nannten sie Ernst, saß blindäugig, tagstumpf im Scheunengiebel, meinen Schlaf mit ihren Urlauten messend.
Draußen überm Dach zog der Habicht seine Kreise. Die Feldmäuse gaben Alarm. Die Hamster wühlten sich in die Erdkeller. Grillen zirpten. Schmetterlinge, denen mein tiefer Schlaf riesenhafte Flügel andichtete, bevölkerten die Luft mit ihren fantastischen Farben.
In die erdabgewandte Seite meines Lebens drangen das Gakkern der Hühner, der Triumph des aufgeplusterten Hahns, die Schnatterballaden der kindernahen Gänse. Die herzlochbestückte Scheißhaustür knarrte.
Großvater kam. Großvater ging.
Schritte schlurften durchs Gras, über die festgefahrene Wegstrecke hinüber zu Haus und Brennofen, die, aneinandergebaut, die feste Burg bildeten, in der meine väterliche Sippe schuftete und schlief und, dem Lauf der Zeit folgend, ihrem Ende entgegendämmerte. Wie ein Stein fiel der Raubvogel aus der Himmelshöhe, das Opfer im Feldstroh packend und schräg aufsteigend zurück ins Wolkenreich, aus dem alles Leben kam und aller Tod.

Das tagstumpfe Eulenvieh Ernst entsandte einen kurzen Beifallslaut in meine abseitigen Traumkammern. Die einen jagen am Tage, die anderen jagen in der Nacht. Ich lag tief vergraben im Scheunenstroh und durchjagte Tagnächte und Nachttage.
Irgendwo hier war es gewesen.
Dort vorn, wo die ersten Häuser die Stadt verkünden, beginnt das Feldweggeschlängel.
Von dort den Wagen vor sich herschiebend, war meine schwerverpflichtete Mutter damals gekommen, die Frucht ihres Leibes, mich, das blinde Nochnichts, herbeirädernd.
Hier irgendwo, und keine Spuren deuten mehr draufhin, beugte der Großvater sich über die unliebe Zerbrechlichkeit.
Ich schlief, wie meine Mutter mir später oft genug mit triumphierendem Lächeln versicherte; denn sie mochte den Mann aus Böhmen nicht, und seine Wuchtigkeit flößte ihr Furcht ein.
»Du Würgel, du hast mich zum Großvater gemacht!«

Meine Mutter mied Jahre hindurch den Mann, der der Vater ihres Mannes war. Seine Worte hatten in ihr das Urteil gefestigt, das sie sich schon lange vorher aus Gründen, über die sie sich ausschwieg, gebildet hatte. Als ich zehn oder zwölf Jahre alt geworden war, stand meine Mutter wieder vor dem Vater meines Vaters. Vielleicht war es das erste Mal seit damals. Den Blick, mit dem sie den Mann aus den tiefen böhmischen Wäldern maß, habe ich nicht verstanden und nicht vergessen.
Zehn oder zwanzig Jahre später träumte ich diese Szene noch einmal. Am Morgen, erwachend und mich hell erinnernd, dachte ich: Sie sah den Mann an, als habe er sie vergewaltigt.
Großvater stand am Fenster.
Sein Blick ging über die Felder, den zerfurchten Sandweg, Richtung Stadt zu den ersten rauchgrauen Häusern. Sie verdeckten mit ihrer näheren Größe die fernere, in einer Flußmulde sich erstreckende abstrakte Stadt.
Großvaters Blick war stets in irgendeine Ferne gerichtet.
Sein Blick war dunkel, obgleich seine Augen von hellbrauner Farbe waren. Im Sonnensommer fast korngelb.

Meine Mutter sagte: Er hat den Trauerweidenblick. Es klang wie etwas Tödliches, Mörderisches.
Ich meine, es war viel Melancholie in seinem Blick. Aber kein Mord. Kein Mord. Die Augenlider hingen ihm auffallend weit nieder, die Pupillen berührend, auch teilweise verdeckend. Was den seltsam erschreckenden Eindruck ergab, als breche hier etwas. Sterbende Menschen, noch bevor sie von ihrem Ende wissen, weisen so einen bestürzenden Blick auf.
In Großvaters Nähe war ich stets traurig.
Er war oft zornig. Brummelnd und wütend und wuchtig stapfte er abends Richtung Stadt davon.
Er geht zu seinen Weibern, murrte die Großmutter, sein lebenslanger Schatten.
Ich stellte mir die Weiber in der Stadt vor, die Großvater jetzt aufsuchte. Sah viele von ihnen. Sie alle empfingen Großvater aus den böhmischen Wäldern erfreut, was er mit einer mir unbekannten Freundlichkeit erwiderte.
Dreimal in seinem Leben besaß Großvater so viel Geld, daß er die Ziegelei kaufte.
Dreimal versoff und verliebte er sie wieder.
Großmutter sagte schmallippig: versoff und verluderte.
Mama schwieg verkniffenen Gesichts.
Papa lachte. Er furchtliebte seinen schweren Vater.
Papas Gelächter dröhnte, nahm die Gestalt des Habichts an, stieg in den Himmel hoch, stürzte nieder. Beute.
Alles im Zimmer roch nach Schnaps, Blut, Leder.

Wenn man den Vorort verließ, kam eine Wegstrecke von gut fünf Minuten durch Felder. Der von unzähligen Fuhrwerken und Lastwagen gewalzte Weg zog die Verbindungslinie zwischen Stadt und Ziegelei, die nicht dazugehörte, wiewohl sie die Backsteine lieferte, mit denen die Stadt wuchs und wucherte nach allen Seiten.
Wie die Stadt sich ausbreitete, zog der Wald sich zurück. Es gab ihn hier ostwärts auf Kilometerlänge nicht mehr, nur einen an die Stadt grenzenden Park, diesen gezähmten, geschönten Rest-Wald, den städtische Bedienstete in Ordnung hielten.

Der wilde Wald dagegen begann erst fünf Kilometer weiter, und von dort stießen die Raubvögel zu uns vor – Habicht und Sperber. Vor langen Zeiten sollen Adler gekommen sein, erzählte die Großmutter, wobei sie die Arme ausbreitete, die furchtbare Flügelspannweite anzudeuten.
Die Adler hatte man abgeschossen. Zu meinen Lebzeiten war nie einer gesichtet worden. Als Legende lebten sie noch, wie heute, da ich alt bin, Habicht und Sperber in Legenden weiterleben, nicht weiter, als mein Leben reicht. Wer soll danach kommen und aus unseren Jugendjahren berichten? Die Geschichten verenden mit ihren Erzählern.
Waren die Wälder weit weggerückt, nahmen wir mit den Feldern vorlieb. Auf den abgeernteten Kartoffeläckern loderten die Feuer. Das Pflanzengestrüpp nährte die Flammen. Im rotglühenden Züngelberg gediehen die Kartoffeln zu dem, was sie nie wieder wurden: Bratkartoffeln.
Ein Geschmack, den keine Küche liefert. Der Gourmet kann sich alles leisten, eines nicht: die auf freiem Feld im Kartoffelkraut geröstete Knolle, die zwischen den Lippen heiß aufquillt.
Schwarz und rußig pellt die Haut, das würzige Mehlgewölk freigebend.
Weithin lohten die Feuer, von Jungengruppen umstanden.
Drachen hingen im herbstlichen Nachmittagshimmelblau. Der Wind trieb die Feuer auf und die Drachen hoch. Der Geruch über den Feldern erhitzte uns.
Früh übt sich, wer den Kriegen zugewiesen ist. Mit Schaufeln und Spaten stürzten sich alle auf die Mauselöcher und Hamsterbauten. Stich für Stich wurde der Ackerboden abgetragen. Kurz vor dem Nest sprang die Hamstermutter wütend hervor, den nackten piepsenden Nachwuchs zu retten. Und endete unter derben Spatenschlägen.
Schlagt sie alle tot! schrie Polster, der die Felder besaß und die Hamster, die dem Getreide schadeten, haßte. Um die Mäuse gab es nicht viel Aufhebens. Sie galten ebenfalls als schädlich, doch war's keine Heldentat, sie totzuschlagen. Anders bei Hamstern. Sie schlugen ihre Zähne tief und blutig ins Fleisch,

verbissen sich in der Hand, wenn man, den Gang zu erfühlen, ihnen zu nahe kam.
Martin Kress zeigte Jahr für Jahr im Herbst zur Hamsterjagdzeit die zweiteilige Bißnarbe vor, nahe der Pulsader an der Handwurzel: Guckt mal, hier hat das Biest zugeschnappt. Staunen und Ehrfurcht. Der Hamsterbiß hob das Ansehen.
Er kommt! Er kommt! Ein Tier, das keinen Ausweg mehr sah, hatte sich hervorgewagt, war herausgestürzt, suchte zu fliehen und verendete unter den tödlichen Spatenhieben der Jungen. Erregte Stimmen, erregtes Atmen.
Ich hab' ihn getroffen! Ich! Ich! Ich! Die Totschläger gerieten in Streit. Wollte jeder den tödlichen Hieb geführt haben.
Kriegel Heinz hob das plattgeschlagene Tier am Schwanz hoch. Es baumelte ihm zwischen Daumen und Zeigefinger. Ein Wust von Gedärm, Fleisch und Blut, von winzigem Fell eingefaßt. Der Tod des Hamsters.
Beschämt standen die Mausetöter beiseite. Sie waren nicht schnell genug gewesen. Nicht wütend genug. Sie konnten nur tote Mäuse vorweisen, keinen toten Hamster, die Armen.
Ich war kein Held. Klein und bleichgesichtig stand ich abseits. Hatte keinen Hamster erschlagen und keine Maus. Wünschte, der Hamster liefe übers Feld, fände einen neuen Bau, versteckte sich darin, verließe ihn über Nacht wieder, zur Stadt hineinstrebend auf den Bahnhof, wo er einen Waggon hochspränge und nordwärts führe bis ans Meer. Dort fände er ein Schiff, auf dem gelangte er ins ferne Amerika, wo alle Wesen frei lebten, auch die Hamster, und wenn mein Hamster in Amerika an Land ginge, stünde dort Old Shatterhand und hieße ihn willkommen im Land der Prärie und der Rothäute.
Ich hatte keinen Hamster erschlagen. Ich war ein verächtliches Wesen. Das wollte einfach nicht begreifen: Du mußt töten lernen, um nicht getötet zu werden. Es war noch zu früh für mich.

Ich kam aus der Schule.
Es war heiß. Sommerzeit. Mittagsglut. Hemd und Hose klebten an der Haut fest.
Im Wohnzimmer trug die Großmutter das Essen auf. Setzte die

Schüssel mit Nudeln hart auf in der Tischmitte. Am Rand standen die tiefen Teller bereit. Der Löffel lag rechts davon.
Zwölf Uhr dreißig. Wir sagten halb eins. Mittagspause. Als erstes erschien der Vater.
Ihm gegenüber nahm der Großvater Platz.
Rechter Hand auf dem Quietschsofa löffelte Hans, der glatzköpfige Bruder des Vaters, seine Nudeln.
Die Großmutter saß an der linken Langseite des Tisches. Hier wäre auch am ehesten Platz gewesen für mich. Ich aber hockte an der Schmalseite, rechts von meinem Vater.
Gesprochen wurde nicht.
Schweigend malmten sie.
Die Katzen umschlichen samtpfotig die Füße und Tischbeine.
Gebt was runter!
Von der Wand über dem Sofa gab der Regulator den Zeittakt an. Ich dachte, ich müsse verrückt werden in diesem Gleichklang von Ticktack, Ticktack. Die Pendelschläge waren weit. Das Pendel war lang. Ich zählte schneller, dem Schlag immer vorweg. Wann kam endlich das Tick? Wie lange dauerte es bis zum Tack? Die beiden Muskelmänner und ihre Eltern unter dem Pendelschlag führten die Löffel zum Mund. Das kaute und schlürfte und atmete und schnaufte und schwieg. Ist was mit dir?
Ich schüttelte den Kopf.
Iß nur! Iß tüchtig!
Sie schaufelten Fleischstücke und Brühe und Nudeln in sich hinein. Hatten einen schweren Arbeitsvormittag hinter und einen schweren Arbeitsnachmittag vor sich.
Ich wartete, bis sie sich, vom Fressen außer Atem, zurücklehnten, und rannte los.
Aus dem Haus.
Über den Weg.
Ins Scheißhaus neben der Scheune.
Den runden Holzdeckel hochgerissen.
Schmeißfliegen und Mücken flogen auf. Der Gestank des Kots, der da moussierte, schlug mir entgegen.
Ich erbrach mich in die Grube.

Von nebenan meckerte die Ziege, blökte das Schaf, eine Gans schnatterte blöde.

Das schwere Schweigen des Sommernachmittags. Ich lag in der Scheune auf dem Strohrest vom vergangenen Jahr.
Das Rascheln der Mäuse.
Das Summen der Fliegen.
Das surrende Räderwerk der Ziegelpresse, wo in einem Rollsieb Sand und Steine getrennt wurden.
Ich lag auf dem Rücken, starrte zur Scheunendecke, war mir sicher, auf dieser Erde keinen Platz zu finden. Es war nur ausgebreitete Leere in dieser Welt. Sie drohte mich zu verschlingen. Wer ihr entkommen wollte, mußte sich auf einen bestimmten Platz retten, mußte werden wie der Vater am Tisch, das Löffeltier, der Großvater ihm gegenüber, der Urtyp, von dem wir alle abstammten, mußte werden wie der kahlköpfige Bruder Hans, das Verdau-Wesen auf dem Sofa.
Ich wollte werden wie keiner von ihnen. Wie also wollte, sollte ich werden?
Mäuse im Stroh.
Die Geräusche umstanden die Scheune wie die Jungen im Herbst den Hamsterbau.
Würde ich hinausstürzen, erschlügen sie mich. Die Spaten waren schon erhoben.
Draußen erklangen Schritte.
Die Großmutter nahte.
Die Schritte erstarben.
Eine Holztür knarrte.
Großmutter hatte eine gestörte Verdauung.
Alle hatten ihre sicheren Gewohnheiten. Ihr Leben. Tag für Tag. Nur ich kotzte die aufgenommenen Speisen in den Abtritt.

Die Großmutter war eine Ziegelmeisterstochter.
Als sie so weit gekommen war, legte sie sich unter einen Ziegelmeister, aber der wollte nicht heiraten und keine Kinder. Da ging die Großmutter zu einer Frau und sprach mit ihr.

Die Frau sagte: Leg dich auf den Rücken, wie du's schon getan hast.
Großmutter legte sich auf den Rücken.
Die Frau nahm eine lange Stricknadel und stach der Großmutter in den Bauch.
Blut sickerte heraus.
Großmutter wuchs und alterte.
Als sie dreißig Jahre zählte, legte sie sich wieder unter einen Ziegelmeister. Der hieß Thaddäus, aber Großmutter nannte ihn Ernst.
Weil nun das Kind einmal da war, heirateten sie.
Ernst ging als Meister in die Ziegelei am östlichen Stadtrand. Die Leute nannten sie die Müllersche Ziegelei. Später hieß sie Ernsts Ziegelei.
Großvater und die Ziegelei wuchsen ineinander.
Manchmal träumte ich, Großvater verliere die Ziegelsteine, wie die Menschen ihren Kot verlieren.
Im Traum hatte ich Schwierigkeiten. Mehr noch als im jungen Leben. Großvater träumte ich stets nur als Gesicht. Das war riesig und rot. Ein drohender Feuerschein. Noch heute, wenn die Sirenen einen Brand signalisieren, erscheint Großvaters Ur-Gesicht schwarz und rot und rot und schwarz, ein Gemisch von Steinen und Schlacke und Flammen.
Manchmal hielt Großvater Wache auf dem Ofen, wenn die Ziegel gebrannt wurden. Im Boden waren kleine runde Öffnungen, die man mit Stahldeckeln verschließen konnte. Hob man die Deckel aus den Öffnungen, sah man in das Flammenmeer darunter.
Ich war froh über meine Größe. Zu groß, um in die Öffnung zu passen, war es Großvater unmöglich, mich hineinzustoßen. Er hätte mich mit dem Messer oder Beil erst verkleinern müssen.
Mein Großvater wurde von den Ziegeleiarbeitern in seiner Abwesenheit nur »der Alte« genannt. Er galt als streng und hart. Wer gut arbeitete, kam gut mit ihm zurecht und fand am Freitagabend seinen gerechten Lohn in der braunen Papiertüte.
Der Alte liebte es, unversehens am Rand der Sandgrube aufzu-

tauchen und zu den Männern hinunterzuspähen, die Lehm hackten, Sand schaufelten, Loren karrten. In seinem niederträchtigen Eifer, die Leute in der Grube beim Nichtstun zu überraschen, trat mein Großvater so hart an den Abgrund, daß der Boden unter seinen Füßen nachgab und Mann und Erdmassen in die Tiefe stürzten.

Eine Wolke von Sand, Staub und Dreck hüllte den Ort ein. Als man ihn wieder sehen konnte, erblickten die Arbeiter den Alten, der nun auf gleicher Höhe mit ihnen sich befand, doch bis zum Hals von Sand umgeben. Ein graubrauner Hügel, ein Kegel, eine Dreck-Pyramide und zuoberst der wuchtige Kopf meines Großvaters.

Lehm verschmierte ihm die Wangen. Humus und Sand durchdrangen sein Haar, er spuckte Erde aus. Die anfangs erstarrt hinwartenden Kerle auf der Grubensohle keuchten herbei und begannen, mit Spitzhacke und Schaufeln wild loszuarbeiten. Kaum hatten sie seinen oberen Leib freigelegt, rutschte das Gehänge nach, und sie bekamen schwere Mühe, seinen Schädel freizuhalten. Der Alte grunzte und spieh und fluchte, und als er fast verschwunden war, verstummte er, nur seine von inneren Blutungen geröteten Augen rollten, sein Blick traf die um ihn bemühten Arbeiter, daß sie wieder anhoben, nun wenigstens seinem Kopf und Hals Platz zu schaffen und Luft. Endlich eilten welche mit Brettern und Bohlen herbei, damit stützten sie die nachdrängenden Hangmassen ab, und darunter gruben sie den Meister aus bis zu den Fußspitzen, legten ihn auf ein Brett und schwankten mit der Bahre nach oben, den Weg lang zum Wohnhaus vorn. Die Großmutter, gerade mit Bohnensuppe und Räucherfleisch fertig für die hungrigen Familienmäuler, schrie auf, als sie ihr den Mann so hereintrugen. Was ist los? Man entkleidete den schweren Brocken, wusch an seinen wunden Wanstflächen entlang, bis der Arzt kam und Spritzen setzte und Verbände anlegte. So blieb der Alte bis zum Abend, lag keuchend auf dem Sofa im Wohnzimmer, hatte unterm Sofa die Schnapsflasche, die ihn nährte und aufmotzte, und als er, auf dem Boden danach greifend, die Flasche umwarf, daß es auf den Holzdielen laut wurde und nach draußen

drang und die Frau hereinkam, scheuchte er sie mit belfernden Reden wieder hinaus.
Um neun, es war längst dunkel, erhob er sich ohne Ach und Krach, wickelte die Verbände, die ihn hinderten, ab, bepflasterte die Risse und blutverkrusteten Schrunden, stieg in den Anzug, schwankte aus dem Haus und den Weg vor in die Stadt.
Bis zu den ersten Häusern folgte die Frau ihm, umkreiste den Verrückten, verfluchte seine Weiber, diese Huren in den Kneipen und Mietswohnungen, die Saustücke und Menscher, die nichts im Sinn haben, als einem Mann wie dem ihren den Rest zu geben, das Blut auszusaugen, das Mark aus den Knochen und das Geld aus der Tasche.
Er schlug mit der Hand nach ihr, ohne zu treffen. Sie hatte ein Leben lang schnelles Ausweichen gelernt, sich entziehen, zur Flucht sich wenden. Es pfiff die Pranke, sausend die Luft zerteilend, und da war er schon zwischen den Häusern und die Bergstraße hinab, den keifenden Schatten zurücklassend, die Frau, mit der er sich nicht mehr einließ seit wer weiß wie lange. Ja, und was denn auch: Das Leben errungen und beinahe verloren und geschenkt erhalten und dann nicht feiern, das wäre ja noch schöner. Er stapfte zu den Quellen.

Unter den Arbeitern war kurze Zeit einer, der Harke genannt wurde und meist in der Ziegelei schlief. Im Sommer in den Trockenscheunen, im Winter auf dem Brennofen. Ich hab' vergessen, was es mit Harke auf sich hatte, er kam nirgendwo unter, flog aus allen Wohnungen raus, war ständig in Streitereien und Prügeleien verwickelt.
Der hat überall Hausverbot, sagte Papa.
Ich mochte Harke nicht. Sein von Bosheit verzerrtes Gesicht flößte mir Angst ein. Doch galt der Bosgesichtige als guter Arbeiter. Weshalb ihn der Meister litt.
Nach dem Zwischenfall in der Sandgrube verschwand Harke. Ich hörte erst später davon und fragte meinen Vater. Er ist weggegangen, antwortete er. Es war klar, etwas stimmte nicht. Jahre später wurde geflüstert, Harke sei nicht fortgegangen, sondern umgebracht worden. Vom Großvater. Beim Absturz des Alten

in die Grube soll Harke als erster an der Unglücksstelle angekommen sein.
Los, grab mich aus, hat der Großvater ihn angeherrscht.
Harke hat sich nicht gerührt und nur höhnisch gegrinst.
Grab mich aus, sag' ich dir.
Grab dich selber aus!
Mann, wenn ich erst raus bin, werd' ich dir zeigen, was du verdienst.
Ja? Wirst du das?
Das versprech' ich dir, du Hund!
Harke trat nahe an den aus dem Erdreich ragenden Kopf heran.
Ging um ihn herum.
Stieß mit dem Schuh leicht gegen die Stirn des Wehrlosen.
Mann!
Und plötzlich begann Harke mit seiner Eisenhacke wild ins Erdreich zu schlagen. Immer näher an den Kopf des Alten heran.
Ich weiß nicht, ob's stimmt, was erzählt wurde. Es wurde aber so erzählt.
Da endlich waren die anderen herangekeucht und bemühten sich um Großvater.
Am Tag danach soll der Alte Harke nachts aufgesucht und ihm mit einem Strick Hände und Füße gebunden haben. Den Gefesselten auf den Boden geworfen und mit der Hacke immer auf ihn eingeschlagen haben. Ohne ihn zu treffen, sagen die einen, nur zur reinen Angst-Vergeltung. Er hat ihn getroffen und getötet, sagen die anderen, und dann in der Grube vergraben, am Südhang, wo das Gelände endete und die Grube nicht erweitert werden durfte.
Die Leiche lag verbuddelt und vergessen.
Sie wurde auch nicht gefunden.
Vielleicht gab es gar keine Leiche.
Harke gab es auch nicht mehr. Er tauchte nie wieder auf.
Ich trau' meinem Großvater keinen Totschlag zu. Aber er war furchtbar in seiner Wut.
Als ich davon hörte, muß ich etwa acht Jahre alt gewesen sein.

Die Zeit schlimmer Träume, die jetzt einsetzte. Der Brennofen der Ziegelei verfolgte mich durch viele schwere Nächte. Ich stieg in dem Haus, wo meine Eltern wohnten, die Treppe hinauf, da gähnte eine Öffnung, wo ein riesiges Feuer loderte. Man warf Menschen hinein. Der Mann, der sie hineinwarf, erklärte mir, er sei bei meinem Großvater angestellt. Hungrig betrachtete er mich. Ich erkannte, es war Harke. Er packte mich. Du sollst lichterloh brennen! Mit diesen Worten warf er mich derb zu Boden, schreiend erwachte ich.
Jemand jammerte und heulte.
Was hast du denn? rief die Mutter.
Nichts, antwortete ich.
Warum weinst du dann so?
Ich wußte nicht, daß ich weinte. Ich wollte nur noch nicht ins Feuer.

Weiß nicht, wie ich aufgewachsen bin. War zur Hälfte in der Ziegelei bei denen, die dort gegen kargen Lohn rackerten und im Sommer bei Hochsaison doch auf gute Markstücke kamen, ihr Brot verdienten und die Wurst drauf und als Dreingabe den Kasten Flaschenbier am Tag zum Nicht-Verdursten. Erinnere wildtätowierte Roboterwänste, schweißglänzende Brustmetaphern über abgerissenen lehmverschmierten Blauhosen, sehe Männer, in genau gezirkelten Schwungabständen aufgestellt, an denen entlang die frischen Backsteine schwangen, der erste griff sie und gab ihnen die Bewegung, der zweite und dritte und vierte fingen und warfen, und so gelangten die Steine über mehrere Menschenstationen aufs Fuhrwerk oder Fahrzeug hoch, wo einer stand und stapelte, bis am Ende die Fuhre fertig war und der Kutscher oder Fahrer sich herantrollte und abdampfte, nachdem er seinen Wilhelm aufs Papier gekritzelt hatte, das der Großvater bereithielt. Der nämlich stand Wache, zählte jeden Backstein, notierte die Endsumme, die zu begleichen war vom Besteller.
Als ich, gewieft durchs viele Dabeisein, mitzurechnen begann und der Alte meine Lippen beim Abzählen erkannte, verwarnte er mich. Er schwindelte den Steinen immer ein paar dazu. Half

alles nichts. Das erschwindelte und das sauer verdiente Geld – alles nahm den gleichen Gang, verwandelte sich in Schulden, und dann mußte die Ziegelei wieder einmal verkauft werden. Wir wären längst Millionäre, murrte die Großmutter hinter dem riesigen eisernen Herd, an dem sie ihr Leben verkochte, verwusch, verschimpfte. Hätt' ich bloß keinen Böhmschen geheiratet, so einer geht einem ans Leben wie der Marder den Hühnern.
Auf die Marder hatte Großmutter eine Sauwut. Schlich sich doch öfter einer über Nacht in den Hühnerstall, seine Bluthochzeit zu halten. Am Morgen lagen die Federleichen ausgestreut, und die Großmutter schalt und schrillte laut. Sie suchte sich ihre Anlässe zum lauten Geschimpf, und so schimpfte sie alles mit heraus, was sie sonst leise nur zu schimpfen wagte. Der Alte, die Hühner, der Marder, die Großmutter, die Ziegelstreicher, weiß nicht, wie ich da aufgewachsen bin. Hoch droben der Habicht, drunten die Mäuse und Hamster in wilder Flucht. Im Wohnzimmer an der Wand ein ausgestopfter Fuchs.

Stapfte man vor bis zu den ersten Häusern, hatte man die Stadt selbst, ihre Flußniederung-Fülle vor Augen. Drüben stieg die Stadt gemächlich wieder an, da wuchsen Haus für Haus die Straßenzeilen, Villenbauten und Mietblöcke, wie's die Bauherren bestimmten. Je mehr sie bauten und bestimmten und verdienten, desto tiefer und weiter erstreckte sich hinter der Ziegelei die Sandgrube, das Erdloch, die Kies-Wunde, wo unsere Ziegelarbeiter das Zeug herausholten, das dann gewaschen und getrennt, mit Wasser gefeuchtet, einer wundersamen Maschine eingetrichtert, der Presse unten entrann. Zwei Pressen gab es, und es war die einzige Arbeitsstelle, wo auch manchmal Frauen eingesetzt wurden. Die standen hier an einer Drahtharfe, dem Schneidegerät, mit dem ihre Hände fuhrwerkten, auf und nieder. So bildeten sich die Formen, Ziegel, die noch nicht die nötige Härte besaßen, weich und glitschig blieben und in den Brennofen gefahren werden mußten auf Gleiswagen, die Loren hießen. Es war aber so, daß dann, wenn Frauen die Ziegel schnitten, die Arbeit oft abbrach. Anlaß war der Alte. Da setzten sich alle anderen im Ziegelwerk, als wäre Pause kommandiert worden, keiner wollte so recht ran, hatte der Meister seinen Spaß im Sinn. Andere waren aber auch aufs Vergnügen aus, und einmal kam da der Alte dazwischen und schmiß die Frauen samt ihren Liebhabern Stück für Stück den Weg entlang und durch die Trockenscheunen, daß die Holzregale krachten, die Latten sprangen, die Ziegel splitterten, die Knochen brachen. Danach gab's keine Frauen mehr im Betrieb, denn, meinte die Großmutter spitz, die Menscher stören nur. Dies war der einzige Fall, soweit ich mich entsinne, wo meine Großmutter übereinstimmte mit ihrem Mann. Es muß aber, denk' ich mir, in früheren Zeiten weitere Übereinstimmungen zwischen ihnen gegeben haben, denn wie sollten sonst mein Vater und seine Schwestern und Brüder in diese schöne Welt gekommen sein.

Mein Vater war mit achtzehn Jahren in den Krieg gegangen und mit zwanzig Jahren wieder heimgekommen. In den beiden dazwischenliegenden Jahren hatte ihn seine österreichisch-böhmische Kompanie umfangen wie daheim die Familie, mit fremden Worten, Drohung und Zwang. Da mein Vater sich kaum mit einem der anderen unterhalten konnte, die tschechisch sprachen oder slowakisch oder serbokroatisch oder ungarisch oder das nicht besser verständliche Idiom, von dem ich annehmen muß, daß es sich um Österreichisch handelte, erfuhr er nie so recht, auf welchem Kriegsschauplatz er sich jeweils befand. Mein Vater wurde ausgeladen, eingeladen, ausgeladen, man wies ihm kein Ziel, doch wenn die anderen schossen, schoß er mit, wenn die anderen vorwärtsliefen, lief er mit. Immerhin überstand er auf diese rechtmäßige Weise den ihm zugemessenen Kriegsanteil.
Ende des Jahres achtzehn tauchte er wieder in der heimatlichen Ziegelei auf, und zwar mit einem Koffer, in dem zwei Anzüge sorgfältig zusammengefaltet lagen. Es ist in unserer Familie nie geklärt worden, wie mein Vater in den schweren Zeiten zu den beiden aus bestem Tuch gefertigten Anzügen gekommen war. Da sie ihm nicht paßten, beauftragte er den Lehmann-Schnei-

der mit den notwendigen Abänderungen. So verfügte Papa einige Zeit später über zwei vollständige und nunmehr auch einigermaßen gutsitzende Anzüge. Während dieser Besitz das Ansehen meines Vaters in weiten Kreisen hob, ergab sich daheim einiges Ungemach, weil die zwei Schwestern und drei Brüder auch Röcke und Blusen, Jacken und Hosen besaßen, alle zusammen aber nur einen einzigen Schrank. Mein Papa nun, in Dingen der Zivilisation sehr anspruchsvoll, bestellte bei einem Tischler in Lauenhain einen Schrank, zu welchem er die genauesten Angaben machte und auch das Holz anlieferte, Nußbaum. Eine weitere Sensation. Denn woher konnte so ein kahlgeschlagener Mensch in den verlorenen ersten Nachkriegszeiten die Kostbarkeit Nußbaumholz holen, wenn nicht aus des Teufels eigenem Schloßgarten.
Tatsache ist, der Schrank entstand, er ziert heute noch das Wohnzimmer meiner Mutter.
Dein Vater hat sein Leben an diesen Schrank gewagt, sagt meine alte Mutter, ohne den eigenen Schrank hätte er seine Geschwister erschlagen, sie ließen seine beiden Anzüge nicht in Ruhe, schoben sie mal zur Seite, mal zerknautscht in die Mitte oder hängten sie aus dem gemeinsamen Schrank heraus, daß sie anstaubten. Da hat er sich diesen Schrank tischlern lassen, und keiner konnte sagen, woraus und woher, aber ich weiß, wieso, und ich sag' dir: Er hätte seine Schwestern und Brüder mit dem Kleiderbügel erschlagen, weil er so eigen war mit seinen Sachen.
Im winzigen Wohnzimmer meiner Mutter glänzt meines Vaters dunkelbrauner Nußbaumschrank.
Vater fand auf dem Friedhof einen Platz, den wir längst vergessen haben. Ungefähr vermuten wir, wo er beerdigt sein mag. Ein Schrank aber ist mehr als ein ganzes Leben. Viel Zeit hat in ihm Platz. Aber aus Nußbaum muß er sein.

Ich hatte meinen Großvater nicht abstürzen sehen und kam erst dazu, als er, bis zum Kinn verschüttet, Erdmännchen spielte und die Ziegeleiarbeiter rings um ihn ihren Tanz aufführten. Sie gruben ihn aus, mir schien aber, sie grüben ihn viel lieber

ein. Wir standen und rannten und redeten wirr. Ich war der kürzeste Mensch unter allen Anwesenden, und den Blick zu Großvaters Kopf hebend, blickte ich zugleich zum Himmel hoch, in den des Alten Schädel hineinragte. Ach, ich litt nicht an meiner verkürzten Perspektive, meine Fantasie fing Feuer, viele Nächte hindurch träumte ich meinen wuchtigen riesenböhmischen Großvater, wie er in der Sandgrube saß, sie ausfüllte, sich eingegraben hatte, verborgen durch Erde, getarnt, in Deckung gegangen vor Gott über den Wolken droben, gegen den er lästerliche Reden führte, oh, wir waren weder Heilige noch überhaupt Christliche, nur deren Angstträume träumten wir mit, und ich mit meinem sonderbaren Großvater aus den Wäldern sah ihn immerzu streiten mit den himmlischen Mächten, und die ließen sich sonderbarerweise ein auf den Disput, das donnerte und blitzte sich an, ich dachte, tief in meinem Traum verschlungen, das ist doch ganz klar, sie sind einander ebenbürtig, denn Gott, der die Welt erschaffen hat, erkennt gewiß meinen Großvater an als einen, der Steine erschafft, daraus Häuser gebaut werden.
So muß man sich nur die richtigen Einfälle besorgen und Ausreden finden, gleich geraten die grausigsten Angstträume zu bunten Märchen und Sagen. Mein Großvater war eine Fabelgestalt.

Neben der Ziegelpresse und außerhalb der Mauern erstreckte sich ein kleiner Teich, aus dem das Wasser für die Bausteine entnommen wurde. Ich holte hier Wasserflöhe, das Futter für meine Fische im Aquarium. Einmal geriet mir ein großer Frosch in den Kescher. Er sah mich aus seinen runden Knopfaugen verwundert an, machte »quaak« und sprang zurück. Ich erzählte Großmutter, der Frosch sei gut einen halben Meter lang gewesen. Sie lachte und glaubte mir nicht. Großvater, der ins Zimmer getreten war und meinen Bericht mitgehört hatte, sagte: Ein Frosch von gut einem Meter Länge ist in unserem Ozean dort hinten keine Seltenheit.
Wie man erkennt, entstammte der Alte wirklich den Märchenwelten, und ich kann ihn so übel nicht finden, wäre er auch ein Mörder und was weiß ich Schlimmeres.

Am Hang hinter der Scheune und parallel zu ihr standen in zwei Reihen, auf Lücke gepflanzt, Pflaumenbäume. Wenn die Pflaumen reiften, leuchteten sie rötlich auf, bevor sie ins Bläuliche übergingen. Das war die Zeit, wo sie zu schmecken begannen. Noch nicht süß, sondern herb-sauer. Das Fruchtfleisch hart und knallig, mit Stellen wie Zucker. Der Großvater holte sich seine Pflaumen einfach von den Zweigen. Wir waren angewiesen, nur abgefallene Früchte zu genießen. Sie waren meist wurmstichig. Ich wartete, bis der Großvater ins Haus gegangen war, und pflückte mir, was ich brauchte, von den Zweigen. Er stand im Hauseingang und sagte: Frech bist du. Und er lachte.

Die Ziegelei war unabhängig.

Das Wasser konnte mit einer Handwinde aus dem Brunnen vor dem Haus geholt werden. Im Haus gab es eine Motorpumpe und zwei gemauerte Wasserbehälter, die von Zeit zu Zeit neu gefüllt werden mußten, wozu man die Pumpe anwarf, daß das Gemäuer von ihrem Tuckern und Stoßen bebte.

In einem abgeschlossenen Nebenbau befand sich ein kleines Elektrizitätswerk. So war man nicht angewiesen aufs öffentliche Versorgungsnetz.

Die Großmutter buk alle zwei Wochen Brot. Nur fürs Fleisch brauchte man den Metzger in der Stadt. Doch mit Ziegen, Gänsen, Hühnern, Hammeln und Kaninchen versorgte man sich selbst. Zu bestimmten Zeiten umschlich Großmutter die Gebäude, gewisse Kräuter und Blüten pflückend, aus denen sie Tee und manches Heilmittel bereitete, Säfte gewann oder Zutaten für heiße und kalte Umschläge.

Der Großvater war für Huflattich zuständig, der besonders an den Grubenhängen wuchs, wohin Großmutter sich nicht traute.

Sehr beeindruckt hat mich die Selbstversorgung mit Wärme. Im Winter taute der Schnee ein bis zwei Meter vom Ziegelofen weg. Die Strahlwärme wirkte. Ich setzte mich im dichtesten Schneetreiben an die Ofenwand und starrte auf die weiße Landschaft zu meinen Füßen. Wärme durchdrang wohlig meinen Rücken.

Die Ziegelei war unabhängig.
Herrenlose Hunde, streunende Katzen und viele Landstreicher flohen im harten Winter von überallher zu uns in die köstlichste Gratiswärme. War Großvater gut gelaunt, nahm er's hin. War er übel gestimmt, jagte er alle davon. Danach stapfte er brummelnd durchs Haus, holte sich einen Brotkanten, knabberte daran herum und trank seinen schwarzgebrannten Korn dazu.
In den Nächten drang sein Schnarchen weithin. Sie hörten es alle, die Katzen und Hunde und Landstreicher und schlichen zurück in die lockende Ofenwärme. Der Alte schläft.
Gott gebe ihm den tiefsten Schlummer.

Es war in der Mittagspause. Flirrende Hitze über den Dächern der Trockenscheunen. Der Himmel ein blaues Loch droben, aus dem Glut niederstürzte.
Ich war barfuß, trat von der Gleisanlage her in den Raum mit der Ziegelpresse. In der quadratigen Öffnung das nasse Lehm-Ton-Gemisch. Das Handschneidegerät hochgehoben. Auf den Drähten kleine Erdklumpen.
An der Fensterseite auf der provisorischen Bank, aus rohen Brettern zusammengezimmert, das Tier mit den zwei Rücken. Tina, die ich heimlich Dickbauch nannte, mit rollenden Augen, das Gesicht hintüber, die ganze Tina hintüber und über ihr Jäserich im wuchtigen Rhythmus.
Ich wollte erst weggehen. Blieb stehen. Betrachtete die beiden.
Dann, als der Pastor sich erhoben hatte, trat er zur Mitte des Raums, erblickte mich, sagte geruhsam: Auch das ist eine Seite des Menschen, mein Junge.
Tina Dickbauch hüllte sich gemächlich in die Lumpen, die sie zur Arbeit trug. Der Platz an der Presse war begehrt. Doch die Kleidung wurde naß und von Erde durchsetzt.
Die beiden sagten kein Wort zueinander. Tina wickelte ihre belegten Schnitten aus dem Papier und begann weltabgewandt zu kauen. Der Pastor versah mich mit nützlichen Sprüchen und strich mir übers Haar. Er hat, Jahrzehnte später, Großmutter be-

erdigt und mich Wochen nach der Leichenpredigt in ein idiotisches Gespräch über Gott und den Teufel gezogen. Wahrscheinlich wußte er nichts mehr, und ich erinnerte ihn nicht daran. Warum den alten Mann auf die Freudenszene zurückliegender Zeiten verweisen, wenn er selbst sich dagegen absperrte. Jeder ist seiner Erinnerungen Schmied.

Mit jedem Umzug raubt ihr euren Kindern ein Stück Heimat. Mit jedem Umzug verringert ihr das Leben eurer Kinder. Nach Jahren haben sie auf so viele Wände und Tapetenmuster schauen müssen, daß sie nirgendwo mehr daheim sind.
Am wichtigsten sind die Tapeten in halber Höhe. Wohin der Blick des Menschen fällt, wenn er liegt. Sich aufsetzt.
Das Aufrichten im Bett ist die erste Bewegung des Entsetzens. Es sind die Wände in den Kinderzimmern, an denen entlang marschieren wilde Tiere und angsteinflößende Fremde. Noch im Schlaf sind die Wände von Ungetümen und Gespenstern bevölkert. Welch eine Zumutung, sich stets an neue Wände und Tapeten gewöhnen zu müssen.
Beug dich nicht so weit aus dem Fenster! rief die Mutter. Hundertmal bin ich hinaus- und hinabgestürzt. Ich hatte keine Worte. Außer den Worten der Mutter. Auf sie aufsitzend, schwang ich mich aus dem Fenster und fiel hinunter.
Ich wußte nicht, was das war: hinabstürzen, hinabfallen. Aber ich hätte es gern kennengelernt.
Wenn man tot ist, lebt man nicht mehr, sagte die Mutter.
Manchmal lag sie tot im Bett.
Die Augen geschlossen.
Sie lebte nicht mehr.
Danach stand sie auf.

Vor dem Wohnhaus der Ziegelei befand sich ein alter, rundgemauerter, von einer hölzernen Eimerwinde überspannter, mit zwei halbkreisförmigen Blechen abgedeckter Brunnen, den man früher benötigt hatte und aus dem man zu meiner Zeit nur noch das Wasser zum Gartengießen heraufholte. Und zur Großvaterwäsche.

Sommers oder wenn die Temperatur den Luxus erlaubte, tappte der Alte aus Böhmen nach getaner Arbeit abends zum Brunnen, warf die Abdeckungen geräuschvoll zur Seite und ließ die Winde mit dem Eimer abspulen. Das frische Brunnennaß holte er ächzend nach oben.
Hob den Zinkeimer vom Seilhaken.
Stand breitbeinig. Ah! Oh!
Goß das perlende Wasser über seinem Haupte aus. Keuchte erfrischt. Zufrieden. Ein Mannsbild. Ein Viechskerl.
Er atmete tief aus. Holte Luft. Stand nackt in der freien Natur. Durchnäßt auf der ganzen Haut.
Ah! Oh! Hm!
Opa wäscht sich. Großmutter flüsterte die Worte böse eifersüchtig.
Eimer auf Eimer ergoß sich über die wanstige Wampe. Klatschte das Haar an. Klatschte auf Haut und Muskeln. Den letzten Eimer schwenkte er sich von unten her in den Beinwinkel. Gegen Arsch und Geschlecht. Verhielt breitbeinig, aufgemöbelt, abgekühlt mit rötender Haut.
Später, als ich mich daran erinnerte, nannte ich es die böhmische Sauna.
Er erfand viele Unwirklichkeiten.
Ein Mann wie rauher Winterwind und Hansdampf in allen Gassen.
Erschlug einen streunenden wilden, wütenden Schäferhund mit der bloßen Hand. Eine Wucht von der Seite her gegen das bissig angreifende Tier. Es sank in den Schnee und lag reglos. Er trat heran, schlug ein zweites Mal gegen den Schädel. Das Tier erhob sich nicht mehr.
Ich begrub es unter den Pflaumenbäumen am Fuße des Hangs neben der Scheune und schoß aus meinem Zündblättchenrevolver dreimal Salut über das Grab.

Der Abort hieß Abtritt, war aus blanken, rohen Brettern gezimmert und stand neben der Scheune auf der anderen Wegseite, dem Brennofen und anschließenden Wohnhaus gegenüber.
Großvater suchte ihn regelmäßig allabendlich nach dem Essen

auf. War angefüllt mit kräftigen Speisen, benötigte nichts mehr als Platz für die neu eingefüllten Mengen im Leib. Breitbeinig stapfte er hinüber. Hosenträger vorn losgeknöpft, hinten nach unten baumelnd. Den Bund geöffnet. Rülpsend. Zufrieden mit sich und dieser Welt, die einen Ziegelmeister rechtschaffen ernährte.
Als Klopapier diente die Zeitung vom vorigen Tage. Man las sowieso nur die Annoncen. Vor allen Dingen die Todesanzeigen. Hochzeitsanzeigen. Nicht die Geburtsanzeigen. Waren zu viele unnütze Menschen in der Welt.
Es wurde immer enger auf der Erde.

Manchmal überraschte Großvater eine seiner vielen Freundinnen in der Stadt mit einem anderen Manne.
Genußreich verprügelte er den Nebenbuhler.
Versetzte der Freundin eine Ohrfeige, wandte sich maulend zum Gehen. Betroffen. Beleidigt. Betrogen.
Die wehklagende Freundin eilte dem Alten hinterdrein, schwor Besserung, ewige Treue.
Er ließ sich erweichen. Kehrte um. Ließ sich herab. Für eine Nacht. Das Himmelreich voller Engelsgesang.
Ging am Morgen fort auf Nimmerwiedersehen.
Böhmen sind eifersüchtige Menschen.
Mein Großvater, Herrscher über einen Harem einzeln lebender Frauen, verlangte unbedingte Treue von seinen Damen. Er war ein böhmischer Kaiser, liebestoll und lendenstark, dabei, wie ich mehrfach hörte, freigebig und geradezu zärtlich, was ich mir nie vorstellen konnte.
Irgendwo mußten bei seinen Muskeln Bremsen eingebaut sein, sonst wären die Frauen unter seinen zuckenden Bewegungen vergangen. Erstickt. Erschlagen. Wohlgemut erhob er sich von seinen urväterlichen Verrichtungen.
Er umfing seine Weiberchen wie wir die jungen erbeuteten Spatzen, allen Vorhaltungen der Erwachsenen zum Trotz, die meinten, die kleinen Vögel kämen um nach der Menschenberührung.
Großvaters Frauen kamen nach der Berührung nicht um.

Die Sagen von den Zyklopen lesend, erkannte ich darin meinen böhmischen Großvater. Nur hatte er nicht ein Auge, sondern zwei Augen. Hundert Augen. Tausend Augen. Daraus erblickt er mich noch heute, so viele Jahrzehnte nach seinem Ableben. Aus allen Bäumen, Büschen, Sträuchern schaut der Alte aus den böhmischen Wäldern mir entgegen. Ist ganz Natur geworden, Erdenwelt, Urzustand, meine Angst und meine Kraft. Manchmal, über Frauen hingekrümmt, erkenne ich mich als meinen Großvater aus den böhmischen Urwäldern. Ich entdekke, ich spreche wie er. Gehe wie er. Dröhne wie er.
Manchmal, unversehens, nehme ich seine Gestalt und Gewichtigkeit an. Betrachte meine kleinen Hände, sehe sie sich vergrößern zu seinen Schaufeln. Betrachte von oben herab meine kleinen Füße, sehe sie aufwachsen zu seinen wuchtigen.
Ach, seine großen Schritte unter mir.
Manchmal steht irgendwo beiseite meine dünne und ihr Leben lang kränkelnde Großmutter. Das Gekeif und Gezeter geht mir auf die Nerven.
Umdrehen. In die Stadt eilen.
Zu den vielen Frauen gehen.
Den, der irgendwo über einer liegt, auf den Rücken werfen, ihm eine prächtige Tracht verpassen. Nun lauf heimwärts, mein Junge.
Irgend etwas zornig Böhmisches ist übergekommen.
Ringsum riecht es nach Leder und Blut. Im Brennofen glühen die Ziegel gar. Die großen Städtebaumeister wollen mahlzeiten.

Sie hieß Helma und zapfte in der Stadthalle Bier. Alle in der Stadt kannten sie. Ein rundes Liebgesicht unter wirrem, abstehendem Rothaarkranz. Wenn sie die Gläser bewegte, wogte, rollte und ruckte es an ihrer Brust. Den Gästen, die nicht genau Bescheid wußten und hingriffen, schlug Helma mit dem Glas übern Schädel. Helma haßte es, angefaßt zu werden von Fremden und wider Willen. Männer, die ihr beim Servieren den Hintern tätschelten, trat sie mit einem einzigen Tritt vom Stuhl.
Wenn der Mann aus den böhmischen Wäldern erschien, erhielt

er sein Bier, ohne es bestellen zu müssen. Er stand an der Theke und goß es in zwei Schüben in sich hinein. Wer ihm zusah beim Trinken, begriff, der Alte mußte geheimnisvolle innere Tiefen besitzen. Darin konnten ganze Biermeere verschwinden.
Helma zitierte den tränigen, müden Stadthallenwirt aus den hinteren Räumen zur Theke. Heute mußte der Arme einspringen.
Helma und ihr Liebhaber verschwanden in die oberen Stuben.
Wenn sie von dort herniederkehrten, war Helmas Gesicht rotbefeuert wie ihr Flammenhaar, und der Alte begoß seinen Wanst noch mit drei bis dreißig Bieren.
Es geschah auch, daß Helma den Abend nicht wieder auftauchte, und dann schob der vermuffte Wirt mißmutig seine Bierhahnwache, hin und wieder einen bösartigen Blick zur Decke und ärgerliche Worte von Huren und Böcken hochschikkend.
In Gegenwart meines sanften Großvaters äußerte er derart Despektierliches nie. Ihm war sein Leben zu lieb. Auch erschien mein Großvater kaum öfter als ein-, höchstens zweimal die Woche in der Kneipe. Er hatte noch viele andere gastliche Stätten aufzusuchen. Kein Mensch kann jederzeit überall sein. Nicht einmal der Alte aus den tiefen schwarzen Wäldern unter dem gehlen Mond.

Zum Brennofen hinauf führte eine gepflasterte Anfahrt. Man hatte ein Gleis gelegt, da konnte man die Kohle hinauffahren. Oben sprang die Brüstung vor. Oft stand der Großvater dort, wenn er nachts Wache hielt.
Ich verließ das Bett. Stieg aus dem Fenster. Rannte hoch und stellte mich neben den Alten.
Er blickte ins Firmament. Kannte die Sterne. Konnte über jeden Stern eine Geschichte erzählen, die nicht stimmte. Er hatte früher viele Nächte im Wald verbracht. Muß als Junge immerzu von daheim ausgerissen sein. Hat unter Bäumen übernachtet. Auf dem Rücken gelegen. Den Sternen Namen gegeben. In den Himmel gestarrt. Niemanden gehabt. Sich Geschichten ausgedacht. Freiheit geschenkt. Er sah Sterne, die hießen Karl, Borromäus, Ludwig, Jaroslaw, Thaddäus, Peter.

Ich hab' die Sterne mit diesen Namen nie kennengelernt. Ich sah sie nie, konnte sie mir nicht einprägen. Ich war kurzsichtig.
Es genügte, wenn Großvater von den Sternen erzählte. Mußte ich sie noch sehen? Zufrieden war ich mit dem, was der Alte darüber sagte. Wenn von ihnen gesprochen wurde, gab es sie.
Großvater schickte mich ins Bett zurück. Ich schlich die Anfahrt hinab und ums Haus. Kletterte durchs Fenster. Legte mich ins Bett und schlief ein.
Großvater las nie Zeitung. Als das Radio Mode wurde und in allen Häusern plärrte, lachte er nur. Er war seine eigene Nachricht. Er hatte seine eigene Geschichte. Er brannte Ziegel. Daheim war er vor Tausenden von Jahren weggegangen. Aus. Durchgebrannt. Er wollte keine fremden Nachrichten. Ihm reichte sein Leben.
Einmal im Monat warf Großvater sich in seinen besten Anzug. Großmutter bückte sich demütig vor ihm nieder und wienerte die Schuhe blank, bis der Alte sie ungeduldig-unwillig zur Seite trat. Es reicht!
Er stapfte davon. Schwer und wuchtig.
In die Stadt. Den Gartenweg entlang und dann in eine Nebenstraße. Hier befand sich das Müllersche Kontor mit einer Spedition als Hauptbetrieb.
Herr Müller erwartete den Alten schon ungeduldig. Die beiden nahmen an einem Tisch Platz. Saßen sich gegenüber. Köpfe gesenkt. Papiere raschelten auf dem grünen Tischfilz.
Herr Müller hatte einen Blick wie jemand, der durch ein Schlüsselloch guckt.
Großvater wuchtete mit dem Daumen über die Zahlenreihen.
Herr Müller widersprach.
Großvater wiederholte die Worte.
Herr Müller schüttelte den Kopf.
Großvater sah Herrn Müller an.
Manchmal hieb Großvater die Faust auf den Tisch. Dann gehörte ihm von der Ziegelei alles oder sehr viel. Manchmal blieb der Alte still und fast unterwürfig. Dann gehörte ihm nichts oder nur wenig von der Ziegelei.

Ich bin häufig mitgewesen bei den Abrechnungen. Die Besitzverhältnisse, die ich nicht verstand, entschlüsselten sich mir erst viel später. Wenn ich mir Großvaters Reaktionen ins Gedächtnis rufe, weiß ich genau, wer Besitzer war und wer nichts besaß.
Herr Müller war freundlich zu mir und schenkte mir oft einen Riegel Schokolade.
Herr Müller verabschiedete uns höflich, wie erregt auch die Abrechnung verlaufen sein mochte. Herr Müller wußte, Großvater erstand die Anteile an der Ziegelei nur, um sie danach wieder zu versaufen. Das freute Herrn Müller. Er besaß, auch wenn er nicht besaß.
Nach den Rechenstunden am grünen Filztisch schickte mich der Alte allein in die Ziegelei zurück.
Wenn du so wirst wie er, dann dreh' ich dir den Hals um! drohte die Großmutter.
Ich lachte sie aus. Lief in die Scheune und weinte vor Wut.

Hinter der Ziegelei lag eine Ruine. Dort hatte Leo Borowski sich eingenistet, mit Hühnern, Gänsen, Schafen und Ziegen. Er war klein und ein wenig verwachsen. Brauchte er Geld, verdingte er sich als Kutscher. Mit fast geschlossenen Augen, wie träumend, schritt er neben den stämmigen Pferden einher. Es heißt, er sei während des Krieges zuletzt der einzige Mann in der Stadt gewesen. Aber die Pferde wurden auch weniger.
Nach dem Krieg bekam Leo ein Stück Land zugewiesen. Bald war auch ein Pferd da. Leo umzog seinen Besitz mit einem hohen Drahtzaun, denn der Hunger ließ die Leute zu Räubern werden, und Borowski züchtete erneut Hühner, Gänse, Schafe und Ziegen und war in kurzer Zeit ein angesehener, wohlhabender Herr, nur daß er ungern sprach und immer die Augen zusammenkniff, als sei er träumend oder schlafend. Dann wohnte eine junge Frau bei Leo. Die Leute wollten sich gar nicht beruhigen. Leo lief jetzt anders, beinahe aufrecht, und sah nicht mehr wie ein Verwachsener aus. Der hat's dick hinter den Ohren, sagten die Männer, und die Frauen lächelten. Sie waren froh, wenn sie beim Leo Ziegen- oder Schafsmilch kaufen

konnten, Eier, ein Huhn, eine Gans. Borowski besiedelte sein Haus mit Kindern, als hätte er besondere Eile damit. Die junge Frau ging nie in die Stadt. Sie war vollauf beschäftigt, Jungen und Mädchen in die Welt zu setzen und Haus und Hof zu besorgen.

Ich bewunderte Leo Borowski. Denn ich sah in ihm einen Menschen, der stets auf der Flucht war. Er hatte meine Mama einmal von der Straße aufgelesen, als sie nach heftigem Streit mit ihrem Mann davongelaufen war. Man kann entweder flüchten oder dableiben, sagte Leo zu meiner Mama, doch das, wofür man sich entschieden hat, sollte man ganz tun. Sie saß auf dem Pferdewagen neben dem Kutscher. Er fuhr sie heim.

Ich glaube, Leo nistete sich so zäh in seinem Haus ein, weil es ihn immerfort mit Riesenkraft davonzuziehen drohte. Er kannte die Extreme. Wenn er ein Lächeln andeutete, schmerzte mir das Herz.

Zur Zeit der großen Arbeitslosigkeit kam der Maurer Willy Reißmann in die Ziegelei. Statt um Geld spielte er um Ziegel. Waren ein Dutzend davon zusammen, lobte er den Skatgott und entschwand in den hinteren Teil der Sandgrube, wo er ein fantastisches kleines Gebäude errichtete. So verband Willy Spielfantasie mit seinem Arbeitshunger. Die im Skat gewonnenen Bausteine ergaben ein kleines Haus. Man konnte nicht drin wohnen, doch der Rastlose fand sich bestätigt. Als die Nazis an die Regierung kamen, warfen sie den kommunistischen Maurer ins KZ. Dreimal wurde er entlassen und wieder eingesperrt. Im Krieg verdammten sie ihn ins Strafbataillon, das wurde nach Rußland in Marsch gesetzt, wo Willy, zum Angriff befohlen, der Truppe voranstürmte, bis er in ein Haus gelangte, in dem er bleiben wollte. Die Deutschen zogen sich unter den wütenden Gegenangriffen der Roten Armee zurück. Zwei Rotarmisten betraten das Haus. Der Maurer Reißmann lief ihnen entgegen: Genossen! Sie durchsiebten seinen knochigen Leib mit MP-Garben. Woher sollten sie wissen, daß ein deutscher Kommunist sie hatte begrüßen wollen, ein kommunistischer Maurer, auf schlimmen Umwegen ins Land seiner Sehnsucht

gelangt? Sie sahen nur die feindliche Uniform und beantworteten den solidarischen Gruß mit tödlichen Schüssen.
Der Maurer Willy Reißmann hatte einen Sohn. Der war klein und dünn und spielte Ziehharmonika. Zweimal wurde er von der Behörde zurückgestellt. Wehrdienstuntauglich. Im letzten Kriegsjahr steckten sie den Sohn des Maurers in eine Uniform. Er starb am ersten Tag an der Front. Eine Granate riß ihm den Kopf ab. Ein Soldat nahm die Ziehharmonika des Gefallenen bei der Flucht mit und hielt sich bis Kriegsende verborgen.
Als Frieden war, suchte er die Witwe Reißmann auf und gab ihr das Musikinstrument des toten Sohnes. Was soll ich damit, sagte die weinende Frau, ich kann nicht Ziehharmonika spielen.

Der Jahrmarkt orgelt. Auf dem Schulweg erblicken wir das Riesenrad schon von weitem.
Nachmittags erwacht der Jahrmarkt langsam. Die Eisbuden öffnen. Die wilden Karussell-Kerle kriechen aus ihren verhangenen Wagen ans Licht, gähnen, recken sich, strecken sich, lassen den Bizeps spielen. Los, Leute! Der Tag beginnt um vierzehn Uhr dreißig. Na, Kleener, 'ne Runde für 'nen Zehner?
Auf der Kahnschaukel haben zwei den Überschlag fertiggekriegt. Zuckerwatte auf Holzstäbchen aufgeblasen zur Illusion wie der ganze Rummel. Rotglänzende kandierte Äpfel in krachender Zuckerkruste, die die Zähne verdirbt, wie die Erwachsenen warnen.
Abends um acht kommt einer an und kauft beim Karussell mit den an Ketten niederhängenden Pferden alle Plätze. Hat 'ne Meise, der Mann. Hat 'n kleines Mädchen bei sich. Mit dem jungen Ding steigt er auf zwei Pferde, und los geht's.
Ein Karussell für mich und meine Kleine ganz alleine.
Du, ist das nicht dein Großvater?
Der fliegt im Kreis durch die Luft.
Karussell!
Er fliegt vorbei. Erblickt mich. Fliegt die Kreisbahn, kommt wieder und übersieht mich.
Für jeden Jahrmarkt steckt er mir einen Fünfziger zu. Fünfzig Pfennig sind viel Geld. Sagt der Alte. Er hat früher einen Fünfer

gekriegt. Von seinem Großvater. Der Alte läßt fünfzig Mark auf dem Rummel. Die Kleine auf dem Pferdchen neben ihm trägt ein so kurzes Röckchen. Da braucht Großvater nicht viel fürs Aufheben. Sagen die Leute. Ich denk': Wer hat schon einen Großvater, der das ganze Karussell für sich nimmt.
Die Orgel dröhnt.
Gebrannte Mandeln. Gebrannte Ziegel. Der Alte amüsiert sich. Jahrmarktslärm. Schmetternde, tetternde Musik. Ein Dirigent aus Holz und Gips, schreiend bunt, hängt rücklings an der Orgel und bewegt stocksteif die Ärmchen. Dirigentendasein.
Der Bunte Hans, der am Karussell kassiert, arbeitet den Sommer über auf den Rummelplätzen, und im Winter zieht er Arbeitslosenunterstützung. Saisonarbeiter wie wir, sagt Großvater stolz. Wahrscheinlich macht's der Bunte Hans beim Großvater billiger. Danach stehen sie beieinander und saufen Bier aus dem großen Stiefel.
Junge, Junge, dein Alter ist vielleicht 'ne Marke, sagt der Bunte Hans, als er mich sieht.
Ich wachse einen Viertelmeter höher.
Budenzauber. Freßorgien. Das beste Eis hat die italienische Eisdiele. Es schmeckt nach Sahne, Sonne, Süden. Von der Schiffschaukel jubeln die Mädchen, denen die Röcke um die Beine fliegen, daß man ihre hellen kurzen Hosen sieht, wenn der Holzkohlengrill nicht das Auge beizt, Thüringer Bratwürste, wie angestrengt schielen wir nach unten, wo kleine Münzen wachsen, weil die Erwachsenen leicht was verlieren, wer's zuerst erblickt, stürzt hin, Raufereien, der Groschen gehört mir, aber das ist mein Fünfer, nein, meiner, am Rande des Lustplatzes kriecht die trübe Flußbrühe hin, grau, blasig, Geruch von Schlamm und schlimm, vom Männerpissoir laufen dunkle Streifen zum Flußufer runter, sickern, der Pissegestank, na, noch 'ne Tüte Kameruner? Der sie feilhält, der Neger aus Kamerun, gehört seit Menschengedenken zum Jahrmarkt wie die Schaukel und Pferdchen und das Hochrad. Wer auf Draht ist und sich mit den Rummelmachern versteht, der kann sich mit ihnen verabreden und in ihrer Gesellschaft abhauen zum nächsten Jahrmarkt – ein Leben aus nichts als Gelärm, Gefresse,

Genuß – Eistüten, Zuckerwatte, Krachmandeln, zarten zischenden Bratwürsten, rotleuchtenden Äpfeln – welche Hälfte war vergiftet? – tut nichts, hier ist das Volk fröhlich, verzehrt und zahlt für Kameruner und Karussell, knackige kleine Mädchen kreischen, ein Leben mit Luftballons und Hauptgewinnen, Papierblumen, Lebkuchenherzen, verziert mit verlogenen Sprüchen, das war das Leben, das waren die Lügen. Nebenbei die zersägte Jungfrau, die Dame ohne Unterleib, der stärkste Mann der Welt, Haut den Lukas und Preisboxerkämpfen, solange man den geforderten Preis entrichten mag – wer will noch mal, wer hat noch nicht, abends auf dem Heimweg das Sausen im Kopf, die Süßigkeiten im Bauch, mein unverbrüchlicher Schwur: Ich werd' mir, wenn ich groß bin, einen kaufen, für mich ganz allein, einen lauten, bunten, zauberhaften Jahrmarkt für mich ganz allein.

Im Jahr 1919, kurz nach dem Ersten Weltkrieg, lernte mein Vater beim Tanz in der »Waldschenke« einen jungen Hufschmied kennen, der gestand, in Papas Schwester verliebt zu sein.
Mein Vater hörte sich alles ruhig an und sprach: Heirate sie nicht. Meine Schwester ist hysterisch.
Tut nichts, antwortete der Hufschmied. Schwanger ist sie schon, deine Schwester.
Die beiden gingen zum Standesamt.
Der Junge kam tot zur Welt. Hufschmied und Papas Schwester versuchten erneut, ein Kind zu machen.
Kam keins lebendig heraus.
Ich hab' dich gewarnt, sagte mein Vater zu seinem tüchtigen Schwager, mit der Marianne stimmt es nicht. Zeit verging. Immer mehr Autos. Immer weniger Fuhrwerke. Bald gab's keine Pferde mehr. Sie starben dahin beim Roß-Schlächter. Der Hufschmied sattelte um auf Kesselschmied. Tagsüber baute er Dampfkessel. Das dröhnte. Er wurde Vorarbeiter. Dann Meister. Nachts versuchten er und seine Frau im Schweiße ihres Angesichts ein Kind zu zeugen. Daraus wurde nichts.
Das Dritte Reich kam und verging.
Nachkriegszeit.

Der Kesselschmiedemeister wurde pensioniert. Zog Rente. Seine Frau kaufte einen nagelneuen hochmodernen Kinderwagen und schob ihn kichernd durch die Stadt. Mein Kindchen – mein Kindchen... Sie kaufte aber nur ein. Lud die Kinderkarre voll. Hatte Brot und Fleisch und Gemüse darin, Bierflaschen für den Pensionär.
Was will die komische Alte mit der Kinderkutsche? fragten die Leute.
Marianne blieb auf der Brücke stehen, warf alles übers Geländer, den Kinderwagen hinterdrein.
Man holte ihren Mann.
Komm heim! sagte der vormalige Hufschmied und heute pensionierte Kesselschmied. Komm heim, es ist alles gut.
Mit fünfundsiebzig segnete sie das Zeitliche. Er zählte neunundsiebzig Jahre.
Langsam lief er vom Begräbnis nach Hause. Schloß die Tür auf. Blieb vor dem Spiegel stehen. Sprach zu sich: Ich hätte sie nicht heiraten dürfen. Marianne war wirklich ein wenig hysterisch.

Mariannes Schwester hieß Hilde. Sie hielt's nicht aus daheim, war sehr schön und eiskalt, saß in der Ziegelei, blickte in den Spiegel und träumte von Amerika. Dann fuhr Hilde nach Hamburg und per Schiff nach New York, wo sie viele reiche Liebhaber anmachte. Sie lebte von Chaos zu Chaos, es blieben aber von jedem ein paar Dollar zurück. Dann raffte ein Liebhaber ihre Ersparnisse zusammen und spekulierte damit derart erfolgreich, daß aus Geld Reichtum wurde.
Beim Versuch, meine Tante zu ermorden, verlor der Liebhaber sein Leben, vom erspekulierten Kapital erstand Hilde ein Hochhaus in Manhattan.
Vierundzwanzig Stockwerke waren vermietet. In der 25. Etage lebte meine Tante und verblödete vor lauter Geiz. Saß in einer Wohnung voller Spiegel. Sah unablässig hinein und bewunderte ihre Schönheit.
Wir haben wenig Glück mit den Frauen in unserer Familie, sagte mein Vater, die eine Schwester ist hysterisch, die andere reich und verrückt.

Als ich das erste Mal nach New York kam, besuchte ich meine Tante.
Sie hatte eine Zofe, die mich nicht einlassen wollte. Ich schickte sie mit der Nachricht von unseren Blutsbanden zur Tante und wurde sogleich empfangen, im Salon.
Hilde streckte mir ihre Hand entgegen: Gib mir einen Dollar.
Ich gab ihr den Dollar.
Sie betrachtete ihn entzückt und vergaß meine Gegenwart.
Eine Stunde später räusperte ich mich.
Hilde sah auf. Wer bist du?
Dein Neffe.
Mein Neffe? Sie überlegte und forderte zwei Dollar.
Ich hab' schon bezahlt, sagte ich.
So, sagte meine Tante, dann hau ab!
Also ging ich.

Als ich erstmals vom Bett aus die andere Zimmerwand erreicht hatte, glaubte ich, nie mehr zurückzugelangen. Als wir das erste Mal vom Dorf in den angrenzenden Wald gegangen waren, mußten sie mich auf dem Rückweg tragen.
Als wir mit der Schulklasse in der Eisenbahn zur Kreisstadt fuhren, verstand ich: Die Welt ist groß.
Erstmals über die Grenze gelangt, stand ich mitten in Rom und schauderte. Wie weit entfernt war die Heimat.
Auf dem Rückflug von Amerika dachte ich: Bald wird die irische Küste am Horizont auftauchen. Wir nähern uns dem Erdteil Europa. Es war mir, als wäre ich fast daheim.
Mein Vater hatte einen Bruder – Georg. Ich kriegte ihn nie zu Gesicht. Er war von Beruf Brauer und lebte fernab in Rosenheim. Dort stand er einer Brauerei vor. Das Bier, das er braut, fließt alles in seinen eigenen Bauch, murrte meine Mutter.
Georg trinkt keinen Tropfen, erklärte die Großmutter. Ihm wird nur von den Dämpfen leicht übel. Er muß seine Brauerei beaufsichtigen. Da sind riesige Bottiche, aus denen brodelt es. Wer so was einatmet, ist wie besoffen.
Für Großmutter war ihr Sohn Georg ein Antialkoholiker. Allen anderen in unserer Familie war Georg ein lebendes Bierfaß.

So wie Georg möchte ich's haben! schwärmte der kahlköpfige Bruder Hans, den jedes Bier in der Kneipe gutes Geld kostete. Georg aber arbeitete im Bier. Lebte im Bier. Bruder Georg starb im Bier. Kippte in einen Brau-Bottich. Ersoff in Gerstensaft und Hopfenglück.
Ach, Mutter, sagte der Großvater, stell dir vor, Georg wär Schnapsbrenner geworden.
Was änderte das? Schon zwanzig Jahre läge er unter der Erde.
Großvater lachte und schlurfte zum Abtritt. Er trauerte nicht um seinen Sohn. Er hatte Georg stets verteidigt und bewundert. Ein Leben voller Arbeit und Suff. Was brachte ihm dagegen seine Ziegelei? Er konnte sie versaufen, aber nur auf Umwegen. Doch dieser Georg, der Teufelsjunge, gurgelte mit Bier, wusch sich mit Bier, badete in Bier und berappte keinen Pfennig. Es kam nicht an auf ein langes Leben. Ein gutes Leben, das war es.
Als die Witwe aus dem fernen Rosenheim in der Ziegelei anlangte, verstand sie sich blitzschnell und sehr gut mit dem Alten.
Die Großmutter packte ein Holzscheit aus dem Ofen und drosch es der unfrommen Witwe funkensprühend um die Ohren.
Da hat der Großvater der Brauer-Witwe ein Zimmer gemietet in der Stadt. Dort empfing sie über Wochen den Alten, dann ist sie verschwunden, wer weiß, wohin.

Zehn Minuten Fußweg entfernt lebte der Karrner mit seiner Frau. Der frühere Sprengmeister hatte nur noch eine Gesichtshälfte. Die andere war mit einer Ladung Dynamit in den Himmel geflogen. Seitdem züchtete Karrner Vögel. Sein Haus war von langen Käfigreihen umgeben, darin saßen und flatterten die bunten Sittiche, pfiffen, schrien und stritten, daß man es weithin hörte. Keinen Steinwurf seitab hielten Armeen von Katzen Wache. Von weit her sammelten sie sich, die Katzen, aus der Stadt und von den umliegenden Dörfern schlichen sie herbei, rudelten sich ein, bildeten Sturmtrupps, rückten krall-

füßig mörderisch vor, bis der Sprengmeister mit düsterer Narbenmiene auftauchte, heftige Flüche ausstoßend, die andrängenden Vogelfeinde zu vertreiben. Sie zogen sich zurück, bildeten außerhalb der Steinreichweite eine neue Frontlinie, schlossen zu Halbkreisen auf, umlauerten die Vogelkäfigburgen, fauchten verzückt Richtung Beute und zornig gegen den Feind, und die Vögel pfiffen und schilpten und höhnten in den Wind, daß es den Katzenheeren bald zu bunt wurde. Sie sprangen erneut nach vorn. Der Sprengmeister, sein entstelltes Gesicht zum Himmel wendend, zündete und schleuderte eine Dynamitpatrone, aufblitzendes Feuer, in die Vogelfeindscharen, daß die Beutegier mit einem einzigen Knall sich auflöste in wilde Flucht.
Es ist wieder Katzenkrieg, sagten die Leute am Stadtrand, der Sprengmeister zündete eine zweite Dynamitladung und lachte wütend dem davonspringenden Katzenviehzeug hinterdrein, es dröhnte allen in den Ohren.
Wenn Gewitter aufzogen, sah man den Sprengmeister aufrecht über die Felder schreiten. Er sucht den Blitz auf sich zu ziehen, flüsterten die Leute vom Stadtrand. Aber die Blitze mieden den Mann. Einer hatte ihn schon getroffen.

Nur noch ein spärliches Rinnsal war dem Fluß geblieben. Die Industrie nahm ihm fast alles Wasser. Dicht bei der oberen Stadtgrenze lag die Furt. Eine nahe Holzbrücke reichte gerade für Fußgänger aus, und die überquerten sie am liebsten einzeln, höchstens, daß mal ein Paar gemeinsam hinüberging. Morsche Balken, zwischen den Planken breite Ritzen und Lükken. Sie war nicht sicher, die Brücke.
Zu meiner Zeit konnte man an manchen Tagen die Furt trockenen Fußes durchschreiten. Wir sprangen von Stein zu Stein, nicht mal die Schuhsohlen wurden naß.
Wenn oben im Gebirge der Schnee schmolz oder Regengüsse niedergingen, schwoll das Rinnsal innerhalb weniger Stunden zu einem tiefen, reißenden Strom an.
In der Niederung, wenige Schritte seitab von der Furt, stand ein altes, brüchiges Fachwerkhaus. Darin wohnte eine Frau mit ih-

rer buckligen Tochter. Das verwachsene Mädchen betrachtete vom Fenster aus begeistert den anschwellenden Fluß, lief herbei und stürzte sich kopfüber ins Wasser.
Die Bucklige schwamm nicht, sie ritt die Wogen.
In der Stadt drinnen warteten die Leute am Ufer. Kam die reitende Buckelhexe in Sicht, brandete wildes Geschrei auf.
Zwei Köpfe hatte das Mädchen. Hinter ihrem Kopf erhob sich der Buckel zu einem zweiten. Die Schwimmreiterin winkte den Menschen an beiden Ufern heftig zu. Warf Kußhände. Lachte. Entschwand prustend und schnaufend.
Unterhalb der Stadt kroch die Verwachsene erschöpft und kichernd an Land und kehrte bei Nacht zum Haus an der Furt zurück. Das ganze Jahr über lauerte die Bucklige darauf, daß es Hochwasser gäbe. Es waren ihre glücklichen Tage.
Unsere Herta geht nicht unter, sagte ihre Mutter stolz, sie hat Luft im Höcker. Das trägt.
Meine Ziegelei-Großmutter wurde neunzig Jahre alt. Dann raffte eine Grippewelle sie hinweg. Sie hätte es sonst wohl aufs Hundertste gebracht. Es gibt eine Gesundheit des Alters, deren Voraussetzung die Kränklichkeit vorangegangenen Lebens ist. Meine Großmutter war immer anfällig gewesen. Zu viele Abtreibungen, sagte meine Mutter. Wollte man ihr glauben, war die Ziegelei von einem Kranz heimlicher Gräber umgeben. Ein Fötus neben dem andern. Geographie der Kinderfriedhöfe. Bis der Alte es satt hatte, immer neue Embryos zu zaubern, und sich den Schößen anderer Weiber zuwandte.
In meiner Erinnerung erlebe ich viele Großmütter. In meinem Gedächtnis hat meine Großmutter väterlicherseits sich maschinenhaft vervielfältigt. Sie lebt und kocht und wäscht und schimpft dort draußen in der nicht mehr vorhandenen, dem Erdboden angeglichenen Ziegelei. Rennt den Weg vor, dem davonstrebenden Manne nach. Läuft ihm entgegen. Hebt die Fäuste. Schlägt auf den massigen Mann ein. Seit Jahrzehnten trug er seine Leibesstärke und seine Liebesbedürfnisse in die Stadt. Ich sehe die Großmutter vor einem fremden Haus stehen. Sie droht durchs Fenster hinein: Gib mir meinen Mann heraus! Er war immer in irgendwelchen Häusern, Herzen, Händeln. Sie

lief irgendwann herbei und forderte zurück, was ihr gehörte und was sie schon so lange nicht mehr bekam, daß sie's vergessen hatte und nur noch aus Stolz, Eigensinn, Bosheit darum kämpfte. Sie war keine, die aufgeben konnte. Noch später, als er gestorben war, ist sie gesehen worden an seinem Grab, wie sie die Röcke hob. Sie hat ihm was gezeigt, sagten die Leute. Ich mein', sie hat ihm aufs Grab gebrunst. Das war eine ihrer Gesten ihr Leben lang gewesen. Ging's nicht nach ihrem Kopf, lief sie nach draußen neben das Haus und hob die Röcke. Es erleichterte sie in der Seele. Was soll eine Frau tun, die ein Sklavenleben leben muß? Ich sehe meine Großmutter die Straßen des Bergs entlangwehen. Sie besteht aus nichts als Geweben. Durchsichtigen Gespinsten, Worten, Geschichten. Ich stehe in ihrer Greisinnenstube und habe den Geruch des Todes in der Nase, der füllt mich ganz aus.
Ich bin in den Krieg geschickt worden und davongekommen und ein Zeitalter später zurückgekehrt. Großmutter hatte am Tor gestanden: Auf Wiedersehn! Die mumifizierte Großmutter stand am Tor: Guten Tag! Sie war viel kleiner als ihr Mann und größer. Schwächer und überlebender. Sie tanzte nachts schrillschreiend auf seinem Grab: Ich hab' dich im Sack! Sie hockte winzig, faltig, zusammengeschrumpft in ihrer Altweiberstube, ihren anderthalb Stuben und betrachtete spöttisch den studierenden Enkel: Dicke Bücher liest du? An der Universität bist du? Willst du Professor werden? – Ach.
Wenn sie lief, hatte sie einen Knick im Leib: Der Unterkörper wollte aufrecht gehen, der obere Leib hatte längst aufgegeben und nahm die Neigung an, parallel zum Erdboden, in einem Meter Abstand über ihm, gebeugt gehen, nannten es die Leute ringsum, sie ging nicht gebeugt, sie legte keinen Wert mehr darauf, aufrecht zu gehen. Wozu die überflüssigen Anstrengungen. Es schmerzt. Sie suchte einmal die Woche das Klosett auf. Weshalb so oft auf den Abort. Sie trank ein wenig Wasser täglich. Befeuchtung statt Speise. Das winzige Brot lag die Woche über unversehrt im Kasten. Wozu essen. Sie hatte ihr Leben lang Schwierigkeiten mit dem Stuhlgang gehabt. Gegen Ende hörte sie einfach auf. Überdauerte noch die ersten Nach-

kriegsjahre, ihre letzten, ausgesiedelt aus der Ziegelei, in einem Notquartier fünf Minuten entfernt, am Stadtrand. Wenn sie das Fenster öffnete, lag die Ziegelei im Blickfeld. Ihr Lebenswerk. Großvater ruhte längst draußen auf dem Totenacker am anderen Stadtende.

Sie machte sich auf den Weg zu ihm. Arbeitete sich langsam vor. Gebeugten Leibes. Den Kopf schon zur Erde gehalten, das Gesicht der Erde zugewandt, in die hinein er, der Mann, verschwunden war, in die hinein sie ihm nachwuchs. Was sie ihm auf dem Friedhof hinabgerufen hat, ich weiß es. Ich wohne fernab und will nicht davon sprechen. Es ist alles gesagt worden zwischen den beiden. Ich bin lange genug dabeigewesen. Kein Mensch in Gegenwart und Zukunft wird die alten Menschen kennen, die ich kannte. Niemand wird mehr wissen, was ich wissen lernen mußte. Es ist gut, wegzugehen, wenn es unmöglich ist, dazubleiben.

Ich weilte in fremden Ländern, als die Großmutter starb. An der Wand über dem Totenbett hat, wird mir berichtet, die Uhr gehangen, der alte Regulator, ticktack, ticktack. Sie zog das Uhrwerk auf, bevor es ablief. Seit dem Tod des Großvaters hatte sie achtgegeben, die Uhr nicht stillstehen zu lassen. Dann lag sie starr und kalt im Bett.

Der Regulator schwieg. Kein Ticktack. Die Uhr stand still.

Der Onkel, der die alte Uhr am Tag darauf von der Wand abnahm und ausprobierte, wunderte sich. Das Uhrwerk war nicht abgelaufen.

Warum ist die Uhr stehengeblieben?

Ziegelfuhren. Ziegelfuhrwerke. Kastenwagen aus Holzbrettern. Vorgespannt zwei kräftige Pferde. Kaltblüter. Der Kutscher mit der Peitsche. Die Fuhrwerke knarrten. In den Radachsen holperte es.

Jahre vergingen.

Ich wurde größer.

Nun kamen auch Lastwagen angefahren. Ihre breiten und längeren Ladeflächen erlaubten den Transport größerer Ziegelmengen. Zwischen den Lastwagen immer noch Pferdefuhrwerke.

Dann montierten sie den Pferdewagen gummibereifte Räder unter. Da fuhr sich's leichter. Sollte aber nicht leichter sein. Die Ladung wuchs an. Man konnte auch mit den Pferdewagen mehr Backsteine befördern.
Sooft ich Zeit fand, machte ich mich mit dem Fahrrad auf ins zwei Kilometer entfernte Dorf, wo die Großeltern mütterlicherseits wohnten.
Ich war ein Großelternkind. Wohnte ich bei den einen, suchte ich die anderen gern auf. Und umgekehrt. Entweder in der einsamen Ziegelei oder im Haus mitten im Dorf.
Großmutter im Dorf hatte schwere Sorgen. Die Landstraße war asphaltiert worden. Schnelle Autos fuhren jetzt entlang.
Die Kertscher Erna fand man eines Morgens im Straßengraben. Über Nacht wollte sie heimkehren von der Schichtarbeit in der Stadt. Ein Auto hatte sie angefahren. Man fand nie heraus, wer. Der tödlich verunglückten Erna folgten viele nach. Kamen immer mehr Autos. Wurden immer schneller. Überfuhren Mensch und Tier.
Ich sehe, erinnernd, vorstellend, eine unendliche Kette von Oldtimern entlangbrausen. Ford und Opel, dunkelfarbige hochgereckte Kästen, knatternde Motoren, dazwischen die ersten Cabrios, Mercedes, Horch, Maybach, eine Gedächtnis-Ausstellung der Oldsmobile.
Die Landstraße zwischen Stadt und Dorf beidseits von Kirschbäumen gesäumt. Wenn sie im Juni rot aufglühten, kletterten wir hinauf und pflückten die Kirschen aus den Zweigen, bis uns der Straßenwächter in die Flucht schlug.
Zur Straße hin wiesen die Bäume Verwundungen auf, in die Harz sickerte. Mit erstaunlicher Zielsicherheit steuerten die Herren der Landstraße den tödlichen Stämmen zu. Junge Bäume zerbarsten, knickten ab, alte widerstanden, beförderten die flotten Automobilisten ins Jenseits. Kaum einer der Chausseebäume blieb ungetroffen.
Neben dem Aufprall am Baum kam der Zusammenstoß zweier Fahrzeuge in Übung. Es bedurfte auf der gesamten zwei Kilometer langen Strecke nur zweier in entgegengesetzter Richtung fahrender Wagen – und sie trafen einander, Kühler gegen Küh-

ler. Der Stadtpolizist erläuterte, weshalb. Es lag an den Pferdefuhrwerken, die sich nie scharf rechts hielten. Die neuartigen Motorfahrzeuge, auf letzte Nutzung ihrer Geschwindigkeiten bedacht, wurden durch die Pferdewagen zu ständigen Schlangenlinien gezwungen. Die Chauffeure achteten darauf, nicht auf Pferdefuhrwerke aufzuprallen nach dem Überholen. Was ihnen entgegenkam, sahen sie meist erst, wenn es zu spät war. Unsere schöne Kirschbaum-Chaussee erhielt den Beinamen Todesstrecke.
Frühmorgens radelten die Bauern aus der Umgebung herbei, sammelten die über Nacht unter die Räder geratenen Rehe, Kaninchen, Fasanen, Rebhühner auf. War ein Mensch unter den Getöteten, sprach sich's in Windeseile herum. Man kannte im Dorf einander beim Vornamen.

Der erste Autobesitzer im Dorf war Bauch Karl, der Fahrradhändler. Ein Jahr lang, bevor er den Wagen, einen hohen gebrauchten Ford, kaufte, redeten alle Leute darüber. Es gab drei Wirtshäuser im Dorf. In den drei Kneipen wurde von nichts anderem als dem anstehenden großen Ereignis gesprochen.
Ein halbes Jahr vor dem Autokauf begann Bauch Karl mit dem Bau der Garage. Neben seinem Wohnhaus wuchs der Anbau fürs Auto. Die Ziegel transportierte der Fahrradhändler im Handwagen herbei. Er kaufte Fuhre auf Fuhre. Oder er klaute sie.
Endlich war die Garage fertig.
An einem Sonntagnachmittag holte Bauch Karl sein Auto ab. Es hatte früher einem Fleischermeister der weiteren Umgebung gehört. Eine Stunde Anfahrt lag zwischen dem alten und dem neuen Besitzer.
Alle Dorfbewohner sammelten sich gegen zwölf Uhr bei der Garage.
Um eins breitete sich Feststimmung aus. Die Frauen schleppten den Männern Bier in Kannen von den nahen Kneipen herbei.
Nachmittags um drei war noch kein Auto in Sicht.
Die Menge wogte, sang, soff und tanzte.
Kurz nach vier tauchte der Ford in der Ferne der Landstraße

auf. Ein Rudel Betrunkener fuhr dem Wagen auf Fahrrädern entgegen.
Ein paar Burschen, voll vom Bier, legten sich vor der Garage auf die Straße. Sie wollten verhindern, daß das Auto ins Dorf käme.
Nach mehrfachen Halts, langen Gesprächen und Streitereien gelang es dem stolzen Ford-Besitzer, seinen neu erstandenen Gebrauchtwagen in die Garage zu fahren. Es war gegen sechs Uhr abends. Als er schon meinte, es glücklich geschafft zu haben, sprang ein Mann aus der Menge hervor und stemmte sich vorn gegen den Kühler. Zwar konnte er den Ford nicht anhalten, doch Bauch Karl erschrak so, daß er unversehens Vollgas gab. Der Wagen machte einen gewaltigen Satz, zerquetschte den Mann zwischen Kühler und hinterer Garagenwand und den Kühler beim Durchbruch der Mauer. Das erste Auto im Dorf forderte zwei Menschenleben. Der Trunkenbold, der es aufhalten wollte, war auf der Stelle tot, Bauch Karl starb einen Tag später im Krankenhaus. Die im Handwagen herbeigeholten und zusammengeklauten Ziegelsteine hatten ihm den Schädel zerschmettert, als er seine Garagenmauer durchbrach.
Das zerbeulte und um gut einen Meter verkürzte Auto verrottete jahrelang in der Stellung: halb in der halbzerstörten Garage, halb nach hinten aus ihr hinausragend. Es fand sich niemand, der des Fahrens kundig gewesen wäre, und es hätte sich auch keiner drangetraut.

Heu machte meiner Mutter schwer zu schaffen. Da sie aber im Zeitplanen keine Größe war, geschah es, daß sie mich so einfahren ließ, daß ich just zur Zeit der Heuernte ausfahren mußte. Es lag mir nicht viel daran. Doch unsere Zwänge sind größer als unsere Neigungen. Über die Pfingstfeiertage verkniff Mama sich das Gebären, dann widerstanden wir beide nicht, und ich war da.
Ein unwahrscheinlicher Geruch schlug mir entgegen: Heu.
Der Heuschnupfen meiner Mutter hatte mich gepackt in ihrem Leib. Ihr Heuschnupfen war meiner. Meiner der ihre. Der Dorfdoktor putzte mir die Nase und murmelte was von Erkäl-

tung. Die Medizin hatte die Gebiete der Allergien und Pollenkrankheiten noch nicht hinreichend aufgeklärt.
Mama und ich litten jeden Sommer erneut. Man stecke mich an, hieß es sechs Jahre lang.
Ich kam zur Schule. Im Mai trugen alle Jungen Kniestrümpfe. Im Juni kam das Heu und mit ihm der Heuschnupfen. Du hast dich erkältet, hieß es, und deine Mutter angesteckt mit deinem Schnupfen.
Ich mußte lange Strümpfe tragen und schämte mich.
Mama wurde zweiundachtzig Jahre alt. Zweiundachtzigmal Heuschnupfen. An den Mama nicht glaubte. Stets war sie von jemandem angesteckt worden. War ich nicht zur Stelle, war ein anderer schuld. Heuschnupfen – so was gibt's gar nicht, entschied Mama resolut und nieste das typische Heuschnupfenniesen.
Neulich im Juni legte ich Mama Blumen aufs Grab. Ringsum geschnittenes Gras – Heu.
Tief unten nieste es.

Am östlichen Dorfrand lebte in ihrem Winzig-Haus die Milchfrau Alma mit Prinz, dem Wagenhund.
In aller Herrgottsfrühe sammelte Alma in drei dickbauchigen Blechkannen bei den Bauern die frische Milch ein, die sie sodann, den Wagenhund vorgespannt, zur Stadt fuhr, in der sie gegen sieben Uhr eintraf und wo bei den ersten Häusern die Frauen sogleich erschienen, Töpfe oder Kannen in der Hand. Je nach Kassenlage kauften sie einen halben bis zu zwei Liter Milch, meist aber einen Liter, und der gefüllte Topf kam auf den Küchenherd. Es war eine Kunst, die Milch abzukochen, ohne sie anbrennen oder überlaufen zu lassen.
Prinz, der Wagenhund, unser Freund, hatte sich angewöhnt, nach jedem Weiterziehen ein kurzes heiseres Gebell hören zu lassen. Die Frauen deuteten es als Signal: Wauwauwau – die Milch ist da! In Wirklichkeit verständigte der kluge Köter die Kinder, die gern an Stelle der Mütter Milch holten und dem Fuhrhund ein Stück Knochenfleisch oder Wurstpelle mitbrachten. So fraß Prinz sich durch die Straßen, und die Erwachsenen

lobten ihn wegen seines menschlichen Verständnisses, weil er die Milch-Alma so zuverlässig ankündigte.
Hü! rief die Milchfrau.
Die Kundinnen eilten in ihre Küchen. Die Kinder sahen Prinz hinterdrein. Der Hund legte sich ins Geschirr und fuhr den Leiterwagen drei Häuser weiter, wo er anhielt und sein aufforderndes Bellen hören ließ. So ein kluger, tüchtiger Hund, sagten die Mütter.
Die Milchfrau teilte die weiße Eutersuppe aus.
Die Kinder grinsten.
Der Hund kaute.

Ich ging in verschiedene Schulen, auch große, weithin geachtete, und als ich sie verließ, hatte ich die einfachen Bewegungen und die klaren Worte ja und nein verlernt. Es war kein Geruch in den Schulen, ausgenommen der von Staub und alten grämlichen Männern, weil man die fröhlichen alten Männer vertrieben hatte mit miesen Advokatentricks, wie man hernach die jungen fröhlichen Männer fernhielt aus Angst und neidischem Grimm.
Es war bei uns kein Geld da für die Vernunft, und bald war auch die Vernunft nicht mehr da. Die Horizonte senkten sich ab, bis wir ausrutschten auf dem haltlos gekrümmten Boden, auf dem die Frauen nur geduldet wurden, ihn zu säubern und auf Glanz zu bringen.
Ich habe mich von Theorien anspannen lassen und ihren Karren gezogen. Aus dem Dreck und dahin zurück, wohin er gehört.

Mit dem Fahrrad über die Straße, das ist gefährlich, warnte Großmutter auf dem Dorfe, die froh war, wenn ich sie besuchte, und ängstlich, wenn ich sie verließ. Sie sah immerzu Tote. Hatte bannig Angst vor Leichen. Ihre Mutter war Leichenfrau gewesen in Bayern. Dann hatte die daheim gebliebene Schwester den Beruf übernommen von der Mutter. Meine Großmutter im Dorf sah erschreckt die Straße entlang: Gib acht – die Autos – die Autos – paß ja gut auf…

Kirschen, Pflaumen, Birnen, Äpfel, Beeren wurden eingekocht. Geschichtet in Gläser oder Blechdosen und aufbewahrt für den Winter. Eingemachtes.
Als die Frau im Nachbarhaus so dran war, daß man sie heraustrug und in den Hof hinunter und hinter vorgehaltener Hand darüber sprach, blickte ich verstohlen aus dem Fenster.
Sie hatten drunten einen Kasten stehen, da hinein legten sie die alte Frau, und dann kam ein Deckel drüber.
Ich war sicher, man würde die Frau im Winter wieder herausnehmen.

Die Großeltern mütterlicherseits lebten mitten im Dorf, gleich neben der Kirche.
Parterre wohnte die Hausbesitzerin Erna. Sie hatte Hühner, einen großen Garten und Epilepsie. Zuweilen lag sie auf dem Boden, schlug mit dem Kopf, schrie und spuckte. Großmutter warf sich dann über die Liegende und versuchte, sie still zu stellen. Ich sah interessiert zu, wie die beiden Frauen miteinander rangen.
Erna kann sich umbringen, sagte Großvater.
Oben unterm Giebeldach zog bald Frau Schneider mit ihren zwei Töchtern ein. Die größere wurde später Verkäuferin im Kaufhaus. Die andere starb am Konfirmandenunterricht. Kam, auf dem Weg zurück, am Teich vorbei. Weil Jesus übers Wasser gewandelt war, wollte sie es ihm gleichtun und versank. Man fand sie tags darauf in zwei Meter Tiefe.
Großvater murrte: Hätten sie dem Mädchen lieber das Schwimmen beigebracht! Er konnte selbst nicht schwimmen. Als er mit fünfundsechzig in Rente ging, begann er zu trainieren. Sie hatten sich gerade eine Zinkbadewanne gekauft. Die schleppte er in den Hof. Wasser hinein. Großvater, in langer schwarzer Badehose, zeigte mir, wie man rückenschwimmt.
Du kannst es doch selbst nicht! regte Großmutter sich auf.
Er trainierte dann im Mühlteich außerhalb des Dorfes. Dabei muß er untergegangen sein und schwer geschluckt haben. Sie brachten ihn – vier Mann hoch. Er hustete und spie die ganze Nacht lang, grantelte und delirierte.

Im Sommer drauf hat er den Dorfteich von einem zum andern Ufer durchquert. Rückenlage. Brustschwimmen lernte er nie. Was tut's, sagte er, Hauptsache, der Mensch geht nicht unter. Ja, sagte die Großmutter, bis dich eine Kröte wohin beißt!

Mein Dorfgroßvater bekam Leibschmerzen. Er faltete die Hände vor dem Bauch. Dann verordnete er sich heiße Umschläge. Kochte Brennesseln. Das zerkochte Grünzeug kam, zwischen zwei Tüchern, auf den Leib. Eines Morgens hatte er etwas im Mund. Er würgte Unmengen hervor. Das sah aus wie Kaffeesatz. Sie kamen mit einem weißen Auto und holten ihn ab. Ein weißes Auto ist immer noch besser als ein schwarzes, sagte der Großvater. Er lag in seinem Krankenhausbett. Den Blick zur Decke gerichtet. Wenn wir ihn besuchten, kostete es ihn Anstrengung, die Augen auf uns zu richten. Es war immer, als sähe er uns aus großer Ferne. So entfernte er sich von uns Tag um Tag. Besonders die Nächte rückten ihn immer weiter fort. So schrumpfte er kleiner. Lag am Ende wie eine Puppe im großen Bett. Und verging.
Es war am Vorabend des Zweiten Weltkriegs. Ich fand seinen rechtzeitigen Tod trostvoll.

Meine beiden Großväter stammten aus Böhmen. Der Vater des Vaters aus dem innersten Böhmerwald. Der Vater der Mutter aus dem böhmisch-bayerischen Grenzgebiet. Der Böhmerwäldler erzählte nie von seinen Eltern und Großeltern. Der andere aus dem Grenzgebiet berichtete gern davon. Sie wohnten in einem Haus alle beieinander: Großeltern, Eltern, Kinder, Schweine und Hühner. Bis der Blitz einschlug und alles abbrannte.
Sie spannten die übriggebliebene Kuh vor den angekohlten Wagen und gelangten über die Grenze nach Bayern. Hier hielten sie an, schlugen Bäume, zersägten die Stämme zu Brettern und errichteten ein Haus. Das Haus steht heute noch. Ich bin hingefahren und hab' es angesehen. Gerade war ein neuer Käufer dabei, es zu renovieren.
Was wollen Sie? fragte man mich.
In diesem Haus wohnte mein Großvater! sagte ich.

Ach –
Als er ein kleiner Junge war, ist seine Familie mit Kuh und Karren hier angekommen und hat das Haus gebaut. Das ist mehr als hundert Jahre her.
Hm. Hab' ich mir gleich gedacht, daß hier früher Zigeuner hausten...
Ich kehrte zurück zum Wagen und fuhr davon. Freundliche Menschen waren das nicht, die jetzt meines Großvaters Haus bezogen. Der Geist des Hauses hatte gelitten. Ja, die Zeiten ändern sich.
In Großvaters Familie waren alle Männer Häuserbauer gewesen. Sie konnten mauern, stellmachern, tischlern, aber auch das Feld bestellen.
Als mein Großvater in Rente gegangen war, verließ er wie vorher morgens um halb sieben die Wohnung und betrat den ans Haus angebauten Schuppen. Hier war eine kleine Werkstatt eingerichtet.
Großvater hatte einen guten Namen als Schnitzmeister. Unter seinem Schnitzmesser wuchsen vielerlei Gestalten und Masken. Auch Pferdewagen en miniature und herrliche Ritterburgen. Wer bei ihm so eine Ritterburg bestellte, hatte kaum mehr als die Holzkosten zu zahlen. Außerdem mußte er sich per Handschlag verpflichten, die Burg mit Spielzeug-Rittern zu bestücken. Die beliebten modernen Bleisoldaten mit ihren Kanonen, Panzern, Maschinengewehren durften in Großvaters Burgen nicht eingesetzt werden. Ja, Großvater war im Ersten Weltkrieg Pazifist geworden. Pünktlich vor dem Zweiten Weltkrieg starb er.
Der alte Mann hatte nach dem Ersten Weltkrieg nie mehr eine Kirche betreten. Da er und seine Frau gleich neben der Kirche wohnten, wurden sie öfter darauf angesprochen.
Wir sind gute Katholiken, pflegte Großmutter zu antworten.
Warum sie dann nicht die katholische Kirche drinnen in der Stadt aufsuchten?
Die liege zu weit weg.
Großvater schwieg zu den Ausreden seiner Frau.
Sie waren beide gute Katholiken und eifrige Kirchgänger gewe-

sen, in ihrer Jugendzeit. Großmutter mied den Gottesdienst, weil Großvater ihn mied. Es gab keine Gespräche darüber zwischen den beiden. Es war irgendwann einmal aus- und abgemacht worden.
Gibt es einen Gott? fragte ich, als wir Religion bekamen in der Schule.
In der Kirche nicht! antwortete Großvater.
Er zeigte dabei andeutungsweise zur Wand in Richtung des nebenan stehenden evangelischen Gotteshauses. Ich weiß nicht, betonte er das »der« oder betonte er es nicht. Weiß nicht. Meinte er nur diese evangelische Kirche oder alle Kirchen?
Es hat nie mehr ein Gespräch über Gott zwischen uns gegeben.

An dem Fluß, den wir täglich auf dem Schulweg überquerten, waren sinnlose Waschvorrichtungen zu sehen. Überreste vorgestriger Kulturen, als das Flußwasser noch sauber gewesen sein mußte und die Anwohnerfrauen ihre Hemden, Schürzen und Laken darin wuschen. Auf dem Dorf, zwei Kilometer östlich der Stadt, wo die Großeltern mütterlicherseits wohnten und wo ich geboren worden war, befanden sich die gleichen Waschplätze. Am Mühlbach entlang und am Ufer der beiden großen Dorfteiche knieten Frauen auf den ins Wasser hineinragenden Brettern und rubbelten ihre Wäsche. Man wusch im kalten Wasser mit scharfer, fingerätzender Seife, trocknete und bleichte in der Sonne.
Als ich größer und erwachsen wurde, sah ich solche Szenen in den Filmen südlicher Länder. Inzwischen zeigen auch diese Filmländer andere Szenen. Die Städte wuchern, die Ströme verfaulen, die Wäsche kommt in Maschinen.

Abends packten wir ein Kissen auf die Fensterbank, stützten die Arme drauf. Aus dem Fenster hinaussehen war Abendbrauch. In jedem Haus waren mehrere Fenster geöffnet, und die Leute blickten hinaus.
Man sprach hinüber und herüber.
Nachbarschaften.
Hinter den Köpfen der Leute gegenüber war die Inneneinrich-

tung ihrer Wohnung zu sehen. Ärmliches Stückwerk. Was braucht der Mensch? 1 Tisch, 1 Stuhl, 1 Bett, 1 Schrank. In der Küche 1 Holztisch, 1 Buffet, 1 Wassereimerbank, auch Ofenbank genannt. Darauf 2 Emailleeimer. Darin holte man das Trinkwasser von der Pumpe. Die stand, aus Holz oder Gußeisen, auf der Straße. Man wanderte hin, Wasser holen. Über den beiden Eimern ein Nagel in der Wand. Daran hing das Nesel, ein Halblitermaß aus Zinkblech oder, moderner, emailliert wie die Wassereimer. Wer trinken wollte, schöpfte mit dem Nesel Wasser und setzte es an die Lippen. Es war reines Brunnenwasser, Pumpenwasser. Schäumend kam es aus der Tiefe, hervorstrudelnd in den Eimer.
Ich versuche, mir den Geschmack des Pumpenwassers auf der Zunge vorzustellen. Einen vergangenen Geschmack in Erinnerung rufen. Das Wasser war eiskalt wie das von Gebirgsbächen. Es kam aus der Tiefe und schäumte und perlte. Es gibt Wasser, das schmeckt nach Chemie. Es gibt Wasser, dem der Geschmack fehlt. Unser Wasser, das wir mit schwerer Handarbeit heraufpumpten, war anders. Vielleicht hat jedes Jahrhundert sein besonderes Wasser. Das Wasser, das wir tranken und das uns mundete und schmeckte und unseren Durst stillte, war eine Notwendigkeit und ein Luxus zugleich. Wär' ich auch ein Millionär, ich könnte ein solches Wasser nicht kaufen.

Uhren zeigten die Zeit an und blieben, starb ein Familienmitglied, mit verläßlicher Pünktlichkeit stehen. Es muß in früheren Zeiten große Familien gegeben haben mit vielen Sterbefällen. Immerzu hörten Uhren auf zu ticken, fielen Bilder von der Wand, klopfte eine unsichtbare Hand ans Fenster, an die Tür, schritt eine gespenstische Gestalt durchs Haus, wie die knarrenden Holzdielen anzeigten, und sonst gar nichts. Heute, bei den Teppichböden, die jeden Laut schlucken, kriegen wir die Schritte der Toten nicht mehr mit. Wir benachrichtigen uns übers Telefon.
Früher blieb die Uhr noch tausend Kilometer fernab vom Todes-Ort des lieben Verwandten stehen, anzuzeigen, was eben geschehen war. Die Uhrmacher schienen mit Gevatter Hein im

Bunde zu sein. Sie bauten Stehen-bleibe-Rädchen ins Werk. Das Leben galt den Lebenden noch was. Vor dem Ableben graute es die Lebenden. Sie bevorzugten, ihren Tod auf übersinnliche Weise einander mitzuteilen, was zweifellos billiger und in technischer Hinsicht nahezu problemlos geschah.
Hatten wir den Abend mit solcherlei Kurzweil und spannenden Geschichten hinter uns gebracht, lag ich in meinem Bett, die Zudecke übern Kopf gezogen, und draußen klopfte es gegen Tür und Fenster, knarrten Dielenbretter, fielen Bilder von der Wand, blieben Uhren stehen. In meine Träume hinein reichten die Geschehnisse, von denen berichtet worden war; so sicherten die Alten sich ihren Anteil am jungen Leben.
Sonderbare Magie. Greisenhafter Egoismus. Und wie gutmütig sie ihre Welterkenntnisse mitteilten, auf daß man erwachsen werde wie sie und sich fürchte und auskenne in den Gefilden des Fürchterlichen.
Am Morgen empfing die Großmutter mich mit der Frage: Hast du gut geschlafen, Junge?
Natürlich hat er gut geschlafen, sagte der Großvater. Jungen in dem Alter schlafen immer gut.

Der Blitzschlag war ein beliebtes Thema. Besonders bei den Großeltern mütterlicherseits. Wenn sie von ihrer Jugendzeit erzählten, erstanden entfernte Motive, Dörfliches ganz von früher, Hackfruchternte mit gekrümmtem Rücken, Heuwenden, Häufchen für Häufchen aufgespießt mit den Zinken und den feuchten Teil der Sonne hingebreitet; Hopfen hatten sie dort, Wallfahrten. Und immer wieder schlug der Blitz darein.
Ein Bauer hatte sich mit seiner Frau gestritten und war aus Zorn auf die Wiese gefahren, obwohl ein Gewitter nahte. Kaum hatte er fluchend die Sense dreimal geschwungen, fuhr der Blitz in den blanken Stahl und durchs Holz in den Menschenleib. Da lag er, der Zornige, auf seiner Wiese, kohlschwarz gebrannt.
In den Berichten vom Blitzschlag waren die Getroffenen stets schwarz oder mindestens schwärzlich.
Die Blitze trafen Bäume, Häuser, Menschen. Immer wieder be-

nahmen die Leute sich unvorsichtig, blieben im Gewitter draußen, arbeiteten weiter, wurden Opfer. Der Blitz holte aus einer Menschengruppe meist denjenigen, der am meisten auffiel. Einen, der groß war oder außerordentlich stark oder ungewöhnlich gut. Die Blitze schienen das Absonderliche und Ausgefallene zu lieben. Bemerkenswert auch ihr Interesse für Knechte und Mägde. Jeder zweite Blitztote gehörte zum männlichen oder weiblichen Gesinde. Knecht und Magd hatten zusammengelegen, erzählte Großvater. Die Großmutter warf ihm einen strafenden Blick zu. So was erzählt man nicht vor Kindern.
Genauso hat sich's aber abgespielt, beharrte der Alte starrsinnig. Was schon dabei sei, wenn Knecht und Magd zusammenlägen, und ob ich mir dabei was Unanständiges dächte.
Nein.
Na also. Triumphierender Blick vom Großvater. Großmutter setzte ihr Ich-weiß-es-besser-Gesicht auf.
Mein Gott, sagte Großvater, der Blitz kümmert sich um keine Moral nicht.
Und weiter ging's mit den Blitzen und Bränden.
Großvater und Großmutter brachten's beide zusammen auf fast einhundertvierzig Jahre. Da sammelt sich was an. Glück und Unglück. Im Sommer verging bei uns kaum eine Woche, ohne daß die Sirenen ein Feuer anzeigten. Meist sanken Scheunen in Schutt und Asche. Auch ganze Gehöfte. Ein Bauer hat sich wieder gesundgestoßen, sagte der Großvater. Ich begriff nicht und verstand trotzdem. Hin und wieder brannte es drinnen in der Stadt. Ein Mietshaus. Eine Fabrik. Die Fabriken brannten besonders schön. Fast so hell und strahlend und weithin wie die großen Gehöfte draußen bei uns. Aber meist war's kein Blitz gewesen.
Und wieder hörte ich von schwarzgebrannten Menschen. Der Blitz fuhr oben beim Scheitel rein und unten bei der großen Fußzehe raus, und den Weg, den er genommen hatte, zeigte eine schwarze Linie an, die den toten Leib zeichnete.
Einmal spaltete der Blitz den Kopf eines Schwimmers im Dorfteich. Der Mann ging unter. Sein Gehirn schwamm oben. Die Vögel machten sich darüber her. Vom Blitz getroffen werden,

das muß früher ein Massentod gewesen sein wie heute die Verkehrsunfälle. Welch Glück, wenn wer dem Blitz entrann. Und kein Tag ohne Blitz und Donner. Im Sommer. Ach, inzwischen haben Gewitter sehr nachgelassen. Alles ist nicht mehr, wie es war. Auch der grollende und zuckende Himmel hält nicht mehr, was er verspricht.

Etwas größer als eine Katze war ich. Lag auf dem Sofa, gegen den Großvater gedrückt.

Im Sommer streckten wir uns nach dem Mittagessen auf die Dielen. Es waren hellgrau gestrichene, nackte Bretter.

Wir lagen auf dem Rücken. Ein Kissen untern Kopf geschoben. Großvater schlief sofort ein. Sein Atem ging: Schwuuwwschwuuww...

Das beruhigende Geräusch ließ mich in Großvaters guten Schlaf mit einsteigen. Gemeinsam schliefen wir uns fort.

Oder gingen in den nahen Wald.

Verkrochen uns im Unterholz.

Großvaters Speckdeckel. Darin sein Kopf wie daheim auf dem Kissen. Schwuuww-schwuuww...

Manchmal ging das Großvaterschlafgeräusch in Schnarchen über. Ich klopfte gegen die Rippen des Mannes.

Das Schnarchen erstarb.

Gleichmäßig ertönte sein Schwuuww-schwuuww...

Wir pflückten am Waldsaum Brombeeren, Himbeeren, Heidelbeeren. Legten uns am Bach auf den Bauch. Mit einer einzigen geschickten Bewegung griff Großvater eine Forelle aus dem Wasser.

Er kannte alle Vogelarten und ahmte ihre Pfiffe und Rufe so nach, daß sie drauf reinfielen und antworteten.

Wir trafen den gestiefelten Rittergutsbesitzer, dem der Wald gehörte. Er beschimpfte Großvater und verbot ihm den Wald.

Wir schlichen davon.

Als wir den Weg zum Dorf hochstiegen, schob Großvater die Mütze ins Genick, blieb stehen und sagte: Na? Ich stand neben ihm. Wir blickten zurück zum verbotenen Wald.

Die gehören alle aufgehängt! sagte Großvater.

Wer gehört aufgehängt? fragte ich.
Vergiß es, sagte Großvater.
Ein paar Jahre später war der Waldverbieter tot. Ich war enttäuscht, als ich hörte, er war über Nacht in seinem Bett gestorben und nicht aufgehängt worden.

Unsere Armut bestand darin, daß wir nichts besaßen. Allerdings hatte meine Großmutter einen ununterdrückbaren Drang, auch das Nichts noch zu verkleinern. Die gute Frau lieh aus, schenkte weg, gab gern und mit vollen Händen.
Daraufhin versammelten sich die Töchter und Söhne und sprachen ärgerlich auf den Großvater ein, bis der gute Alte für eine Stunde hinters Haus ging, wo wilde Holunderbüsche sich ausbreiteten. Dort sammelte Großvater Wut an.
Endlich erschien er wieder in der Wohnung. Stand vor seiner Frau, stemmte die Fäuste in die Hüften, rollte possierlich wild die Augen und schrie in aller Strenge: So geht das nicht weiter!
Die Großmutter lachte.
Ich lachte, weil die Großmutter lachte.
Der Großvater lachte, weil Großmutter und ich lachten.
Darauf äugten wir ängstlich aus dem Fenster, ob die unzufriedenen Söhne und Töchter schon weit genug entfernt wären. Sie sollten schließlich nichts mitkriegen von unserer leichtfertigen Heiterkeit. Sonst kehrten sie grimmig zurück, und der Großvater müßte noch mal eine Stunde hinters Haus unter die Holunderbüsche gehen, Zorn ansammeln.
Einmal lugte ich vorsichtig um die Hausecke hinter Großvater her, wie er's eigentlich anstellte, Zorn in sich wachsen zu lassen.
Der gute Mann streckte sich lang unter den Büschen hin. Tatsächlich, er schlief. Neben ihm im Gras tickte der alte Wecker aus der Schuppenwerkstatt. Genau eingestellt, nach der Schlafstunde zu klingeln, damit Großvater pünktlich aufwachte und ins Haus eilte, die Großmutter streng ins Gebet zu nehmen.

In der Ziegelei herrschte Krieg. Anfangs hatte ich das nicht bemerkt. Es lag aber in der Luft.

Ein Kind, das unter lauter Erwachsenen groß wird, blickt zu ihnen auf wie zu Göttern. Daß es zwischen den Göttern Abstufungen und Kämpfe gab, verstand ich bald.
Vom Boden der Sandgrube führte ein Gleisstrang nach oben zum Ziegelwerk. Eine Lore mit Sand befand sich auf halber Höhe, als das Zugseil riß. Die gefüllte Lore raste holpernd zurück in die Grube und kippte um.
Hans, Papas glatzköpfiger Bruder, schaufelte den Sand wieder in die Lore und stemmte sie das Gleis entlang nach oben. Er kam nicht weit. Schwer atmend gab er es auf, die Last drückte ihn zurück. Beinahe wäre die Lore wieder aus dem Gleis gesprungen.
Jetzt versuchte es mein Papa. Er schob die Lore fast bis zu dem Punkt, wo das Zugseil gerissen war. Dort stand er eine ganze Weile still, hielt der Last stand, brachte sie aber keinen Zentimeter weiter nach oben. Endlich ließ er den schweren eisernen Wagen wieder in die Grube rollen.
Inzwischen war der Alte erschienen, mein majestätischer Großvater und Hordenkommandeur.
Laß doch – laß das sein, riefen die beiden Brüder.
Er spuckte verächtlich in die Prankenhände und stemmte sich hinter die Lore. Die beiden Brüder faßten mit an. Unwillig scheuchte er sie fort und schob die Last keuchend und ächzend Stück um Stück aufwärts, bis sie oben in der Eingangsluke verschwand.
Da stand er, in der Luke, wandte sich kurz um, den armen Tölpeln dort unten einen triumphierenden Blick zuwerfend. Ihr Schlappschwänze, ihr!
Ich erzählte es vorn im Haus der Großmutter, als sie den Mittagstisch deckte. Sie hörte sich meine Worte ruhig an. Ja, sagte sie gleichmütig, Männer sind eben so.
Später berichtete ich alles meiner anderen Großmutter auf dem Dorf.
Sie lachte hellauf. Sie sagte: Die Männer geben gern an mit ihren Kräften, sie brauchen das.
Als mein Dorf-Großvater davon hörte, schüttelte er den Kopf: Keiner von denen ist Sozialist, keiner in der Gewerkschaft, sie sind untereinander wie bissige Hunde.

Mein Dorf-Großvater war Gewerkschaftsmitglied. Er gehörte dem, wie es hieß, Metallarbeiterverband an, und nachdem er in Rente gegangen war, hatte er noch immer ein Ehrenamt als Kassierer. Sonnabendnachmittag lief er mit seinen Marken los. Die Gewerkschaftsmitglieder bezahlten und klebten die Marken sorgfältig in ihr Mitgliedsbuch.
Großvater verachtete die Arbeiter, die nicht in der Gewerkschaft waren.

In der Zeit der großen Krise lag die Ziegelei still.
Kein Sandwäschen-Geräusch.
Kein Räderrattern.
Keine Fahrzeuge und Fuhrwerke.
Die Großmutter leise maulend in der Küche. Im Wohnzimmer um den Tisch Vater, Bruder Hans, Großvater und ein wechselnder vierter Mann beim Skat.
Sie spielten um die Zehntelpfennig. War die Not am größten, um die Hundertstelpfennig.
Ich sah so lange zu, bis ich Skat spielen konnte.
Ich habe nie im Leben Skat gespielt.
Ich sehe die vier massigen Gestalten um den Tisch gruppiert, die Altenburger Karten in den Händen. Karten klatschen auf die Tischplatte. Hatte es Arbeitslosenunterstützung gegeben, stand bei jedem Mann eine Bierflasche. Meist fehlte sie.
Manchmal stand der Großvater auf und lief durch die Ziegelei. Hieb in der Sandgrube wütend die Spitzhacke in den Boden. Warf einen Trockenziegel gegen die Wand, daß er zerbröckelte. Stand auf der Ofenbrüstung. Kehrte zurück.
Noch 'ne Runde.
Wenn das Geld fehlt zum Häuserbauen, brauchen die Menschen auch keine Ziegel. Ein arbeitsloser Maurer ist schlimm. Schlimmer ist ein arbeitsloser Ziegelstreicher.
Wenn die Maurer aufhören zu mauern, stapeln die Ziegeleien noch Ziegel. Wenn die Maurer anfangen zu mauern, sind noch genug Ziegel vorhanden. Erst wenn keine Ziegel mehr da sind, kommt der Ziegelarbeiter wieder in Arbeit und Brot.
Großvater war hoch angesehen. Er hatte dreizehn neue Ziegel-

sorten erfunden. Was nutzte es, wenn keine Ziegel gebraucht wurden.

Zur Großmutter auf dem Dorf sagte ich Mutter und dachte, sie wäre es. Sie war es für mich. Bevor ich erfuhr, die Kinder kämen aus dem Bauch der Mutter, erzählte man mir, die Kinder brächte ein großer Vogel mit Namen Storch. Das interessierte mich wenig. Ich wollte nicht wissen, woher ich gekommen war. Ich wollte wissen, wo ich mich befand. Ich befand mich die ersten sechs Jahre meines Lebens bei einer Frau, die ich Mutter nannte, obwohl sie meine Großmutter war. Die Tochter der Großmutter nahm mich heimlich beiseite und belehrte mich eindringlichst: Ich bin deine Mutter!

Es war nicht glaubhaft.

Möglicherweise hatte mich der Storch damals zu dieser seltsamen fremden jungen Frau gebracht. So ein Vogel kann sich schließlich irren.

Falls aber die Kinder aus den Bäuchen der Frauen stammen sollten, so wäre es unvorstellbar, daß ich aus dem Bauch dieser Frau gekommen sein sollte, die sich mir als meine Mutter aufredete, obgleich doch jeder Mensch wußte, meine Mutter war wer ganz anderes. Meine Mutter war die gute Frau vom Dorf. Im Haus neben der Kirche lebend, wo ich ebenfalls lebte, seit ich aufgewacht war aus dem großen Schlaf des Anfangs.

Komischerweise begann die fremde Frau, die sich als meine Mutter bezeichnete, Tränen zu vergießen, wenn ich die Dinge richtigstellte und es ablehnte, sie Mutter zu nennen. Mama – nun ja, den Namen konnte sie haben. Er bedeutete mir ohnehin nichts. Mit Mama konnte ich wenig anfangen. Mama war eine fremde Person, die mich am Sonnabendnachmittag bei der Mutter abholte. Anfangs im Kinderwagen. Die reinste Entführung. Ich wurde gezwungen, das Wochenende in der fremden Wohnung bei Mama und einem Mann namens Papa zu verbringen.

Ich fand die beiden merkwürdig und war heilfroh, am Sonntagabend wieder bei der Mutter abgeliefert zu werden. Die unholden Menschen namens Mama und Papa mußten am Montagmorgen sehr früh aufstehen und zur Arbeit gehen. Eine lächerliche Art zu leben.

Mutter ging morgens nie zur Arbeit. Sie verließ das gemeinsame Bett, um in dem eisernen Etagenofen Feuer zu entfachen. Kroch danach zurück zu mir unter die Zudecke. Bis wir aufstanden und frühstückten.

Nichts auf der ganzen Welt, die so weit reichte wie mein Blick, kam der Wärme der Mutter auch nur nahe.

Wie hab' ich dumm geguckt, als ich verstehen mußte, meine Mutter war meine Großmutter, meine Mutterliebe Großmutterliebe. Ich war ein Großelternkind.

Mit sechs Jahren, genauer: fünfdreiviertel eingeschult, befand ich mich im Zustand vollkommener Unfähigkeit. Da ich nicht die Dorfschule besuchen sollte, wohnte ich fortan bei meinen richtigen Eltern. Das war traurig. Noch trauriger waren die harten Burschen, unter die ich geriet. Ich, ein wohlgemästetes, dickliches Kind, konnte nicht rennen und nicht schnell laufen. Ich hatte es nie gelernt. Großmutter ging langsam.

Die Kirche, neben der wir wohnten, steht auf einem vom übrigen Dorf leicht abgesonderten Hügel mit noch einem knappen Dutzend weiteren Häusern. Das war Großmutters Welt. Gemächlichen Schritts spazierte sie einher, kannte alle Nachbarn, grüßte, tauschte persönliche Nachrichten aus, schnelle Gangart wäre unpassend gewesen.

Ich kannte keinen anderen Gang als den langsamen. Lief ich mit Großvater, den ich natürlich Vater nannte, zum nahen Wald, geschah dies gemessenen Tempos, denn mein Großvater-Vater erzählte dabei Geschichten aus seiner Jugend. Außerdem beabsichtigten wir, im Wald ein Schläfchen zu machen. Man eilt aber nicht wohin, um zu schlafen. Das war eine Stilfrage.

So konnte ich nicht schnell gehen und kam immer zu spät in die Schule und zu spät aus der Schule nach Hause.

Nach wenigen Wochen stand ich unter Verdacht, etwas mit den Lungen zu haben. Ein Herr Doktor horchte und klopfte an mir herum. Ich war blaß, in kurzer Zeit sehr abgemagert, hustete, hatte Schnupfen und irgendwelche Schmerzen. Die als Heufie-

ber bekannte und oft verkannte Pollen-Allergie, die mich von Juni bis in den September hinein quälte, diagnostizierte niemand. Die leicht erhöhte Temperatur schien den Lungenschaden zu bestätigen. Ich mußte ins Bett. Großmutter erschien, nahm mich in Augenschein und brummelte: Der Junge ist unterernährt.
Sie hatte recht. Es ermangelte mir an ihr. Nichts vermißte ich so wie meine Großmutter-Mutter. Bei ihr war ich gewärmt und gemästet worden. Hatte nicht schnell gehen müssen. Es war kein Lehrer mit unverständlichen Forderungen aufgetaucht. Die Jungen und Mädchen auf der Straße waren von mir ferngehalten worden. Das sei kein Umgang für mich, hatte Großmutter erklärt und sich selbst entschlossen an die Stelle aller mir Gleichaltrigen gesetzt.
Nur der Großvater durfte mit mir umgehen. Alle anderen hatten gefälligst auf meine Gesellschaft zu verzichten. So wuchs ich als Großelternkind auf.
Ich kenne keinen Geburtsschock. Mein Schock war die Entfernung vom großelterlichen Elternhaus und der Schulbeginn. Von einem Tag zum anderen sollte ich ein Elternkind sein.
Ich weigerte mich.

Daß man einander schlagen konnte, wußte ich nicht. Das Großelternkind war sechs Jahre lang nicht geschlagen worden. Dafür bekam es die ersten Jahre in der Schule Prügel. Denn wer sich nicht wehrt, an dem lassen alle ihre Wut aus. Dann war da der Boxer, der Angst und Schrecken verbreitete. Er war der Kleinste in der Klasse und erhielt schon lange Zeit privaten Boxunterricht. Sobald ihm jemand mißfiel, sprang er in Ausgangsstellung. Ein Bein vor, eins zurück, den Kopf geduckt, beide Fäuste bereit. Ich begriff gar nicht, was der putzige Bursche wollte, da spürte ich schon einen stechenden, sich ausbreitenden Schmerz und ging japsend zu Boden.
Beim Baden entdeckte Mama mitten auf meinem Bauch den großen blauen Fleck. Sie zog ihren Mann zu Rate. Hat dir da jemand draufgehauen? Ich begriff langsam, das war die Stelle. Ja, hier hatte der Schmerz gesessen. Beim Drücken saß er immer

noch da. Papa zog ein verächtliches Gesicht. Da war der Vater einer der stärksten Männer mit Stahlmuskeln und Hämmerhänden, und sein Sohn ließ sich umnieten.
Papa zog mich in der Badewanne hoch. Hier, sagte er, das tut weh! Er drückte auf den blauen Fleck an meinem Bauch. Schrei nicht, sagte er. Laß dich dort nicht treffen. Es gibt bei einem Mann drei gefährdete Punkte: der Bauch, das Gesicht und der Sack. Er zeigte die drei Stellen. Morgen, sagte er, gehst du zum Boxer. Du baust dich so vor ihm auf – er machte es mir vor: die linke Hand zur Faust geballt vorm Gesicht, daß der Ellbogen unten Brust und Bauch abdeckt. Du täuschst jetzt, klar? Ja, ich täusche. Das geht so. Du zuckst mit der linken Faust oben leicht nach vorn, als wolltest du deinem Gegner auf die Nase schlagen. Im gleichen Moment rammst du ihm die rechte Faust unten in den Sack. Ja, sagte ich. Am anderen Tag traute ich mich nicht. Feigling, sagte der Papa. Am zweiten Tag traute ich mich immer noch nicht. Der Papa schwieg. Am dritten Tag rammte ich dem Boxer die Faust in den Sack. Er traf mich noch auf die Stirn, ich spürte den Schmerz nicht vor Aufregung, Angst und Freude. Jaulend ging der Boxer zu Boden und war von da an mein Freund.

Meine Ziegelei-Großeltern waren seßhafte Menschen. Wer Ziegel herstellt, schätzt ihre Unverrückbarkeit: Eingemauert und zur Wand geworden, erlauben sie keine Fortbewegung.
Meine anderen Großeltern waren in ihrem Leben viele Male umgezogen, woran meine Mutter sich schaudernd erinnert. Allerdings waren wir arm wie Kirchenmäuse, sagt meine Mutter, wir hatten nie viel mitzunehmen. Schwer war es nur mit den Kohlen. Waren die erst für den kommenden Winter im Keller, hatte man die vielen Zentner wieder mitzuschleppen. Sonst haben arme Leute nicht viel Umzugsgut. Es ging, fällt mir ein, den Altvorderen so wie uns Nachkriegsstudenten. Der gesamte Besitz in einem Pappkoffer. Das Herz voller Hoffnung.

Bevor es den Massentod auf den Straßen gab, gab es neben dem Blitzschlag den Wassertod. Viele Menschen gingen früher

ins Wasser. Manche gerieten aus Versehen hinein. Entweder aus Trunkenheit oder beim Eislaufen.
Der Wassertod war ein weitverbreiteter Brauch. Man starb nicht wie heute beim Schwimmen den Sporttod. Ins Wasser gehen – das war eine Selbstmordweise, besonders beliebt bei Frauen. Sie konnten fast alle nicht schwimmen. Lebten in nächster Nachbarschaft zu einem Gewässer.
Ließ eine der Bräutigam sitzen, war der Ehemann untreu, ging sie ins Wasser. Eine früher viel gebrauchte Formel. Man ertrank nicht. Man ging ins Wasser. Ein aktiver Tod. Viele brachten es fertig, sich sogar im nur knietiefen Wasser zu ertränken. Stiegen hinein, möglichst zur Mitte hin. Tranken die mitgebrachte Flasche Schnaps in einem Zug aus. Sanken um.

Manchmal hatte ich es satt zu essen. Wollte gar nichts essen. Dann erzählte Großmutter vom Krieg: als es kaum was zu brechen und zu beißen gab.
Wär doch Krieg, dachte ich, da müßtest du nicht vorm vollen Teller hocken, Mund, Kehle, Magen wie zugeschnürt.
Plötzlich überfiel mich schrecklicher Hunger, und ich war froh, daß kein Krieg war.

Die Treppe im Haus war aus Holz. Stieg jemand die Stufen hinauf, hörte man seinen Schritt.
Es gab Schritte, die ich nicht mochte.
Ich zog mich in die Schlafkammer zurück und ins Bett.
Warum reißt du aus, Junge?
Weil ich nicht hierbleiben will.
Es gab Schritte, denen lief ich entgegen. Öffnete die Wohnungstür. Wer in einem Holztreppenhaus aufwächst, lernt den ankommenden Gast an seinem Schritt zu erkennen. Muß nicht drauf warten, daß der Gast sich durch sein Gesicht ausweise.
Das erste, was ich erinnere, sind Geräusche. Worte und Laute. Unverständlich und vertraut wie das Laubrascheln der Pappeln, wenn der Wind hineinfuhr, oder das Trommeln des Regens auf dem Dach und gegen die Fensterscheiben. Oder bei offenem Fenster fallende Regentropfen, die den Rasen näßten. Es muß

oft Wind und Regen gegeben haben zu jener Zeit. Es gab auch heiße Sommer. Fliegen landeten auf meiner Nase. Mücken stachen in mein Fleisch. Sie waren zwanzigmal schwerer als heute; denn ich war zwanzigmal leichter als heute. Mücken, so groß und gefährlich wie Ratten, bevorzugten mein Blut als Getränk. Er hat süßes Blut, der Junge, seufzte Großmutter und hielt den Sommer hindurch neben mir Wache, die Fliegenklatsche in der Hand. Ringsumher ein Heer erschlagener Fliegen und Mücken.

Von den Bauernhöfen hüpften frech die Flöhe herbei. Die Nachricht von meinem süßen Blut sprach sich herum. Du wirst es mal schwer haben im Leben, sprach die Großmutter bekümmert und schlug zu. Wieder klebte eine Fliege an der Tapete.

Junge, klagte die Großmutter, was stellst du nur für Fragen. Ich bin eine dumme Frau aus dem Oberfränkischen. Wie soll ich wissen, weshalb die Berge hoch sind und warum die Sterne ihr Silbergold nicht auf die Erde regnen. Aber warte, wenn du erst zur Schule gehst, wird man dir alles erklären.

Ich wußte gar nicht, daß ich fragte. Ich atmete. Meine Fragen waren so notwendig wie Luftholen.

Meine Mama-Mutter war das drittgeborene Kind von vieren und die jüngere Schwester der um zwei Jahre älteren Hannel.

Meine Mutter, die mich ja ihren Eltern für die ersten sechs Lebensjahre in Pflege gegeben hatte, ausgenommen die Wochenenden, reagierte auf meine Großelternliebe eifersüchtig wie eine betrogene Ehefrau. Gegen meine Großmutter-Mutter, die eigene Mutter also, wagte meine Mama nichts einzuwenden. Oder sie verkniff es sich mühevoll. Wovon die beiden Kummerfalten, die früh ihr glattes, frisches Arbeiterinnengesicht kerbten, Zeugnis gaben. Gegen meinen Großvater-Vater aber, ihren eigenen Vater, wußte Mama unentwegt Gründe ins Feld zu führen. Er sei zu mir als Großvater-Vater zwar gut und gütig, als richtiger Vater aber früher zu ihren Kindeszeiten ein arger Mann gewesen. Derb, hart, strafwütig.

Was kümmerten mich die Kümmernisse vergangener Zeitalter.

Meine Mama zählte einundzwanzig Jahre, als ich ankam, per Storch oder Bauch. Die Kindheit meiner Mama lag Äonen weit zurück. Ich kannte meinen Großvater-Vater nur als lieben Geschichtenerzähler, er baute mir Pferdewagen, wir lagen nebeneinander auf den Dielenbrettern im Wohnzimmer, beruhigt lauschte ich seinem Schlaf-Atem.
Wir gingen miteinander in den Wald.
Gegen die Eltern der eigenen Seite vermochte Mama nichts auszurichten. Den Eltern ihres Mannes zahlte sie alle erlittene oder eingebildete Unbill doppelt und dreifach heim. Wie tief es sie dann traf, daß ich als Schulkind so oft in die Ziegelei zu diesen anderen Großeltern gehen mußte zum Mittagessen.
Mama schuftete in der Fabrik mitten in der Stadt. Arbeitete sie normal, wußte sie es einzurichten, daß ich mittags bei ihr aß. Meist zwang ihr der Schichtbetrieb Arbeitsstunden auf, da hätte ich zu höchst sonderbaren Zeiten erscheinen müssen, mein Essen mit ihr zusammen einzunehmen, in der Nacht oder am Vormittag, also marschierte ich in die Ziegelei hinaus, saß dem Großvater der anderen Seite am Tisch gegenüber, der mich, den zarten Säugling, einst als »Würgel« bezeichnet hatte.
Mama registrierte Beleidigungen, um sie nie zu vergessen. Mama merkte sich selbst solche Beleidigungen, die gar keine waren. Mama war in ihrer Jugend gegenüber der zwei Jahre älteren Schwester Hannel stets zurückgesetzt worden.
Ich, klagt sie noch heute, mußte die gebundenen Suppen essen und das fette Fleisch, dabei war ich sowieso schon dicker als Hannel. Die Schwester war ja so zart, die mußte geschont werden und hatte einen empfindlichen Magen. Wer spülte das Geschirr der großen Familie? Mich scheuchten sie in die Küche, Hannel durfte drin bleiben, wenn Besuch da war oder am Sonntag, wenn sich alle ausruhten. Sie durfte sich ja auch die Hände nicht verderben, bei mir kam's nicht drauf an, mit zehn Jahren jagten sie mich zur Feldarbeit gegen ein paar Pfennige beim Gutsbesitzer. Hannel war was Besseres, war die Hübsche, die Feine. Mich haben sie nichts lernen lassen, dabei war ich nicht dümmer als meine Schwester. Höchstens haben sie mich dumm gemacht in den Jahren.

Rücksicht? Auf mich hat nie einer achtgegeben, und als ich geboren hatte, mußte ich gleich aufstehen aus dem Bett und an den Bach, die blutige Wäsche waschen. Gerissen war ich, konnte vor Schmerzen kaum laufen, so einen großen Kopf hatte der Junge gehabt, ich dachte im Laufen, es sprengt mich unten auseinander, aber geholfen hat mir keiner. Der Vater vom Jungen? Der hat nie was gemerkt, der sah mich nur, wenn ich die Lohntüte heimbrachte aus der Fabrik. Ich war das Arbeitstier, lebenslänglich, mir konnte man alles aufpacken, ich galt als die Kräftige, die nichts umwarf. Als ich dann dünner und dünner wurde mit der Schufterei, sagten sie, Liesbeth ist zäh, die schafft das schon. Kein gutes Wort, gestreichelt und geschmeichelt wurde immer nur meine Schwester.

Alle diese Demütigungen hatten Mama empfindlich gemacht fürs ganze Leben. Sie haßte Hannel nicht, neidete ihr nur die viele Zuwendung, um die man sie, die Jüngere, betrog.

Einmal im Zug, rächte Mama auch Beleidigungen, die mir, ihrem seltsamen Sohn, zugefügt wurden oder hätten zugefügt werden können, mit dem Mut und dem Rachedurst einer ums Junge bangenden Löwin.

Manchmal rächte Mama sich auch aus nichts als purem Selbstzweck. Wie beflissen aber merkte sie sich die wirklichen Zurücksetzungen, gegen die man besten Gewissens kämpfen mußte.

Mein Ziegelei-Großvater starb in seinem vierundachtzigsten Lebensjahr. Kommt die Rede auf den Verblichenen, legt Mama die Hand an den Mund und flüstert mir als Geheimnis zu: Weißt du, was er als erstes zu dir gesagt hat? Würgel hat er dich genannt, mit bösen Blicken...

Und dann folgt die ganze Geschichte.

Wie Mama stolz mit ihrer Leibesfrucht im Kinderwagen angezogen kam und der Alte sich über meine Winzigkeit beugte und... und...

Aber Mama, das weiß ich doch alles längst...

Soso, das weißt du alles, dann vergiß es nicht, vergiß es nie, versprichst du mir das?

Und beim nächsten Anlaß teilt Mama mir das gräßliche Geheimnis wieder mit, unterm Siegel strengster Verschwiegenheit.

Mein Großvater-Vater stand im Schuppen an der Werkbank und sägte und schnitzte seine handwerklichen Kunstfiguren, nach denen die Leute reinweg verrückt waren, ihrer soliden Haltbarkeit wegen und weil man so preiswert in den Besitz der kleinen Kostbarkeiten kam.
Mein Großvater-Vater verstand nie im Leben, Geld zusammenzuraffen. Er war aus den böhmisch-bayerischen Grenzwäldern hergezogen, wo man lebt und arbeitet, genug zum Essen und Wohnen verdient und keinen Heller darüber hinaus.
Mein Großvater-Vater war eine freundliche Fabelgestalt und immer für mich da. Wer will sich da wundern, wenn daneben mein leiblicher Herr Papa verblaßte. Der unvertraute junge Mann, der an den Wochenenden höchst befremdlich auftauchte, mich zu sich und seiner Frau wegzuholen, hatte keine Chance. Selbst wenn er gütig gewesen wäre, hätte er weder Zeit noch Gelegenheit gefunden, sich mir als gütig zu erweisen. Das Wochenende, er und ich waren zu geizig dafür. Mein Papa, in seinen jungen Jahren, stand zu sehr unter dem Druck von Arbeit und Armut, er war zu ernst und unerfahren, viel zuwenig alt und gelassen, als daß ich ihn hätte annehmen können. Mir war ja das Himmelsgeschenk meiner mütterlichen Großeltern-Eltern zuteil geworden. Was aber Zurückweisung, Strenge und Härte betraf, so wurde ich darin durch die väterlichen Großeltern bedient, die mir hier völlig ausreichten. Ich bedurfte Papas nicht mehr. Mein Papa war überflüssig, was er, zu seiner Ehre sei's gesagt, nicht zu begreifen, doch zu fühlen schien. Ich hatte ihn lediglich benötigt, den Kraftstrom der Generationen bis auf mich weiterzuleiten. Denn der Mensch kann bis zum heutigen Tag nicht direkt von seinen Großeltern abstammen, wie lieb mir dieser verkürzte Weg auch gewesen wäre, was man leicht versteht, liest man diese Niederschrift. Also, da das nicht zu machen war, mußte mein Papa-Vater dazwischengeschaltet werden. Einmal auf der Welt, bestand keine Notwendigkeit, den leiblichen Vater zu beherzigen, zu lohnen, zu rüh-

men. Ich hatte mich ihm entzogen, er war seines Sohnes enteignet worden, ich adoptierte meine Großeltern als Eltern, bestand auf meiner Selbstbestimmung und Selbsterhaltung, erwiderte ihre märchenhafte Liebe mit meinen Liebesmärchen.
Wir bildeten, ein Kind und zwei Alte, eine Dreierkommune. Alle anderen störten. Wir wachten und lachten zusammen, gaben unser Geld in einen Topf, was hieß, der Großvater steuerte seine winzige Rente bei, die für uns drei zu knapp war, obwohl meine leiblichen Eltern ein wöchentliches Zieh-Geld zulegten, doch trocken Brot macht Wangen rot, wir lebten, schliefen, lernten zusammen.
So wurde ich schon in meinen ersten Lebensjahren ein waschechter Kommunist und Teilhaber der klassenlosen menschlichen Gemeinschaft.

Kam eine, die war für meine Begriffe voll erwachsen, nach Ansicht der Erwachsenen aber gerade dabei, ein Mensch zu werden. Irgendwie zählte sie zu fernen Verwandtschaften, die aus den böhmischen Wäldern nicht ins Reich gegangen waren, sondern südwärts nach Wien. Von da kam sie zu uns, saß eines Mittags am Eßtisch neben dem glatzköpfigen Hans, saß beim Abendbrot dort, sank nach dem Essen um und schlief.
Das wiederholte sich mehrere Abende hindurch. Abends, noch mit dem letzten Bissen im Munde, sank das Mädchen zur Seite weg, lag auf dem Sofa und schlummerte.
Ich dachte, bei denen in Wien ist das so.
Da faßte Großmutter sich ein Herz und rief: Aber Josephine!
Der Ausruf drang in den Schlummer des Mädchens. Immerhin schien sie den Laut zu vernehmen. Ihre Züge spannten, im Körper bahnten sich Bewegungen an. Es reichte nicht ganz. Unser schöner Gast, das fremde Mädchen aus Wien, warf sich im Halbschlaf auf dem Sofa herum, wälzte sich auf den Bauch und ließ deutlich hörbar einen fahren. Darauf fiel sie wieder in Tiefschlaf, wie ihr anschwellendes Schnarchen verriet.
Man brachte mich nach draußen. Anderntags reiste das Mädchen ab. Schöne Sitten haben die dort in Wien, dachte ich.

Ich war die erste Schwangerschaft meiner Mama-Mutter. Sie hatte vor mir nicht geboren. Auch nicht abgetrieben. Das erfüllte sie mit einem unglaublichen Stolz. Ich mußte alt werden, um sie zu begreifen. Und ihren Stolz.
Ich zählte dreißig Jahre, als Mama-Mutter mir von den vielen Schwangerschaften und Abtreibungen in ihrem Elternhaus berichtete. Vier Lebendgeburten, vier Totgeburten, darunter ein Zwillingspärchen. Macht neun Kinder, dazu mindestens ein Dutzendmal die Leibesfrucht gewaltsam entfernt.
Als meine Mutter nicht mehr schwanger wurde, wurde sie dick! sagt Mama und zeigt es mit den Händen an. Ich sehe meine längst verstorbene Großmutter-Mutter vor mir, in der Tat eine umfängliche vollfleischige Frau. Ihre Energien verwandelten sich in Güte, als der Blutverlust ausblieb, die Hausschlachtung auf dem Wohnzimmertisch, auf den die Frauen gelegt wurden, bevor man ihnen mit der heißen Nadel zusetzte.
Oder auch: Die eigenen Kinder waren mit Schmerzen verbunden und später mit Schmerz-Erinnerungen. Ich war das einzige Enkelkind. An mir suchte ein Großelternpaar mit Milde und Menschenfreundlichkeit gutzumachen, was es an den eigenen Kindern schlechtgemacht hatte. Ich heimste ein, was den anderen vorenthalten worden war.
Ich war die Puppe meiner Großmutter-Mutter.
Das Spielzeug meines Großvaters-Vaters.
Güte gab immer nur die mütterliche Seite.
Die Großeltern des anderen, väterlichen Teils gefielen sich mir gegenüber in der alten harten Rolle von Feindschaft und Knechtung.
Erschreckt denke ich, was wäre geschehen, hätten sich die väterlichen Großeltern ebenfalls so sanft gegeben. Aus nichts als Samt und Veilchenduft und Zuckerwerk wäre ich herausgebildet worden. Nein, nicht heraus. Sondern hinein.

Meine am weitesten zurückliegende Erinnerung: Ich blicke aus dem Fenster. Nebenan vor der Kirche spielen Schuljungen Fußball. Der Kiesweg knirscht unter ihren schnellen Schritten und Sprüngen. Einer der Jungen kommt zu Fall.

Er erhebt sich.
Sein Knie leuchtet rot. Das rote Leuchten breitet sich aus.
In meinem Kopf beginnt etwas zu klopfen und zu hämmern.
Als ich wieder zu mir komme, liege ich auf dem Sofa. Die Großmutter-Mutter ist über mich gebeugt. Ihr Gesicht schwebt dicht über meinem. Was ist denn? Was hast du?
Ich war ohnmächtig umgesunken. Konnte kein Blut sehen. Mir wurde schlecht beim Anblick fließenden Blutes.
Diese Unfähigkeit muß mir angeboren worden sein. Schon die Mama konnte kein Blut sehen. In ihrem Leib wurden meine Reaktionen und Schwächen mit den ihren abgestimmt.
Seltsamerweise machte mir während des Krieges der Anblick fließenden Blutes nichts aus. Wir befanden uns in fortwährenden Erregungszuständen.

Bei der Großmutter-Mutter im Dorf neben der Kirche erzogen sie mich sechs Jahre in Fürsorge und Liebe bis zur gänzlichen Lebensuntauglichkeit.
Bei den Ziegelei-Großeltern lernte ich den Krieg der Geschlechter und Klassen kennen, sonst wäre ich meine ganze Kinder- und Jugendzeit hindurch verteidigungsunfähig geblieben. Man darf einen Menschen nicht in die Hölle schicken, ohne ihm die Hölle zu bereiten. Die Gutartigkeit, die sich im Mangel an Vorbereitung und in Ermangelung von Härte ausdrückt, führt zu den schwersten Beschädigungen in Seele, Charakter und Gemüt.
Unter den Jungen auf dem Feld bei der Hamsterjagd war ich der Idiot, der die Hamster bemitleidete. Die harten väterlichen Großeltern hatten nicht schlechtmachen können, was die weichherzigen mütterlichen Großeltern gutgemacht hatten.
Nicht ganz vermochten die Ziegelei-Großeltern die Spuren der Dorf-Großeltern zu tilgen. Außerdem blieb die Stigmatisierung von Geburt an. Kurzum, ich war herzlich schlecht ausgerüstet für den Marsch durch die Drangsale des Lebens. Wie sollten wir Schmerzüberempfindlichen nicht tiefer fallen und lauter aufschreien als die anderen?

Ein junger Mann in schwarzer Badehose schwamm im hinteren Teich. Er kletterte ans Ufer, trat aufs Brett, das früher zum Wäschewaschen gedient hatte, und hielt ein engmaschiges Fangnetz ins Wasser.
Es dauerte ewig. Dann verirrten sich zwei kleine, kaum handgroße Fische in den Kescher. Der junge Mann sprang entzückt ans Ufer, ließ die Fische auf den Rasen fallen, hob sie auf und schmetterte sie einen um den anderen gegen den Holzmast der elektrischen Leitung.
Die Fische fielen vom Mast zu Boden. Geprellt. An den Seiten rötlich und aufgeplatzt. Rundlich erstarrt im Prelltod am Mast. Die toten Fische lagen noch tags darauf in der Wiese. Ich trug sie zum Friedhof und buddelte sie ein. Und konnte jahrelang keinen Fisch essen.
Du mußt Hering essen, sagte Großmutter, oder die feinen gebratenen Filets. Fisch hat viel Eiweiß und ist leicht verdaulich. Sein Fleisch ist gesund. Wer viel Fleisch ißt, kann gut denken.
Sie verstand nicht, wie in mir der Widerwille gewachsen war gegen das Gesunde.
Ich lag im Bett und suchte meine beiden Ohren streng im Gleichgewicht zu halten. Kam nur eines tiefer und berührte das Kopfkissen, begann es zu fiebern. Ich spürte, wie jede, auch die kleinste und kürzeste Berührung das Ohr voll Blut füllte, daß es sich dunkelrot auffärbte und die Temperatur darin heiß anstieg wie Feuer im Ofen.
Ich lag im Bett und hielt die Augen geschlossen und besah meine inneren Bilder, dieses ewige Kino voller Krimis und Kriege.
Drunten die Stadt schickte aus hundert Schloten ihren Rauch herauf, den ich mit Hüsteln und Heiserkeit beantwortete, bis im Juni das Gras geschnitten wurde und zu Heu verdorrte. Die Pollen in der Luft drängten in meine Nase, mein Atem ging röchelnd, in den Bronchien knarrte es, ich nieste und hustete, man maß die Temperatur, die jedes Jahr zur gleichen Zeit erhöhte Temperatur war, also verordneten sie Bettruhe. Stand ich aber auf, hatte ich die Kniestrümpfe abzugeben und lange Strümpfe anzuziehen, die eine Beleidigung darstellten und au-

ßerdem unerträglichen Juckreiz verursachten. Ich war nur ein kleiner Allergiker, der vernünftig hätte desensibilisiert werden müssen. Statt dessen verfügte man eine brutale Falschbehandlung nach der anderen, und ich sensibilisierte mich in tausend Idiosynkrasien hinein.
Bis ich, als Zehnjähriger, auf Menschen mit vollem Unbewußtsein reagierte, gesteuert nur von tiefsitzenden Reizen und Reaktionen. Wie die Pollen auf mich eindrangen, so drangen schon die geringsten optischen Wahrnehmungen auf mich ein. Ich konnte manche Menschen nicht ertragen, und das war eine Frage ihrer optischen oder akustischen Signale.
Ich war ein Zehnjähriger, der es fertigbrachte, auf fremde Menschen rein allergisch zu reagieren. Ich beherrschte weder meine Sympathien noch meine Antipathien, manche Leute peinigten mich wie im Sommer das Heu oder die Blumen. Ein voll ausgebildeter Allergiker. Es wußte dies jedoch niemand. Man glaubte allgemein, ich sei physisch krank und psychisch deformiert – ein nervöses Kind. Als ob dies anomal wäre.

Vom Hang aus, wo die Kirche und wenige um sie herumgruppierte Häuser standen, hatte man einen guten Blick auf das übrige Dorf darunter.
Da ich im Haus neben der Kirche, erster Stock, rechts zweite Tür, in der Schlafkammer der winzigen Zweizimmerwohnung, geboren worden war, aus der meine leibliche Mutter alsbald wegging zu ihrem Mann, meinem Vater, die beide zusammen am Stadtrand eine erste Dachstube bezogen, da ich also zurückgelassen wurde im paradiesischen Kaff, dem Haus über den beiden großen Dorfteichen, war dies auch mein archimedischer Punkt, von dem aus ich nicht die Welt aus den Angeln hob, aber mit Blicken erkundete. Anfangs war mein Kosmos von der ungeheuren Größe der Bettkiste, auch Wiege genannt, in die man mich gelegt hatte, von wo ich umsiedelte ins Bett meiner Großmutter-Mutter, der warmen Höhle, die zwei Ausgänge besaß. Einen zur Seite hin, man nahm mich auf, trug den Säugling in die angrenzenden Ländereien – ins Wohnzimmer und bald über Flur und Treppe unter das hohe blaue Dach, das man

Himmel nennt –, doch gab's auch die Möglichkeit, im Bett zu dem Fußende hinzurutschen und, den Kopf hebend, einen Ausgang zu finden im Blick zum Fenster hinaus.
Ja, alle Welterforschung fängt klein an. Als ich auf zwei Beinen zu laufen gelernt hatte, war mein Kosmos nicht gewachsen, doch konnte man seine Endpunkte aufsuchen, weiter als hundert Meter vom Haus weg traute ich mich nie allein; denn ich hatte früh erkannt, im Dschungel sind alle Gegenden einander gleich, wer ein Geviert von hundert Schritt genau kennt, weiß im gesamten Urwald Bescheid. Mein Dschungel bestand aus den riesenhaften Armutsbäumen, dem fatalen Gestrüpp Chancenlosigkeit, den wunderlichen Wucherungen Natur, ich war außen wie innen umfangen und blieb noch im Geburtsgeviert, als es mich später Tausende von Kilometern nach allen Himmelsrichtungen kreuz und quer hinaustrieb.

Die Einrichtung einer Arbeiterwohnung im Jahre 1925 oder 1930:
2 Betten zusammengestellt, an den Kopfenden zu beiden Seiten außen je 1 Stuhl, in besser situierten Familien Nachttischchen, darinnen je 1 Nachttopf. Im Schlafzimmer außerdem 1 Kleiderschrank, 1 Ofenbank, darunter der Eimer für den Abguß, wie das Schmutzwaser hieß. Auf dem Eimer 1 Schüssel, die als Waschschüssel diente. Bei Leuten mit etwas mehr Geld statt der Ofenbank 1 Kommode mit Marmorplatte, darauf die Waschgarnitur aus emailliertem Blech oder Steingut. Im Wohnzimmer: 1 Sofa, 1 Tisch, 4 Stühle, 1 Schrank. Die andere Seite des Wohnraums als Küche eingerichtet: 1 Küchentisch, 2 Stühle, 1 Etagenofen aus Gußeisen, 1 Ofenbank mit zwei Eimern fürs Wasser, darüber das Nesel.
Mehr braucht der Arbeitermensch nicht.
Mitte der zwanziger Jahre kam der erste große Luxus auf: das Grammophon.
Anfang der dreißiger Jahre folgte das Radio.
Anfang der fünfziger Jahre kamen Fernseher und Auto dazu.
Inzwischen erweiterte sich die Garnitur von Maschinen verschiedenster Art.

Man hat größere Wohnungen. Bad. WC. In hohen Häusern Lift.
Mir erscheint meine Großeltern-Kindheit so weit entfernt, wie Amerika längst nicht mehr ist. Schwarz war die Farbe der Trauer. Schwarz ist die Farbe des Vergessens. Wir werfen unsere Toten in Massengräber. Wir bestatten sie stehend oder aus Geld- und Platzmangel zu Aschehäufchen verringert, kein Platz für Tote, keine Luft für Lebende, keine Zeit, keine Ruhe, keine Liebe, keine Geduld. Ich suche nur, mich erinnernd, zu berichten aus einer Zeit zwischen den Kriegen, als die Arbeiterrasse, noch einmal davongekommen, vorbereitet wurde zur nächsten Vernichtung.

Keiner weiß mehr, als er weiß. Ich schließe die Augen und gebe mich dem inneren Kino hin. Es war einmal ein Großelternkind.
Das Haus neben der Kirche war wie alle Häuser im Dorf. Kein fließendes Wasser. Keine Bäder. Keine Innentoiletten.
Vor noch nicht allzulanger Zeit hatte man elektrischen Strom gelegt. Seither gab es neben dem Gaslicht das elektrische. Das Gas war gar noch nicht alt. Auf dem Dachboden standen die Petroleumlampen herum. Kaum außer Betrieb.
Großmutter reinigte mich gründlich am Mittwoch und am Sonnabend. Ich wurde nackt ausgezogen, auf den Küchentisch gesetzt und kräftig abgeseift.
Im Sommer vorher unbedingt das Fenster schließen. Damit der Junge keinen Zug kriegt. Im Winter heizte man den eisernen Etagenofen tüchtig ein. Damit der Kleine sich nicht erkältet.
Als ich auf drei Jahre herangewachsen war, steckte man mich in den Holzbottich zum Abschrubben. Zwar hatten sie auch eine Zinkbadewanne angeschafft, doch die aufzustellen erwies sich als zu umständlich. Sie nahm das ganze Wohnzimmer ein und benötigte Unmengen heißen Wassers. Wir benutzten sie nur im Sommer unten im Hof.
Das Reinigungsbad im Holzbottich war ein wichtiges Zeremoniell.
Von einer Familie hieß es, sie hätte nicht mal 'ne Holzwanne.

Das war ein großes Armutszeugnis, die Leute waren schlechthin dreckig. Man hielt streng auf Sauberkeit in unseren Kreisen. Wußte das Wasser zu schätzen, dieses teure und kostbare Naß, das nichts kostete außer der Anstrengung, es in Eimern heran- und nach Benutzung wieder hinauszuschleppen.
Es lebten im Dorf alleinstehende alte Frauen. Meist Kriegerwitwen. Von denen man sagte, auch der Sohn oder mehrere Söhne seien im Krieg gefallen.
Die Frauen wohnten in abgelegenen Häusern. Traf man sie mehrere Tage hindurch nicht an der Pumpe, brach man ihre Tür auf. Wer kein Wasser holte, konnte nur gestorben sein.

Der Friedhof lag fast am Dorfende und stieg von der Straße her steil an. Von unten erblickte man die steinernen Begrenzungen der vorderen Grabreihen. Ein terrassierter Totenacker.
Ich möchte ganz oben liegen, sagte Großmutter, vielleicht, weil sie auch »oben« bei der Kirche lebte und aufs Dorf hinabschaute. So wollte sie es auch nach dem Tode haben.
Wo möchtest du einmal liegen? fragte die Großmutter.
Nirgendwo, antwortete ich, ich bleib' lieber daheim.
Jahrzehnte später hörte ich irgendwen sagen: Wir besitzen ein Familiengrab.
Der Satz hakte sich in meinem Gedächtnis fest. Zwei Worte kehrten verkehrt daraus hervor. Grabfamilie. Familienbesitz.
Sie verlängern ihr Grabfamilienleben übers Leben hinaus in den Tod hinein. Skelettiert und versteinert hocken sie noch im Unendlichen beieinander. Warum nur? Da sie sich doch als Lebende schon nicht ausstehen konnten. Bein an Bein. Schädel neben Schädel. Dickschädel an Dickschädel.
Ich aber spüre den Wunsch, im Grab meiner Großmutter-Mutter bestattet zu werden. Oben am Hang. Doch sie haben die Grabstelle aufgegeben. Ein anderer wurde dort beerdigt.
So hab' ich den Wunsch, mich am Ende zurückzuträumen ins warme Schlummerbett der Frau, die mich aufzog. In einem Fleisch aufzugehen, das ich liebe und kenne. Bereit, die uns nachfolgenden Toten aufzunehmen, die wenigen Freunde.

Auf dem Jahrmarkt spielte ich den Alten von der Ziegelei. Mädchen anmachen. Eis kaufen. Herzen um Hälschen hängen. Händchen halten. Im Schwung der Kahnschaukel den Rock wehen lassen. Hochrad fahren. Das Kribbeln im Bauch, wenn's runterging und wieder rauf. Der Schwindelanfall, wenn es anhielt, das Russische oder Riesenrad, wenn die Kabine oben war und wir über die Stadt weit hinabblickten. Eng aneinanderrücken, aneinanderdrücken, Hände verkrampfen. Beine aneinander, ineinander. Sie hieß Annette und bekam bei der Abwärtsfahrt einen runden, offenen Mund. Ich schob ihr den Daumen rein. Sie preßte die Lippen zusammen und saugte an meinem Daumen. Aha, dachte ich, so schön kann Liebe sein. Kein Wunder, daß der Großvater so hinter den Röcken her war. Den schmalen, blassen Mund meiner Großmutter stellte ich mir vor. Nein, da hatte der Alte nichts zu ernten. Also trieb er sich anderswo rum. Auf dem Rummel. Hin jetzt zu den Karussellpferdchen. Die Münzen in der Tasche drückten klebrig gegen zählende Finger, viel zuwenig Münzen für zu viele Mädchen. Ziegelmeister müßte man sein, da könnte man das Karussell für sich allein kaufen. Und für Annette. Für zwei Holzpferde, paarweise immerhin, reichte es schon. Würde man älter, käme Rat. Mehr Geld. Vorerst flogen wir im Pulk der anderen ums Rund. Der Rock, unter den ich gelangen mußte, bauschte sich, wehte, flatterte. Zwei dünne Beine ragten draus hervor. Irgendwie hatte es was damit zu tun. Schade, man konnte den Alten nicht gut fragen. Er würde kaum antworten. Wenn aber, dann nicht die Wahrheit. Statt dessen alte böhmische Lügenmärchen erzählen. Sicher war nur eines, wenn die Mädchen aufwuchsen, wölbten die Brüste sich unter der Bluse. Ich kontrollierte das Wachstum. Fühlte alle paar Wochen nach. Wieder runder geworden. Fühlte so oft nach, als es anging. Am schönsten waren die späten Herbst- und ersten Wintertage. Wegen ihrer Kürze und früh einbrechenden Dunkelheit. Da ließ sich in den Straßen der Stadt gut tasten, wie das Fleisch der Mädchen wuchs. Der alte Knurrhahn draußen auf dem Ziegelofen, der Wache stand und in den Sternenhimmel blickte, der wußte schon, was er suchte.

Die erste Armbanduhr. Ein Geschenk. Das Lederband fest. Ein Ring ums Handgelenk. Ich bin ein Meister der Zeit. Weiß immer, was die Stunde geschlagen hat.
Das Mädchen war als Sportlerin bekannt. Stand oft in der Zeitung. Leichtathletik. Nie hätte ich gedacht, daß es so anstrengend sei. Was ein Glück, ich hatte inzwischen gelernt, meinen Mann zu stehen. Wir waren vom Kino in der Stadt die drei Kilometer zum Dorfrand hinaus nebeneinander hergelaufen. Spazierengehen ist gesund. Bei den Gartenanlagen begann der Ringkampf. Sie liebte so sportliche Haltungen. Wollte nicht zu schnell klein beigeben, das verdürbe den Ruf. Ein Mädchen muß auf sich halten. Wer sie nicht bezwang, sollte sich trollen. Wir keuchten und standen und fielen und standen wieder. Sie nahm nichts übel, auch nicht, wenn ich ihr unfair ein Bein stellte, sie zu Fall brachte und mir an ihren Schenkeln zu schaffen machte, das Rätsel zu lösen. Mir war einiges klar und einiges nicht. Ich war ein Einzelkind, ohne Bruder und Schwester, wer wußte denn, was es mit den jungen Mädchen auf sich hatte, vielleicht waren sie anders als die älteren Frauen. Dann hatte meine Sportlerin an Beinen und Bauch nichts mehr, dahinter sie sich hätte verbergen können, ich lag quer drüber und zitterte. Unser beider Erschöpfungsatem vermischte sich mit dem Quaken der Frösche am nahen Teich.
Jetzt kannst du nicht mehr, wie?
Mensch, wenn du dich wehrst wie – wie...
Wie was?
Schon gut, ich hätte nur beinahe gelacht.
Worüber hättest du beinahe gelacht?
Ich dachte mir – also, wenn du nicht Leichtathletik machtest, wenn du gut wärst im Ringen oder Boxen...
Dann wärst du jetzt k.o. ...
Ich bin's auch so.
Dabei lag noch ein drei Kilometer langer Rückweg zu Fuß vor mir. Verdammt schwer mit den Mädchen.

Wenn man die Kindheit verläßt, lernt man die Nacht kennen. Sie ist vorher verboten. Man schläft, wenn es Nacht ist. Ich habe die Nacht gern. Sie ist ruhiger und weicher als der Tag. Wählen wir im Tageslicht nach den Gesichtern aus, lehrt die Nacht, was wir verlernt haben – die Gerechtigkeit des Tastsinns. In den Fingerspitzen der Blinden ist mehr Wahrheit enthalten als in unseren Blicken. Die Blinden sind einander menschlicher und näher. Sie berühren einander ohne Scheu und Angst. Die Sprache und die Blicke halten auf Distanz und rücken fort. In der Nacht gleichen die Menschen den Blinden. Sie erkennen, sie müssen nicht sehen, um zu sein. Geboren zu werden heißt, einen Schmerz zu empfangen und in die Welt hineinzutasten. Ich finde, es ist eine der größten Ungerechtigkeiten, daß wir am Ende nicht von denen verabschiedet werden, die uns am Anfang empfingen auf dieser Erde.

Die Harten, die sich wehrten und um sich schlugen und lange darauf warten ließen, bis sie sich liebevoll gaben, die mochte ich nicht. Ich war ein Großelternkind. Eines von der mütterlichen Seite. Suchte Wärme, Weichheit, die flüsternde Stimme, das milchgebende Zauberzäpfchen.

Ich habe sechs Jahre lang meist im Bett meiner Großmutter geschlafen. Ich wußte, wie sich's liegt neben Frauen. Daß es schwer sein könnte, seinen Weg dahin zu machen, wußte ich nicht. Ich lag und wuchs und wachte auf und ruhte an der Seite der leibstarken Frau, die mich streichelte und fütterte und wusch und besprach.

Was eine Frau ausmachte, wußte ich genau: ihre Brüste. Großmutter hatte die wunderbarsten Polster über dem Bauch. Daran ließ sich's wohl ruhen. Ansonst mußten die Frauen beschaffen sein wie die Männer auch. Verwundert erkannte ich, in der Stadt auf dem Hauptbahnhof suchten Männer und Frauen verschiedene Aborte auf. Bei uns im Haus neben der Kirche im Dorf gab's für Männlein und Weiblein und mich, das Kind, nur einen einzigen Abtritt. Warum auch mehrere? Wir waren sparsame Leute – und endlich: Waren Männer und Frauen nicht gleich?

Daß sie's nicht waren, erfuhr ich selbst dann noch nicht, als ein Mädchen am Dorfteich sich hinhockte. Der Strahl Wasser, der

aus ihr plätscherte, verließ ein seltsames Gebilde. Unsicher erkundigte ich mich bei der Großmutter und erhielt eine erstaunlich ungenaue Auskunft, die ich nochmals mißverstand. Das Mädchen hatte wohl eine Operation hinter sich. Das leuchtete mir ein. Wo ich etwas fühlte und sah, wenn ich mein Wasser abschlug, hatte das Mädchen ein längliches Nichts. Das mochte die Narbe sein, die zurückgeblieben war vom Wegschneiden. Na, hoffentlich geschah mir dort kein Unheil, damit der Doktor nicht auch bei mir sein Messer ansetzte. Wie viele Bedrängnisse und Bedrohungen es gab auf dieser Welt.
Gern ließ ich mich in die Arme nehmen und herumtragen. Es war ein weiches und wohliges Gefühl, als läge man im Bett, man blieb aber aufrecht und veränderte den Ort, geriet in Bewegung, ohne sich bewegen zu müssen. Der einen trug, bewegte sich stellvertretend für einen selbst. Ich fahre gern Auto. Sitze und werde bewegt. Saß auf dem Arm der Großmutter-Mutter und sah was von der Welt. Ihre mächtige Brust umkuschelte das dicke Kind. Ungemütlich und kalt fand ich's auf dem Arm von Männern. Hart waren sie und knochig. So ein Mann packte das Kleine und brachte es irgendwohin. Der Luxus fehlte dabei, das Busenpolster. Ich lernte noch im Zustand der Wortlosigkeit Weiblich-Weiches schätzen.
Von Männern läßt er sich nicht gern auf den Arm nehmen, sagte Großmutter wichtig, hatte mein Papa es wieder mal versucht. Ich machte mich steif, da wurde alles noch knochiger, unerfreulicher. So ging ich schon in frühen Jahren der Männerwelt verloren. Mir fehlten die Kissen, wohin man seinen Arsch schmiegen konnte, die Knie und Füße. Männer geben mit ihrer Hagerkeit keine Heimat, keinen Halt.
Er mag nur von Frauen herumgetragen werden, sagte Großmutter verwundert. Komisch, wie schnell er das spürt.
Die gute alte Frau. Sie hatte vergessen, ich war neun Monate geborgen gewesen im Leib ihrer Tochter. Mehr als neun Monate. Ich hatte überzogen. Das lag in der Familie. Der väterlichen. Alle Kinder väterlicher Linie weigerten sich, den Mutterleib nach normaler Tragezeit zu verlassen. Wir sind seßhafte Leute. Es heißt, die Mutter meines Großvaters von der Ziegelei, also

meine eine Urgroßmutter – man hat vier davon –, sei dreieinhalb Jahre schwanger herumgelaufen. Damals im Böhmerwald war alles Mögliche möglich. Ärzte waren zu teuer und mußten von weit her geholt werden. Also verzichtete man drauf. Statt dessen erschien der Pfarrer. Es kam der Handaufleger. Das Kräuterweiblein. Mein Großvater hätte demnach dreieinhalb Jahre in seiner Mutter gesessen. Ich halte das für einen unverschämten Wunschtraum. Doch die Geschichte meiner väterlichen Sippe steckt voll wunderschöner Unerfüllbarkeiten. Außerdem verstand mein väterlicher Großvater das Wünschen besser als jeder andere. So verbreitete er, ich sei als Kind von meiner lieben Großmutter gesäugt worden.
Wenn der schwarze Mann vom Ziegelofen das zum besten gab, lachten die Zuhörer laut auf und klatschten sich verzückt auf die Schenkel in teuflischer Freude. Ein Kind, dem die Großmutter die Amme ist, gab denen Anlaß zum Gelächter. Ich begriff nicht, warum. Erst später verstand ich. Sie waren neidisch. Großmutters Muttermilch war die beste, und es blieb nichts für sie, weil ich ihnen alles weggesoffen hab'. Der Mensch antwortet mit bösem Lachen oder Haß, erhält er nicht, was er begehrt. Ich hab's bekommen, und so fehlt's mir an Bosheit und traurigen Teufeleien. Ich, ich hab' mich genährt an den guten Quellen.

Annette besuchte mich in der Scheune.
Ich lag oben im Schober auf dem Stroh und starrte hoch zu den Dachziegeln. Holzleisten von einer Mauer zur andern. Die Dachpfannen darauf befestigt.
Es raschelte. Annette stand auf der Leiter. Ich sah das Mädchen bis zur Hüfte, und Annette war nackt bis zur Hüfte.
Ich sah ihre jungen Brüste.
Annette kam nicht herauf und stieg nicht hinunter. Sie stand und blickte zu mir her.
Ich erhob mich, war überall voller Strohhalme. Nahm einen Strohhalm, stand an der Leiter, umkreiste mit dem Strohhalm Annettes Brustnippel, daß sich eine rötliche Kreiselspur bildete, und Annette kicherte.

Du kitzelst mich.
Sie genoß es, daß ich sie kitzelte.
Ich genoß es, daß sie es genoß, gekitzelt zu werden.
Ich legte mich zwischen den Leiterpfosten nieder.
Komm, jetzt du bei mir.
Das Mädchen blieb auf der Leiter. Nahm einen Strohhalm.
Umkreiste etwas an mir.
Bildete sich jetzt auf meinem Körper ein rotes Streifchen?
Ich blickte neugierig auf und betrachtete mich.
Annette lachte.
Warf den Strohhalm weg. Er segelte gemächlich in die Scheunentiefe, aus der es heraufraschelte.
In Scheunen herrscht immer Bewegung. Annette war Jungfrau und blieb es noch einige Zeit. Annette war die erste Jungfrau, die ich bewußt kennenlernte und die doch vieles besser wußte und zu geben verstand als manche erfahrene reife Frau. Während Annettes Hände mich kunstvoll liebkosten, hatte ich das Gefühl, ein vollkommenes, rundes, vergnügtes, dickes Großmutterkind zu sein.

Die Liebolds-Bande bestand aus drei Brüdern. Sie waren ruppig, rotzfrech und vollkommen unzivilisiert, was ich sehr bewunderte, allerdings nur aus der Entfernung. Ihr lautes Wesen stieß mich ab.
Auf dem Weg zur Schule mußten wir durch eine lange Senke. Dort stand, von Gebüsch umgeben, eine alte Scheune. Hier sperrten die Liebolds den Weg ab, und die Mädchen, die vorbei wollten, mußten vorzeigen, wie sie beschaffen waren. Da die Liebolds drei Brüder waren und keine Schwester besaßen, entsprach ihr Nachholbedarf an anatomischen Kenntnissen dem meinen. Wir glaubten gemeinsam, Frauen unterschieden sich von Männern allein durch ihren Busen. Die Offenbarungen hinter der Scheune vervollständigten unser Wissen. So gesellte ich mich zu den drei wilden Brüdern. Fortan unternahmen wir vieles gemeinsam. Bis der Krieg kam und die drei Brüder nach Rußland schickte. Der erste blieb dort und kehrte nie zurück. Der zweite kehrte heim, kränkelte, wurde Lehrer. Der dritte

lernte bei der Armee das Lastwagenfahren. An der Oder stieß er mit einem Panzer der Roten Armee zusammen. Fünf Jahre Sibirien. Danach war er wieder Lastwagenfahrer. Ich traf ihn auf einer Autobahnraststätte. Neben ihm saß eine junge Frau. Wir feierten das Wiedersehen. Das Leben ist kurz und die Welt klein.
Die Begleiterin meines Freundes war kein Kind von Traurigkeit. Speis und Trank mundeten vorzüglich.
Weißt du noch? sagte der jüngste Liebolds-Bruder. In seinen Augen standen alle Mädchen unserer Kindheit verzeichnet. Die Erde roch nach dem Stroh, das in alten Scheunen lagert. Wir schnupperten, daß unsere Nasen hüpften.
Was ist? fragte das Mädchen.
Wir atmeten erregt. Jungen bei ihrem ersten Abenteuer. Wir erhoben uns, von allen Alltagslasten befreit. Abgas-Wolken hüllten uns ein. Der Ritter der Landstraße stapfte voran, das Mädchen und ich folgten ihm in die Kabine des Tausendtonners. Wo waren wir angelangt. In einer Mondrakete. Schräg über und hinter dem Fahrersitz ein Liegebett. Darauf streckte das Mädchen sich aus, dem der jüngste Liebolds-Bruder was ins Ohr flüsterte. Wir betrachteten das Mädchenwunder, das sich unseren Blicken darbot. So sieht die Welt aus, in die wir einfahren werden und aus der wir herkommen. Salut allen Kapitänen der Landstraße.

Martin Schmeer saß in der Schulbank hinter mir. Er war zierlich und hellblond. Ein verträglicher Kerl, bloß nervte er uns alle mit seinem Motorrad-Fimmel. Mitten im Unterricht breitete Martin die Arme aus und handhabte die imaginäre Lenkstange seines imaginären Motorrads. Die Hand zuckte.
Rrrrrrrrrrrrrrrrrrrrrrrr.
Das rasante Motorengeräusch aus Martin Schmeers Mund brachte die gesamte Klasse in Aufruhr. Überall umfingen Hände Lenkstangen, brausten Maschinen los, das Rennen begann. Der Lehrer raufte sich verzweifelt die Haare.
Man wußte nie, wann Martin Schmeer Gas gab. Offenbar fuhr er eine sehr schwere Maschine. Kein anderer Motor klang so tief, dröhnte so ungeheuerlich, schwoll so hoch an im Ton.

Als ich nach rund zehnjähriger Abwesenheit heimkam, hörte ich, Martin hatte das erste Nachkriegsmotorrad in der ganzen Stadt gefahren.
Ein Jahr lang. Dann hatte man ihn gefunden. Von einem Stahlmast war ihm auf einer Nachtfahrt der Kopf vom Rumpf gerissen worden. Die Maschine, eine Fünfhunderter-Vorkriegs-BMW, lag daneben. Kaum beschädigt.
Martin Schmeers Vater zerschlug das Motorrad mit dem schweren Vorschlaghammer in winzige Teile.
Ich suchte den alten Schmeer in seinem Schrebergarten auf. Neben der Wohnlaube befand sich eine Art Werkstatt. In der Mitte ein Amboß. Ringsum Mengen eiserner Klümpchen.
Vater Schmeer sah mich an. So, ein Schulfreund von Martin, so...
Er legte eines der Eisenteile auf den Amboß, holte unmäßig aus und schlug mit Wucht drauf.
So – ein Schulfreund von unserem Martin – so...
Der Hammer sauste nieder, wieder und wieder. Ich hörte die Schläge noch aus weiter Entfernung, als ich davonging.
Martins Schulfreund. Meine Schuld, daß ich lebte.

Das Dorf war mit der nahen Stadt durch eine Landstraße verbunden. Sie hieß Chaussee. Auf der anderen Seite mündete sie in eine weitere Landstraße. Auf ihr kam man in die nächste größere Stadt. Dazwischen lagen Felder und Wälder. Alle Straßen und Wege des Dorfes endeten in wenigen Wegen, die zu anderen Dörfern führten oder in Waldpfade übergingen. Zwischen dem Dorf und der nahen Stadt lagen Felder. Nach allen anderen Seiten umgrenzten Wälder das Dorf. Stundenlang konnte man dort gehen und traf keinen Menschen. Die Straßen endeten in Wegen. Die Wege endeten in Pfaden. Die Pfade endeten in Wäldern. Die alten Männer, die nicht mehr leben wollten, nahmen einen Strick und entfernten sich in den Wald. Dort hingen sie, Frucht an einem starken Ast. Die Frauen, die sterben wollten, gingen ins Wasser. Die Männer in den Wald. Die Lebenden kannten viele Totenbäume.

Sie hieß Frau Hubrich, hatte silberweißes langes Haar und keinen Mann mehr, aber ein winziges Haus am Dorfende, dazu Ziege, Schwein, Schaf und sieben Hühner ohne Hahn.
Wenn die Großeltern am Samstagmorgen zum Markt in die Stadt gingen, wurde ich an Frau Hubrich ausgeliehen. Ich war zu klein. Der Weg in die Stadt zu weit und mühevoll.
Bleib hier, Junge, wir sind bald zurück.
Den Markt in der Stadt bestritten die Bauernfrauen aus der weiten und nahen Umgebung, nur hießen sie nicht Bauernfrauen, sondern Bauersfrauen, denn mitunter vertritt ein »s« anstelle des »n« den ganzen Dialekt.
Ich hatte es gut bei der Langsilberhaarwitwe.
Winzig war ich, winziger, am winzigsten. Konnte eben sitzen und gehen und mampfen und einen oder zwei Sätze sprechen, sonst nichts.
Kam Frau Hubrich zu mir, sah mich an mit freundlichsten Hexenaugen, fragte: Soll ich dich fressen?
Ich nickte.
Sie beugte das glänzende Silberhaupt über mich und hatte einen großen Mund und lange Zähne und knabberte mich an.
Soll ich dich trinken?
Ja, trinken, trinken.
Sie nahm meine Finger in den Mund und trank sich satt. Sie lachte und ich lachte und wir lachten.
Mußt du mal?
Ja.
Sie machte sich an mir zu schaffen, bis es ganz schön war. Tat an mir wie an ihrer Ziege, wenn sie die molk. Und ich, ich gab Milch.
Es war sonst nirgends so schön, wenn ich mal mußte. Ich mußte hier ganz anders. Wohlig war mir zumute. Auch dauerte es seine Zeit. Unter Frau Hubrichs Hexenhänden wuchs ich über mich hinaus.
Hat es dir gefallen?
Ja, gut.
Bis nächsten Sonnabend also.

Und kommenden Samstag würde ich wieder getrunken und gefressen werden und würde wieder müssen.

Als ich in meiner Mama saß, drangen die Töne gedämpft zu mir herein. Wir fühlten gemeinsam. Unsere Nerven waren miteinander verbunden wie unsere Blutgefäße, das Herz und Gehirn. Ich wurde satt, ohne zu essen. Ich trank, ohne zu trinken, und lag wach im großen Schlaf. Da wußte ich, es würde immer so sein. Ich hatte keinen Begriff vom Anfang und keinen vom Ende. Alles, was ich fühlte, war Dauer. Ich hörte das Summen und die feuchte, satte, zufriedene Fröhlichkeit, mit der ich wurde. Dann drängte es mich heraus, und das fest- und vielfleischige Wesen, Mutter-Großmutter, nahm mich mit sicheren Händen entgegen. Es war eine kurze Kälte gewesen im Übergang, um so fester hielt ich mich fest an ihren Blusen, Röcken, Armen, Beinen. Davon sollte mich nichts abtrennen, das würde ich verhindern, und es beruhigte mich über alle Maßen, daß neben der Mutter-Großmutter noch ein Wesen kenntlich wurde, dieser Vater-Großvater, auf den ebenfalls Verlaß war. Aber wir waren sehr arme Leute, sagte meine Mutter später. Da waren Großvater und Großmutter schon dahingestorben, und wir hatten es alle drei nicht gewußt, daß wir arm waren. Wir Glücklichen.
Ich glaub' nicht, daß es stimmt mit der Armut. Es mangelte mir an nichts in den sechs Jahren, die ich bei ihnen verbrachte. Du hast leicht reden, sagt meine Mama, sie haben dich in Speck eingewickelt, du bist ganz lebensunfähig geworden davon. Mag sein, denke ich, und wenn schon, es ist seither selten so schön warm geworden um mich herum und in mir drinnen. Es gibt verschiedene Feuer. Und manchmal auch gar keins. Ich hab' meine ersten sechs Jahre hindurch gelebt wie die Made im Speck. Die alten Lieder, die gesungen wurden am gußeisernen Ofen, beim Feueranmachen, die singt keiner mehr und hört keiner mehr und kennt keiner mehr. Die alten Lieder.

Was ich gelernt habe, ist: Von Steinen umgeben, wuchsen wir auf. Ans Herz der Großmutter geflüchtet, hab' ich Glück gehabt.

Das gefährliche Husten ging an mir vorüber.
Das große Kotzen.
Ich fühle Durst und trinke.
Ich habe Hunger.
Mampfe in mich hinein.
Es treten welche heran, die mich gewinnen wollen für dies oder das. Sie schwitzen aufrichtig und dauern mich. Manchmal beschwätzt mich einer. Danach bin ich der Dumme, und hinterher klüger geworden, meide ich ihre Papierfallen, in denen sie die Beute einfangen.
Ich brauche nicht viel.
Eine Handvoll Luft, um zu atmen.
Eine Handvoll Liebe, um zu leben.
All der faule Zauber, der die Preise hochschnellen läßt, soll unseren Behausungen fernbleiben. Ich hab' mir vorgenommen, nur noch auf jeden zweiten hereinzufallen.
Man sollte immer geradeaus gehen.
Von Ferne rumoren ihre Glocken, Alarmsirenen, Abschußrampen. Ich weiß nicht, machen sie noch Übung oder schon wieder ernst oder noch ernst und schon wieder Übung. Ich bin nicht dabei. Wir sollten nicht dazugehören. Nicht bei denen. Und bei diesen auch nicht. Ich lasse an schönen Herbstnachmittagen einen Drachen steigen. Errichte einen Haufen aus Kraut und brate mir Kartoffeln auf offenem Feld. Es ist abgeerntet. Doch so viel, wie ich brauche für meinen besonderen Geschmack, findet sich noch.
Die Hamster schone ich und die flinken Mäuse.
Wenn sie kommen und mich enteignen, können sie alles haben. Nur meine Erinnerungen und die schöne stolze Ungewißheit unserer Zukunft nicht. Die Angst vor der Zukunft halten sie lebendig. Wir dürfen nicht nachgeben.
Was braucht der Mensch noch. Mitnehmen kann keiner was. Auf dem Arm meiner Großmutter-Mutter sitzend, trägt es mich durch eine kalte Welt. Ich habe alles bei mir, was not tut. Warm sitze ich und weich und wachse mit den Füßen nach unten. Bald werde ich die Erde berühren, werde in die Erde hineinreichen und mich ausstrecken. Dann ist es gut. Genossen. Wir dürfen müde sein.

Irgendwann werde ich durchs Historische Museum gehen und auf eine Ausstellung stoßen: *Arbeiterwohnung im Jahre 1925* – ich werde mein Milieu ausgestellt finden. Puppen werden da stehen und sitzen. Das bin ich. Das bist du. Müllers Kuh. Für einen flüchtigen Augenblick wird das Publikum verhalten. Ah, siehe da. So lebten die damals in der Vorgeschichte der Menschheit. Mit Schaudern erkenne ich, die Leute machen keinen Unterschied zwischen den Generationen. Meine Urgroßeltern, Großeltern, Eltern und ich sind den Zuschauern zu einer einzigen Vergangenheit verschmolzen. Die Verschiedenheiten und Unterschiede, unsere guten Gedanken und schlechten Gefühle, unsere Gerüche, Ängste, Genüsse, Gebärden und Träume sind dahin. Wir werden von Unwissenden besichtigt, wie wir zu unserer Zeit im Museum Hausrat und Figuren aus der Zeit des Dreißigjährigen Krieges besichtigten. Aber, rufe ich erregt aus, das war doch alles ganz anders und so lebendig – doch ich bringe keinen einzigen auch nur andeutenden Laut hervor. Keine winzige Bewegung will mir gelingen. Ich stehe, als Figur aus Holz und Pappe, im Historischen Museum, Abteilung *Arbeiterfamilie im Jahre 1925* – und bin ein Fossil.

Die Gablenzer Großmutter, Tochter der Leichenfrau von Markleugast in Oberfranken, besaß die Gabe des Blicks in die Zukunft, wovon sie allerdings nur selten Gebrauch machte, weil, wie sie beteuerte, die Zukunft nur selten gut sei. Mir hatte sie einmal gestanden, sie schrecke davor zurück, das eigene Schicksal zu erblicken. »Ich will's nicht wissen!« Ihr Mund schloß sich zum herben Strich. Die Falten am Kinn schärften sich. Ich bewunderte diese Frau, sie war meine wahre Mutter und erste Liebe. Als sie, 1936, starb, fühlte ich mich von aller Welt verlassen, setzte mich tagelang im Schuppen fest und weinte. Allerdings hatte die Frau mir zweifachen Trost hinterlassen. Wahrscheinlich wußte sie selbst längst nichts mehr davon. Es war an einem eiskalten Wintermorgen, etwa 1930, Großmutter hatte Feuer gemacht im Ofen (Holzspäne legen, Papier drunter, Streichholz ran, kurz darauf zwei Briketts in die lodernde Flamme) und kam für einen Moment ins Bett zurück.

»Werde ich sterben?« fragte ich sie. Und sie, überrascht: »Wie kommst du darauf?« Und ich: »Weil deine Mama Leichenfrau war.«
Sie machte Licht an, warf mir einen sonderbaren Blick zu und las mir die Hand. Dann tröstete sie mich mit den kuriosen Worten: »Du bist klug genug, alt zu werden, viel älter als ich.« Das mag so als Trost dahingesprochen worden sein von der alten Frau zu einem verwunderlich aufgeschreckten Kind. Man wird sehen. Anna starb mit 72 Jahren. Ich weiß nicht, ob es ein Glück sein kann, älter zu werden. Eines aber weiß ich, denn ich mußte es lernen – es gibt Menschen, die kommen wie der Tod. Sie bestehen ganz aus Kälte, einer Mischung von Eisen und Eis, ungerührt gehen sie durch die Jahre und sondern Begriffe ab, den Tod auf Raten. Wo wir in den Tag hineinleben mit dem Gefühl, ein Geschenk zu erhalten, stehen sie mürrisch am Wegrand und definieren mit knappen Worten ihr Elend, das sie uns unterschieben. Meine frühe Kindheit bestand aus einer unendlichen Geschichte. Danach kamen die Lehrer, nahmen alles auseinander und nannten es »buchstabengetreu«. Später im Krieg, wenn die Truppe sich selbst überlassen war, erinnerten die Soldaten sich an ihr verlorenes Privatleben, und das Militär zerfiel in Individuen. In den Gefangenenlagern hingen sie hungernd auf den Pritschen und erzählten einander von daheim. Später wurde daraus Statistik. Ich lernte erkennen, es gibt nur zwei Typen von Menschen – die Geschichtenerzähler und die Begriffstäter. Die Mütter, die sich in ihren Kindern fortsetzen, geben ihnen die eigene Geschichte mit. Dann kommen die Pädagogen, Kommandeure, Chirurgen, Politiker, geben jedem eine Nummer und zersägen ihn in Einzelteile, damit alles besser in die letzte Kiste paßt.
Die ersten Revolutionäre ersannen die gute Geschichte der Freiheit. Ihnen folgten die Exekuteure, und sie besaßen von der Freiheit einen Begriff wie der Scharfrichter von seinem Schwert. Die Welt liegt in den Händen derer, die meinen, wenn sie die Formel H_2O haben, so haben sie Wasser. Unsere Kommandeure sind wohlausgebildete, hochspezialisierte Vivisektoren, die mit jedem ihrer kunstvollen Schnitte das Leben zerstö-

ren und sich noch nicht einmal wundern. Auschwitz war kein Betriebsunfall der Deutschen, sondern das notwendige Resultat menschlicher Entwicklung. Die Deutschen öffneten lediglich das Tor und gingen voran in den neuen Garten Eden, und schon wer den Namensschwindel dementierte, war verloren.

Eine Fahrt in die Vergangenheit oder auf der Suche nach Heimat

Von Hessen aus kann man recht günstig über Herleshausen in die DDR einreisen. Wir nahmen von Offenbach/Frankfurt die Autobahn Richtung Kassel und fuhren am Kirchheimer Dreieck Richtung Eisenach weiter.
Zehn Minuten nach Bad Hersfeld endet die Autobahn, die Bundesstraße führt hinter Herleshausen zum westdeutschen Grenzpunkt. Aus dem Inneren eines hüttenartigen Gebäudes wurden wir barsch gefragt, wohin wir wollten. Ich gab eingeschüchtert Bescheid:
»Nach Crimmitschau!«
Ab ging's Richtung DDR.
Um ein paar Monate aufgerundet, waren 20 Jahre seit unserem Weggang aus der DDR verstrichen. Bis zu diesem 24. August 1976 hatte ich nie mehr einen Fuß auf DDR-Boden gesetzt.
Nach West-Berlin hatte ich stets das Flugzeug benutzt. Zeitweise ignorierte ich die DDR, indem ich auch ihre Zeitungen und Bücher nicht mehr wahrnahm. Dann wieder suchte ich aufzuholen und las, was ich nur bekommen konnte.
An diesem Dienstag im August '76 wurde die DDR für uns erstmals wieder sinnliche Wirklichkeit.
Der hessisch-westdeutsche Grenzort und Grenzkontrollpunkt heißt Herleshausen. Der thüringische DDR-Grenz- und Kontrollpunkt heißt Wartha.
Vor uns standen nur ein halbes Dutzend Fahrzeuge vor der Paßkontrolle, die nicht schnell, aber zügig und gleichmäßig vonstatten ging.
Bis wir an der Reihe waren.

Unsere Reisepässe, der Kfz-Schein und die sonstigen Papiere verschwanden im Inneren der Kontrollbaracke, und nun hörte der Grenzverkehr auf.
Es war sehr warm an diesem späten Dienstagvormittag. Die Sonne prallte aufs Wagendach. Wir schwitzten wohl nicht nur wegen der Sonne. Die DDR-Grenzer trugen beide blaugraue Sommerblousons, die Ingrid sehr hübsch und kleidsam fand. Wir hatten ausreichend Gelegenheit, Stoff und Schnitt der DDR-Grenzsommeruniform zu betrachten. Der Mann, der unsere Papiere abgenommen hatte und auf deren Rückgabe wartete, lief vor unserem Autofenster herum, ihm war heiß, trotz der luftigen Oberbekleidung.
Er langweilte sich, bohrte mit dem Zeigefinger andeutungsweise Löcher in die Barackenwand und warf uns halb verlegene, halb mißmutige Blicke zu.
Die Zeit verging, aber es ging nicht voran. Aus dem Inneren des Kontrollgebäudes drang mehrfach mein Name. Offensichtlich wurde telefoniert.
Hinter unserem Wagen entstand allmählich eine Autoschlange. Wir aber standen mitten auf der Grenze, durften nicht vor und nicht zurück und verstopften das dünne Nadelöhr zwischen Deutschland und Deutschland. Von allen Seiten trotteten gelangweilte Grenzer heran. Sie hatten nichts zu tun, weil wir alle Amtshandlungen blockierten.
»Hoffentlich legt man uns das nicht als Sabotage aus«, nörgelte Ingrid, und dann meinte sie: »Wenn sie uns nun doch nicht reinlassen, kriegen wir dann unsere sechzig Mark wieder?«
Der Grenzverkehr beginnt gleich mit Kasse: 30 Mark Visa- und 30 Mark Straßenbenutzungsgebühren ist man los, ehe man auch nur tief Luft geholt hat.
Drinnen schrie wieder jemand meinen Namen.
Endlich plumpste etwas dumpf in einen der hölzernen Fangkästen unter den Barackenfenstern. Der Grenzer griff zu, klappte die grünen Reisepässe auseinander, las darin, überprüfte mit zwei kurzen forschenden Blicken Fotos und Gesichter und händigte uns die wertvollen Dokumente aus.
»Gute Reise!«

Drin waren wir also in der DDR.
Noch vor Eisenach beginnt wieder die Autobahn, mit Tempobegrenzung auf 100 Kilometer in der Stunde.
Thüringen ist schön. Ich bat Ingrid, den Wagen zu fahren, und bestaunte vom Beifahrersitz aus die von Burgen und Bergen gekrönte waldreiche Mittelgebirgslandschaft.
Das grüne Herz Deutschlands war zur westlichen Grenzprovinz der DDR geworden, sonst hatte sich nichts geändert.
Abgesehen vom Geruch. Später begriff ich, die gesamte Republik roch nach Minol, dem landesüblichen Benzin, dessen Gas mir sofort auf die Bronchien schlug.

Crimmitschau zählt zum Bezirk Karl-Marx-Stadt. So heißt das frühere Chemnitz, aber diesen Namen benutzt kaum noch ein DDR-Bürger. Wir haben ihn nie gehört. Alle reden von Karl-Marx-Stadt.
Obwohl die alten Ländergrenzen nicht mehr existieren, ist der Übergang von Thüringen nach Sachsen an der Landschaft abzulesen. Die westsächsische Industrieregion kündigt sich mit weniger Wald und mehr großen alten Gehöften an. Obwohl auch in Thüringen die großen LPG-Felder und mächtigen LPG-Viehherden auffallen, scheint in Sachsen sich alles zu intensivieren. Dann senkt die Autobahn sich, es geht hinunter auf die große, lange Brücke, die Frankenhausen überspannt, und rechts breitet sich die traditionsreiche Textilindustriestadt Crimmitschau aus, ein schornsteinbestücktes, dunkles, rußiges Monster, notdürftig mit sommerlichem Grün getarnt.
Die Luft riecht wie im Ruhrgebiet. Alles sieht aus wie im Ruhrpott. Nur sind die Eigentümer andere Leute als die im Ruhrgebiet. Als ich in der alten Zweizimmerwohnung stehe, denke ich, nun bist du wieder in der Arbeiterstadt. In der Arbeiterlandschaft. Ich bin heimgekehrt. Aber nicht daheim.
Erster Eindruck: Das kann doch nicht wahr sein. Hier bist du aufgewachsen? Zur Schule gegangen? In die Lehre?
Wo das Haus steht: im östlich gelegenen Arbeitervorort einer Arbeiterstadt. In einer seitlichen Sackgasse. Früher konnte man in die angrenzende Landschaft entweichen: Felder, Bäume,

Schluchten, die »Hohle« – abenteuerliche Karl-May-Geografie unserer kindlichen Spiele. Heute ist alles zugebaut von Gartentoren und Garagen. Die zehn Häuser der steil ansteigenden Straße abgestuft, grau und zerfallen aussehend.
Es wird aber in Kürze saniert und renoviert. Die Hauptstraße entlang ist das schon geschehen. Die Mieter ziehen für ein paar Monate aus. Erhalten »Springer-Wohnungen« zugewiesen. Baukolonnen rücken an, bauen Bad oder Duschen und WC ein. Dazu neuer Anstrich innen und außen. Auch die Hauptverkehrsstraße wurde modernisiert, frischer Asphalt, dreispurig, bei der Steigung und den unübersichtlichen Kurven wird es Unfälle geben.

Ein junger Schlosser: »Ich möchte gar nicht für immer rüber. Mir ist klar, ich würde dort untergehen oder ein Verbrecher. Aber mal 'ne Woche lang in die BRD und alles ansehen. Dann käm' ich gerne zurück in die DDR!«
Ein junger Elektroschweißer vorm BMW: »So einen Wagen möcht' ich auch mal haben. Was macht der? Was kostet der? Könnte ich mir als Schweißer diesen Schlitten für 25 000 DM kaufen? – Nein? – Das glaub' ich Ihnen nicht. Ich würd' mich krummlegen für so einen Wagen!«
Impressionen, Aufgeschnapptes, im Vorübergehen Erfaßtes – einen Tag lang fuhren wir durch Karl-Marx-Stadt und den danach benannten Bezirk. Früher nannte man diese Gegend das Armenhaus der Republik. Das ändert sich. Man ist eifrig dabei, das zu ändern.
Karl-Marx-Stadt selbst ist ungeheuer geschäftig, man baut, gestaltet um, und neue, flinke, fleißige, flanierende Menschengruppen bestimmen das Stadtdbild, die breite Avenue »Straße der Nationen« wirkt lebendig, historische und moderne Gebäude scheinen sich, so unser erster Eindruck, gut zusammenzufügen, den Bewohnern Funktionales und Erfreuliches bietend.
Vor dem wichtigsten Verwaltungs- und Parteihaus, es heißt aber vielleicht auch Partei- und Verwaltungshaus, der riesige Karl-Marx-Kopf in Stein. Kühner Schwung, Sturmfrisur. Wer sich davor fotografieren läßt, ist bestimmt aus dem Westen, sagen die Einheimischen.

Mir gefällt dieser überdimensionale Marx. Ich will mich gern davor knipsen lassen. Vergesse es wegen neuer Eindrücke. Später, als wir im Bezirk herumfahren, murmelt Ingrid was vom imposanten Marx-Schädel, aus dem die Ideen kamen, die zur materiellen Gewalt werden, wenn sie die Massen ergreifen.
In Karl-Marx-Stadt bewegten vor allem die Intershop-Läden die Massen. Hier, wo man für Westgeld Westwaren kaufen kann, kriegte man vor Kunden kaum ein Bein auf die Erde.

Fahrt über Autobahnen und Landstraßen. Vogtland, linker Hand das Erzgebirge, blaugraue Schattensilhouette.
Plötzlicher Halt. Kalaschnikow-bewehrte Uniformierte. Nicht die Papiere sind gefragt. Der Kofferraum soll geöffnet werden. Sie suchen wohl wieder einen ausgerissenen Russen, murmelt einer am Straßenrand.
In meinem Kofferraum ist jedenfalls keiner verborgen.
Forschender Blick der Kalaschnikow-Soldaten. Im Mittelpunkt steht der Mensch. Wir haben keinen im Kofferraum.
Vielen Dank! Gute Weiterfahrt!
Der Himmel noch immer wolkenlos. Kurz vor Plauen kehren wir um, Richtung Zwickau, Werdau, Crimmitschau. Feierabendgewühl wie in unseren Ballungsräumen.
Die Mutter erwartet uns schon: »Kaum seid ihr heute früh weggewesen, kam der Herr Scheit aus Karl-Marx-Stadt. Er möchte dich gern sprechen, Gerhard, und will morgen gegen elf Uhr wiederkommen!«
Anderntags erscheint Herr Scheit, außenpolitischer Mitarbeiter der Zeitung des Bezirks. Er ist höflich, freundlich und bringt zwei Ausgaben von Springers *Welt* mit. In einer wird auf der ersten Seite fett gemeldet, daß ich nicht in die DDR einreisen dürfe. In der zweiten wird immer noch auf der ersten Seite, aber nicht fett, gemeldet, daß ich nun doch die Reiseerlaubnis erhalten hätte.
Wir bereden den kuriosen Fall. Meine Mutter war seit drei Jahren nicht bei uns im Westen gewesen. Fühlte sich nicht gesund genug. Dann kam die Nachricht, sie liege im Krankenhaus. Ich fragte an, ob ich sie besuchen könne. Die Verwandten rieten

brieflich ab, der Zustand der Kranken verbiete jede Aufregung, auch freudige. Die gleiche Auskunft auch, als meine Mutter aus dem Krankenhaus entlassen und daheim weiter auf Pflege angewiesen war. Schließlich meldeten wir uns für die vorletzte Augustwoche an.

Meine Mutter füllte, assistiert von den Verwandten, die Antragsformulare für unsere Einreise aus und erhielt die entsprechenden Papiere von der Volkspolizei für meine Frau, meine Tochter und für mich.

Kaum hatte der Postbote die wichtigen Dokumente gebracht, erschien ein Polizist und holte sie weg.

Dann waren, nach vielem Ärger, die Genehmigungen wieder da, aber nur für Ingrid und Catharina Zwerenz; für mich, den Sohn, gab's keine.

Niemand sagte das ausdrücklich, man schickte einfach für mich kein Papier, aufgrund dessen ich das Visum an der Grenze erhalten konnte. Auch sollten meine Frau und die Tochter per Bahn kommen, nicht mit dem Wagen, wie wir beantragt hatten.

Das alles ging mir über die Hutschnur, und ich informierte die Öffentlichkeit. Zeitungen, Rundfunk, Fernsehen reagierten, und das wiederum störte die geheimnisvoll verweigernde DDR-Behörde. Am Montag, dem 23. August, an dem wir ursprünglich losfahren wollten, erhielt auch ich die Einreiseerlaubnis, und sogar mit dem Auto, wie ich's gewünscht hatte.

Ich gab eine zweite Erklärung an die Öffentlichkeit, in der ich mich bei den Instanzen »in beiden deutschen Staaten« bedankte, die für mich tätig geworden waren, u. a. beim PDI (Pressedienst Demokratische Initiative), einer in München domizilierenden Autorenvereinigung, die oft als kommunistisch gelenkt diffamiert wird.

Dies und anderes wurde mit Herrn Scheit beredet. Der außenpolitische Experte war wortgewandt und weltoffen, mit solchen Genossen sich zu unterhalten ist ein Vergnügen, auch deshalb, weil man die gegensätzlichen Positionen klären und hernach ausklammern kann.

Herrn Scheits Sorge war in einem Aspekt auch die unsere: die

Gefahr einer BRD-Entwicklung zurück ins Rechte und Reaktionäre. Da wurde Genosse Scheit geradezu wortgewaltig. Wortkarg gab er sich, wenn ich, ungescheut mich wiederholend, nach den Ursachen für meine seltsame Einreiseverzögerung forschte.
Weshalb die ursprüngliche Genehmigung für mich wieder abgeholt wurde, das blieb im dunkeln.

Vor einem Jahrzehnt war schon mal eine ähnliche Panne passiert. Meine Mutter, eben Rentnerin geworden, hatte uns in der BRD besucht und wollte im Jahr darauf wieder zu uns kommen.
Das wurde ihr rundweg abgelehnt. Als sie sagte, sie sei doch schon einmal im Westen gewesen, antwortete ihr der zuständige Polizeibeamte: »Das lag daran, daß wir so viel zu tun hatten, da sind Sie aus Versehen durchgerutscht!«
Ein halbes Jahr lang kämpfte meine Mutter damals um ihr Besuchsrecht. Endlich, im November, als sie entmutigt aufgab, drängte man ihr die Westreise geradezu auf.
Dann, als sie wegen des Winters nicht mehr fahren wollte, sollte sie unbedingt. Sie ist dann ganz mürrisch bei uns angelangt.
Was steckte hinter all solchen Widersprüchen? Doch wohl keine Dialektik. Vielleicht die provinzielle Kleinkariertheit irgendeiner Kreisbehörde.
Im Jahre 1974, als eine BRD-Schriftstellerdelegation den Besuch einer russischen Autorengruppe erwidern wollte, erhielt ich von der Sowjetunion kein Einreisevisum. Daraufhin solidarisierten sich die Schriftstellerkollegen mit mir, die gesamte BRD-Gruppe fuhr nicht, der Autorenaustausch stockte einige Zeit.
Hinter dem verweigerten Visum für Moskau kann zweifelsohne nicht das Fehlverhalten der vergleichsweise winzigen Werdauer Behörde stecken. Wer oder was also ist schuld an solchen sich wiederholenden Begebnissen?
Dunkel sind die Wege und Entschlüsse der Ämter, auch im Sozialismus der DDR. Oder etwa gerade im Sozialismus? Wie

und wo erhält der einzelne sein Recht? Woher erfährt er, was sein Recht ist? Wir wissen nicht, was erlaubt ist und was nicht. Bei der polizeilichen Anmeldung fragte ich die nette Angestellte, ob wir uns frei bewegen dürften oder ob es irgendwelche Einschränkungen gäbe. Die Antwort war: Wir dürfen überallhin in der Deutschen Demokratischen Republik, nur nicht in die gesperrten Grenzgebiete. Dahin wollen wir nun ganz und gar nicht. Die Antwort der Dame weist die DDR als freizügig für Auto fahrende Besucher aus. Wenn man aber unter irgendein Verdikt fällt, ist man wehrlos. Was, zum Beispiel, kann ich unternehmen, um zu erfahren, wer mir Hindernisse in den Weg legte und warum? Im Dschungel westlicher Ämter ist es nicht leicht, sich durchzufinden, doch man kann, für gutes Geld, Rechtsanwälte anheuern, die einem helfen, oder auch nicht. Immerhin kann man was unternehmen. Was kann ich hier tun? Nichts. Oder ich weiß es nicht. Ich erfahre es auch nicht. Ferne kafkaeske Instanzen entscheiden. Ihre Entscheidungen dringen bis zu dem Betroffenen herunter, doch der Betroffene dringt nie bis zu ihnen hinauf. Vielleicht habe ich nur eine falsche Vorstellung vom Sozialismus. Mein Wunsch-Sozialismus sähe auf alle Fälle anders aus. Er müßte überschaubarer und durchschaubarer sein. Es dürfte keine fernen, unsichtbaren Obrigkeiten geben und keine ratlosen Untrigkeiten. Oder vielleicht bin ich nur fremd hier.

Mittags sitzen wir im »Haus der Einheit«, haben Rehkeule bestellt. Soljanka zuvor, einen Teller Suppe, die das Hauptgericht eigentlich überflüssig macht. Zur Rehkeule aparterweise Pellkartoffeln, in sehr hübschen dunkelblauen Schüsselchen, am Nebentisch mosern die Leute wegen klebriger Finger vom Kartoffelschälen. »Anweisung von oben für die Republik! Ab gestern gibt's in allen Gaststätten nur noch Pellkartoffeln!» tröstet der Oberkellner, ein Unikum. »Sie können alles wegräumen«, sagen die Gäste in Hörweite von uns. »In Ordnung«, antwortet der Mann, »nur Tisch und Stühle lass' ich da!«
Routine, aber er serviert sie sehr liebenswert. Mitunter soll's Gedrängel geben in den Restaurants der Republik, wir sicher-

ten uns beizeiten Plätze, stärken uns vorm Besuch auf dem Friedhof. Ruhe bei den Essenden, Ruhe bei den Toten, wohltuend für unsere strapazierten Westnerven. Lange Gräberreihen, die letzte Ruhestätte der Großmutter mit hohem Stein, unser einprägsamer Familienname, vorn ein Z und hinten ein Z, leuchtet mir suggestiv entgegen, Geburt und Tod, ich lese die Daten, Großmutter ist 89 Jahre alt geworden, und hätte sie nicht eine Grippewelle hinweggerafft, gewiß wär' sie noch auf neunzig oder hundert gekommen. »Dein Papa«, sagt Mama zu mir, »wollte auch nicht sterben, der dachte bestimmt nicht, daß er schon mit 52 abgehen würde, hatte Pech mit seinem Herzen, der arme Kerl, hätte gern die Achtzig vollgemacht, aber er hat sein Leben lang in einem zu kurzen Bett geschlafen!«
Diesen ominösen Satz sagt Mama auch, wenn sie Ingrid und mich des Abends daheim in den Ehebetten unserer Schlafkammer beerdigt, oben stoß' ich mit dem Kopf an und unten mit den Füßen. »Es konnte aber keiner dafür«, sagt meine Mutter, »dein Vater hat die Betten schließlich selbst bestellt und gekauft!«
Für sein letztes Lager zumindest war er nicht verantwortlich, das suchen wir jetzt. »Hier muß es gewesen sein«, murmelt Mama, »da war auch so 'ne kleine Mauer!« Ich taste mit Fuß und Hand, keine Mauer zu spüren, Rasen deckt alles zu, Gebüsch wuchert hoch, von der Grabstätte meines Vaters ist nichts gelieben als ein ungefährer Ort.
»Hier muß Papa liegen«, mutmaßt meine Mutter. »Kann man das nicht genauer feststellen?« entsetzt sich Ingrid, »ich bin nicht für Totenkult, aber einen Stein müßte er doch haben, wenn auch einen bescheidenen. Nur die Daten, Geburt und Tod.«
»Nicht mal eine kleine Tafel hat sie setzen lassen, deine Mutter, ein Kissen, wie man das bei Urnengräbern nennt?« fragt mich meine Frau.
Ich grabe in meinem Gedächtnis. 1950 war die Bestattung. Seither sind 26 Jahre vergangen. Mich trifft die gleiche Schuld, ich hab' mich nie drum geschert, wo mein Vater begraben wurde. Wir waren arm wie die Kirchenmäuse damals und hatten ge-

nug zu tun mit der Sorge für die Lebenden. Was kümmerten einen da die Toten.
Wir verlassen die Grabstätten. Die DDR ist fortan für mich auch dieser Friedhof mit der unauffindbaren Urne meines Vaters, mit dem weithin prangenden Grabmal meiner Großmutter Lidda. »Was für ein strahlender Name«, schwärmt Ingrid, »hier liegt deine Großmutter, die sich Kind um Kind wünschte von deinem Großvater, weil sie ihn liebte.«
»Wer hat dir denn diesen Quatsch erzählt?« frage ich meine Frau.
»Deine Mutter«, sagt Ingrid, »und die muß es ja schließlich wissen.«
Ich halte das für Käse, weil ich meine Oma Lidda für viel zu vernünftig ansehe, sich so was zu wünschen. Schließlich mußte sie die Bälger aufziehen. Ich betrachte meine Frau von der Seite, sie wollte nach unserer Tochter Catharina keine Kinder mehr. Die DDR bekommt ihr wohl nicht, der Staat mit der erlaubten Geburtenkontrolle, mit der Abtreibung, wenn die Frauen sie verlangen – und verlangt wird sie von vielen.
Als wir den Friedhof verlassen, hat sich Ingrid wieder gefangen, nur der fehlende Grabstein für den Schwiegervater schmerzt sie noch.
Da halfen die Grüfte der Crimmitschauer Fabrikanten. Heutzutage würde man in diesen Ausmaßen darauf ein Reihenhaus hinstellen. Wie viele von diesen reichen Fabrikbesitzern hatte es gegeben in der Textilstadt! Wir fuhren die Lindenstraße entlang. In meinen Büchern hatte ich sie Eichenstraße genannt. Heute steht auf den Schildern *Straße der Jugend.* Sie durchschneidet den westlichen Vorort parallel zur unten im Tal fließenden Pleiße. Die Straße der Jugend bezeichnet eine Villengegend, das Fabrikantenwohnviertel, ein verschnörkeltes oder klotziges Schloß am anderen, voller Un-Architektur, Gemisch aller vorstellbaren und unvorstellbaren Stile. Geld hatten sie, die Mehrwertpresser, aber nicht die Spur von Geschmack. An den Villenschlössern, den äußerlich ergrauten, stuckbröckelnden, sind unscheinbare, aber tröstliche und herzerfrischende Schilder befestigt: *Kinderheim – Jugendzentrum – Sozialstation –*

Polytechnisches Zentrum. Partei und Staat haben die Produktionsmittelbesitzerherrschaftssitze sozialisiert. Der Jugend, dem Volk zugänglich und nutzbar gemachte ehemalige Herrenburgen – auch das ist die DDR, ebenso wie die vielen geschlossenen Geschäfte in der Innenstadt: geschlossen wegen Renovierung – wegen Warenannahme – wegen Ruhetag – wegen Urlaub. Geschlossen aus Altersgründen. Sie sind erfindungsreich, geht's um Anlässe dafür, einen Laden nicht zu den angegebenen Öffnungszeiten dienstbereit zu halten, allerdings, es ist August, große Ferienzeit, doch soll es das Jahr über nicht viel besser aussehen damit.
»Dies ist«, sage ich zu Ingrid, in eine Querstraße nach links abbiegend, »die ehemalige Augustenstraße.« Wir halten vor dem Eingang zu einem Kleinbetrieb, vormals Gustav Krause, Kupferschmiede und Apparatebau, hier wurde drei Jahre lang meine Jugend verwertet, drei Mark Wochenlohn im ersten Lehrjahr, vier Mark im zweiten, sechs Mark im dritten, ja, so bringt's der Mensch im Leben zu etwas. Ingrid und ich steigen aus, Mama bleibt – ihr Herz schlägt langsam, der Atem geht schwer – in den Polstern zurück. Wir treten in die Einfahrt und kommen bis zum rechter Hand gelegenen Büro, es hieß früher Kontor. Eine metallne Zaunschranke sperrt nach Feierabend den Zugang ab, die Arbeiter sind längst daheim, Überstunden werden offensichtlich nicht gemacht. Ich sehe den Vorplatz, wo wir im Sommer, auf Eisenblechen hockend, unser Mittagessen aus dem Henkelmann löffelten. Das ist, rechne ich aus, um die 35 Jahre her, der Gedanke hakt sich in meinem Gehirn fest, ich zapple, wie der Fisch am Angelhaken gefangen, Mensch, bist du gealtert, Mann, du bist sterblich. Von hier aus zogen wir in den Krieg, kehrten geschlagen heim, krank, ausgehungert nach dem Leben, das sie uns nehmen wollten, wie wir es anderen hatten nehmen wollen, nein, sollen.
Ein junger Mann steht am Wagen, als wir zurückkehren, durchs geöffnete Fenster fragt er Mama nach den Daten des BMW, die Gute antwortet, so gut sie's kann, sie kann's nicht gut, was versteht sie von Autos, außer daß sie einen Motor haben und fahren, der Bursche ist Schweißer von Beruf, was für

'n Schweißer? frage ich, froh, ganz fachmännisch sein zu können, Elektroschweißer, ah, das hab' ich auch mal gelernt, die hier, der Bursche weist auf die Werkstatt, haben's gut, die halten die Stellung, 800 Eier macht der E-Schweißer im Monat, das ist 'ne hübsche Summe Geld, mich wollten sie nicht nehmen, brauchen niemand, sagen sie, die sind komplett.
»Fahr doch mit nach Friedberg!« ruft es von oben runter. Eine stark blondierte ansehnliche Frau beugt sich weit aus dem Fenster. »Ach«, sagt der Elektroschweißer, »wir haben Verwandte drüben, wenn das möglich wär, einen kleinen Besuch macht' ich gerne bei denen!«
Rückfahrt am Sonnabend, dem 28. 8. 76 – zwei Stunden auf der Autobahn bis zum Grenzkontrollpunkt Wartha, hier fast 60 Minuten Aufenthalt, schwer ist es, in die DDR einzureisen, nicht leichter, aus ihr herauszukommen; klar, daß das Wartha heißt, kalauert Ingrid, wo man hier so warten muß. Endlich Pässe kontrolliert, Wagen vorgenommen, Motorhaube hoch, Kofferraumdeckel hoch, hintere Sitzbank raus. Tut mir leid, diesen Befehl kann ich nicht befolgen, unsere hinteren Sitzbänke sind fest. Kopfschüttelnd springt der Uniformierte auf unsere Hintersitze, kniet sich in die Polster, tastet mit den Händen, wippt mit dem ganzen Körper auf und ab, wär einer drunter verborgen, hätte der nun wahrscheinlich aufgeschrien! Weil keiner schreit, ist's der Grenzer zufrieden, fährt mit einem Draht in den Tank, weder dort noch unter der Motorhaube steckt ein Flüchtling, freie Fahrt ab in die BRD, hier angelangt, erbittet ein West-Grenzmann aus seiner Hütte heraus die Pässe, und sein Kollege raunzt uns an: »Haben Sie eingekauft im Intershop?«
»Natürlich«, sage ich, »für meine Verwandten drüben, nicht für uns!«
Offensichtlich genügt ihm diese Auskunft, wir werden nun unbehelligt in die BRD entlassen, keine zwei Stunden später sind wir in Offenbach.
Auf der Rückfahrt von der DDR in die BRD und heim nach Offenbach am Main beschwerten mich die zwei Jahrzehnte, die ich nicht in der Deutschen Demokratischen Republik gewesen war. Eigentlich, dachte ich ganz still bei mir, wolltest du nie im

Leben mehr in die DDR. Irgendwo tief drinnen muß da eine unheilbare Verletzung sein.
20 Jahre sind ein ganzes Stück im Menschenleben. Ich hatte die Leute drüben aus dieser langjährigen Distanz betrachtet und auch das Land um sie herum.
So was schärft das Auge für Veränderungen. Aber ist es gerecht?
Ich war vor 20 Jahren zu den Westdeutschen gekommen und hatte diese zwei Jahrzehnte unter ihnen gelebt.
Crimmitschau in Sachsen ist meine Heimat, ich bin dort geboren und aufgewachsen. Im sächsischen Leipzig studierte ich. Die DDR ist meine Heimat, aber ich bin dort, wie ich jetzt erkennen mußte, nicht mehr daheim. Daheim bin ich in Westdeutschland, obwohl es meine Heimat nicht ist.
Ich begriff noch etwas. Wie die BRD-Deutschen die DDR-Deutschen beobachten, nicht ganz ohne Mißtrauen, ja Angst, was denn aus den vormaligen Landsleuten und Mit-Staatsbürgern würde und wohin sie sich entwickelten, so und noch viel mißtrauischer und ängstlicher betrachteten die Menschen in aller Welt die Westdeutschen. Die kleinere DDR würde es international leichter haben als die größere und mächtigere BRD.
Wo die Westdeutschen auftreten, wird Machtpolitik befürchtet. Ein Grund mehr für die Westdeutschen, sich selbst im Zaum zu halten.
In der ersten Nacht wieder daheim träumt mir, ich sei nicht daheim, läge irgendwo im Niemandsland zwischen den Grenzen, jemand sucht nach meinem Grab, ist's meine Mutter oder meine Frau oder meine Tochter, ich rufe hier und hier und wieder hier!
Sie finden mich nicht, laufen umher und reden miteinander in ihrer guten, mir so sehr verständlichen Sprache.
Am Morgen, erwacht, den kalten Traum in Erinnerung, denke ich: Das wär gewiß auch eine Möglichkeit zu leben, zwischen den Grenzen im Niemandsland, Nirgendwoland, mit allen gut Freund und gut Feind, wie's grad notwendig wird. Sollen *sie* doch Länder und Staaten teilen und schaffen und bauen und vernichten und Loyalität verlangen, ja bitte schön. Aus den

Zwischenreichen heraus, wohin wir uns zurückgezogen haben, dringen *unsere* Worte. Mag sein, sie hören uns heute nicht, sie werden uns morgen schon hören, irgendwann, wenn sie ohne uns nicht mehr auskommen können, ohne unsere Worte oder die Erinnerung an uns und unsere Worte. Verborgen liegend unter den hohen Gräsern des Nirgendwolandes zwischen allerlei Büschen und Fronten, dauern wir den Veränderungen entgegen, die wir, im Hunger nach neuem Leben, zu Lebzeiten begehrten und derenthalben, sie zu verhindern, man uns verfolgte, stumm machte, beerdigte, tilgte.

Frontwechsel

Wie es anfing damals.
Zeitweilig ging ich als Kobold. Schwebte unsichtbar zwischen den anderen, verflüchtigte mich über ihren Köpfen, belauschte ihre Reden und Gedanken. Einen hatten wir in der Volksschulklasse, der die besten Aufsätze schrieb. Sie waren sehr schön und lieb und stets, wie der Lehrer, Herr Kahlert, es wünschte. Ich schrieb dem Streber unflätige Urteile unter die Aufsätze. Er fiel fast in Ohnmacht, als es hieß: AUFSATZHEFT RAUS!
Er hatte es wie immer als erster bereitliegen, schlug die Seiten auf und erbleichte.
Ein Stöhnen.
Was ist mit dir? fragte Herr Kahlert.
Der Aufsatzheld wankte zum Pult, sein Schreibheft anklagend vorweisend.
Der Lehrer blätterte, las, runzelte die Stirn, las.
Geh auf deinen Platz zurück!
Wir schrieben zwei Stunden lang Aufsatz.
In der Pause rief mich Herr Kahlert zu sich.
Ganz leise zwischen den Lippen hindurch kam das:
DU WARST ES!
Ich ebenso leise: Ich war's.
Er musterte mich nachdenklich.
Tu's nicht wieder, hat doch keinen Zweck.

Ich antwortete nicht.
In die Schulbank zurück. Setzen.
Was wollte er von dir? Sie umringten mich.
Es ging um meinen Aufsatz, log ich.

Bumm – bumm – bummbummbumm – klang die Landsknechtstrommel. Ein brauner Lindwurm kroch die Glauchauer Landstraße entlang. Sie hatten den Berg umgangen, waren außen um die Stadt herummarschiert und kamen nun wieder herein.
So weit das Auge reichte – nichts als Jungen in Braunhemden, kurzen Hosen, Kniestrümpfen.
Truppweise kamen sie. Fähnlein nannten sie einen Trupp. Voran flatterte ein schwarzes, dreieckiges Fähnlein. Wimpel sagten sie dazu. Jedem Fähnlein voran schritt ein Dreiertrupp von Trommlern.
Der Gleichschritt hallte an den Häuserfronten.
Man schrieb das Jahr 1935.
Ich zählte zehn Jahre. Seit zwei Jahren hieß Deutschland Hitlerdeutschland. Erstmals wagten sie sich in großer Formation durch unseren Vorort, den »Berg«.
Die Führer blickten entschlossen und grimmig drein. Die Jungen marschierten gleichmütig. Der Dreiklang der Trommeln gab den Takt des Marschtritts an. Staub lag über den Kolonnen.
Unsere Huckelmeute sammelte sich bei Fleischer Herold, Ecke Glauchauer Landstraße–Blücherstraße. Wir starrten fassungslos auf den Lindwurm.
So was hatte es noch nie gegeben.
Wir prügelten uns mit anderen, die Huckelmeute gegen die Hainstraßenmeute. Man schlug einander mit Fäusten und Knüppeln. Stürmte die gegnerischen Lager, flüchtete in panischer Angst, wurde verprügelt, sammelte Verstärkung, nahm Rache an anderen, die ebenfalls flohen.
Ich hatte Nachmittagsunterricht in einem der oberen Räume der Bergschule. Von dort konnte man über die ganze Stadt hinweg auf die östlichen Felder sehen, die sich zwischen dem Berg und der Hainstraße erstreckten.

Von beiden Seiten rückten geschlossene Kampfformationen aufeinander zu. Prallten zusammen, vermengten sich, schließlich bewegte sich die Gruppe langsam Richtung Hainstraße. Wir vom Berg jubelten über den Sieg. Der Lehrer antwortete mit Backpfeifen, wir mußten uns in die Ecke stellen.
Da verharrten wir, erregt und erhoben. Drüben am Horizont flohen die Hainstraßenhunde bis in den schützenden Zöffelpark. Sieg!
Das war 1935 gewesen. Schon ein Jahr später gab es keine Hukkelmeute mehr und keinen Hainstraßenfeind. Alle marschierten wir zum Dreiklangschlag der Landsknechtstrommel: Bumm – bumm – bummbummbumm.
Männer verschwanden. Mama brachte die Nachrichten aus der Fabrik mit. Bald war es diese, bald jene Frau, der sie den Mann weggeholt hatten. Manchmal kamen die Männer zurück. Meist blieben sie lange fort. Manche kehrten gar nicht zurück. Umerziehungsaktionen, wurde geraunt.
Sie bringen sie ins Lager und machen sie dort kaputt, sagte Mama, aber du darfst nirgendwo davon reden, ja? Auch nicht in der Schule.
Nicht in der Schule darüber sprechen? Unser Lehrer trug als einziger nie Uniform. Wir verachteten ihn deshalb. Ich verachtete ihn ebenfalls.
Ich fühlte, mit ihm könnte ich reden. Ich redete nicht mit ihm und verachtete ihn.
Ab 1936 trugen wir alle Uniform. Nur die ganz Armen nicht, die sich keine kaufen konnten.
Einmal traf ich Großvater. Er ging vor mir auf die andere Straßenseite. Ich lief ihm nach. Er sah mich an: So marschierst du rum?
Ich begriff gar nichts. Zählte elf Jahre. Ging in die sechste Volksschulklasse. Wurde abgerichtet zu Gehorsam, Dummheit, Treue.
Sie bereiten sich auf neue Heldentaten vor, sagte der Großvater. Drei Jahre vor Kriegsausbruch starb die Großmutter. Der Großvater nahm sich eine andere Frau. Sie war zwanzig Jahre jünger. Daran wird er sterben, sagten die Leute.

Er starb.
Als er im Sarg lag, hatten sie ihm das Abzeichen der Deutschen Arbeitsfront angesteckt.
Die Überlebenden und die zwanzig Jahre jüngere Frau stritten ums Erbe: Kommode, Schrank, Bügeleisen, Porzellan, Wäsche, Tischdecken. Sie kämpften wie um ihr Leben. Kaum, daß sie den Kriegsausbruch bemerkten. Der Polenfeldzug ritzte ihr Bewußtsein nur, sie beleidigten einander, wechselten bei Begegnungen die Straßenseiten, verbreiteten üble Geschichten.
Erbstreitigkeiten gibt es in jeder Familie, sagte Mama sanft.

Es dauerte Jahre, bis wir unserer wilden Zeit in der Huckelmeute nicht mehr nachtrauerten. Geprügelt wurde auch in der Hitlerjugend, nur nannte sich's dort Geländespiel. Zeltlager gab's, Lagerfeuer, Nachtmärsche, Spurensuche, romantische Abende mit seltsamen Worten und Liedern. Ich lernte Segelfliegen, die einfachste Art der Verachtung des Erdbodens. Lies sagte: Zu denen gehören wir nicht. Das wußte ich. Gehörte zu denen und gehörte nicht. Immerhin gab es eine Jugendgesetzgebung. Setzte es Prügel vom Meister, beschwerten wir uns beim zuständigen Amt, das schickte einen Kontrolleur. Der Meister schluckte, zahlte Geldstrafen, versicherte, den Jugendschutz zu beachten. Die Lehrlinge gingen nach acht Arbeitsstunden nach Hause, am Sonnabend war 13 Uhr 45 Schluß. Welch ein Fortschritt, bis dahin hatten wir den ganzen Sonnabendnachmittag die Werkstatt saubermachen müssen. »Um die Jugend kümmern sie sich«, gab Lies widerwillig zu. Aber: »Die Männer holen sie weg.«
Sie beobachtete scharf. Die Männer verschwanden. Die einen ins KZ, die andern zu den Soldaten. Ich trabte zum HJ-Dienst, dachte: Du gehörst nicht dazu. Gehörte doch dazu. In unseren Augen war die Wehrmacht das Größte. Da gab es noch Männer, Helden, Heldentaten. Die Wehrmacht, das war kein KZ, keine Zivilistendummheit, keine Zivilistenfeigheit, kein Streit um Arbeitszeit und Stundenlohn. Die Wehrmacht war die Möglichkeit, sich zu entfernen aus dem Sumpf der kleinen Stadt. Allerdings gab es im kleinen Betrieb Arbeiter, die den

Lehrlingen was anderes beibrachten. Da standen wir zwischen Krieg und Frieden, Wehrmacht und Alltag, Sondermeldungen über große Siege und nüchterner Gegenagitation. Nach der Arbeit Dienst bei der HJ, während der Arbeitszeit Gespräche mit Riedel, dessen Drehbank an der Stirnseite der Werkstatt stand, so daß er den langgestreckten Raum ständig im Blick behielt. An der Fensterseite der Schraubstock des Schlossers Franke. Die zwei bildeten im Betrieb die kommunistisch-sozialdemokratische Einheitsfront. Riedel der Kommunist, zweimal verhaftet, Franke der Sozi, einmal verhaftet, beide machten aus ihren roten Herzen keine braune Mördergrube. Es gab zwei Nationalsozialisten unter den Arbeitern. Der eine, Kraftfahrer, schrieb Stimmungsberichte für die Geheimpolizei. Das sprach sich schnell herum. Und war ungefährlich. Die wollten wissen, wie die Leute dachten und redeten, sonst nichts. Der zweite Hitleranhänger war Elektroschweißer, Motorradfahrer, Frauenheld, Lebenskünstler. Er grüßte mit »Heil Hitler!« und zwinkerte dabei mit dem linken Auge. Nicht ernst zu nehmen der Mann, bei Lohnverhandlungen trug er das Parteiabzeichen an der Arbeitskutte. Ein Lebenskünstler eben.
Die älteren Lehrlinge machten ihre Gesellenprüfung und verschwanden zur Kriegsmarine. Ich blieb das dritte Lehrjahr allein und einsam zurück, genoß das Segelfliegen, lauschte den Agitationsreden Riedels und den gemäßigteren Tönen Frankes und rückte innerhalb von zwei Jahren auf zum Führer der Segelfliegergefolgschaft. Auch wenn ich am Boden stand, sah ich mich am Himmel entlangfliegen. Das war einfach schön. Von dort oben herunter ließ sich aus Herzenslust alles verachten, was da unten kroch.
Im April 1942 machte ich meine Gesellenprüfung nach guter alter Handwerkertradition. Mein Kupferkrümmer, das Gesellenstück, glänzte. Ich glänzte mit den bestmöglichen Noten. War alles Lug und Trug. Die Firma hieß längst Kupferschmiede & Apparatebau. Die Apparate bauten wir, erst im Modell, dann groß. Monatelang montierte und schweißte ich sie in den Chemiewerken bei Leipzig ein. Spezialanlagen zum Gewinn von synthetischem Flugbenzin aus Braunkohle. Der Meister: Ohne

uns bleibt die Luftwaffe am Boden. Nicht am Boden bleiben die Flugzeuge der Alliierten.
Ein riesiges Bombengeschwader über der Pleiße in großer Höhe. Kein einziger deutscher Jäger. Ein Bomber schert aus, kreist in niedriger Höhe, Bomben fallen. Zwei Straßenzüge weiter bersten Wohnhäuser. In der Woche drauf gehöre ich in Leuna zu einer Schweißerkolonne. Bei Fliegeralarm verschwinden wir in den Unterständen. Bald ist es mir zu dumm. Wenn die Sirenen heulen und die andern weggehen, lege ich mich in dem stählernen Apparat, den ich verschweiße, zur Ruhe nieder. Eine Bombe schlägt wenige Meter daneben in den Boden. Dreck, Splitter, Gestein dröhnen gegen die äußere Stahlwand. Ich prelle innen aus dem Schlaf und tauche mit einem Dröhnen, das plötzlich abreißt, in den Tod, aus dem ich im Krankenhaus erwache, gehörlos, mit Schmerzen anstelle der Knochen.
Kupferschmiede dienen traditionsgemäß bei der Kriegsmarine, der Beruf ist beim technischen Personal gefragt. Ich will nicht aufs Wasser und nicht zur Infanterie und melde mich freiwillig zur Luftwaffe. Wer sich freiwillig meldet, muß nicht zum Arbeitsdienst. Bis sie dich ausgebildet haben, ist der Krieg vorbei, sagt Lies, und: Du umarmst den Wolf.
Werfen die andern mit Bomben nach mir, will ich mich revanchieren und sie mit Bomben bewerfen. Dachte ich. Und vergaß es aus Inkonsequenz.
Lies schien recht zu behalten. Ein Jahr lang wanderte ich von einem schönen Drückebergerposten zur andern Ausbildungsabteilung. Um nicht schießen zu müssen, meldete ich mich zuletzt noch zum Kraftfahrlehrgang nach Berlin und landete genau dort, wo ich nicht hinwollte. Bei der Infanterie, den Fallschirmjäger- und Luftwaffen-Erdkampfdivisionen im Süden Europas.
Lies bestätigte mir einen Riecher für Gefahren. Den hatte sie mir vererbt. Oder anerzogen. Das konnte sie gut. Hatte das ständig bedrohte Leben schließlich schon runde einundzwanzig Jahre durchgehalten, bis sie mich einpflanzte und antreten ließ. Ja, ich war von guter Herkunft. Auf den Krieg Mann gegen Mann hatte sie mich nicht vorbereiten können. Oder wol-

len. Irgendwann, verdammt, muß jeder erwachsen werden und den Herzschuß üben. Oder, ins eigene Herz getroffen, in die Erde zurückwachsen.
Lies hatte gewarnt: Du umarmst den Wolf. Ich nahm's als lässiges Sprichwort und ging getrost los, ohne zu wissen, was es bedeutet, den Wolf zu umarmen.
Dennoch, dieser freiwillige Gang zur Wehrmacht bereitet dem autobiographischen Chronisten Ärger. Gern würde er sich klüger darstellen, als er war, doch der Umstand, daß er die Gangstertruppe zwei Jahre später freiwillig verließ, ändert nichts an der Fatalität seines dümmlichen Anfangs.

Ein Soldat, der seine Haut verteidigt

Ins Poesiealbum geschrieben: Ich weigere mich, die poetische Sauce irgendeiner letzten herrschenden literarischen oder sonstigen dummen Mode über die Leiden und Abenteuer meiner Generation zu gießen, denn was den Zensoren mundet, macht mich kotzen.

Im ersten Morgengrauen rattern Panzer aus den Olivenhainen in Angriffsposition. Die Schützenpanzerwagen halten in Nähe der Achtacht-Feuerstellungen. Auf der Straße donnern Sturmgeschütze. In dünnen Ketten stapfen Panzergrenadiere, behängt mit Gerät, aufs freie Gelände. Der Regimentskommandeur lehnt mit dem Rücken gegen einen zersplitterten, abgebrochenen Kiefernstamm, von Offizieren und Meldern umgeben. Abgedunkelte Taschenlampen schreiben kreisende Bewegungen unter den Himmel, in den die aufgehende Morgensonne bald steigen würde, unser Angriffszeichen zur Linken, während weiter nördlich im Rücken das Feuer des Ätna züngelt. Vor uns das Ziel, die blaue Küste. Das Grab aus Wasser.
Die Luken der Tiger schließen sich. In der Helligkeit gewinnen die Formen Farbe und fügen die khakifarbenen Uniformen der Infanterie sich ins äscherne Braungrau der sonnenverdorrten Niederung ein. Die Soldaten ziehen auseinander zur Gefechtsordnung mit schwärmenden Gruppen, Zügen, Kompanien, Bataillonen, Regimentern. In unseren Köpfen laufen Filme ab und Wochenschauen von siegenden deutschen Truppen in Ost und West, den Marschritt der Soldaten vernehmen wir, antretend zum Angriff auf den angelandeten Feind, der von Afrika nach Sizilien übersetzte und vor uns einen Brückenkopf bildet, seinen Landeplatz, aus dem wir ihn zurückwerfen würden ins Mittelmeer.
Draußen wiegen sich die schweren Schiffe, die Kreuzer und Zerstörer, von denen die Landungsboote abstoßen Richtung Küste, dieser fahlen Fläche, mit Punkten und Strichen bestreut, immer heller werdend, denn die Sonne steht jetzt einen Fingerbreit über den östlichen Höhenzügen, die eine Schärfe gewinnen, daß man sie fürchten müßte.
Von den fünfzehn Kilometern bis zum Strand vor uns nimmt das zweite Regiment die gute Hälfte in Besitz, wir stapfen von Hängen in immer tiefere Niederungen hinab, an einer Häusergruppe hält die Panzerspitze, Sturmgeschütze ziehen vor und schießen, eine goldrotglühende Wolkenwand drängt von irgendwoher. Die Kanonade der amerikanischen Schiffsartillerie wirft Sturmgeschütze, Tigerpanzer und Hauswände durchein-

ander. Schwarze Strichmännlein quellen aus dem Stahl. Rennen, von Flammen beleckt, seitwärts, sinken nieder, strampeln, bis neue Treffer sie einebnen. Wir wenden den Blick himmelwärts. Dort oben, denke ich ruhig, sammeln sich die ersten Seelen der Geschlachteten. Stundenlang liegen wir im Gelände, pressen das Gesicht in den Sand und schreien vor Schmerz, der in die Ohren, in Nase und Mund dringt, gegen die Haut stößt. Wer aufblickt, erblindet. Jeder Granateinschlag schleudert mehr Sandmassen hoch. Saharasand, in den Stürmen ungezählter Jahre von Afrika übers Meer nach Sizilien getragen, von den Sprengkräften zweier Armeen aufgewirbelt und zu neuem Flug erweckt, dann reißt die Wolkenwand auf, wir erblicken unser Ziel, den Fetzen Meer in nächster Nähe, fast zum Greifen, die Kriegsschiffe schaukeln im sanften Wellenschlag, wir springen auf, stolpern durch Trümmer und Gestein, sind von brennenden Panzern illuminiert, brüllen einander Worte zu, die keiner versteht, erkennen halbverschüttete blutleere Soldaten der andern Armee, die die Glieder komisch verrenken, winzige Flammen züngeln über Uniformtuch, fremde Feldflaschen machen die Runde, die Amis haben Rotwein getankt, ich spüre das Metall an den ausgedörrten, zerbissenen Lippen. In mir ist Sand, Feuer, Blut. Wenn das der Krieg ist, ist er anders als der Krieg in den Wochenschauen. Gegen Mittag trotten wir durch Schwefelwolken nordwärts in die Stellungen zurück, von wo wir am Morgen aufbrachen. Die Halbinsel vor Gela liegt, bestückt mit den Toten beider Armeen, hinter uns; vom Meer her orgeln die schweren Kaliber von Schiffen, auf die die Sicht uns versperrt ist. Beinahe wäre es gelungen, die Amerikaner zurückzutreiben ins Meer. Die Schlacht, am Morgen begonnen, ist am Mittag verloren. Obwohl sie noch tagelang dauert.
Der Angriff im Divisionsverband ist im Frühjahr 1943 auf dem Truppenübungsplatz Münsingen oft genug geübt worden. Die Luftwaffen-Panzerdivision Hermann Göring zählte in diesen Monaten zu den bestausgerüsteten, intakten Truppenteilen der Wehrmacht, eine Rarität. Zu Rommel brauchte sie nicht mehr, weil Afrika verlorenging. Durch Italien rollten wir bis ins Innere Siziliens. Als die Alliierten am 10. August an der Küste lan-

deten, lautete unser Befehl, die Amerikaner von Gela zu vertreiben. Der Gegenstoß begann am Morgen des 11. August, die Kämpfe führten uns zwischen Gela und Caltagirone mehrfach hin und her, bis wir Caltagirone aufgaben und nordwärts Stellung in einer Art Wüste bezogen; ich weiß nicht, war da schon immer Wüste gewesen oder hatten die Granaten den Sand hervorgeholt und ausgebreitet. Als die Division im Feuer schmolz, bildeten wir mit der 51. Panzerjäger-Division eine Kampfgruppe Oberst Schmalz; die Kampfgruppen wechselten wie die Kommandeure, die ernannt und abgesetzt wurden, kamen und gingen, überlebten und nicht überlebten; wir fochten im ewigen schnellen Wechsel von Fliegenschwärmen, die von Gefallenen Besitz nahmen. Wir lernten, daß wenige Stunden genügten, alles menschlich Vertraute zu tilgen. Junge Männer, die man kannte, verwandelten sich in aufgeblähte, stinkende, von Ratten behauste Fremdkörper, die von Zeit zu Zeit dumpfe Geräusche von sich gaben, zusammensanken, einfielen, erneut aufblähten und verdickten, so daß die Flugscharen blaugelackter Fliegen größere Muster bildeten, bis es wieder Bluffblaff machte und das Insektenheer sich vor Schreck in die Luft erhob, abzufliegen zur nächsten Latrine.
In den Ruhepausen kritzelte ich meine Eindrücke auf die Ränder italienischer Zeitungen, von wo ich sie später in kleine Notizbücher übertrug. Gefahr, Eile, Müdigkeit und der heftige Wechsel der Situationen ergaben ein MG-Feuer-Stakkato von Worten. Der Soldat im Schützenloch kennt nichts als seine von der übrigen Welt abgehackte winzige Grube zwischen Leben und Tod. Als ich nach dem Krieg meine Sizilienkriegsnotizen das erste Mal wieder las, verwunderte mich die Expressivität der Worte. Gefahr und Bedrängnis hatten keine Sätze entstehen lassen, aber eine fliegende Jagd. Die einzelnen Fetzen buchstabierend, erinnerte ich mich der vergangenen Situationen und wie ich unter Beschuß die Worte und Einfälle unverbunden aneinandergereiht hatte, Grammatik ersetzend durch Zufallswildheiten. Ich schoß ungern. Nur in der Not, und schrieb statt dessen auf, was ich sah. Ich war eine Kamera, diese Maschine mit Distanz, die verfälscht, was geschieht. In

der gehetzten, gestammelten Wort-Sucht des Achtzehnjährigen, der ich gewesen bin, finde ich als über Sechzigjähriger die Wahrheit jener tausend Jahre wieder, von der wir nichts wissen wollen.
Wenn ich der Wahrheit von heute auf die Spur kommen will, darf ich die Wahrheit von gestern nicht scheuen. Der Sechzigjährige blickt dem Achtzehnjährigen in die Augen, keiner der beiden schlägt den Blick nieder. Der Sechzigjährige sagt ruhig: Wir waren Kindersoldaten, siebzehn-, achtzehnjährige Milchbärte, in der Hitlerjugend getrimmt auf Deutschland, Reich, Führer, Volk, den Sieg der Waffen. Wir waren gläubige deutsche Idealisten, schwarze Schwärmer, Romantiker. Soldat zu sein erschien uns als Ehre. Den Tod fürs Vaterland schätzten wir hoch und waren bereit, ihn zu erleiden. Den Tod auszuteilen waren wir nicht weniger bereit. Wer siegt, hat recht, stand in ehernen Buchstaben eingeschrieben auf unseren gehärteten Herzen. An jenem Morgen des 11. August 1943, als die Division zum Angriff auf die gelandeten Amerikaner antrat, verspürte ich ein unsagbar schönes, stolzes Gefühl in mir. Wir waren die ersten Kindersoldaten des Jahrhunderts, die ersten Medienopfer. Den Krieg, den wir als Spätlinge von 1939 bis 1942 in den Kinos und vor den Radios daheim erlebt hatten, erlebten wir nun als Akteure. Die stolzen Helden der Leinwand, die Mölders, Prien, Galland geisterten durch den Nebel unserer Köpfe, und tauchten sie daraus wieder auf, hatten sie unsere eigenen Züge angenommen: Wir waren jetzt die Helden. Bereit, Opfer zu sein. Heldenhafte Opfer. Darauf waren wir vorbereitet. Nur nicht darauf, was wirklich geschah und was Krieg in Wahrheit ist: ganz anders.

Ein Junge aus Döbeln

Auf dem Hinmarsch begannen sie ihn fertigzumachen. Kaum daß er den Karabiner halten konnte. Am Schießstand zitterte er und schoß eine Fahrkarte nach der andern, was ihm weitere Quälereien einbrachte. Beim Antreten zum Abmarsch lächelte ich ihm zu. Auf dem Rückweg zur Kaserne waren wir zwei, die singend um die marschierende Kompanie zu kreisen hatten. Kurz vor dem Tor brach der Döbelner zusammen. Drei Tage Krankenrevier. In der Zeit nahmen sie sich mich vor. Ich hatte ihm zugelächelt. Er kam aus dem Revier zurück. Sie hatten ihn wieder.

Diese Lust zu morden. Gebt mir eine Maschinenpistole mit Magazin und führt mich zu den Ausbildern. Jede Nacht träume ich, daß ich da zwischen Ausbildern und Opfer stehe. Ich lächle nicht. Ich mähe sie um. Tagsüber, wenn wir, die fünfschüssige Karabinerknarre in Händen, zu Kreuze krochen, sank das Herz in die Hosentasche und durch die Stiefelsohlen in die Erde. Wie Blitze geerdet werden. Je rachsüchtiger ich in meinen schweren Träumen mordete, desto feiger benahm ich mich in der alltäglichen Ausbildung. In den letzten Tagen schwieg ich mürrisch, wandte verdrossen mich ab, gab kein Zeichen von Solidarität. Brachte nicht fertig, dem gehetzten Blick des Jungen aus Döbeln ein Lächeln zu schenken. Je radikaler ich meine Rache träumte, desto unbeeindruckter blieb ich.

Diese Lust zu morden. Wie gut es tut zu töten, zu verletzen, zu demütigen, zu verleugnen. Wie heiß die Suppe kocht, hinein mit den Knochen der Beute.

Als der Junge aus Döbeln sich entschlossen hatte, die Zeit nicht zu überstehen, vergingen noch einige wenige Tage. Sein mageres, spitzes, immer spitzer werdendes bleiches Gesicht unter dem riesigen stählernen Helm entschwand. Zu Salzsäulen erstarrt standen wir im grobgrauen Uniformtuch, während die Ausbilder sich entzückten. Kniebeugen mit vorgehaltenem Karabiner. An die Mauer, marsch, marsch. Marsch, marsch, zurück. Fliegerangriff von rechts. Panzerangriff von links. Singen! Mann, ich höre nichts! Können Sie denn nicht singen, Mann? Marsch, marsch... Bei einer Geländeübung mit scharfer Munition lud der Junge aus Döbeln umsichtig das Gewehr, umhüllte die Mündung mit der trockenen Fäule seines Mundes und drückte mit dem großen Zeh des rechten Fußes ab. Der Schädel zerspellte in tausend Stücke. Als man ihn fand, lag der ausgezogene Stiefel neben der Leiche. Der rechte Fußlappen daneben im Gras. Sorgfältig zusammengefaltet. Das Vaterland hat einen Helden mehr zu betrauern.

Während der vierteljährigen Grundausbildung als Soldat mißfiel den Vorgesetzten mein Gesicht. Nach wochenlangem Schliff und Sonderdiensten erst merkte ich, daß ich lächelte, machten sie uns fertig, welches kleine Signal von Widerspenstigkeit die Herren Ausbilder bis aufs Blut peinigte und reizte. Mein Gesicht stand nicht auf Befehl still und starr. Welche Widersetzlichkeit. Erst als wir zum Schießstand marschierten und ich mich als guter Schütze zeigte, erleichterte sich mein Los. Ein Mensch, der gut schießen und treffen kann, verschafft sich Respekt. In Mörderkreisen.

Feuerzeichen am Himmel

In den tödlichen Schützenlöchern Siziliens erinnerte ich mich an die grauen Morgenlandschaften der Stadt Utrecht, wo der Herbst voll war von Rauch und Nebel und im Winter ein Geruch von Lebkuchen in den Straßen hing, wo im Frühjahr die Schritte der Frauen alle Anzeichen von Müdigkeit und Mattigkeit verloren. Am Mittag, wenn die Sonne die mörderische Gewalt der afrikanischen Hitze erreichte und als Kugelfeuer über dem Schützenloch stand, als würde man im kochenden Wüstensand begraben, stellte ich mir mit allen Kräften der Phantasie jene nördliche Kühle Hollands vor, mein Traumland, in dem ich wirklich gelebt hatte, und ich entfernte mich mit dem Kopf aus der schmelzenden Hölle, in die es mich verschlagen hatte zur Verteidigung des Reiches, das mich nichts anging, das mich dennoch hier oben festnagelte auf einer Hochebene südlich des Ätna, wo man der Sonne noch näher lag und der afrikanische Wüstenwind ungebrochen heranstrich, von drüben her aus der Sahara, zwischen der und uns nur das bißchen Mittelmeer lag – und die amerikanische Armee, die übers Meer geschifft und an Land gestiegen war und nun gegen uns andrängte mit Kanonen, Panzern, Flugzeugen, eine Vernichtungsmaschinerie, alles gegen uns paar anbefohlene deutsche Arschlöcher. In der Mittagshitze sank den Amis der Schneid auf Null, ihr Schweiß vereinigte sich mit unserem, kraftlos, saftlos, japsend nach Kühle und frischer Luft lagen beide Armeen am Boden unter der Feuerkugel, die sich immer noch Sonne nannte, obwohl sie nichts anderes war als ein mörderischer, sich emsig nähernder Feuerball. Und ich hatte nichts als Holland im Kopf. Bis dann am Abend die Sonne weitergekegelt war und dem heißen Windkanal sich die ersten Salzkristalle beimischten, weniger spürbar als erahnbar, ja, der Wüstenwind nahm über dem Meer ein wenig Kühle und Wasser und Salz auf, und wenn es nicht so war, so konnte man es sich immerhin vorstellen, und es lockte und lockte, den Kopf zu heben und die wenigstens vorgestellte erste kühle Brise gegen die Wangen prallen zu lassen. Eine Handbreit zu hoch gehalten, und ein Schuß verewigte das Verlangen nach Kühle. Die Scharfschützen der US-Army waren offenbar tropenfester als wir. Unsere Toten starben meist an glatten Kopfschüssen, es war der kürzeste Weg in die kühlenden Landschaften, von denen wir träumten. Ich aber wollte nach Holland zurückkehren, um Käthe zu suchen. So behielt ich die Stirn immer unterhalb der Scharfschützen-Ziellinie, bis jene angedeutete Dämmerung hereinbrach, die, an europäischen Maßstäben gemessen, gar keine ist, sondern höchstens eine leichte rötliche Eintrübung der blendenden Helligkeit. Immerhin kühlte der Boden so weit ab, daß man sich wieder bewegen konnte, ohne befürchten zu müssen, abgebrannte Fetzen Haut zu verlieren oder an den Steinen anzuschmoren. Und wenn Holland so fern lag und die Sonne sich auf der anderen Weltseite befand, dann nahte auch die Stunde, zu der die amerikanischen Kanonen aus ihrer tagträgen Schläfrigkeit erwachten und in kurzer Zeit alle Granaten abfeuerten, die für den ganzen Tag eingeplant gewesen waren. Da legte man sich beruhigt auf den Boden des Schützenlochs, denn von einem Volltreffer abgesehen, gegen den sowieso kein Kraut gewachsen war, herrschte jetzt die schönste Sicherheit, wenigstens bis zu dem Zeitpunkt, an dem die Geschütze das Feuer weiter nach hinten verlegten. Das hörte man am Heulen und an

den Einschlägen, und der Rauch und Staub und Dreck, die einen umgaben, erfuhren keine Verstärkung, sondern schwächten sich ab, es gab Aufrisse, der vom Meer andrängende erfrischende nächtliche Wind, diese fröhlich erstarkende Mitternachtsbrise zerteilte den durch die Granateinschläge aufgezogenen Rauchvorhang, und jetzt hieß es sich aufzurichten zur Begrüßung der herannahenden Amerikaner. Gefangene wurden nicht gemacht, dies die beiderseitige Verabredung. Entweder man wagte den Rückzug und lief Gefahr, dafür wegen Feigheit vor dem Feind von den eigenen Leuten erschossen zu werden, oder man wartete den Besuch der Amis ab und legte alles, was sich näherte, um.
Ein Drittes gab es nicht. Nur die Wahl zwischen Tod und Heldentum. Ich beabsichtigte nicht zu sterben, denn der folgende Tag gab wieder Gelegenheit zum Träumen von Holland. So verteidigte ich meine Träume mit Karabiner und Maschinenpistole, und wenn es ganz dicke kam, mit Handgranaten, eingekratzt in die kochende sizilianische Erde, und weiter hinten im Norden zeichnete der Ätna sich ab, winkte tagsüber mit seinem Rauchzeichen, schleuderte nachts seine Feuer in den Himmel. In dieser Richtung, in Verlängerung, ging es nordwärts, dort weit oben lag Holland.

Der Ätna hinter uns im Norden übte eine große Faszination auf mich aus, denn er gab mit seinen nächtlichen Ausbruchsfeuern die Richtung an, in die es abzumarschieren galt, sobald es sich machen ließe. Außerdem besaß der Berg mit mehr als dreitausend Metern genau die Höhe, die mir vorschwebte. Wann immer es sich in den Nächten einrichten ließ, grub ich mir mein Deckungsloch so, daß ich sein Feuer erblickte.
Weil die Amis vom Süden her nachrückten, drückten sie uns automatisch immer mehr zum Ätna zurück, und eines Nachts war es erreicht, wir hatten keine Wahl, mein Herz klopfte wie verrückt, als es immer mächtiger und steiler bergan ging, von mir aus konnte es gar nicht schnell und steil genug bergan gehen.
Wir kletterten auf Eselspfaden durch im Mondlicht glänzender

Felder erstarrte Lava, basaltisches Magma breitete sich aus, auf dem kleinere Erdinseln siedelten, wo sich kniehohes Pflanzengestrüpp einfand. Durch Geröllfelder wateten wir, eine sich voranmühende, geschlagene, zur Ader gelassene Truppe schwitzender, murrender Helden, aber die Schwüle der Niederung blieb zurück, je weiter wir uns voranarbeiteten an das aufsteigende Schleuderfeuer des Ätna.

Als die Hänge zu steil wurden und wir uns mehr in einer aufsteigenden Spirale bewegten, gelangten wir unterhalb des Kegels um den Berg so weit herum, daß der Blick nordwärts frei wurde, und gerade jetzt flogen die Amis einen Luftangriff auf die Meerenge von Messina, wo die Flak ihr Abwehrfeuer eröffnete und die langen Leuchtfinger der Scheinwerfer den Himmel abtasteten. Dies alles geschah lautlos, entweder weil der Lärm nicht bis zu uns herdrang oder weil er unterging in dem gleichmäßigen Rauschen, das uns umgab, ein Wind, der sich erhob, der aber seltsamerweise mal vom Tal aufstieg und dann urplötzlich umschlug und vom Gipfel des Ätna herunterfuhr, von einem Knattern begleitet, einer Art Feuerwerksgeräusch, und dazu gab es oben die prächtigsten Explosionen, der Vulkan entsandte wieder Tonnen feuriger Lasten in die Höhe über sich.

Wir bestaunten die vielen Feuer, marschierten hinter einem schwarzgekleideten Priester her, den der Leutnant in einem der letzten Orte aus seinem Kirchensitz herausgeholt hatte als Bergführer, weil wir ja heil hinauf- und drüben wieder hinabgelangen wollten und nicht beabsichtigten, uns in irgendeinem Lavastrom festzurennen.

Der Priester, mit bleicher, starrer Miene, fand sich nächtens gut zurecht und war ein Glücksfall, wenn er auch vor Angst zitterte und bebte.

Gegen Morgen wurde es hier oben am ehesten hell, die Sonne leuchtete uns schon aus, als unten noch tiefste Nacht herrschte. Man sah kein Land, nur an den Horizonten leuchtete es immer deutlicher auf, wo Meer und Himmel zusammenstießen, und im Osten geschah ein Sonnenaufgang mit solcher Geschwindigkeit und Helle, daß wir uns auf den Hintern hockten und gebannt hinüberstarrten. Los, los, weiter, brüllte der Leutnant von vorn, und wir setzten uns erneut in Bewegung. Es ging jetzt auf der anderen Seite wieder abwärts. Der Pfad führte durch Gestrüpp, einem starren, wirren Gemisch von Brombeerhecken und Feigenkakteen, dazwischen erhoben sich einzelne Schutthalden von Lava und Geröll einer helleren Art, an manchen Stellen schienen alte, aufgelassene Friedhöfe zu liegen, dann tauchten wir ins schützende Krüppelgehölz ein, und je weiter wir nach unten kamen, um so höher wuchsen die wirren, verfilzt durcheinandergewachsenen Nadelbäume, die weder Kiefer noch Fichte sein konnten oder beides zugleich. Endlich erreichten wir, mit dem Pfaffen und unserem Leutnant an der Spitze, eine große Lichtung, und am anderen Ende des Kahlschlags erhoben sich einige nackte Mauern, der Beginn einer Ortschaft. Angetrieben von dem, was wir erblickten, beschleunigten wir den Schritt, und alle begannen in Richtung der Mauern zu eilen, da gab es ein Flattern und Rattern, eine vielfältige raschelnde Bewegung entstand ganz in der Nähe, als trommelten Tausende von Füßen den Boden, und ein braunes Tuch von riesenhaftem Ausmaß bewegte sich über den Boden fort und hinein in das angrenzende Gestrüpp der Wildnis, die sich den Hang hochzog.

Ratten, ein ungeheures Heer von Ratten war von uns aufgestöbert worden. Tausende und Abertausende von Ratten mochten es sein, und es sah aus, als schiebe sich eine einzige gespenstische Schicht von Leben über das graue, ausgebrannte Gras der Lichtung hinweg, als ergieße sich eine wilde Flut von vielbeinigen, schwanzpeitschenden Gespenstern über die Landschaft. Im Ort blieb der Priester, der uns bis hierher sicher geleitet hatte, zurück, dankbar dafür, daß er sein Leben behielt, das ihm niemand hatte nehmen wollen, ausgenommen, er hätte uns in die Irre geführt, und er erklärte auf Fragen, die Ratten versammelten sich an diesem Hang des Ätna seit Beginn der amerikanischen Offensive. Ja, die ersten Rattenschwärme seien bereits hier angekommen, als die Amerikaner an der Südküste der Insel landeten, vor Wochen schon. Seitdem habe sich das Heer der Ratten immer noch vermehrt, aus der gesamten Insel und

sogar drüben von Palermo seien die Ratten nach hier gewandert, in den Schutz der steilen Hänge des Vulkans, wo ihnen während der Kämpfe am ehesten Sicherheit winkte, denn hier, in der von Feuer und flüssiger Lava bedrohten Gegend, waren kriegerische Aktionen am unwahrscheinlichsten. Es sind kluge Tiere, sagte der Priester anerkennend und fast, wie mir schien, ein wenig stolz auf diese sizilianischen Ratten, deren Überlebenssinn derart ausgeprägt war, daß sie begriffen, wenn die Menschen einander zerfleischen, so ist es am sichersten noch, dorthin zu entfliehen, wo die grausame Natur sich am grausamsten aufführt. An den seit Beginn allen Lebens lebensbedrohenden Vulkanseiten suchten die viehischen Ratten Schutz vor den Schlächtereien der Menschen.
Wir hatten mit unseren Nachzüglern das Gebiet noch nicht gänzlich verlassen, als das Rattenheer bereits umkehrte und wieder einströmte in sein Paradies, aus dem es unser plötzliches, unverhofftes Auftauchen aufgescheucht und vertrieben hatte. Nun nahm es erneut Besitz davon, und droben in über dreitausend Metern Höhe signalisierte der tödliche Berg seine Friedensbereitschaft mit einem Rauchzeichen.

Der erste Gefallene, den er sah, lag auf einem gepflasterten Bürgersteig, Ameisen und Fliegen feierten ihre Feste auf dem Stück Fleisch, anstelle des Kopfes gab es plattgewalztes Gehirn. Der Tote, ein Fallschirmjäger, bot sich den Blicken der vorgehenden Panzergrenadiere in schamlos obszöner Haltung dar, die Beine gespreizt, eine Hand im Schritt. In den darauffolgenden Tagen kamen als erstes die Nerven abhanden, für die kein Platz blieb im Inferno. Die jungen Soldaten begriffen nicht, daß in der ersten Schlacht Panik angesagt sei. Ihre dumpfen, in Dunkelheit gehüllten Ganglien wurden zu Schützengräben, in denen sie deckungsuchend verharrten, um den Wahnsinn zur Norm erheben zu können und nicht dem Vorwurf der Feigheit ausgesetzt zu sein.
So wurde er um die Gnade jener allesdurchbrechenden tollwütigen Flucht betrogen, die den Beginn des Soldatenlebens anzeigt. Am Anfang steht der Ausbruchsversuch. Er wird verzie-

hen um den Preis, daß du danach willig mitmachst, jede menschliche Regung unterdrückend. Erst jetzt gelingt die Heimkehr von der dritten zur ersten Person: Ich drehte in der dritten Woche durch, beim Marsch durchs Trommelfeuer. Der neben mir ging, schrie auf, blieb liegen. Wir keuchten weiter. In der Stellung angekommen, sah ich den Sanitäter, der als letzter eintraf. »War nichts mehr zu machen«, antwortete er auf meine Frage, »der Mann ist mir unter den Händen verblutet. Ich habe ihn gleich begraben.«

Ich stand in Deckung, begann zu brüllen und lief los. Sie riefen mir etwas zu. Ich brüllte und rannte. Sie sprangen mich an, warfen sich auf mich drauf. Später hörte ich, ich hätte noch gebrüllt, als die Panzer die Stellung durchbrachen. Ich weiß, ich hockte in einem Deckungsloch, als ich zu mir kam. Das vertraute Geräusch, das mich weckte, war ein Knistern. Von den Abschüssen und Treffern und Explosionen hatte ich nichts gehört. Die Panzer waren hinter unserer Linie abgeschossen worden. Als ich über die Deckung blickte, standen sie schön geordnet im Halbkreis, Rauchfahnen über sich, die in den hohen Himmel stiegen. Aus den brennenden Luken hingen geröstete Panzersoldaten mit zuckenden Gliedern. Das Tacken eines MG 42 skandierte die knisternden Feuer. Ein barscher Befehl brachte das MG zum Schweigen. Munition sparen. Sollen sie brennen, die Herren Amerikaner. Komisch, dachte ich, du mußt weggetreten sein. Und: Das wird dir nie wieder passieren.

Wut macht dumm und führt zu Panik und Ohnmacht. Du mußt deine Wut zu kaltem Zorn keltern, in Flaschen abfüllen und lange aufbewahren. Das ist wie bei guten alten Weinen. Sie liegen im Keller. Du holst sie heraus, wenn du meinst, es sei jetzt an der Zeit.

(Notiert an einem backofenheißen Augustmorgen am Fuße des Ätna, im Angesicht des Aufmarschs der 3. US-Div. und 2. Panzerdiv. von der 7. US-Armee unter dem Kommando Patton.)

Ehrlich währt am längsten

Die Menschen in Italien sind anders, feundlicher, nicht so bedrängt und selbstmörderisch, sie sind katholisch wie die Polen, aber das Land ist bunt, und wenn du auf der Erde liegst und in den Himmel starrst, hast du nicht das Gefühl, daß der Himmel abstürzt und dich erdrückt.

Von Neapel bis Santa Maria und weiter zurück nach Gaeta, Formia und Pontecorvo – nichts als einsame Berge und dazwischen die herrlichen Trümmer von Kirchen und Städten; und dann die Erdhügel mit den soliden Kreuzen und Helmen drauf. Oft hatten wir es mit Neuseeländern zu tun, das waren große wunderbare Burschen mit weit ausgreifenden, langsamen Bewegungen. Wie im Kino sah das aus bei ihnen, als sie uns an einem von Licht und Trägheit flimmernden Nachmittag vom heißumkämpften Petrella vertrieben. Schreiend liefen wir fort.

Laudorf, unser Unteroffizier, der sich aus Steinen einen Schutzwall gebaut hatte, wurde schon beim Aufspringen getroffen und hielt einen blutigen Arm hoch. Wie uns das anfeuerte! Wir hetzten lustig in die Schlucht. Über der Schlucht am Berghang standen die Neuseeländer und lachten sich halbtot. Ihre Kugeln schlugen klatschend in die Leiber der Flüchtenden. Die Luft summte, nichts geht über einen richtigen Krieg! In der Nacht schnitten sie Laudorf den Arm ab, und er überlebte ihn um zwei Stunden. Als wir nach hinten trotteten, trugen sie Laudorf aus der weißgetünchten Schule, die als Hauptverbandsplatz diente, und warfen ihn in den Graben. Wir schlichen einer hinter dem andern vorüber. Der Graben voll herrlich-frischer Leichen. Mit Büscheln von Klatschmohn strich der Wind sanft über die gelblichen Gesichter. Hinter der Schule stand ein öffentlicher Brunnen. Aus dem Schnabel der steinernen Gans rann Wasser, lustig anzusehn. Wir hielten die Helme drunter und tranken schmatzend. Das Wasser war bräunlich und warm. Aus großen schwarzen Augen sahen die Kinder uns zu. Ihre Hände, Arme und nackten Beine waren bedeckt von schmutzigen Krusten, unter struppigem Haar fragten alte, traurige Gesichter. Ein verwachsenes Mädchen tanzte. Es trat nahe an mich heran, soff, voll blöder Wonne, Wasser aus meinem Helm. Als ich ihn aufstülpte, perlte der Rest mir über Stirn und Nase, und das Mädchen lachte fröhlich.

Am Ortsausgang trieb uns, immer locker, immer frisch, ein hysterischer Leutnant zusammen. Unschlüssig standen die Überbleibsel der Kompanie auf der Straße. Der Leutnant bellte, die Stirnadern verknotet, dauernd dazwischen. Wir stopften die empfangenen Patronen in die Taschen.

Der Petrella wird sofort zurückerobert! schrie der Leutnant emphatisch.

Wir waren sauer, weil die Rückeroberung einige Umstände machte, wandten die Köpfe dem verfluchten Scheißberg zu und trotteten durch den Ort zum südlichen Ausgang. Vom Hauptverbandsplatz trugen sie, immer noch fleißig, Tote heraus, das Geschäft lief; am Graben davor erblickte ich einen Fuß von Laudorf. An den zwei gelben Streifen der Socken erkannte ich ihn. Laudorf freute sich gewiß sehr, wüßte er, daß ich ihn erkannt hatte. Gar nicht so einfach, schwer und zufrieden wie eine große, satte Fliege lag ein unbekannter, dicker Feldwebel auf unserem Laudorf, die grauen Augen in den Himmel gerichtet.

In den letzten Häusern stöberten wir einen angeketteten Köter auf. Langsam kamen wir in Kampfstimmung. Ketteten ihn los. Bis zu den Hängen umkreiste uns der Hund. Da begann die Artillerie zu schießen. Das Tier setzte sich nieder und blickte ungläubig zu uns auf, als seien wir Gott; dann sauste es zurück zur Stadt, und Brubbe, der gleichmütige Mörder, schickte ihm ein paar Flüche und Kugeln hinterdrein.

Wir stiegen den Petrella hinan. Die frischen Leichen waren schön von Fliegen bedeckt. Aus ihren Felsklüften schrien lieblich die Verwundeten. Der grausame Angriff gebar viel Mitgefühl und Nächstenliebe. Vom Kegel herab drang das Gelächter der Neuseeländer. Sie saßen oben, trinkend und schießend und sich Konservenfleisch in die Mäuler stopfend; als wir den Berg genommen hatten, stand ein Heer von geöffneten Fleischdosen einladend zwischen Deckung und Waffen. Wir setzten die Mahlzeit fort, damit nichts umkäme. Mit Kolben und Bajonett machten sich die Meldegänger vom Kompanietrupp über eine Handvoll Gefangener. Es klatschte und schrie, und dann gurgelten die großen schönen Männer grimmig ihr eigenes Blut und sahen sich aus runden, aufgerissenen Augen ungläubig dabei zu.

Soldaten! Das war ein Kampf! schrie der Hauptmann, steif vor Stolz, die schmalen, ehrgeizigen Wangen von Blut überkrustet. Hinter ihm beugten sich seine Meldegänger, erregt atmend, über die Kolben ihrer Karabiner und reinigten sie.

Ich kam an mein Schützenloch. Ein toter Neuseeländer lag behäbig darin. Wie eine schwarze Brasil ragte ihm ein Granatsplitter aus dem Mund. Ich warf den Toten, der lästig werdenden Fliegen halber und weil man nach getaner Arbeit gut ruhen will, den Abhang hinunter. Seine weißen, verdrehten Augäpfel blickten sanft zu mir zurück. Der mürbe Stamm eines Feigenbaums fing ihn auf, die Äste zitterten, ich vernahm etwas wie ein Stöhnen, zog die Zeltplane über mein Gesicht, atmete tief durch und schlief ein.

Am Abend weckte mich Geschrei. Wir wurden abgelöst. Vor Müdigkeit steif stakten wir den Berg hinab. Der Ort lag ruhig. An der Schule hatten sie die Toten aus dem Graben gehoben und sauber auf zwei Lastwagen geschichtet.

Wir liefen, die Köpfe gesenkt, vorüber in die Quartiere, wo wir, rechtschaffen müde, einfach zu Boden sanken.

Ich alpträumte, der Neuseeländer schlage mit dem Spaten auf mich ein. Hatte ich Schwerverdauliches gespeist? Waren die Neuseeländerfleischbüchsen daran schuld? Bewegungslos mußte ich mit ansehen, wie der tote Mann vom Stamm des Feigenbaums sich löste und, eine schleimige Spur von Blut hinter sich herziehend, herauf in die Stellung kroch. Ich suchte mich mit aller Kraft zu wehren, konnte keinen Finger bewegen. Das Triumphieren in seinen Augen schien mir gefährlicher als der niederzuckende Spaten. Endlich erwachte ich und sah unsern

Spieß vor mir. Er fuhr mich mit dem Jeep zum Bataillon, wo sie mich in einen Kuhstall sperrten. Ich warf mich aufs Maisstroh und hatte noch mal Glück, denn als sie mich am Morgen verdonnern wollten, fantasierte ich im schönsten Fieber, und der Malariaanfall rettete mich vor dem ziegenbärtigen Kriegsgerichtsrat, der mir mit Wonne die Höchststrafe aufgebrummt hätte.
So kam ich ins Lazarett, wurde einigermaßen auskuriert und erhielt, als die Leigthlings einen Tag vor meiner Entlassung ein paar Bomben übrig hatten, zwei herrliche Splitter ins Bein. Nun transportierten sie uns nach Velletri zu braunkuttigen, schweigsamen Mönchen, deren bärtige Männlichkeit nicht zu der vorsichtigen Demut passen wollte, mit der sie uns behandelten.
Am Ende, als ich wieder gehen konnte und auch das Simulieren keinen Spaß mehr machte, bekam ich acht Wochen Gefängnis wegen Wehrkraftzersetzung und Diebstahl. Die Wehrkraftzersetzung leugnete ich; den Diebstahl gab ich zu. Einen Karton Zigaretten hatte ich gegriffen. Es war ein Wachvergehen, denn ich stand Posten in der Nacht. Das Magazin war durch Bombentreffer beschädigt worden. Für meine Mutter daheim bedeuteten die fünfhundert Zigaretten Reichtum. Sie hatte mindestens ein halbes Jahr lang gut zu essen, weil sie für die Zigaretten die wunderbarsten Sachen wie Brot, Fleisch und Butter eintauschen konnte. Dumm war nur, daß ich die Sache weitererzählte, bald war die halbe Kompanie unterwegs. Dumm war, daß wir den Kriegsgerichtsrat, den die Division zur Untersuchung schickte, in die Latrine geworfen hatten. Am dümmsten war schließlich, daß wir ihn wieder rausklettern ließen und dabei noch halfen. Zur Strafverbüßung kam ich nach Verona ins Militärgefängnis.

Gipfert ist ein Mann mit entstellten Zügen und fast weißem Haar. Nie in meinem ganzen Soldatenleben habe ich einen so verkommenen, furchtlosen Menschen kennengelernt. Einmal sollte er drei Gefangene zum Bataillon bringen; hinter dem nächsten Haus knallte er sie nieder. Bredow meldete den Vorfall Stankewitsch, dem Zugführer. Der rief Gipfert zu sich.

Die zwei betraten ein Haus, schickten die Bewohner auf die Straße und ließen sich eine halbe Stunde lang nicht sehen.
Als ich Bredow von dem Vorfall berichtete, zog er eine Handgranate aus dem Koppel und hielt sie sich mit dem Stiel ans Gesäß.
Sie lieben sich!
An Bredows plastische Geste muß ich denken, wie Gipfert sich aufrichtet.
Du warst in Verona? Ich war auch dort im Militärgefängnis.
Hast du lange gesessen? frag' ich.
Nicht lange, und ich wurde schnell Kalfaktor.
Er ballte die Faust: Läuse sind das, die sich fangen lassen. Verona – die schöne Stadt mit dem Feldwebel aus Bessarabien. Das war, wart mal, als Rom fiel. In den Rückzugsbewegungen bleibt ein Transport verurteilter Soldaten stecken. Der Transportführer entläßt die Leute auf ihr Ehrenwort, sie sollen sich allein nach Norden durchschlagen und in Verona melden. Von den fünf Dutzend melden sich bei uns im Kittchen einundzwanzig, darunter der Feldwebel aus Bessarabien, ein Trumm von Kerl, ein Riesenmensch.
Ich denk', mich laust der Affe, wie der Feldwebel bei der Personalienangabe meldet: Zum Tode verurteilt!
Beim Essenverteilen in der Zelle sag' ich zu dem Feldwebel: An deiner Stelle hätt' ich mich sicher in der Richtung geirrt!
Darauf sagt der aus Bessarabien: Ehrlich währt am längsten!
Er ließ sich jedesmal einen Nachschlag geben. Er bekam auch einen von mir, ganze vier Tage lang, dann war die Begnadigung abgelehnt. In meiner ganzen Zeit war er der einzige, dem wir den üblichen Trauermarsch verweigerten. An dem Morgen, als sie ihn rausholten, blieb es still wie in der Kirche.
Es war keiner im Gefängnis, der ihn nicht verachtet hätte, ihr dürft nicht denken, ich hätt' ihm den Nachschlag aus Mitleid gegeben. Durch den Spion sahen wir ihm beim Fressen zu, er war ein Trumm von Mensch. Noch beim letzten Abendbrot hat er gerülpst, daß es über die Gänge hallte. Ich glaub', er hat sich seinen Tod einfach nicht vorstellen können. So ein Trumm von Mensch.

Die Quittung

Jawoll. Mit siebzehn habe ich mich gemeldet, als Kriegsfreiwilliger. In Italien war ich, gleich zu Anfang, auf Sizilien. Bei Gela ham se mich erwischt. Amis breit wie Schränke. Gelacht ham se und mich zusammengedroschen, dann die Hosen ausgezogen, mit nacktem Arsch verkehrtrum auf einen Esel gesetzt und, avanti, fortgetrieben. Ein Schild hatt'ch auf'm Rücken: »Gegen Kinder führen wir keinen Krieg.« So hab'ch meine Kompanie wiedergesehn. Jawoll. Er fingert an seiner Waffe herum.
Und dann hast du ihnen gezeigt, was Kinder sind, ruft Stankewitsch keuchend. Gipfert schweigt. Sein weißes Haar leuchtet. Ich überlege, die Landung bei Gela war erst vor einem Jahr. Viel älter als achtzehn kann Gipfert nicht sein. Er ist wohl mein Jahrgang und ein munteres Bürschchen, das muß man ihm lassen. Sie stehen beide auf. Wie viele von ihnen ich umgelegt habe, weiß'ch nich' genau, ich zähl'se nich, murmelt Gipfert, aber vierzehn große saubere Kerle hab'ch vor der Gefangennahme bewahrt. Jawoll. In der Hölle sin'se versammelt, wo ich sie, zum Teufel, wiederzusehn hoffe. Das ist ein lustiger Sport, die feisten amerikanischen Schweineschnauzen zu rasieren, daß nur die Knochen übrigbleiben. Ist das vielleicht 'ne Art, mir so 'n Schild dranzuhängen? Das quittier' ich denen noch, darauf könnt ihr euch verlassen. Jawoll.
(Als ich die wütende Konfession aufgeschrieben hatte, fügte ich hinzu: Er macht sich zur Mythe, sonst erträgt er's nicht.)

»Tod oder lebendig, der italienische General ist festzunehmen!« sagte der Leutnant mit kratzender Stimme. Es hörte sich immer an wie erkältet. Sein Stahlhelm schaukelte schief auf dem schmalen Schädel. Die Villa lag kaum zweihundert Schritt vor uns in der Senke und leuchtete grell in der Mittagssonne. Auf der Rückseite zogen sich Gruppen von Olivenbäumen bis zur Steinmauer heran, die das Grundstück umfriedete. Bewegung war nicht zu entdecken.
Der Leutnant setzte das Glas ab und wies seine Gruppenführer ein.

Gipfert lag im Gras, rauchte und schimpfte auf Badoglios Verrat. Der erste Zug schwärmte aus, die Gruppen näherten sich im Schutz der Bäume der Rückfront und gingen in Stellung.
»Auf und los!« Der Leutnant, in der Rechten die Pistole, mit der Linken den Stahlhelm festhaltend, rannte in großen Sprüngen auf die Villa zu. Die Luft flimmerte. Ein schwarzes Knäuel fiel aus dem Fenster, kollerte über die Terrasse, verschwand und kam erneut ins Blickfeld.
»Der Kerl hat ein Pferd!«
Der General, in Zivil, schlug mit der Hand auf den Pferdehals.
»Feuer frei!«
Das MG sägte in Sand. Das Pferd scheute, bäumte auf. Der General reckte beide Arme und fiel. Der Leutnant näherte sich dem Pferd, das schnaubend stillstand, die Augen verdreht.
Der General erhob sich, klopfte den Staub aus der Hose, blickte dem Leutnant entgegen und nahm die knieende Schützenstellung ein. Etwas blitzte aus seiner Hand. Er hatte drei Schüsse abgegeben, als die MG-Garbe ihn zersägte. »Tot oder lebendig«, keuchte Gipfert, der auf den General zulief und mit der Stiefelspitze anstieß.
»Durchsuchen!« Die Stimme des Leutnants kratzte. Gipfert durchwühlte die Taschen. »Keine Papiere, Herr Leutnant. – Doch, viele Papiere!«
Große, gebleichte Lirescheine, zwei Schachteln Pistolenmunition. Der Leutnant hob die Waffe auf. »Eine Damenpistole.« Verwundert untersuchte er den Mechanismus. »Und mit so was wollen die Krieg führen.« Er barg die Pistole in der Innentasche. »Das Haus durchsuchen!« Schweigend trotteten die Männer durchs Tor und verloren sich in dem großen, stillen Gebäude. Genagelte Stiefelsohlen klangen auf Stein. Der MG-Schütze knallte das MG auf den Marmorboden der Terrasse.
»Durst!«
Der Rückmarsch verlief schweigend. Mürrisch schleppten die Männer sich hin. Die zwei Mann, die den toten General trugen, wurden oft abgelöst. Zwei Stunden später lieferte der Leutnant die Leiche beim Regimentsstab ab.
Ein Major in Tropenuniform blickte erstaunt auf die Trophäe.

»Tot oder lebendig«, erklang die ewig heisere Stimme des Leutnants. Der Major machte eine müde Handbewegung. »Gestern waren wir noch Kameraden.«
Der Leutnant salutierte und entfernte sich. Der Major erstarrte in der eingenommenen Position, von Fliegen umschwirrt.

Duett mit einem Helden

Für ein paar Tage zogen sie uns aus den Stellungen von Cassino und brachten uns weiter zum Meer hin nach Gaeta. Eine halbe Nacht lang marschierten wir dann durch unwegsames Berggelände frontwärts nach Süden, es gab starken Artilleriebeschuß, die Kompanie legte sich zum Schlafen nieder in einer Steinscheune.
Kaum hatten wir uns hingestreckt, erschien der Kompanieführer, ein junger Leutnant aus Leipzig, der die Kompanie erst zwei Tage zuvor übernommen hatte, weil der Hauptmann mit einem Lungensteckschuß hatte weggebracht werden müssen, und stieß mich mit dem Stiefel an.
Im Morgengrauen sollte ein Spähtrupp losgehen und erkunden, wo die eigenen Leute lagen und der Feind sich befand. Es wurde zeitig hell, ich hatte tief geschlafen, aber zu kurz, als wir loszogen. Der zweite, der bestimmt worden war mitzugehen, ein schmächtiger Hamburger, hieß Eberhard und zeigte mir beim Weggehen eine Pistole, für alle Fälle, sagte er. Offenbar vertraute er seinem Karabiner nicht so ganz.
Wir gingen anfangs sehr vorsichtig nach vorn, aber bald verloren wir die Lust an der Schleicherei. Was soll's, meinte Eberhard, wenn die Amis mich schnappen, dann... Er blickte mich dabei so lauernd von der Seite an. Aha, da wollte jemand meine Reaktion testen. Ich blieb vorsichtig. Wußte man denn, ob es ehrlich gemeint war, vielleicht sollte ich nur herausgelockt und dann in die Pfanne gehauen werden.
Ich gab keine Antwort, blieb stehen, hielt einen Finger an die Lippen und tat so, als hätte ich was bemerkt. Eberhard warf sich zu Boden und blickte in die gleiche Richtung. Tatsächlich be-

wegte sich dort was, und das hatte ich vorher gar nicht mitgekriegt. Ich warf mich nieder. Wir lagen und lauschten. Dann hörten wir ein paar Worte, es waren deutsche Worte.
Hallo, ist da wer? rief Eberhard.
Und wer ist dort?
Eberhard nannte unsere Kompanie und daß wir der Ersatz wären und die Truppe suchten, die wir ablösen sollten. Da kamen zwei auf uns zugelaufen, und jetzt erkannten wir sie. Es waren schon etwas ältere Herren von einer Artillerieeinheit, sie hatten ihre Geschütze verloren und waren hier einer Infanteriekompanie zugeteilt worden.
Wir gingen weiter bis an ihre Stellung, einem recht armseligen Schützenloch, in dem ein dritter Soldat lag mit einem MG 42, der Mann starrte uns nur unwillig an und beteiligte sich nicht an dem Gerede.
Wir erfuhren, es waren vor ihnen noch ein paar Schützenlöcher ausgehoben worden, auch waren Soldaten am Abend dort in Stellung gegangen, man habe aber schon seit Stunden nichts mehr bemerkt von ihnen. Es war klar, wir hätten noch ein Stück weiter nach vorn gehen müssen, doch Eberhard zeigte dazu ebensowenig Lust wie ich. Andererseits hatten wir jetzt die drei mit ihrem MG 42 als Feuerschutz, und da konnten wir wenigstens so tun, als würden wir die Gegend vorne noch aufklären.
Wir blickten uns fragend an, dann ging ich zehn Schritt, dann Eberhard, es war noch nicht so ganz hell, ein wenig Dunkelheit und Nebel hingen in den Niederungen zurück, die Olivenbäume erhoben sich gespenstisch über dem Bodennebel, als wären sie ohne Stamm und schwebten über der Erde.
Ich schaute zurück zu den drei Kameraden mit dem Maschinengewehr, da gab es eine Bewegung, und als ich wieder zu Eberhard hinsah, stand er da, hatte die Knarre weggeworfen, hielt die Hände hoch, und vor ihm stand ein riesenhafter Kerl. Er meinte es also doch ehrlich, dachte ich verwundert, der hatte sich vorgenommen, sich zu ergeben, und jetzt ergab er sich tatsächlich. Eine prima Gelegenheit, dachte ich, wer weiß denn, wann so was wiederkommt, wollte meine Knarre wegwerfen,

da hob der riesenhafte Kerl dort vor Eberhard seine Waffe und stieß sie vor, er rammte Eberhard das Bajonett in den Hals. Ich hörte einen krächzenden Laut, etwas Rosarotes sprang aus Eberhards Hals hervor, fast hätte man denken können, es sei Leuchtspurmunition, aber es war sein helles Blut, und Eberhard fiel nicht zu Boden, aus irgendwelchen Gründen blieb er stehen, während der Amerikaner sich bemühte, sein Bajonett wieder aus Eberhards Hals herauszuziehen, wobei er Eberhard nun, wie man es gelernt kriegt, mit Tritten traktierte. Man rennt eben seinem Feind das Bajonett in den Bauch oder zwischen die Rippen, aber nicht in den Hals, und für diesen sträflichen Fehler mußte der Ami nun zahlen. Er versuchte noch immer, sein Bajonett herauszubringen, es knarrte und krächzte etwas, vielleicht hatte sich das Bajonett in der Wirbelsäule verfangen, immerhin sank der Tote nun zu Boden, jetzt trat der Ami seinem erlegten Feind, ganz wie er es gelernt hatte, auf die Brust und wuchtete sein Bajonett heraus.
Das hatte etwas zu lange gedauert, denn mir war klargeworden, was einem blüht, der sich diesen Gemütsmenschen ergibt, ich legte an und sah seinen massigen Schädel in der verlängerten Linie von Kimme und Korn und drückte ab, und wo dem Ami ein Stück Ohr unterm modisch schräg aufgesetzten Helm hervorlugte, klaffte ein Loch, aus dem eine Blutfontäne heraussprang wie vorher aus Eberhards Hals. Der Soldat sank langsam in die Knie, legte seine Knarre vor sich auf die Erde und verbeugte sich Richtung Osten, so halb kniend hielt er sich, ich ging hin, hielt ihm den Karabiner an den Hinterkopf und drückte ein zweites Mal ab.
Es gab einen dumpfen Knall, und mir sprangen Schädelknochen, Gehirnmasse und Fleischfetzen ins Gesicht, ich konnte nichts mehr sehen, warf mich auf den Boden, griff nach Gräsern und wischte mir das Zeug aus den Augen. Endlich brach ich Eberhards Erkennungsmarke ab, steckte sie ein und stapfte zurück. Die drei mit ihrem MG waren nur zwanzig Schritt entfernt und hatten sich die ganze Zeit über nicht gemuckst. Als ich an ihrem Schützenloch stand, sah ich, die beiden älteren Artilleristen zitterten und hatten kalkweiße Gesichter, der dritte

Mann hing hinter dem Schaft seiner 42er Spritze und grinste unter dem Helm hervor.
Ihr hättet es wohl gern gesehen, wenn der Kerl mich auch noch abgemurkst hätte! schrie ich und schlug mit dem Kolben auf die Helme der beiden. Haut ab! schnauzte ich, und als hätten sie nur darauf gewartet, sprangen sie aus dem Loch und entschwanden nach hinten. Ich ließ mich in das Schützenloch fallen. Es war vollgekotzt und stank zum Gotterbarmen.
Mensch, sagte ich, was war denn bei euch los?
Nu man keine Bange, sagte der Mensch vom MG, ich hätte schon losgerattert, wenn's dir ans Leder gegangen wäre. Ich glaubte es ihm. Er hatte anfangs nicht schießen wollen, um Eberhard nicht zu gefährden, dann, als der Ami dem das Bajonett in den Hals stieß, war ich im Wege gewesen und hatte im Schußfeld gestanden.
Außerdem, sagte der MG-Schütze, dachte ich, daß du den Burschen kriegen wirst! Wir blickten uns wieder an, der Kerl lachte. Ich sah jetzt, er hatte die Brust voller Blechzeug, ein Deutsches Kreuz in Gold war dabei.
Bist wohl ein Held, was? Er lachte noch mehr.
Nee, sagte er, aus Bochum bin ich. Weißt du was, wir halten heute die Stellung hier.
Wieso heute? fragte ich.
Tagsüber ist es besser, du bleibst in deinem Loch hocken und knallst alles, was sich nähert, ab, denn wenn du rausspringst, dann bist du für die anderen das beste Ziel.
Ach, sagte ich, bist du etwa der Verrückte, der sich nur in der Dunkelheit zurückzieht?
Genau, sagte er, so verrückt bin ich, und außerdem lebe ich noch.
Der verrückte Kunz war am ganzen Frontabschnitt bekannt wegen seiner Tapferkeit, die, wie nur wenige wußten, darin bestand, daß er erstens zu faul war, schnell wegzulaufen, und zweitens zu klug, es am hellichten Tage unter dem Zielfeuer des Feindes zu tun. Jetzt war Kunz für mich die reinste Lebensversicherung. Wenn sie uns nicht durch das Kunststück eines Granat-Volltreffers außer Gefecht setzten, waren wir für die

kommenden Stunden eine uneinnehmbare Festung. Kunz freute sich, daß er seine beiden Artilleristen los war, die, wie er sagte, nichts Gutes gewöhnt seien, und ich sah jetzt, unter der Kotze, die die beiden Herren zurückgelassen hatten, stapelten sich die Munitionskästen und Handgranaten. Kunz hatte seine beiden Begleiter zu Lasteseln degradiert und gezwungen, die ganze Nacht über Munition anzuschleppen. Ich habe gedroht, daß ich sie sonst umlege, knurrte er, und dann erspähte er drüben bei den Amis eine Bewegung, sandte einen kurzen Feuerstoß in die Gegend, daß es nur so staubte. Kannst du einigermaßen schießen? erkundigte sich Kunz. Ich bejahte. Und auch treffen? Eigentlich bin ich ein Pazifist, antwortete ich, und wenn es Eberhard gelungen wäre, sich den Amis zu ergeben, dann hätte ich dasselbe getan.

Und weil der Ami dem den Hals zerstochen hat, deshalb hast du ihm eine Kugel hinters Ohr gejagt, was?

Du hast es richtig mitgekriegt, Kamerad!

Überlaufen, mein Lieber, ist hier nicht.

Warum nicht?

Weil das da drüben keine Menschen sind, sondern Panzerleute.

Hm. Und wo sind ihre Panzer?

Unten vor dem Steilhang abgestellt. Sie kommen nicht hoch damit am Hang, haben auch Schwierigkeiten mit dem Nachschub, jedenfalls fehlt ihnen die Infanterie, und da drüben hat so ein Hammel die Panzerleute aus den Panzern rausgeholt und als Infanteristen eingesetzt.

Er jagte wieder eine kurze Garbe in die Gegend, und man hörte den jammernden Schrei eines Getroffenen.

Mit ihren Panzern mögen sie ja gefährlich sein, knurrte der verrückte Kunz, als Fußlatscher sind sie einfach Nullen. Schießen können sie nicht, Handgranaten werfen können sie nicht, nur Gefangene abstechen, das können sie.

Jetzt wurde mir klar, warum der große Ami, der Eberhard erledigt hatte, eine so seltsame Montur trug. Es war ein Panzerfahrer. Jetzt kannst du dir's aussuchen, ob du abhauen willst oder dableiben, sagte Kunz noch.

Es war taghell geworden, ich fühlte nicht die geringste Lust, den Hasen zu spielen, auch nicht, wenn mir versichert wurde, die Panzer-Amis dort drüben könnten nicht gut schießen, war mir für einen Zufallstreffer zu schade. Das gab ich Kunz bekannt, er nickte, dann haben wir einen ganzen Tag lang die Front aufgehalten, links und rechts erzielten die Amis Geländegewinne, bei uns blieben sie schön in ihren Löchern liegen. Mittags waren sie so verärgert, daß sie drei Flugzeuge schickten, die Bomben fielen weitab nieder und taten uns nichts. Erst nach Einbruch der Dunkelheit zogen wir uns zurück. Es wäre auch alles zu meiner Zufriedenheit verlaufen, hätte der verrückte Kunz mich nicht mit vorgehaltener Spritze gezwungen, sauschwere Munitionskästen mit zurückzuschleppen. Ich brach unter der Last fast zusammen, Kunz entschuldigte sich, als wir ein Stück rückwärts angelangt waren, dann half er mir tragen. Die Munitionskästen mit den MG-Gurten waren seine Lebensversicherung. Als ich Jahre nach dem Krieg von dem sowjetischen Helden der Arbeit Stachanow hörte, der jede Norm brach und übererfüllte, wurde bald bekannt, der Mann hatte eine ganze Anzahl Helfer, die die Arbeit so vorbereiteten, daß sich die Norm ohne Probleme erfüllen ließ. Da mußte ich an den verrückten Kunz denken, der viel früher ein militärischer Stachanow gewesen war und sich immer ein paar Munitionsträger besorgt hatte. Wenn einer eine Stellung lange hält und mehr schießt als ein anderer, dann braucht er dafür auch mehr Munition. Das ist doch sonnenklar.

Ich weiß nicht, wie viele als Infanteristen eingesetzte amerikanische Panzerbesatzungen wir an diesem Tag erledigten, und bei jedem murmelte ich: Das ist für Eberhard – und das ist noch mal für Eberhard. Wäre es nach mir gegangen, hätte ich diesen Krieg an diesem Tag für mich beendet. Eberhards Unglück bestand darin, daß er es vor mir versuchte, und mein Glück war, daß ich an seinem Exempel erlebte, wie es einem, der sich ergibt, ergehen kann. Zum Ausgleich für diese Ungerechtigkeit schickten Kunz und ich an diesem Ort und an diesem Tag ein paar Dutzend Amis zur Hölle, und es tat uns in unserer Wut um keinen einzigen leid. Wenn es erst soweit ist, daß es dir ganz und gar ans Leder gehen soll, dann verteidigst du deine Haut eben so teuer, wie es nur geht. Wir hatten teure Häute in diesen Stunden, und wir brachten sie heil mit nach hinten in der Nacht.

Bevor der Tanz an diesem Morgen richtig begann, hatte Kunz noch einen exquisiten Einfall, der mich daran zweifeln ließ, ob der Mann wirklich alle Sinne beisammenhaben konnte. Mit den Worten: Gib mir Feuerschutz! sauste der Junge, er war etwa fünf Jahre älter als ich, also so dreiundzwanzig, schätze ich, aus dem Schützenloch hoch und zu den beiden Leichen vor uns. Dort schnappte er sich den toten Ami und hielt ihn als Schutzschild vor sich, wobei er sich langsam rückwärts bewegte, bis er wieder bei mir anlangte.

Er sprang runter ins Loch und packte sich den Toten als Dekkung vorn auf die Brüstung, aber so, daß der Ami auf seinem Bauch zu liegen kam, den Kopf bettete Kunz deutlich höher und pflanzte auf die riesige Wunde, die die Stelle anzeigte, wo sich früher der Hinterkopf befunden hatte, den Amihelm.

Für die Feinde drüben bot sich so ein schauriges Bild, sie sahen ihren Kameraden der Länge nach vor sich liegen, und wenn sie auf uns feuerten, mußten sie immer auf ihren Kameraden schießen. Immerhin bekam die Leiche im Laufe des Tages trotzdem ein paar Dutzend Einschüsse ab. Reine Zufallstreffer, bagatellisierte der verrückte Kunz die Einschüsse: Die Kerle feuern so wild und haben so viel Munition, wenn da von tausend Schuß einer trifft, freuen die sich noch.

Und es machte ihm einen Heidenspaß, mit seinem MG 42 über dem toten Ami kurz aufzutauchen und eine rasende Garbe loszudreschen. Da blieb drüben keiner mit seiner Gurke oben, sie zogen alle die Nasen ein und steckten die Köpfe in den Sand. So erwies sich der verrückte Kunz als Meister der psychologischen Kriegführung.

Als wir uns in der Dunkelheit weit genug zurückgezogen hatten und wieder auf die ersten Wehrmachtssoldaten stießen, war es an der Zeit, daß ich mich von Kunz trennte und zu meinem eigenen Haufen zurückzukommen suchte. Wir reichten

uns die Hände, Kunz roch nach Pulver, und wir rochen gemeinsam nach der Kotze der beiden Artilleristen. Kunz sagte: Was bist du, ein Pazifist?
Ja, das bin ich, ob du es glaubst oder nicht.
Warum sollte ich es nicht glauben. Ich bin selber einer.
Es war der blanke Zynismus, der aus ihm sprach, und es konnte zugleich die reine Wahrheit sein. Das ist so, sagte er, was soll unsereiner tun, wie? Überlaufen wie dein Kamerad heute früh und sich den Hals durchstechen lassen?
Ja, sagte ich. In dem Fall kann man nur draufhalten.
Der verrückte Kunz blickte mich mit einem so vernünftigen und durch Mark und Bein gehenden Blick an, daß ich seinen Worten plötzlich Glauben schenkte. Ich hatte ihn als eine wilde, mörderische Sau kennengelernt, aber war ich nicht genauso gewesen?
Mir wurde übel, während ich nach meiner Kompanie suchte, und der Gestank der Kotze, in der ich gestanden, gesessen, gelegen hatte, hing mir so in den Kleidern und in der Nase, daß ich selbst noch anfing zu kotzen, und dabei hatte ich den ganzen Tag nichts gegessen.
In den darauffolgenden Tagen suchte ich Kunz ein paarmal auf. Unsere Kompanien lagen nebeneinander, ich ließ mich als Außenposten einteilen, der nächste Posten war Kunz. Meist waren zwei Munitionsträger bei ihm, manchmal nur einer, dann schimpfte er über seinen Feldwebel, den er sowieso für einen Idioten hielt, was er ihm auch offen sagte. Er war aber ein so berühmter Held, daß ein Feldwebel nicht wagte, ihn zurechtzuweisen. Zwei Tage lang verschwanden die Amis auf der Gegenseite. Offenbar hatten sie ihre Panzersoldaten abgezogen und wieder in die abgestellten Panzer reinklettern lassen, und die vorgesehene Infanterie war noch nicht eingetroffen, uns konnte es nur recht sein. So führten wir zwei Tage lang einen Krieg gegen niemanden. Ich hing meist im Schützenloch von Kunz, mit dem ich mich anfreundete, er hatte wirklich einen schweren Riß in der Urne, aber genau das machte ihn so interessant und unterhaltsam, obwohl er nur langsam sprach und überhaupt selten redete.

Bei meinen Aufenthalten in seinem Schützenloch fand ich heraus, daß der Gestank nicht nur von der Kotze der beiden Artilleristen hergerührt hatte. Kunz besaß die greulichsten Schweißfüße, die man sich nur vorstellen kann. Wenn er einen Stiefel auszog, war es wie bei einem Gasangriff. Weil er das wußte, zog er die Stiefel recht selten aus, nur wenn die Truppe unterwegs an ein Gewässer kam, riß Kunz seine Stiefel und Socken runter und sprang gleich ins Wasser. Es nützte alles nichts, außerdem hatte er noch Senkfüße. Zwar gab es dagegen Einlagen, doch die kamen ihm meist abhanden, deshalb fiel ihm das Marschieren schwer. Ich begriff, hier lag der tiefere Grund für sein Heldentum. Jeder Schritt bereitete Kunz Schmerzen. Um denen zu entgehen, blieb er liegen, wo er war, in seinem Schützenloch, und schlug die feindlichen Angriffe ab. Tapferkeit hat meist einen sehr realistischen Grund. Dabei war Kunz kein dummer Kerl. In den Pausen, wenn er nicht schoß, äußerte er manchen klugen Gedanken, vor allen Dingen, daß ihm der Krieg bis zur Halskrause stehe, was er nur mit der Hand andeutete, die er hochnahm: Bis hierhin steht mir dieser dämliche Krieg.
Bei anderen Soldaten wäre das der reinste Defätismus gewesen, bei Kunz nahm es niemand krumm. So viel Heldentum und Defätismus paßten einfach nicht zusammen. Einmal, als ich bei ihm im Deckungsloch zu Besuch war und der Krieg Pause hatte, kam sein Feldwebel angerannt, um die Parole und weiteren Unsinn bekanntzugeben. Als er mich erblickte, fuhr er mich barsch an, was ich hier zu suchen hätte. Kunz stieß mich in die Seite und antwortete: Das ist ein Freund von mir. Wir treffen eine Verabredung für den Frieden. Der Feldwebel, der dieser geistigen Anstrengung nicht gewachsen war, rollte blöde mit den Augen und stotterte: Was ist los? Was? Hau bloß ab! schrie Kunz, griff sich sein gefürchtetes MG und hielt es in Richtung Feldwebel.
Sind Sie denn wahnsinnig geworden, Mann! schrie der Feldwebel, sprang mit einem riesigen Satz zur Seite und hetzte davon.
Wenn ich wieder mal nach Hause kommen sollte, knurrte der

verrückte Kunz, wenn ich es wirklich schaffen sollte, noch mal einen richtigen Frieden zu erleben, und wenn mir dann einer kommt und was vom Krieg erzählt, weißt du, was ich mit dem anstelle?
Kunz sah mich an, als erwarte er eine Antwort von mir. Woher soll ich das wissen? sagte ich.
Dann halte ich dem mein MG vor den Bauch und drücke ab, Mann!
Kunz sah mich an, so überzeugend wie besessen – in diesem Moment glaubte ich tatsächlich, er würde sein Maschinengewehr vom Krieg mit in die Heimat schleppen und jedem eine Garbe reinjagen, der wieder eine Völkerschlacht anfangen wollte. Es ist nicht zu fassen, dachte ich, wir sind hier wirklich zwei waschechte Pazifisten in diesem verdammten Sandloch.
Jetzt robbten auf der anderen Seite ein paar Trupps amerikanischer Infanteristen hoch und begannen auf uns zuzulaufen. Kunz hielt drauf, sie purzelten durcheinander, dann krochen ein paar von ihnen verwundet zurück, und ich mühte mich, ihnen das Zurückkriechen zu erschweren. Obwohl wir Eberhard schon dutzendfach gerächt hatten, rächten wir ihn weiter. Ich hatte immer, wenn ich einen Ami erblickte, so ein merkwürdiges Gefühl im Hals, und wenn ich schlief, spürte ich ein Bajonett in meine Gurgel vorn eindringen und hinten im Genick austreten. Ich erwachte dann mit einem Schrei, davon schreckten die anderen auf, so daß es bald hieß, mit mir könne keiner zusammen in einem Schützenloch liegen.
Es folgte eine blutige Woche, da schienen die Amis zu der gleichen Überzeugung gelangt, jedenfalls hielten sie nichts mehr von Deckung und Taktik und liefen am hellichten Tag aufrecht durch die Gegend, die perfekten Zielscheiben. Ein paar Tage drauf sprach es sich herum, es waren gar keine Amerikaner, sondern frisch auf den Kriegsplatz gekarrte Neuseeländer, die sich noch nicht frontgemäß zu benehmen wußten. Komische Kruken, zu stolz, auf Kriechgang umzuschalten, zu faul, die Beine in die Hand zu nehmen. Wenn es einem von denen in den Sinn kam, schlenderte er unbekümmert los. Wir dachten, wir sehen nicht recht, spazierten die immer wieder im aufrech-

ten Gang gemächlich übers Schlachtfeld. Es dauerte eine ganze Woche, bis die Hälfte von ihnen abgeschossen war und die andere Hälfte kriegerische Vernunft annahm, waren träge und langsam denkende Viehzüchter- und Farmersburschen, bis es bei denen klingelte, das dauerte seine Zeit. In den ersten beiden Tagen hatten sie noch eine besondere Angewohnheit, war einer von ihnen beim Spaziergang umgelegt worden, trottete ein Dutzend anderer herbei, einer hielt eine Fahne, und nun trugen sie ihren toten Kameraden feierlich von hinnen im gemächlichen Trauermarschschritt, dabei konnte man noch ein paar von ihnen erledigen. Auch das brauchte seine Zeit, bis sie es begriffen hatten, offenbar gehen die Uhren in Neuseeland besonders langsam. Der verrückte Kunz meinte, wenn die so langsam ficken, wie sie kapieren, dann dauert ein einziger Fick gut vierundzwanzig Stunden, und ihre Weiber tragen nicht neun, sondern mindestens achtzehn Monate.

Schöne Vergangenheit mit Einschlüssen

Dann hatten sie uns in die Falle gelockt, sie sah zuerst gar nicht so schlimm aus und bestand aus einem wundersamen Berggipfel, einem schönen Naturereignis mitten in der Wildnis, nur ein paar alte Eselspfade wanden sich hinauf und hinab, Krüppelkiefern wucherten aus dem sandigen Gestein, Olivenbäumchen, die es nicht mehr schafften, Bäume zu werden, führten ihr karges Dasein in der ländlichen Bergwildnis, auf der Bergkuppe hatte die Wehrmacht Stellungen angelegt, konnte aber auch sein, die Löcher stammten noch von den alten Römern oder den aus Afrika herüberdrängenden Karthagern, jedenfalls hatte die Luftaufklärung erbracht, dort oben gab es Stellungen, und einer der rückwärtigen Verteidigungsstrategen war auf die Idee verfallen, Soldaten in die unbesetzte Stellung zu schicken. Wir wunderten uns, als wir den Befehl erhielten, denn seit Monaten war kein Flugzeug unserer siegreichen Luftwaffe am italienischen Himmel zwischen Rom und Neapel aufgetaucht, wie konnten sie da Luftaufnahmen von den Stellungen machen, doch im Krieg ist jeder Befehl ein heiliges Naturgesetz, also marschierten wir über Nacht immerzu aufwärts. Am Morgen dann wurde es allerdings der schönste Tag und für die meisten ihr letzter, was gibt man nicht für ein ästhetisches Erlebnis hin, Rom sehen und sterben, Neapel sehen und sterben, wir standen auf unserem Gipfel und blickten nach allen Seiten und hatten einen so endlosen Klarsichttag erwischt, in der Ferne zeichnete Sizilien sich am Horizont als Strich ab, auf der westlichen Seite schmatzte das Meer viel näher, als wir geahnt hatten, nordwärts begrenzten Berge den Blick, dahinter lag, das wußte jedes Kind, Rom und noch etwas weiter die Heimat, unser heiliges Reich. Kunz und ich gingen zusammen in Stellung, wir hatten uns aneinander gewöhnt, und ich konnte sicher sein, wo er sich verteidigte, kam keine fremde Armee hin. Inzwischen hatten sie ihn mehrfach fürs Ritterkreuz eingereicht, doch ein sturer westfälischer Obergefreiter fand bei den Vorgesetzten weiter hinten Neider, das Kreuz sollte immer kommen und kam nicht, Kunz war es scheißegal, denn er war ja gar kein Held, sondern hatte Schweißfüße und konnte nicht besonders gut laufen und hatte einen Heidenbammel vorm Rückzug bei Tage, weil sie ihn von hinten leicht abknallen konnten bei seinem langsamen Gestolper.

Den ganzen ersten Tag lang ging es gut. Gegen Abend entdeckten sie uns auf dem Berg und schickten eine Staffel Bomber. Die Bomben fielen gefahrlos weit weg ins Land, wir winkten zu den Fliegern hinauf, in der Nacht schüttete ich Kunz mein Herz aus und erzählte von meiner Liebe, der Venus von Holland, daraufhin hielt Kunz mich für verrückt, so, wie ich ihn schon lange für verrückt hielt, wenn auch aus anderen Gründen.

Kunz' Lebensziel bestand darin, daß er heiraten und Kinder zeugen wollte und als Bergmann unter Tage Karriere zu machen beabsichtigte, mindestens bis zum Hauer, und dann wollte er daheim ein friedliches Rentnerdasein fristen, mit einer hinreichend hohen Rente und einer Brieftaubenzucht und einem heimeligen Platz in seiner Stammkneipe gleich neben dem Fußballplatz von Schalke. Wenn er davon erzählte, geriet er leicht ins Schwärmen, und weil sich seine Pulsfrequenz erhöhte

und sein Herzschlag verstärkte, begannen seine Schweißfüße noch deutlicher zu riechen als sonst.
Über Nacht kreisten die anderen uns ein. Wir hatten es befürchtet, aber doch für unwahrscheinlich gehalten, denn von der schnellen Truppe waren unsere Feinde sonst nicht, sie krochen eher schneckenhaft voran und walzten alles mit ihrer ungeheuren Artillerie vor sich nieder. Diesmal mußte ihnen das Temperament durchgegangen sein, vielleicht befehligte drüben ein Kunstkenner, der möglichst bald nach Rom gelangen wollte, da wir ihm den Weg versperrten, lag ihm natürlich daran, uns auszuschalten.
Es wurde hell, und wir kriegten von allen Seiten Saures. Es war kein Feuer mehr, es war ein Weltuntergang, und er fand ausgerechnet auf unserer Bergkuppe statt. So schön der vorherige Tag auf dem Gipfel gewesen war, so blutig wurde der zweite. Offenbar versammelten sie auf den umgebenden kleineren Bergen alle Geschütze der US-Army in Italien, alle miteinander beschossen uns. Fatalerweise wurde es auch erst sehr spät in der Nacht etwas dunkel, nicht ganz wegen des Vollmonds, und als wir uns unter dem heiseren Kommando unseres Leutnants endlich gegen Mitternacht in Bewegung setzten, krochen von den gut hundert Leuten, die heraufgekommen waren, nur knappe zwei Dutzend hangabwärts.
Es ging immer schwerer und langsamer voran, und als es morgens gegen halb fünf wieder südlich-hell wurde, saßen wir am Fuße des Berges auf dem Präsentierteller und boten das herrlichste Ziel.
Glücklicherweise waren nur die US-Infanteristen um diese Zeit schon wach, die Artilleristen schliefen noch, sogar die Kerle mit den leichten Granatwerfern konnten noch nicht an Deck sein, denn von ihnen kriegten wir auch erst später was ab. Weil uns anfangs nur Gewehr- und MG-Feuer entgegenschlug, schöpften wir wieder Hoffnung und arbeiteten uns bis auf Rufnähe an einen schönen Zauberwald von Fichten heran, in dem wir verschwinden konnten, schafften auch fast noch das letzte Stück. Es war eine Art Damm, über den man laufen mußte, nicht sehr weit, um die fünfzig Meter, doch die blieben es, da

mußte jeder drüber, der wegwollte, und die anderen hatten freies Schußfeld.
Es gab keine Wahl. Der Befehl der heiseren Stimme nagelte Kunz mit seinem MG und mich als seinen Schützen zwo am Anfang des Damms fest, wo wir den anderen Feuerschutz zu geben hatten. Kunz knallte die Spritze ins Gestein, daß es Funken sprühte, ich knallte die zwei Munitionskästen, mit denen ich mich abschleppte, daneben, und dann holten wir Luft und beruhigten uns, während der Leutnant die anderen einteilte, wie sie über den Damm zu rasen hatten, um sich drüben, wenn es geschafft wäre, niederzuwerfen und den nach ihnen kommenden Kameraden Feuerschutz zu geben. Was hieß hier Feuer und was Schutz? Wir hatten uns alle schon fast verschossen. Kaum noch Munition, und die beiden letzten Kästen fürs MG reichten auch nicht für alle Zeiten.
Also ab geht die Post! kommandierte der Leutnant.
Drei Mann hoch rannten unsere Leute über den Damm, bis zur Mitte blieben sie unbehelligt, offenbar waren die Amis überrascht, dann begannen sie zu feuern, es erwischte nur einen, der kopfüber in die Tiefe hechtete.
Los und ab! schrie der Leutnant, nun rannten die nächsten drei los, den ersten erwischte es gleich beim Hochspringen, die beiden anderen kamen bis zur Mitte, dann war es für sie zu Ende mit dem Krieg. Los, los! brüllte der Leutnant, wieder sprangen welche los, ich konnte es nicht mehr beobachten, Kunz feuerte, was das Zeug hielt, ich hatte alle Hände voll mit den Gurten zu tun. Als Kunz das MG absetzte, waren wir beide allein auf unserer Seite, der Steilhang unter dem Damm war bestückt von Leichen und Verwundeten, drüben winkte jemand, das war der Leutnant mit der heiseren Stimme, er hatte es geschafft und war hinübergekommen. Was nun, Kunz?
Ich war dafür, den Krieg an dieser Stelle zu beenden, und schlug das auch ganz offen vor.
Und was dann? fragte Kunz.
Er zeigte mit einer Hand zur Seite, und wie ich hinblickte, sah ich Gestalten, das waren keine Amerikaner, das waren unsere lieben Neuseeländer, die sich anfangs so ungeniert hatten ab-

schießen lassen, weil sie den aufrechten Gang liebten und die Deckung vernachlässigten, sie hatten inzwischen das Kriegführen gelernt und waren darauf aus, es uns heimzuzahlen.
Es war klar, sich denen zu ergeben war nur eine andere Todesart. Dann schon lieber über den Damm laufen und den Hasen spielen bei der Treibjagd.
Laß wenigstens das MG liegen, Kunz, sagte ich, wir haben sowieso keine Munition mehr dabei.
Ja, sagte er, ich lass' es einfach liegen.
Er sprang hoch, rannte ein paar Schritte, was heißt hier, rannte, der Mann onkelte, konnte gar nicht rennen, und seine Orden klapperten blechern dazu auf seiner Brust. Als er ein Stück weg war, blieb er stehen, kehrte um, krampfte sich sein MG und onkelte wieder los.
Mir blieb das Herz stehen. Die Neuseeländer müssen die Vorstellung als besonderen Clou genossen haben, sie sprangen aus ihren Deckungen und standen aufgerichtet da, stehend freihändig knallten sie los, ballerten auf Kunz, den großen, langsamen Helden, trafen auch, wie ich deutlich sah, aber Kunz steckte die Kugeln ein und onkelte weiter mit seinem schweren Maschinengewehr in den Armen, es war, als trüge er ein Kind und wolle es in den schützenden Fichtenwald retten. In einer heiligen Eingebung war mir klar, sie ballerten jetzt alle wie verrückt auf Kunz, ich sah die großen, stämmigen Kerle stehen wie auf dem Schießstand, sah ihre präzisen Bewegungen und ihre lachenden, aufrichtigen, offenen Mannsgesichter, ich sprang Kunz hinterdrein wie sein eigener Schatten, flog auf den Rükken von Kunz zu und näherte mich ihm, und als ich ihn nur noch ein paar Schritte entfernt von den verdammten Bäumen endlich erreichte, hatte er eben das MG fallen gelassen, über das ich mit einem Satz hinweghechtete, und während ich in der Luft schwebte, sah ich vor mir Kunzens breiten Rücken, auf dem bildeten sich drei kreisrunde helle Flecken, die im ersten Moment elfenbeinern aufschienen und im nächsten Moment ein leuchtendhelles Rot nachschoben. Ich packte Kunz mit beiden Händen an den Schultern und stieß ihn unter der Wucht des Aufpralls nach vorn zwischen die ersten Bäume, und weil

es hier noch nicht sicher genug war und die Neuseeländer nun den gesamten Waldrand unter Dauerfeuer nahmen, weil auch ihre Granatwerfer und Geschütze jetzt mitmischten, schleppte ich Kunz immer weiter in den Wald. Es wäre alles viel leichter gewesen, hätte Kunz nicht soviel Blut verloren, wo ich ihn auch packte, nach wenigen Schritten wurde es glitschig, die Hände rutschten ab, und er sauste zu Boden. Ich riß ihn erneut hoch, keuchte weiter, dann war da die heisere Stimme, die irgendwas brüllte, ein paar andere stellten sich ein, die es geschafft hatten, wir zogen immer weiter durch den Wald und schleppten den von seinem Blut benäßten Kunz mit, der hielt die Augen geschlossen, von Zeit zu Zeit schrie die heisere Stimme Kunz an, damit er ein Lebenszeichen gebe, und natürlich waren alle nur scharf darauf, daß er endlich hinübergehe, damit man ohne ihn leichter weiterkomme. Dann legten sie ihn ab, er sei entweder hin oder so gut wie hin, erklärte einer, nachdem er sich mit Kunz beschäftigt hatte. Nun liefen sie alle weiter, ich lud mir das blutende Bündel auf und trabte ihnen hinterher. Sie waren schneller als ich, und ich verlor sie aus den Augen. Dann setzte ich Kunz an einen Baum, er schlug die Augen auf und sagte ganz klar:
Mensch, hau ab und laß mich liegen!
Ich packte ihn wieder und schleppte ihn so weit, ich weiß nicht, wie weit, jedenfalls kriegte ich ihn am Ende auf einen Esel und den Esel mit seiner Last nach Gaeta und Kunz in Gaeta auf einen Verbandsplatz, wo sie das Wunder schafften und Kunz drei Kugeln aus der Lunge holten.

Zwanzig Jahre nach Kriegsende habe ich Kunz in einem Kaff bei Dortmund ausfindig gemacht und besucht. Er hatte nach dem Krieg nur kurze Zeit arbeiten können und war dann als Schwerbeschädigter in Rente gegangen. Er sah ganz stattlich aus mit einem Riesenbart und einem beinahe gütigen Gesicht. Alle Nachbarn mochten ihn, mit seiner erfolgreichen Brieftaubenzucht war er sogar international berühmt geworden. Nur daß er sich nicht besonders gut auf den Beinen hielt, und auch den Geruch konnte er nicht verleugnen. Schweißfüße, Kunz?

fragte ich, und er lachte: Ja, die behalt' ich mein Leben lang. Als ich in meinen Wagen stieg, kam er mit auf die Straße gehumpelt, und als ich gerade Gas geben wollte, griff er durchs offene Seitenfenster herein und an meine Schulter. War schon richtig, mein Junge, meinte er, daß du mich damals nicht hast liegengelassen, es ist ja ein ganz schöner Wald gewesen dort, mit so freundlichen Bäumen, aber wenn ich bedenke, daß ich dann meine braven Tauben nicht hätte hinkriegen können, also da mein' ich, es war einfach anständig von dir, daß du meinen Befehl nicht befolgt und mich liegengelassen hast.

Das waren viele Worte für einen mit drei Löchern, wenn auch vernarbten, in der Lunge, er keuchte auch ganz erbärmlich.

Was ich ihm nicht verriet, war, daß ich ihn doch liegenließ, nachdem er es mir geraten hatte. Ich war schon ein paar Schritte weiter, als hinter mir eine hohe Kinderstimme dünn um Hilfe rief. Das gibt's nicht, das kann nicht wahr sein, ich blieb wie angewurzelt stehen, die Stimme so hoch und dünn rief wieder, und jetzt hörte ich, wie die Stimme Mama, Mama rief. Ich zurück zu Kunz, der lag reglos unter dem Baum, war nicht mehr bei sich, beinahe schon hinüber, jedenfalls der Mann Kunz war hinüber, zurückgeblieben war seine frühere Gestalt, es war, wie wenn aus einem Medium eine fremde Stimme spräche und bettelte, so rief seine Kinderstimme aus ihm nach der Mutter. Ich packte ihn wieder auf, ochste weiter, später hörte er auf, nach seiner Mama zu rufen, eine Weile war er ganz still, ich dachte, jetzt ist er restlos hinüber, hat seine kindliche Vergangenheit mitgenommen, den schmalen Rest, jetzt begann er zu beten, erst ein Fragment vom Vaterunser, dann ein katholisches Gebet, oder war's eine Beichte, denn er redete von seinen Abschüssen, von den Leichen, die er hinter sich gelassen hatte, um nur ja nicht zur Leiche zu werden, ist schon gut, sei still, Kunz, er hörte nicht, war mit den Ohren nicht mehr da, nur mit der Stimme, wenn er betete oder seine Kirchenlieder anstimmte, hörte er sich selbst nicht, es kam wie ein Reflex aus seinem Inneren heraus, wie vorher seine Mama-Rufe rausgekommen waren, also dachte ich, bevor er abkratzt, verwandelt er sich in seine kleinste Kindsgestalt.

Ich kriegte den Schluckauf, als ich nach meinem späten Besuch bei ihm abfahren wollte und er mit seiner kaputten Hand – was war nicht kaputt an dem Mann – durch das offene Wagenfenster griff und mich an der Schulter berührte, da war ich gerührt, ich dachte mir: Ganz und gar umsonst hast du nicht gelebt. Ich fuhr schnell weg, wegen der Träne im Auge, so was kann man doch nicht sehen lassen.

Hans Werner Richter, Horst Krüger und Alfred Andersch nahmen als Luftwaffensoldaten am Krieg in Italien teil und schrieben später darüber.
Wenn ich den Krieg in Italien als ein Stück Weltkrieg Nummer 1 im 2. Weltkrieg bezeichne, so meine ich, er war sinnlos und grausam wie die Materialschlachten von Verdun und dennoch ein herkömmlicher Krieg, wo Soldaten gegen Soldaten kämpften. Der Mörder trägt auf beiden Seiten Uniform und nicht Zivil. Die Opfer sind Militärs, keine Zivilisten.
Vielleicht resultiert daraus das Mitteilungsbedürfnis der Schriftsteller, die sich wie vor ihnen Ludwig Renn oder Remarque am eigenen blutigen Schopf aus dem Sumpf ziehen.
An die Schlachten von Monte Cassino oder Anzio/Nettuno denkt es sich anders zurück als an Stalingrad. Und an Stalingrad anders als an die Vernichtungslager. Uns, den ehemaligen Sizilien- und Italiensoldaten, fällt es leichter, zurückzublicken und einzusehen, wo unsere Mitschuld liegt. Eben weil sie offener zutage liegt. Auch waren wir nur einfache Soldaten, ohne jede Absicht auf Karriere, was uns ein weiteres Mal offene Worte finden läßt. So gehört nicht viel dazu, gesteht unsereins ein, weder recht gehabt noch getan zu haben. Nein, wir standen auf der falschen Seite. Noch unsere geringe Mitschuld wiegt schwer. Indem wir dies gegen uns vorbringen, fahren wir fort: Im künftigen Krieg gibt es nur falsche Seiten und Fronten. Wir warfen die Flinte nicht ins Korn, um sie mit leichtfertigem, hüpfendem Jederzeit-Opportunismus alsbald erneut aufzunehmen. Wir waren gebrannte Kinder, die das Feuer nie vergessen konnten und dafür sorgen wollten, daß nie wieder Deutsche ins Feuer geschickt werden sollten, so daß sie schuldig würden.

Unsere Schuld war der zeitweilige Gehorsam, den wir leisteten, statt ihn zu umgehen. Wer gehorcht, lädt die Schuld seiner Vorgesetzten auf sich. Man muß den Gehorsam gleich zu Anbeginn aufkündigen, bevor die Gewöhnung an die Barbarei einsetzt und die Abstumpfung beginnt.
Vielleicht gehört auch ein wenig Glück dazu. Es ist mir in meinem Leben nie gut gegangen; doch habe ich immer Schwein gehabt, wenn's drauf ankam.
Einer von der Hainstraßenmeute schleuderte mir seinen Speer an den Kopf. Millimeter neben das linke Auge. Fleischwunde.
Vor Nettuno traf es mich 1944 im rechten Arm, kurz überm Ellenbogen. Der Sani kroch aus einem Backofen, wo er Schutz gesucht hatte, fischte das Geschoß mit der Kombizange aus der Wunde.
Schwein gehabt. Heimatschuß.
Für Fleischwunden mußte man dankbar sein, sie schützten das Fell auf ihre besondere Weise, indem man zurückkonnte in ein wunderbares Lazarett.
Bei Cassino überbrachte ich einer Achtacht-Flak-Abteilung neue Befehle. Rannte davon, warf mich hundert Meter seitab nieder. Eine Salve rauschte heran. Es heulte, detonierte, spritzte schwarz in den Himmel. Die Abteilung, voll getroffen, zerschmorte.
Irre Bilder stiegen in mir auf. Ich begann mir einzubilden, ich sei unverwundbar. Na, wenn nicht unverwundbar, so doch mindestens vorläufig unsterblich. Irresein kann mitunter nützlich wirken.
Ich empfand keine Angst mehr, handelte umsichtiger, vorausschauend, raffiniert. Entwickelte das dumpfe Gefühl für Gefahren zu feineren Impulsen. In Verona bombardierten die Amis die Gleisanlagen. Unter hohe, alte Berghänge waren tiefe Bombenschutzkeller gegraben, dahinein flüchteten Zivil und Militär. Wir kamen zu spät. Die Tore schlossen sich vor uns, wohl wegen Überfüllung.
Die Bomben fielen.
Ein Zirpen, Rauschen, Poltern.

Die anderen sprangen nach vorn und in einen riesigen Bombentrichter. Ich warf mich nieder. Drehte mich auf den Rücken, wie es mein Vater mir geraten hatte.
Zwei schwarze Mordpakete purzelten vom Himmel herab.
Ich sah nichts mehr.
Als ich mich ausbuddelte, die Erde abwarf, sah ich einen Hund auf drei Beinen jaulend davonhüpfen. Wo das vierte Bein gewesen war, spritzte ein schwarzer Strahl Blut stoßweise hervor.
Die eine Bombe war genau in den alten Bombentrichter gefallen. Die zweite hatte den Hang oben getroffen und riesige Erdmassen heruntergeworfen, die den Eingang des Bombenkellers verschütteten.
Im Sommer '44 wollte ich den Krieg nicht mehr mitmachen und versuchte zu desertieren. Das mißlang. Bevor unsere Truppe an die Ostfront kam, lagen wir eine Zeitlang in Oberitalien. Ein Obergefreiter aus Annaberg im Erzgebirge lief zu den Partisanen über und wurde von ihnen erschossen.
Die Leiche lag drei Tage später am Morgen vor unserem Quartier.
Ich hatte mit ihm abhauen wollen, in der Nacht verschlafen.
Schwein haben, heißt: Zufälle häufen sich. Ich bin von Geburt an ein sensibles, nervöses Kind gewesen. Im Krieg, als ich merkte, die Schüsse sparten mich aus, wurde ich ruhig, überlegen, gelassen. Mein mythischer Glaube, mir könne nichts passieren, rettete mich in mancher Situation, wo nur die kopflose Reaktion fehlte, den Untergang herbeizurufen.
Vielleicht waren diese Erfahrungen mitbestimmend dafür, daß ich später in Leipzig ein Buch über den Aberglauben schrieb. Das sind so Versuche, nicht zuletzt der Selbstversicherung. Man schreibt Bücher zuvörderst für sich selbst. Genaugenommen überstand ich den Krieg mit Hilfe der abergläubischen Überzeugung, fast oder beinahe kugelfest zu sein. Indem ich daran glaubte, gewann ich jene kalte Überlegenheit, die eine der Vorbedingungen fürs Davonkommen ist.
Ich stellte mir vor, wie der Haufen meiner pflichteingezogenen Klassenkameraden nach kurzer Notausbildung in den Kampf

geworfen worden ist. Wie sie kopflos, chaotisch und wirr durcheinandergerieten, im Kugelhagel aufsprangen, davonliefen, abgeknallt wurden wie Hasen. Situationen, in denen Panik selbstmörderisch werden mußte. Alte Kämpen blieben unbedingt in Deckung, auch wenn sie keine Helden waren und keine sein wollten, linsten sie vorsichtig heraus und schossen nieder, was sich näherte. Du oder ich.

Bei dem Ausbildungsübungsschießen schnitt ich anfangs sehr gut ab. Kein schlechter Schütze. Dann begann ich absichtlich Fahrkarten zu schießen, nur zur Übung mal einen Außenring.

Es ist besser, man gilt als schlechter Schütze und trifft in Wirklichkeit genau ins Schwarze. Ich achtete peinlich darauf, von den Ausbildern und Vorgesetzten nie ganz ernst genommen zu werden. Es ist wichtig, daß sie einen nicht erkennen.

In den ersten sizilianischen Kriegstagen hörte ich einen US-Soldaten etwas rufen. Es klang wie »Zuschpettyoung«. Später, in Monte Cassino und Nettuno, hörte ich den Ausruf öfter, und inzwischen wußten wir, daß es sich um drei deutsche Worte handelte, amerikanisch verslangt: »Zu spät, Junge.« Mit der Formel wurde die Gefangennahme abgelehnt und statt dessen getötet. Ich weiß nicht, wer wo den Spruch zum ersten Male aussprach, ein Amerikaner, Deutscher, Brite oder sonstwer. Das Wort bekam Flügel, wir murmelten es beim Schießen, in der Hoffnung, getroffen zu haben. So wurde das geflügelte Wort für viele auf beiden Seiten der Front zum letzten menschlichen Laut, den er vernahm.

In Warschau

Zwischen dem Grau der Uniformen die unterwürfigen Gestalten der Polen. Ein Pater mit wehendem Rock, zwei starre, von Hunger und Angst ausgehöhlte Knaben neben sich, verschwindet durch eine hastig geöffnete Tür. Ältliche Frauen halten den Blick suchend aufs Pflaster geheftet. Männer mit zottigem Haar gehen gebeugt vorüber.

Der Kommandeur lacht, schlägt sich jungenhaft auf die Schenkel, die Szene ordnet sich. Der Leutnant, sein Adjutant, nickt und blickt prüfend in den brandroten Himmel hinauf. Dirlewanger, der Held im gelben Polohemd, verharrt nachdenklich; wollüstig schwingt sich die Reithose um sein Bein, zwei Schulterriemen aus russischem Weichleder striemen die Brust des Kommandeurs und enden vorn unter dem Koppel durchgezogen; rechts zur Seite baumelt daran, lasziv gerundet das Maul, die Pistole, links schwankt gravitätisch im Gewicht die Schnapsflasche. Auf der Straßenseite gegenüber eng umschlungen spaziert ein Landser mit seiner Polin vorüber, die Hände besitzsicher unter ihre hängenden Brüste gewölbt. Sinnend lächelt Dirlewanger zu dem Paar hin. Die Straße öffnet sich, eine schwärende Wunde. Ich sehe ganz deutlich die zwei stahlgrauen Tauben daheim im Hof. Freundlich winkt Dirlewanger dem Soldaten, knüpft in wenigen schwülen Sekunden das Band des Mords.
Doasch Mädel gefoallt dir, woasch?
Jawoll –
Ratlos irrt der Blick des Soldaten über die Phantasieuniform Dirlewangers.
Jawohl, Herr General! heißt es, klingt die gelassene Stimme des Adjutanten.
Hascht schie gevögelt, woasch? fragt Dirlewanger, Kommandeur des berühmt-berüchtigten Strafhaufens, sanft. Der Soldat steht starr.
Jawoll, Herr General!
Nu wirscht schie derschießen, woasch?
Stahlgraue, friedlich gurrende Tauben im Blick, fädelt der Kommandeur die 08 vom Riemen; der Soldat, die Hosen vorn naßgefleckt von der Polin, schießt ihr im Schatten fahler Hausmauern eifrig das Gesicht entzwei.

Clausewitz über die Gefahr im Kriege: Gewöhnlich macht man sich, ehe man sie kennengelernt hat, eine Vorstellung davon, die eher anziehend als zurückschreckend ist.

Am Mittag hatte Dirlewanger die letzten fünf Panzer vorgeschickt zur Kreuzung. Die Polen spielten mit. Noch während die Panzer fuhren, entfaltete sich die schwarze Todesfahne über den grauen Kästen. Purpurne Rosen wuchsen geschwind aus schmelzendem Stahl, entschlüpften den Luken, blühten auf, verglühten lautlos im brandigen Himmel, geschnitten von Warschaus gewaltigem Gärtner.
Die letzten fünf Panzer rollten brennend bis zur Kreuzung. Senkten die Rohre. Platzten. Schmorten. Knisterten. Zerfielen. Einer entkam, ein Unteroffizier, das Uniformtuch in Stücken und Fetzen herabhängend, aufgerissen, Blut im Gesicht. Herbei wankte er, baute Männchen, demütig mit einem Rest von Haltung. So stand er vor Dirlewanger, dem Kommandeur.
Dirlewanger hob die Hände, ballte sie zu Fäusten, fluchte an gegen das Salvenfeuer einer Batterie. Er verfluchte den Untergang seiner Panzer. Um die es ihm ehrlich leid tat. Vergänglicher Stahl.
Rot war Warschaus Himmel von Sonne und Blut. In dünnen Fäden spann Blut sich aus dem Mund des Panzerfahrers. Wie betrunken taumelten die grauen Gestalten der Melder vorbei. Der blonde Adjutant hinter Dirlewanger hauchte mit gekränkter Miene die Linsen seines Zeissglases an. Die Artillerie schwieg. Dirlewangers Stimme dröhnte:
...fünf Wagen, ihr Säue, meine letzten fünf Wagen fahren in den Himmel...
Heilige Gespräche führte der Kommandeur. Stumm lauschte der blutende Panzerfahrer. Dann spuckte er, sah erstaunt umher, begann um sich selbst zu kreisen und suchte den entschwundenen Kommandeur auf allen Seiten. Daß er ihn nicht mehr sehen konnte, faßte er nicht. Ein unschuldiges Staunen breitete sich aus auf seinem fleckigen Gesicht. Verwundert den Kopf schüttelnd, sank der Panzerfahrer zu Boden, die von gerinnendem Blut verklebten Augen nach innen gewandt. Einen vergrübelten, bekümmerten Ausdruck auf dem Gesicht, starb er; vorbei an dem Gestorbenen stürmt Dirlewanger mit weit ausgreifendem Schritt, das gelbe Polohemd leuchtet in der Sonne.

Wir verlassen Warschau bei Nacht und fahren nordwärts zum Bug. Die Lastwagen schwanken und holpern. Den Himmel zerreißt ein Gewirr von Feuer und Rauch. In den zurückbleibenden Ruinen Warschaus ermorden sich, immer frisch-fröhlich, deutsche Infanteristen und polnische Freischärler. Die Lastwagen biegen weiter nach Osten ab. Auf Asphalt schnurren die Reifen. Am westlichen Horizont verglüht die polnische Hauptstadt zu äschener Stille. Der Himmel verfärbt sich, grau und grün und gelb blickt er uns nach, ein gefurchtes, zersorgtes Gesicht. Eng aneinandergedrängt liegen wir auf dem Wagen, das Sturmgepäck unterm dröhnenden Schädel. Wie schön ist es, Soldat zu sein. Bredow, der degradierte Hauptmann, zündet sich eine Zigarette an. Mit halblauter, heiserer Stimme berichtet Stankewitsch, warum er zum Strafhaufen kam:
Auf dem Transport durch Deutschland piesackt mich der Hunger. Sie sollen dir wenigstens was zu fressen geben, wenn sie dich schon als Helden anstellen, denk' ich mir. Der Zug hält. Ich schieb' die Tür auf. Ringsum ein Güterbahnhof, nebenan Zug an Zug. Ich schleich' mich raus, mit dem Seitengewehr einen verplombten Waggon öffnen, wenn du das erst mal kannst – Zuckersäcke waren drin, einer dick am andern. Das Kochgeschirr hau' ich mir voll. Am Morgen steht der Feldwebel über mir, hält mein Kochgeschirr an die Nase:
Das ist doch deins?
Ich hatte den ganzen Zucker aufgefressen. Nur am Rand klebten noch ein paar Krümchen.
Und das brachte dir die Versetzung zum Strafhaufen ein?
Stankewitsch richtet sich auf, zieht fröstelnd den Kopf zwischen die Schultern. Blauer Dampf fällt vom Himmel, die Nacht. Rubinrot leuchten die Gesichter. Genau im freien Rechteck der Wagenplane steht der verwesende Mond.
Elf Panzer hab' ich geknackt für das Vaterland, sagt Stankewitsch empört, bei Cassino bin ich anderthalb Kilometer auf einem Sherman gehockt wie auf einem wilden Gaul, ehe er in die Knie ging; bei Orel hab' ich, hier, mit meinen Händen, den Feind erwürgt, wie er neugierig den Kopf aus der Luke nahm, he, und was ist dagegen ein Kochgeschirr voll Zucker?

Bredow, der degradierte Hauptmann, gähnt: Auf Panzern reiten ist kein Kunststück. Wenn du erst obendrauf sitzt, hast du schon gewonnen. In meiner Kompanie hatten wir ein paar Hiwis, krummbeinige Kosaken, die sind auf Panzer gesprungen wie auf Pferde. Wenn du oben bist, knackst du das Stück mit zwei Fingern wie 'ne Laus.
Bredows Gesicht und Brust sind von Narben gefleckt. In der Hosentasche trägt Bredow einen Lederbeutel mit den höchsten Tapferkeitsauszeichnungen. Wenn Bredow betrunken ist, legt er Rock und Hemd ab und klemmt ein Schnapsglas in das Wundloch auf seiner linken Schulter. Er läßt sich das Glas vollgießen, wendet das Gesicht nach links und beugt sich in der Hüfte so schnell nach rechts nieder, daß ihm der Schnaps mit einem großen Schwung in den geöffneten Mund springt.
Es war nicht allein der Zucker, gesteht Stankewitsch verlegen, und setzt mit plötzlicher Wut hinzu: Es war vorher eine Sau, ein Schlachtfest für den ganzen Zug. Und weil der Feldwebel es melden wollte, hab' ich ihm einen Witz erzählt, daß er fast an seinen eigenen Zähnen erstickt wär.
Stankewitsch blickt sich drohend um:
Hat einer was dagegen?
Keiner hat was dagegen, daß Stankewitsch seinem Herrn Feldwebel die eignen Zähne zum Fressen geben wollte. Nein, von uns war keiner gegen solche Kleinigkeiten. Wenn man erst dabei ist, so richtige große Geschichte zu machen, da wird man auch in der Seele großzügig. Wahrscheinlich waren wir die großzügigste Truppe der Welt; ein gelbes Polohemd trug unser Kommandeur, und das war alles, was unsere Truppe an Rangabzeichen aufwies, ansonst waren wir ein Verband ununterscheidbar Gleicher, kannten keine Anrede mit dem Dienstgrad, waren nichts als ehrsame Soldaten, Fleischsäcke in Bewegung, Fleischsäcke mit dicker Haut, Engelsgeduld und einer kleinen feuchten weißen Stelle im Wortschatz, dort, wo bei anderen Menschen das Wörtchen *»Warum?«* steht. Die ganzen fünf Monate, die ich beim Strafhaufen verbrachte, habe ich nicht ein einziges Mal gehört, daß einer von uns gefragt hätte: *»Warum?«*...

Nicht im Traum wäre uns das Wort eingefallen. Es gab kein *»Warum?«*, so, wie es keine Rangabzeichen gab bei unserer erlesenen Gesellschaft, keine Tressen und Sterne, nichts vom Überflüssigen, auf das die Militärs gemeinhin viel Wert legten; nein, wir legten keinen Wert auf Klimbim, wir waren die modernste Truppe, die das Reich vorzuweisen hatte, eine zusammengeschweißte Schar Galgenvögel mit vorsorglich ausgelöschtem Geburtsschein.
Und wir sangen:

Was ist des Soldaten Lohn?
Sitzt auf des Teufels Thron
Tausend Jahr im Feuer schon
Knuspriger Gottessohn...
    Ein Huhn im Topf
    Ein Loch im Kopf
    Das ist des Soldaten Lohn...

Was ist des Soldaten Weib?
Ist ihm der Erde Leib
Tausend Jahr ein Zeitvertreib
Nimm die Hand und reib...
    Kein ander Leib kein Bett
    Das für ihn Liebe hätt
    Das ist des Soldaten Weib...

Was ist des Soldaten Ehr?
Ist ihm sein Schießgewehr
Ist seiner Feigheit Galgen schwer
Ist ihm das eigene Heer...
    Ein Helm überm Kopf
    und Blut am Schopf
    Das ist des Soldaten Ehr...

Stankewitsch, der mir sein Gesicht zuwendet, hat vereiterte Mandeln und stinkt aus dem Schlund wie ein Wiedehopf. Er grunzt:

Von dir wissen wir überhaupt nichts. Dir haben sie wohl die Vergangenheit aus dem Gehirn geblasen?
Es ist still. Die Narben in Bredows Gesicht leuchten. Wir fahren durch brennende Ortschaften. Flink und gelenkig laufen die Flammen die Dächer entlang, balancieren über schrumpfende Balken, stürzen Wände hinab, zerknacken die Fenster, sprengen Türen; die ganze Dorfstraße ist eine sich ringelnde, züngelnde Feuerschlange, und alles geschieht fast lautlos. Kein Mensch ist zu sehen. Kein Tier.

Schmilinski tauchte alle Vierteljahre bei der Truppe auf, frisch eingekleidet, höflich, freundlich lächelnd, eine Stufe weiterbefördert, ein zweckentfremdeter Mensch mit einem Orden mehr an der Brust. Wir hatten auf Sizilien gemeinsam die Feuertaufe empfangen, beim Gegenstoß auf Gela. In der ersten Nacht bekam Schmilinski einen Oberschenkelsteckschuß. Als die Amis bei Salerno landeten, sah ich ihn wieder. Er fing sich, eben vom Ersatzregiment zurückgekehrt, einen Granatsplitter ein und verschwand, bis er ein halbes Jahr später vor Nettuno plötzlich neben mir stand. Als ich meine Verwundung in Merano auskurierte, trafen wir uns beim Röntgen, er trug den linken Arm erhoben in Gips, Schußfraktur. In Warschau traf er mit dem letzten Transport ein, am selben Abend noch ging's ein Stück ins Land, wo die Russen angriffen, während die Front östlich Warschaus stillblieb. Wir saßen auf einer Waldlichtung und vesperten.
Es ging zwei Tage lang zurück und wieder vor, das Regiment experimentierte mit einem Gegenstoß-Zug aus drei MG-Gruppen. Wenn der Russe stark drückte und unsere Leute den Hasen machten, rückten wir in die Ersatzstellung ein. Im konzentrierten MG-Feuer blieben die Russen in ihren Löchern liegen, jedenfalls für den Rest des Tages, und bei Nacht kamen sie hier sowieso nicht, wir hörten sie singen und tanzen. Am Morgen dann das gleiche Spiel, ihre Artillerie pflügte das Land um, die Infanterie füllte die Stille mit Urräh-Urräh-Geschrei aus, unsere Männer begannen sich in Schreck und Panik abzusetzen. Nahm der Rückzug schließlich die Form wilder Flucht an, waren wir

an der Reihe, die Russen machten es sich in den eingenommenen Erdlöchern bequem, ihre Artillerie bepflasterte uns, ohne für diesen Tag noch mehr übrig zu haben als die Pflichtlektion.

Schmilinski lehnte rücklings gegen einen Baum. Zwei Unteroffiziere nahmen Befehle entgegen. Am Himmel kurvte ein einsamer Jäger, der uns nichts anging, denn der Tag war gelaufen. Im stillen rechnete ich nach. Drei Tage waren vergangen im ewigen Hin und Her. Offenbar hatte Schmilinski eine andauernde Glückssträhne. Noch nie war er so lange unbeschädigt bei der Truppe geblieben.

Der eine Unteroffizier riß schneidig die Hacken zusammen und salutierte. Die Abendsonne spiegelte sich in einer abgeschabten Stelle seines Helms. Der andere Unteroffizier füllte Schnaps aus der Feldflasche in den Becher und reichte ihn Schmilinski. »Meiner Meinung nach handelt es sich um einen Scheinangriff«, erklang die helle Stimme des Leutnants. »Sie wollen uns hier beschäftigen und bereiten woanders den Durchbruch vor.«

Der Unteroffizier nickte und füllte sich selbst einen Becher.

»Sie übernehmen das Kommando!«

»Jawohl, Leutnant!« Der Unteroffizier trank den Becher leer.

»Möchten Sie noch einen, Leutnant?«

Schmilinski schüttelte sich. Von der Seite stapfte ein Sanitätsfeldwebel heran. »Der Sanka ist da, Herr Leutnant!«

Schmilinski hob müde zwei Finger an den Helmrand und wandte sich um. Er wankte ein wenig, während er davonging. Sein Uniformrock war, genau in der Mitte des Rückens, zwei Handbreit aufgetrennt. Unter der Wölbung klaffte rotes Fleisch, Blut bahnte breite Spuren zur Hose. Im Jahr drauf hatten sie Schmilinski wieder zusammengeflickt, daß er Berlin mit verteidigte, wo er als Oberleutnant einen Haufen alter Männer und Hitlerjungen kommandierte. Dabei ist er abhanden gekommen. Seine Mutter hörte nie wieder von ihm.

Im Stundenabstand waren Flugzeuge in der Luft. Sieben Stukas dröhnten über uns hinweg und stießen auf die am Horizont

sich abzeichnende Trümmerstadt nieder. Aus den Brandwolken auftauchend, kurvten sie ins Hinterland, neue Ladung holend. So legten sie Straßenzug um Straßenzug nieder, der Einschließungsring zog sich immer enger um den Stadtkern. Wehrmacht, Polizeitruppe, SS und die Einheit Dirlewanger drangen in die Kellertrümmer vor. Prasselndes Kleingewehrfeuer, Schreie, Detonationen von Handgranaten.
Der verfluchte Gedanke bohrte und bohrte, dies ist nicht dein Krieg. Wenn sie uns zurückbrächten in die Stadt, wäre es zu spät. Ist der Befehl erst einmal erteilt, führt die Verweigerung vors Kriegsgericht. Ich duckte mich unterm Feuer der Roten Armee und war es froh. Lag und hoffte auf eine Lücke in der Front, durch die sich verschwinden ließe. Aber wohin. Die Stukas dröhnten heran, nahmen Kurs auf die Stadt und stießen nieder. Es ist nicht mein Krieg. Wie läßt er sich beenden. Wenn ich mich so weit durchgerungen hatte, aufzuhören, sank der Mut. Hast den Schlamassel in Monte Cassino überstanden, was hindert dich, den von Warschau zu überstehen. Der Unterschied: In Monte Cassino gab es nur Soldaten. In Warschau eine Bevölkerung. Und Aufständische, mit denen ich sympathisierte.

Auch ein Gebet wollte ich sprechen

Die in den Schlachten in Italien übriggebliebenen Reste der Division trafen nur in großen Zeitabständen und durch Bombardierungen aufgehalten in Warschau ein. Für Feuerwehreinsätze in der Stadt und im Umfeld wurden Kampfgruppen gebildet, wild durcheinandergewürfelte Haufen mit seltsamen Soldaten in abenteuerlichen Phantasieuniformen. Wir versuchten in den Kampfgruppen eigene Züge zu bilden, was nicht verhinderte, daß fremde Gruppen dazwischengerieten, oft kannte keiner den andern, wenn es losging, und man wußte nie, ging es in die Steinwüsten von Warschau oder im Umfeld auf die andere Weichselseite hinüber gegen die Russen. Es gab Soldaten, die ihr Äußeres strikt veränderten und alle Kennzeichen wie

Dienstgrad und Orden verschwinden ließen. Andere traten geschniegelt auf, sie gehörten meist einem Polizeiregiment an. Wir bekamen Pioniertrupps zugeteilt, zurückhaltende, kräftige Figuren mit modernstem technischem Gerät wie Flammenwerfern und selbstfahrenden kleinen, unbemannten Panzern voller Sprengstoff. Endlich lernten wir die Leute der Brigade Dirlewanger kennen, die uns wegen ihrer unentschiedenen und absonderlichen SS-Uniform und ihres verrückten Benehmens auffielen. Wir wußten nicht, was es mit dieser Einheit auf sich hatte, erfuhren aber im Gespräch, daß es sich um eine Strafeinheit handele. Die auffallende Erscheinung des verrückten Mörders Dirlewanger sagte schon genug aus. Ich selbst erfuhr erst lange nach dem Krieg etwas über den Lebensweg Dirlewangers, dem sie in seiner Geburtsstadt Würzburg ein Denkmal setzen sollten, zum Nichtvergessenwerden dieses Sexualverbrechers und Dr. rer. pol., der 1923 zur NSDAP stieß, dann seine Mitgliedschaft ruhen ließ, weil er als Direktor eine Textilfabrik von jüdischen Besitzern leitete. Danach wurde er hauptamtlicher Nazi und kam wegen sexueller Delikte ins Gefängnis und Schutzhaftlager, aus dem ihn ein hoher SS-Führer herausholte, womit Dirlewangers Karriere erst wirklich begann. Als Obersturmführer der Waffen-SS stellte er im KZ Oranienburg eine SS-Sondereinheit aus Wildschützen auf, die bald durch Berufsverbrecher aufgefüllt wurde. Herbst 1944 verlockte man gar kommunistische KZler, zu Dirlewanger zu gehen. Ich traf davon einige in russischen Gefangenenlagern, die armen Genossen grämten sich, mancher hatte seit 1933 im KZ gesessen, war 1944 nur durch den Beitritt zur D-Brigade herausgekommen, beim ersten Fronteinsatz zur Roten Armee übergelaufen – nun galten die Männer als SS-Verbrecher.
Die Blutspur der Brigade Dirlewanger zieht sich durch Rußland, besonders Weißrußland. Selbst der SS wurde es zuviel, Dirlewanger mußte vor ein SS-Gericht, ob es wirklich, wie gemunkelt wurde, zur Verurteilung und gar zum Tode gekommen ist, konnte ich nicht feststellen, Himmler und Hitler ließen den ebenso intelligenten wie hirnrissigen akademischen Schwerstverbrecher immer wieder los, denn der Terror sollte

beim Kriegführen helfen, und so hausten die Brigaden Dirlewanger und Kaminski ab August 1944 in Warschau, wo ich den Abschaum kennenlernte, finstere Typen, die kaum ein Wort sprachen, sich zurückhielten und äußerst diszipliniert gaben, solange Ruhe herrschte. Ging es aber in die Stellung, verwandelten sie sich in nervöse Raubtiere. Häuser und Gebäude, auch Ruinen zogen sie magnetisch an, ihre Angriffslust und ihr Kampfesmut machten sie messerscharf und unwiderstehlich, als geborene Plünderer, Räuber und Vergewaltiger drangen sie in die Häuser ein, man hörte Schüsse, Detonationen, Schreie. Nach dem Krieg las ich Berichte vom Warschauer Aufstand, wonach sich die Kontrahenten der beiden Seiten unter ihren Kommandeuren von dem Bach-Zelewski und Bor-Komorowski »militärisch und ritterlich« verhalten hätten. Für die letzte Zeit des Aufstandes mag das zutreffen, denn der deutschen Seite lag daran, daß die Polen aufgäben, und die polnische Seite wollte ihre restlichen Einheiten auf sicherstem Wege in die Gefangenschaft führen. Diese gegenseitigen Abmachungen und Respektierungen am Schluß stimmen aber nicht mit dem Alltag des Krieges in Warschau überein, denn der sah anders aus.
Innerhalb der durcheinandergewürfelten Kampfgruppe hielten sich die einzelnen Soldaten gruppenweise nach der Herkunft von verschiedenen Einheiten zusammen. Wir aus Italien in den Osten transportierten Luftwaffen-Infanteristen wußten kaum, wie uns geschah, und lebten in einem anhaltenden Schockzustand. Keiner trat den Dirlewanger-Leuten entgegen. Das wäre uns auch schlecht bekommen, denn wir befanden uns in der Minderheit. Zwar hofften wir, daß sich das bald ändern würde, wenn erst die Reste unserer Division einträfen, doch bestand die Gefahr, daß wir unterdessen in den wirren Kämpfen aufgerieben würden. Für mich waren diese Tage das Ende vom Lied. Etwas geschah mit mir, und es war wie in Gela auf Sizilien und später zwischen Neapel, Monte Cassino und dem Landekopf der Alliierten bei Anzio/Nettuno. In ganz schwierigen Situationen, wenn die Aussicht aufs Davonkommen zum letzten lächerlichen Minimum schrumpft, kappe ich die Verbindungen nach außen und bin nur noch Einzelkämpfer. Jetzt in den War-

schauer Tagen geschah das bewußter als vorher, ich begriff, was mit mir vorging, es ist ein Gefühl, als würde man einerseits ein wildes Tier und andererseits eine stählerne Maschine. Man denkt nicht mehr, fühlt nicht mehr, weiß nichts und erinnert sich nicht, und bei alledem blieb ich vollkommen kalt und nüchtern, und das auch noch, als wir uns daran gewöhnt hatten, von den blühenden Mohnfeldern ganze Kochgeschirre voller Kapseln zu pflücken und, im Schützenloch liegend, zu kauen. Das war unsere Art, Drogen zu schlucken. Der Saft machte zugleich ruhiger und sicherer.
Ich war so entschlossen, dieser Seite der Welt, auf der die Wehrmacht und das Deutsche Reich verzeichnet standen, den Rücken zu kehren, ich hätte jeden umgelegt, der mich daran hätte hindern wollen.
In den letzten Stunden steigerte sich meine Wahnsinnswut derart, daß ich den Oberschlesier, mit dem ich das Schützenloch teilte, zum Mitgehen aufforderte. Der Junge, der ausgezeichnet polnisch sprach, allerdings als Wasserpolacke das entsprechende Idiom, versuchte mir abzuraten, weil es der sichere Tod sei.
Als er merkte, es nützte nichts, gab er mir gute Ratschläge für den Umgang mit Polen. Ich hörte zu und hörte doch nicht, was er sagte. Es war mir vollkommen gleichgültig. Bei aller Blindheit, Entschlossenheit und trotz aller Mohnsäfte machte ich mir eine keineswegs falsche Rechnung auf: Draufgehen konntest du an der Front seit einem Jahr jeden Tag. Draufgehen kannst du in der nächsten Zeit ebenso jeden Tag, und die fatalen Chancen steigen und werden weiter steigen. Das Risiko ist also nicht geringer als das Risiko, das du jetzt eingehst. Es war nicht politisches Bewußtsein, was mich bewog, die Blutfahne zu verlassen, es war gewiß keine Tapferkeit und auch kein moralisch hochwertiger Sinn, nein, ich war so voll Zorn, Wut, Enttäuschung und – Ekel, ganz wie ein Faß, in das es regnet und das endlich überläuft. Etwas dachte, nein, wütete in mir, etwa: Zu euch gehöre ich nicht. Und daß ich zu den andern, zu denen ich kommen würde, wenn ich Schweineglück genug hätte, auch nicht gehören würde, das wußte ich nicht, konnte ich noch nicht wissen, das mußte erst noch erfahren werden.

Beim Rückzug nachts in der Erdhöhle liegengeblieben, warte ich ab, bis die vorrückende Rote Armee mit Donnerschüssen, Geschrei und Panzergeklirr westwärts entschwindet. Endlich hat der Krieg die Welt verlassen. Ich robbe ans Tageslicht. Zerfetzte Bäume und niedergewalztes Gebüsch. Droben über mir und dennoch nahe genug glänzt das rollende Auge des fremden Himmels. In die östliche Richtung pirschend, lege ich lange Strecken zurück, ein einsamer Wandersmann, ein Verrückter. Unter einer Kiefer liegend, betrachte ich das Land. Es ist eine verdrossene, uralte, lädierte Kiefer. In derben, verwirrenden Wendungen streckt der Baum die Äste von sich; krakenhaft umschlingen sie die blaßblaue Himmelskuppel, schlagen ihre Stachelarme hinein ins zarte Fleisch der Höhe, verwunden die jungen weißen Wölkchen, saugen Blut aus der Stille.
Am Nachmittag unterliegt der Baum. Wind zischt über die Ebene. Die Birken am Fluß wehren sich unwillig. Ihre Blätter glitzern. Helligkeit treibt der Sturm vor sich her. Sie springt vom Himmel in die Birkenblätter. Sie springt zurück zu den ersten Wolkenknäueln. Für einen Augenblick scheint es, als beginne die Welt zu brennen. Die Helligkeit ist schmerzhaft. Ich laufe weg von meiner Kiefer. Im Gestrüpp am Flußufer finde ich Schutz vor der Helligkeit. In der Dunkelheit der Büsche liege ich, bis die Welt draußen sich verändert hat. Übergangslos heftet der Sturm Gewitter und Nacht aneinander. Die Dunkelheit ist brutal. Das Gesicht nach oben gekehrt, lasse ich mir den Mund vollregnen.
Die Tage sind heiß gewesen. Sie haben mich durstig gemacht. Durch den Fluß schwimme ich, die Hände griffbereit, Fische fangen möchte ich, mit meinen Händen die Fische packen.
Ein letzter Blitz zuckt durch die Nacht. Hart und grell beleuchtet er das andere Ufer. Weiß schielen mich die Gesichter der Menschen an. In die Dunkelheit hinein fallen Schüsse. Ich spüre noch immer Durst. Ich tauche und trinke. Dankbarkeit für den Fluß erfüllt mich. So kann einer weiterkommen. Bin überrollt worden. Bin abgeschnitten. Nachts marschiere ich. Die deutschen Armeen sind geschlagen. Ich weiß es. Ich weiß es, wie ich weiß, daß ich mich noch nicht gefangen geben will. Nur

nachts marschiere ich. Die Tage verkrieche ich mich in den Wäldern. Auf den Feldern finde ich Kartoffeln und Rüben. Auf einem Feld finde ich ein Gewehr. Mit aufgepflanztem Bajonett liegt es am Feldrand. Ich halte es vor mich. So laufe ich. Breche, wütend vor Hunger, ins Dorf.
Brot!
Drohend drücke ich das Bajonett auf den Bauch des alten Mannes. Ich bekomme Brot, greife zu, laufe davon. Zwei Schüsse fallen. Zum Wald hetze ich, Brot kauend, mein Gewehr schwenkend. Je mehr ich mich der Front wieder nähere, desto belebter wird das Land. Russische und polnische Truppen wimmeln durcheinander, meine Uniform wird mir gefährlich. Zwei Tage verbring' ich an einem See. Es gelingt mir nicht, den badenden Soldaten eine Uniform wegzuholen.
Im Unterholz such' ich nach Beeren. Ich höre Schritte. Ein russischer Soldat nähert sich. Vielleicht hatte er mich bemerkt und sucht nach mir.
Keine zehn Schritte entfernt, unter einer ausladenden Eiche, zieht der Soldat seine Litewka über den Kopf, breitet sie sorgfältig am Boden aus und setzt sich still, den Rücken zu mir, nieder.
Ich seh' seine Nackenmuskeln spielen. Der Mann kaut. Irgend etwas in mir ist dafür, ihm eine Chance zu geben. Aber wenn ich ihn anriefe, wendete er sich um, und ich müßte schießen. Er könnte schreien. Es müßte lautlos zugehen. Er hört noch etwas, zieht die Schultern hoch und will sich umwenden, ich stolpere auf dem letzten Stück und renne ihm im Fallen das Bajonett in den Rücken; knirschend bohrt es sich in die linke Seite und zerschneidet durch die Rippen das Herz.
Du glaubst nicht, wie lautlos es zugehen kann, wenn Menschen einander töten. Er sagt nur laut und erstaunt: Warum?... – und wie ich seine Litewka untersuche, find' ich das deutsche Soldbuch, die Erkennungsmarke und eine Brieftasche mit Bildern. Auf den Bildern erkenne ich den Toten. Er steht, mit Frau und Kindern – zwei Töchtern –, vor einer Laube, den Hut schwenkend. Auf einem andern Bild sitzt er am Steuer eines DKW, lacht mit blitzenden Zähnen.

Ich ziehe ihm Hosen und Stiefel aus. Das blutige Hemd wasche ich am See.
So als eingekleideter Russe wage ich mich nun offener hervor.
Dabei ist es mir unangenehm, daß ich einen Deutschen umgebracht habe. Andererseits konnte ich es ihm nicht ansehen, er hatte einem Russen geglichen. Nun gleiche ich einem Russen.
Das Ganze war ein Unglücksfall. In ruhigen Zeiten kannst du lange darüber philosophieren; wenn es erst um deinen eigenen Kopf geht, wehrst du dich deiner Haut, und die angespannten Dinge wie Schuld und Unrecht machen dich nur wehrlos. Die Frage ist nur, ob ich den Vorfall melde, wenn ich zurückkomme. Aber es ist wohl nicht gut für die Familie, wenn sie hört, er wurde von den eigenen Leuten umgebracht. Ich werde nichts sagen, oder ich werde bloß melden, daß ich ihn hab' liegen sehen; er war tot. Nach dem Krieg werden sie seinen Namen daheim ins Kriegerdenkmal stemmen, und alljährlich zum Heldengedenktag werden die Angehörigen Kränze und Blumen an das Denkmal legen. Ich werde nicht sagen, wie er gestorben ist.
Übrigens habe ich ihn mit meinen eigenen Sachen bekleidet und ihm im Gebüsch ein notdürftiges Loch gegraben, damit wenigstens nicht die Ratten an ihm fräßen. Auch ein Gebet wollte ich sprechen. Doch fiel mir keins ein.

Dankbarkeit

Die Tränen treibt mir der Hunger in die Augen. Der Magen stülpt sich um. Zwei Stunden lang beobachte ich das starre Dorf. Nichts rührt sich. Ich schleiche zur ersten Kate. Die Tür ist geöffnet. Die Fenster sind zerschlagen. Drei Katen durchsuche ich und finde nicht einen Happen Brot. Dann stehe ich vor dem gedeckten Tisch. Er ist auf einfache Weise gedeckt. Keine Teller, keine Schüsseln. Eine eiserne Pfanne nur in der Mitte und darin, ich traue meinen Augen nicht, ein knusprig gebrate-

nes Huhn. Ich habe es verschlungen, ich habe mich an den Tisch gesetzt und das kalte Huhn auf einen Sitz verschlungen. Als ich fertig war, ging die Tür langsam auf, und Radjonnow stakte herein. Er glotzte mich erstaunt an, sah die leere Pfanne, und eine Welle des Zorns rötete sein gutmütiges Gesicht. So wurde ich gefangengenommen. Radjonnow, dem ich mein Leben verdanke, versetzte mir einen Schlag, daß ich über den Stuhl flog. Dann führte er mich über den Hof, wo ein zweiter Soldat gerade dabei war, einer nicht mehr ganz jungen Frau die Zeit zu vertreiben. Ich wunderte mich, wo so viele Menschen plötzlich herkamen. Der Soldat ließ die Röcke der Frau fallen. Ich mußte mich an die Wand stellen, die Arme heben.
Was tust du – Towaritsch? fragte Radjonnow. Der zweite Soldat hob die Pistole. Zorn zeichnete sein junges, rundes Gesicht: Umlegen – prosto – einfach, ohne Umstände umlegen – Radjonnow trat vor die Mündung. Er war blaß. Du wirst dich besinnen – er ist mein Gefangener. Du hast dich mit der Frau vergnügt, und ich hab' Krieg geführt. Also gehört der Fritz mir. Das Weib beobachtete angespannt die Auseinandersetzung und packte den Soldaten am Ärmel. Das machte ihn wild, er riß sich los und fuchtelte Radjonnow mit der Waffe vor dem Gesicht herum.
Was willst du anfangen mit dem Njemse, he? Willst ihn vielleicht wegbringen – soll ich allein bleiben? Und unseren Befehl vergißt du, was? Mach ein Ende mit ihm, sag' ich dir – prosto!
Radjonnow schüttelte beharrlich den Kopf. Seine großen Ohren röteten sich: Er ist mein Gefangener – und Genosse Stalin hat befohlen, kein Gefangener darf mehr getötet werden – ponimaju?
Der Genosse Stalin – ist er vielleicht hier, was? Hier ist niemand außer uns. – Du willst dich Stalins Befehl widersetzen? Das werde ich nicht zulassen. – Wer soll dich verstehen, Wassili, noch im vorigen Monat hast du nicht danach gefragt, bei Shitomir schickten wir die Njemses in den Himmel, da warst du nicht zaghaft, Wassili. – Damals gab es den Befehl des Genossen Stalin noch nicht, sagte Radjonnow bedächtig und

schlug mit kräftiger Hand eine Mücke tot, die sich auf seiner Stirn niedergelassen hatte.
Und Radjonnow führte mich unverdrossen einen ganzen Tag lang durch das sonnendurchglühte Land. Hinter uns, als wir das Dorf verließen, vergnügte sich der zweite Soldat wieder mit der Frau. Wir trotteten den Weg entlang, die nächsten Menschen trafen wir erst am Nachmittag. Es waren drei junge Polen, und ihre von Hunger und Angst ausgehöhlten Gesichter blühten auf und glänzten eifrig, als sie sich auf mich stürzten. Ich sah, daß Radjonnow sich nicht einmischen wollte, und setzte mich zur Wehr. Bald lag ich mit dem Gesicht im Dreck. Jetzt wurde es Radjonnow zu bunt, und er jagte die drei Polen zurück. Sie ballten die Fäuste und beschimpften ihn. Radjonnow fluchte und lachte glücklich. Meine Hände und mein Gesicht bluteten. Radjonnow feuerte jauchzend einen Schuß in den Himmel; so zogen wir weiter, und meine Dankbarkeit für Radjonnow wuchs ins Grenzenlose.
Allmählich füllte sich das Land. Soldaten kamen den Weg entlang. In unordentlichen Trupps marschierten sie, die Köpfe gesenkt, Staub auf den Helmen. Ein junger Soldat mit blondem Haar sang ein Lied:

> Schiroka strana moja rodnaja...

Als er mich sah, brach die kindliche Stimme ab. Ein Ausdruck tödlichen Schreckens trat in das Gesicht des Vorsängers; Radjonnow, der Gütige, winkte dem Jungen zu, er sang, zögernd erst, weiter. Mit dumpfen, erstickten Stimmen fielen die anderen wieder in das Lied ein:

> Ja drugoi takoi stranui njesnaju,
> gde tak woljen utschen schtelowek...

So führte Radjonnow mich die Straße hin, begleitet von Flüchen und Liedern. Ich bekam Schläge und Tritte, man schenkte mir Brot und Zigaretten, lachte mir zu und beschimpfte mich. Vor den Mißhandlungen durch Panzerfahrer bewahrte mich

Radjonnow. Als die rasselnden Kolosse auftauchten, verließen wir die Straße und gingen über die Felder. Dann kam das Stabsquartier in Sicht, und Radjonnow bat mich um meine Auszeichnungen. Er fluchte zufrieden und lächelnd, als ich das Blech in seine Hand legte. Er hätte mir die Orden einfach abreißen können, aber er war ein stolzer Mann und bat mich darum. Im Stab wurde ich einer Runde höherer Offiziere vorgeführt. Sie erkundigten sich höflich nach meinem Befinden, gaben mir Wasser zu trinken und fragten, was ich von der Sowjetunion hielte. Ich war glücklich über meine Rettung. Die Herren klopften mir wohlwollend auf die Schulter, eine Ordonnanz brachte Wodka in deutschen Kochgeschirrdeckeln. Jetzt schnippte sich jeder mit dem Zeigefinger gegen die Kehle, und einer der Offiziere rief mit hartem russischem Akzent: A votre santé! So tranken wir auf die deutsch-sowjetische Freundschaft. Hernach kamen zwei junge, freundliche Offiziere mit grünen Mützen. Sie führten mich zu einer Baumgruppe seitab vom Stabsquartier. Ich mußte mich ausziehen und wurde fürchterlich verprügelt. Danach begann die Vernehmung. Ich dachte immer an Wassili Radjonnow, der jetzt wieder unterwegs war zur Front und der mich hätte töten können. Die Dankbarkeit ließ mich die Schläge kaum spüren. Was sind schon ein paar Hiebe, wenn dir ein Mensch dein Leben geschenkt hat. Ich sang das Lied der in den Kampf ziehenden russischen Soldaten, die ihr Vaterland priesen:

> Ja drugoe takoi stranui njesnaju
> gde tak woljen utschen schtelowek...
> Ich weiß kein andres Land auf Erden,
> wo das Herz so frei dem Menschen schlägt...

Als es vorbei war, brachte mir ein Muschik ein Kochgeschirr voll Wasser. Ich spuckte meine Zähne ins Gras, trank das Wasser, blickte in den geröteten Himmel und sprach: Welch ein Glück, ich hab' diesen Krieg überstanden!

Ein Gefangener, heimatlos

Entwicklungen

Als ich sieben Jahre alt geworden war,
sprach einer im Radio zum deutschen Volk.
Das ist unser Führer, hörte ich sagen
und lernte, ich sei mit angesprochen.

In der Schule sagte ich jawohl. In der
Hitlerjugend sagte ich jawohl. Als
Soldat sagte ich zwei Jahre lang jawohl.
Bis ich nein sagte und meiner Wege ging.

Seither reagiere ich mißtrauisch,
spricht jemand im Namen des deutschen
Volkes. Fürsorglich sage ich nein.
Besorgt, daß es ein Volk von Ja-Sagern werde.

In meinem Alter lerne ich erkennen,
das Volk sagt weder ja noch nein.
Seine Obrigkeiten sind es, die dem
Volk sagen, daß es ja zu sagen habe.

Dies ist mein Volk nicht.
Seine Intellektuellen sind meine nicht.
An ihren Irrtümern nehme ich nicht teil.
Ich sage nein und gehe nicht meiner Wege.

Am Abend ging der Sani von Pritsche zu Pritsche und verteilte die Brotration. Ich hatte viel Glück und bekam einen Kanten. Langsam biß ich, mit Genuß, Stück für Stück ab. Ich hatte etwa die Hälfte gegessen, da trugen sie noch fünf Kranke herein. Weil keine Pritsche frei war, zeigte der Sani auf die Pritschen, wo die schmächtigsten, abgehungertsten Gestalten lagen, und die Neuankömmlinge wurden dazugepackt. Mich erwischte es, und der breitschultrige Mann, den sie mir an die Seite legten, nahm mehr als die Hälfte des Platzes ein. Er war etwa fünfundvierzig Jahre alt und sprach den langsamen Dialekt des Ostpreußen. Als er sein Brot erhielt, betrachtete er es liebevoll, beroch es von allen Seiten, holte ein gelbes Tuch aus der Wattejacke, schlug es um das Brot und schob das Stück in die linke innere Jackentasche.

Im Laufe des Abends starben zwei aus unserem Raum. Der Sani leerte ihnen die Taschen, einer hatte sein Brot nicht gegessen, wir machten zweiunddreißig Happen draus und verteilten sie an alle Anwesenden. In der Nacht schlief ich schlecht. Der Ostpreuße wälzte sich auf den Rücken und lag halb über mir. Zweimal kletterte ich von der Holzpritsche, einmal schaffte ich es bis zu Latrine, das zweite Mal packte es mich, ich war noch neben der Baracke, der Schnee türmte sich meterhoch zur Seite, ich riß die Hosen runter und hockte mich nieder. Da kam die Wache und trat nach mir. Ich fiel vornüber; als ich zu mir kam, sah ich über mir den hellen Winterhimmel. Kannst du wieder? fragte der von der Barackenwache. Er hob mich auf. Ich zog mir die Hosen hoch und ging ein paar Schritte. Schaff deinen Dreck weg! Ich kratzte Schnee darüber. Der Wachtmann knurrte unwillig. Du willst wohl dem Totengräber von der Schippe springen? Ich lehnte mich gegen die Barackenwand. Er kam nahe heran und sah mir ins Gesicht. Gehörte zum Innendienst, war gut genährt. Ich sagte: Wenn einer sich erst einmacht, dann bleibt er bald ganz auf der Pritsche liegen. Und dann läuft ihm alles in die Hose.

Das ist eine Frage der Energie, sagte er. Wenn wir nicht durchgreifen, protzt jeder gleich hier ab, und dann ist bald das ganze Lager ein Scheißhaus.

Ich sagte: Nach einer Woche, wenn einer alles unter sich gemacht hat, ist seine Hose hart wie Gips. Und da kommen sie dann und schälen ihn aus. Da bleiben Hautfetzen an der Hose, und wenn sie ihn fein raus haben, dann waschen sie ihn gleich noch und geben ihm ein frisches Hemd, und zwei Stunden später ist er tot. Den Wärmeverlust übersteht keiner mehr.
Ich tastete mich in den Raum zurück. Der Ostpreuße schnarchte. Ich stemmte den Kerl mit Anstrengung auf die Seite, daß ich etwas Platz fand, und schlief ein. Als ich erwachte, lag der Ostpreuße schwer auf mir. Ich suchte ihn abzuwerfen. Er blieb ganz still. Ich griff in der Finsternis nach seinem Gesicht. Es war kalt. Der Mann war gestorben. Ich suchte ins Innere seiner Wattejacke zu langen. Endlich fühlte ich das eingepackte Stück Brot. Ich zog es heraus, nahm das Tuch, faltete es zusammen und schob es in die linke Jackentasche zurück. Dann holte ich mir das Brot vors Gesicht. Der Ostpreuße lag noch über mir. Durch ihn gedeckt, verzehrte ich lautlos das Brot. Ich stellte mich schlafend, bis der Sani, als es hell geworden war, mit der Suppe kam. Er rüttelte uns an den Füßen. Sie nahmen den Toten von mir herunter, legten ihn auf den Boden und durchsuchten seine Taschen. Auf den Pritschen ringsum verfolgten sie den Vorgang mit wachsamen Vogelaugen. Der Sani zog das gelbe Tuch hervor. Ich lag auf der Pritsche und sah gleichgültig zu. Er hat das Brot gestern abend in das Tuch eingewickelt und in die Jackentasche gesteckt, sagte einer. Alle starrten mich an. Wenn sie mich für schuldig halten und mit den Holzschuhen über mich herfallen, ist es aus. Ich sah dem Sani in die Augen. Er hat stundenlang gekaut in der Nacht, ich konnte kaum schlafen. Der Sani nickte. Er packte den Toten und zog ihn durch den schmalen Gang in den Vorraum. Ich löffelte meine Suppe.
Mit der Suppe am Mittag hatten die Essenträger einen leeren Kübel gebracht. Sie schichteten die Leichen im Vorraum an den Wänden hoch. In der Mitte blieb ein freier Raum, da stand der Kübel. Die Kranken der Baracken durften jetzt den Kübel benutzen und brauchten nicht mehr zu den Latrinen ins Freie. Nur wenige machten davon Gebrauch. Die meisten konnten

die Pritschen nicht mehr verlassen. Sie machten alles unter sich und starrten aus großen Augen vor sich hin. Ich stützte mich auf die Pritschen, wenn ich zum Kübel wankte, am ersten Tag zählte ich zweiundzwanzigmal und hörte dann auf zu zählen. Die Schicht der nackten Leichen an den Wänden wurde höher. Am Anfang trugen sie noch einige Kleidungsstücke, über Nacht verschwanden die letzten Fetzen. Wenn einer starb, nahm der Sani sein Schuhzeug und die Oberkleider und verteilte sie an die anderen. Die Hosen waren nicht mehr zu benutzen. Wenn es finster wurde, schleppten sich die Kräftigsten in den Vorraum. Der Sani hatte verboten, den Toten die Fetzen der Unterkleidung abzuziehen, aber er sah darüber hinweg. An einem Morgen saß einer auf dem Kübel und schrie um Hilfe. Mit den Händen holten sie die Brotbrocken aus seinem Rachen und steckten sie sich selbst in den Mund, und dann schlugen sie ihn mit den Holzschuhen kaputt und warfen ihn zu den Toten. Als der Sani kam, war schon alles vorbei, und weil der Sani schimpfte, sagten sie, der Junge habe das Brot gestohlen. Der Sani brummelte vor sich hin und strich den Toten aus der Liste. Dann nahm er eine Handvoll Mull, riß mir das Pflaster vom Bein und drückte, daß Blut und Eiter nur so herausschossen. Den kleinen Rudolf habt ihr für gar nichts umgebracht, murmelte der Sani, das Brot hatte er von mir. Der Sani legte frischen Mull auf das Bein und wickelte die Binde drüber. Der kleine Rudolf hatte kein Glück. Ich kenn' aber einen, der hatte großes Schwein!
Ja, ich hatte Schwein, gab ich zu.
Sie hätten dich genauso totschlagen können, sagte der Sani, das hätten sie machen können.
Eins versteh' ich nicht, sagte der Sani. Du hast Schwein gehabt und lebst noch. Bei dem armen Jungen jetzt bist du dabeigewesen. Du hast mit zugeschlagen.
Das verstehe ich auch nicht, sagte ich. Als die anderen nach den Holzschuhen griffen und auf ihn losgingen, da hatte ich plötzlich so eine Wut, erst als ich ihn auf den Kopf schlug, erst als ich merkte, ich hatte geschlagen, merkte ich, was ich getan hatte, so eine Wut hatte ich. So eine Wut.

Ein Nazi

Topitsch lächelte grimmig, beugte sich zu mir herab und betrachtete mich aufmerksam. Ich hab' gekämpft, sagte Topitsch finster, ich war überall dabei, bei Orel, bei Woronesh, ich hab' Sewastopol mitgenommen, wir waren die ersten, die reinkamen. Mir soll keiner sagen, was Krieg ist, Polen war ein Spaziergang, Frankreich war eine Urlaubsreise, ich kenn' das ganze verfluchte Rußland wie meine Westentasche, mir hat der Krieg keinen Spaß gemacht, aber ich hab' gekämpft, und die Russen kenn' ich besser als meine eigene Familie.
Er klopft mir hart auf mein entzündetes Bein, dann beugt er sich vor und sieht mir eindringlich in die Augen. Sanitäter war ich nie, verstehst du? Ich hab' gekämpft, ich bin ein Muschkote, und damit du's weißt, auch wenn keiner hier in der Baracke ein Nazi war, ich bin einer – bei Gott, ich bin einer, und was denkst du denn, wofür ich meine Knochen hab' hingehalten, bei Witebsk, bei Charkow und, verdammich, schon fast bei Moskau, du denkst, das ist nun alles vorbei? Ich sag' dir, da ist nichts vorbei, und da bleibt alles, wie es ist. Schau dir die Kerle hier an, wenn die geahnt hätten, daß sie in ihrer eigenen Scheiße krepieren werden, meinst du, die wären so fein in Gefangenschaft gegangen? Heilige Mutter von Kasachstan, ich sag' dir, die hätten sich gehauen, und wie die sich gehauen hätten!
Er lächelte grimmig, und ich sah ihn noch einmal, das war Jahre später, in Minsk. Sie hatten ihn gerade zu fünfundzwanzig Jahren verurteilt. Er holte, von einem Wachsoldaten eskortiert, seine paar Sachen und kam fort, ich weiß nicht, wohin, wahrscheinlich in eins der Straflager. Was man ihm vorwarf, erfuhren wir nicht, es kümmerte keinen und war unwichtig wie ein vergangener Tag. Als er vor dem Wachtposten her aufs Lagertor zulief, sah er mich und blieb überrascht stehen. Rief mir etwas zu, das ich nicht verstand. Der Posten gab ihm einen Stoß in den Rücken und trieb ihn fort.

Der lange Fußmarsch in die russischen Gefangenenlager, es war das Jahr 1944, wurde wüst unterbrochen, wenn sich zornige Soldaten und Offiziere auf die Straße stellten und wütend in die Reihen prügelten. Ein Offizier der Roten Armee fragte jeden unheildrohend, ob er ein Deutscher sei. Die Gefangenen antworteten erschrocken ablehnend. Es gab plötzlich nur Österreicher, Polen, Saarlandfranzosen, Elsaßfranzosen, Dänen, Ungarn.

Als ich dran war und der rachedurstige Offizier, seinen Zeigefinger auf meine Brust setzend, finster sein »Du Fritz, Du Njemse?« hervorstieß, nickte ich mit dem Kopf, was ihn verblüffte. Die Frage nach dem Woher fiel weniger barsch aus.

»Ich bin aus Sachsen!« erwiderte ich.

»Saxonia?« Der Russe umarmte mich unter einem Schwall von Worten. Offenbar drängten sich ihm aus der Parteigeschichte proletarische Assoziationen auf. Sachsen und die Arbeiterbewegung – ich stieg auf für ihn zum Genossen.

So ging es gut für mich aus und hätte übel enden können. Ich war es leid, mein Land zu verleugnen, auch wenn es in dieser Zeit ein Kreuz zu sein schien, an das wir angenagelt hingen.

Im Winter wurden wir abkommandiert, die Eisenbahngleise vom Schnee freizuschaufeln. Wir arbeiteten so sparsam wie möglich. Wer zu Boden fiel, wurde getreten, bis er wieder aufstand. Blieb er liegen, bekam er am Abend das Seil um die Fußgelenke geschlungen.

Schlittenfahrt. Jeder Trupp, der abends zum Lager strebte, zog ein paar Schlitten hinter sich her. Am Tor wurden die Erfrorenen zur letzten Zählung nebeneinander aufgereiht.

Mischa, der Schreibstubenfeldwebel, Block und Stift in der Hand, schritt die Reihen der Toten ab und machte sich Notizen. Da er sie hinterher nicht entziffern konnte, waren alle froh, hatte er wenigstens die genaue Zahl herausgefunden. Wenn nicht, gab's stundenlanges Stehen und Rechnen beim abendlichen Appell.

Wer umfiel, blieb liegen, bis gezählt war. Danach trugen die Nebenstehenden ihn entweder in die Baracke oder gleich zur Leichensammelstelle.

Nach Kriegsende hörte das Massensterben auf. Der Tod wurde

wieder individuell. Inzwischen waren die Panzergräben rings um die Stadt mit Leichen angefüllt. Arbeitskolonnen warfen Erde drüber. Von den Kolchosen, die sich mit Leben füllten, kamen Bulldozer herbeigerattert, die den gesamten Raum planierten und große Felder anlegten. Die Deutschen, die 1945 in Massen kapituliert hatten und von ihren Offizieren in Gefangenschaft geführt wurden, brachten neues Leben und irre Informationen in das Lager und entsetzten sich wegen der Läuse und Wanzen. Wir Altgefangenen hörten ihnen zu und lächelten weise. Kameraden, ihr werdet's noch lernen.
Sie blickten uns an, als seien wir Gespenster. Uns taten die vollwangigen, vollgefressenen Unschuldslämmer nicht leid. Keine Zeit für Gefühle. Keine Energie für Luxus.

Leo Skorpzik, 45, wollte ein Stück Brot ergattern, und so kam es, daß sein Sohn Wilfried, 12, allein in der halbzerstörten Berliner Wohnung zurückblieb. Leo wurde von einem Rotarmisten, der einen Trupp deutscher Gefangener vorbeitrieb, zwischen die dahintrottenden Soldaten gestoßen und, als er beim nächsten Halt protestierte, mit dem Kolben diszipliniert. Sie marschierten sieben Tage nach Osten, fuhren vier Tage im Viehwaggon und kamen endlich in der seltsamerweise noch teilweise vorhandenen Stadt Bobruisk an, wo die Leichen, die die Deutschen aus ihrer Besatzungszeit hinterlassen hatten, nun durch deutsche Leichen ergänzt wurden.
An einem verregneten Juniabend des Jahres 1945 rief der Barackenälteste Kirchner den verwundert aufhorchenden Leo, der nie Soldat gewesen war, bevor er Kriegsgefangener wurde, zu sich und erklärte, er solle zum Lagertor gehen, wo Besuch auf ihn warte, welche Nachricht so offensichtlich falsch sein mußte, daß alle, die sie hörten, lachten.
Es gab Millionen Kriegsgefangene. Nicht ein einziger bekam Besuch. Obwohl das jeder wußte, trottete Leo Skorpzik wie befohlen zum Tor.
Draußen hockte etwas auf dem Boden. Zwei Soldaten und Mischa, der Schreibstubenfeldwebel, stießen abwechselnd mit der Stiefelspitze gegen das Kleiderbündel.

Leo erkannte Wilfried, seinen Jungen. Der war von Berlin losgegangen, durch Polen und Weißrußland bis vors Lager in Bobruisk, von wo er eine Karte erhalten hatte: Dein Vater.
Sie stießen den Jungen durchs Tor. Vater und Sohn lebten wieder zusammen. Im Lager waren alle sich einig: ein Weltrekord. Nur so ein schmales Bürschlein schafft es, kein erwachsener Mann, nicht in die eine, nicht in die andere Richtung. Zu viele Grenzen und Grenzer. Ein Wunder, wie der Knabe trotzdem durchkam. Kinder sind die besseren Menschen. Und klüger.
Mischa, der Feldwebel, begann Wilfried, den jungen Grenzgänger, auszuzeichnen. Der Junge brauchte keine schwere Arbeit zu leisten, bekam doppelte Ration, bald stieg er auf zum Burschen und Hausdiener Mischas.
Dann verschwand Wilfried. Weg wie vom Erdboden verschluckt. Sein Vater mußte in die Kommandantur kommen und kehrte zerschlagen davon zurück. Sie hatten wissen wollen, wo sein Sohn sei. Er wußte es nicht. Im Lager schwirrten Gerüchte, der Junge sei auf dem Rückweg nach Deutschland: Domoj – nach Hause.
Dann bekam Dr. Vatter das Kind unters Messer. Der Sektionsbefund machte heimlich die Runde in allen Baracken. Das Rückgrat zerschossen, der Rücken eine einzige Wunde.
Langsam sickerte durch, was geschehen war. Sie hatten Wilfried an der sowjetisch-polnischen Grenze aufgegriffen und zurückeskortiert. Mischa stand an den Geleisen, als der Transport einlief, und übernahm den Gefangenen für das Lager.
Der Feldwebel gab Wilfried einen Brotkanten. Sie gingen die Gleisanlagen entlang. »Domoj!« sagte Mischa. »Geh nach Hause!«
Der Junge, Brot kauend, begann loszulaufen. Auf zwanzig Schritt Entfernung sägte die MP-Garbe ihn nieder, der Aufprall der Garbe trieb ihn noch mindestens zwei Meter weiter westwärts der Heimat entgegen. So Dr. Vatter, der Fachman für Sektionen.

Mischa, der Schreibstubenfeldwebel, wurde befördert. Es gab Üblere als ihn. Er zählte, besah man's genau, zu den Besseren

und war, innerhalb gewisser Grenzen, gutmütig. Eine Zeitlang, kurz nach dem Kindesmord, betrachtete ihn jeder mit Grausen. Das verlor sich. Selbst Leo, der Vater, dachte nicht mehr an seinen Sohn, wenn er Mischa sah. Der Junge hatte Unruhe gebracht ins Lager und Ärger für die Verwaltung. Was tun mit einem windigen, unberechenbaren Zwölfjährigen in einer Männergesellschaft, die militärisch, nein nachmilitärisch funktioniert. Ich dachte, Mischa hat Wilfried, den Jungen, geliebt. Weshalb sonst hätte er ihn zu seinem Burschen gemacht? Die Flucht Wilfrieds hatte Mischa beleidigt. Ein beleidigter Soldat rächt sich auf soldatische Weise. Mit der Kugel. Und wenn der russische Soldat den deutschen Jungen nicht geliebt hat, dann eben gemocht. Kein Streit um Worte, Genossen und Kameraden. Das Leben ist hart. Wer zwischen die Räder läuft, soll sich nicht wundern, wird er zermahlen.
Im Jahr drauf dachte keiner mehr an das Kind, sah er Mischa, den Unschuldigen.

Das war im Frühjahr, ein Jahr nach Kriegsende, als der Optimismus grünte. Ich hatte das Lagerleben gründlich satt und beschloß still, heimzukehren nach Deutschland. Am Abend fasse ich den Entschluß, am Morgen habe ich eine dicke Arschbacke. Tagsüber bei der Arbeit schwillt die Backe an. Ich kann kaum laufen. Erklimme, ins Lager gelangt, mit Mühe die Pritsche, leg mich auf den Bauch. Am Morgen hängt mir ein kopfgroßer Kürbis hintendran. Der Sani tippt mit dem Finger drauf. Ich geh' in die Luft. Der Arzt sticht mit dem Messer rein, ptsch, es tut wohl, die halten Nierenschalen drunter, zweieinhalb voll Eiter und Blut. Drei Tage Revier. Die Wunde heilt langsam. Im Bett ist einem die linke Backe geschwollen wie mir die rechte, der parliert flott russisch, gehört zu den Begünstigten mit Felljacke und Pelzmütze.
»Wie lange bist du schon stillgelegt?«
Ich denke, er erkundigt sich nach der Eitergeschwulst.
»Vor vier Tagen begann es zu schmerzen.«
»Wie lange bist du in Gefangenschaft, meine ich.«
Jetzt drückt er sich deutlicher aus. Ich gebe Bescheid.

»Ins zweite volle Jahr gehst du im Sommer? Das tut langsam weh, wie?«
Als er das so sagt, merke ich's erst wieder richtig. Die Sorge um die Geschwulst hat mich ganz vergessen lassen, daß ich abhauen will. Erfahre, der gute Nachbar ist schon seit 1942 gefangen. Überläufer aus Überzeugung. Wie das? Auskunft: der Vater linker Intellektueller. Bekannter Jurist der Weimarer Zeit. Der Sohn aus Opposition gegenüber dem Elternhaus zur Hitlerjugend, dann Partei. An der Universität Auseinandersetzungen. Unterbrechung des Studiums. Luftwaffe. Nach Ernennung zum Leutnant, inzwischen hat 1933 stattgefunden, Beurlaubung zur Fortführung des Studiums. Jetzt ereignete sich irgendwas, der frischgebackene Flugzeugführer und Offizier beginnt querzuliegen. Bevor sich das ganz entwickelt, kommt der Kriegsbeginn dazwischen. Taubahn, der Jagdflieger, ist in Polen und Frankreich dabei, wird Oberleutnant, hat die beiden EKs, startet am ersten Tag des Rußlandfeldzugs, landet bei den Russen, wird verprügelt, vernommen, überschwenglich gefeiert – einer der ersten Deserteure der Wehrmacht, läßt das nicht hoffen? Man fliegt den Oberleutnant nach Moskau, die sowjetische Presse stellt ihn groß heraus. Der junge Offizier geht auf Propaganda-Tournee durchs Land. Sie stellen ihn vor, den Towaritsch Oberleutnant, die deutschen Armeen dringen weiter nach Rußland, der Gefeierte findet sich in einer Zelle wieder als Gefangener. Danach ins Arbeitslager nach Sibirien. Später in Moskau ein Lehrgang und in die Lager der gefangenen Stalingradler. Gründung, Aufstieg und Abstieg des Nationalkomitees Freies Deutschland. Taubahn steigt auf und ab, hat eine Wohnung in Moskau und einen unanfechtbaren Propusk, der ihm alle Rechte freier Sowjetbürger verschafft; im Sommer 1945 verhaftet man den alten Hasen zum er weiß nicht wievielten Male, jetzt geht's in die weißruthenischen Gefangenenlager, bis er vor wenigen Wochen hier in Minsk landete und mir am Abend gesteht, er habe es endgültig satt.
Wir beschließen, gemeinsam die Heimreise anzutreten.
Der Herr Oberleutnant hat die schmächtige Gestalt eines Jokkeys und das schmale Gesicht eines von Stiefeltern kurzgehal-

tenen, mißhandelten Schuljungen; außerdem hat er einen Tick. In der langen Zeit der Gefangenschaft, oft allein, immer unter wechselnden Verhältnissen, hat er den Marxismus zu studieren begonnen. Der frühere Streit mit dem Vater sitzt ihm mit Widerhaken in Kehle und Gewissen. Immer beginnt er von seinem Alten zu faseln, immer wieder schweift er ab in die Lehrbuchweisheiten der Marx und Engels.
»Wenn du so viel vom Marxismus hältst, warum bleibst du dann nicht hier im Lande deiner großen Klassiker?«
»Die Russen sind keine Marxisten, der Marxismus kann nur in Deutschland was werden.«
Er entwickelt seine Theorie vom Sozialismus, der sich in der von der Roten Armee besetzten Zone verwirklichen müsse. Er hat die Vorstellung, die deutschen Genossen würden ihn, den von den Sowjets Ausgebüxten, in Ehren aufnehmen und mit »Rot Front« begrüßen, so, wie er es aus dem Umgang seines Vaters mit den Genossen erinnert.
Soll ich mit dem Genossen Taubahn abhauen? Der Mann wird vom Wachpersonal zuvorkommend behandelt, der Lagerkommandant erscheint an seinem Krankenbett und schleppt eine Flasche Wodka sowie zwei schwere Brote herbei, auch bei der deutschen Lagerbürokratie hat Taubahn Vergünstigungen. Zu den nicht gerade unwichtigsten zählt, daß wir beide zwei Wochen im Krankenrevier bleiben und uns rausfüttern können, eine gute Voraussetzung für die beabsichtigte Flucht.
Mein größter Versucher und Feind ist meine geradezu unsterbliche Naivität. Genosse Taubahn, mein Bruder.
Kein Zweifel, wir glaubten frisch und fromm an das Gute im Menschen, sofern wir ihm nicht tödlich mißtrauten. In den abendlichen Krankenlagergesprächen richteten wir eine marxistische Welt der Klassenlosigkeit ein. Mit vielen schönen und ausgeklügelten Gedanken bereiteten wir unsere Flucht vor, und mehr aus Zufall als aus nüchterner Überlegung schafften wir Proviant beiseite, von dem wir leben wollten auf der Flucht. Später, als sie uns ergriffen, zusammenschlugen, ins Lager zurückschleppten, Taubahn mit Gewehrkolben totprügelten (wie hatten sie ihn gemocht, wie nahe hatte er ihnen gestanden, also

waren sie von ihm mehr enttäuscht als von mir, weshalb sie ihn umbrachten, mich nur schwer verletzten; so fein unterscheiden Soldaten im Blutrausch), während dieser Vorgänge also und auch danach habe ich mich immer wieder gefragt, wie wir uns überhaupt auf ein so aussichtsloses Abenteuer einlassen konnten. Wußten wir nicht genau, was uns bevorstand? Waren nicht alle zurückgebracht worden, leblos meist, am Lagertor zur Besichtigung und Warnung niedergelegt? Und wenn sie noch lebten, wurden sie in eine Hütte gesperrt, aus der hörte man sie betteln und stöhnen; selten überlebte einer, wir wußten das und gingen trotzdem stiften. Woran kann's liegen, wenn nicht an unserer Naivität?

Wenn wir Bett an Bett Fluchtpläne schmiedeten, verrieten wir uns mit einem Wort oder Blick oder Atemzug, und wenn einer sich verraten hatte und unwillentlich durchblicken ließ, wie wenig er im Grunde seines Herzens vom geplanten Ausbruch hielt, für wie gering er die Chancen einschätzte, war der andere gleich bemüht, die Resignation vergessen zu machen. Im Inneren glaubten wir nicht ans Gelingen. Was wir uns gegenseitig anvertrauten, war weniger durch seinen Inhalt und sein Ziel wichtig als durch die Art der Offenheit, in der wir es taten. Also mußte man das Abenteuer auf sich nehmen.

Selbst wenn wir nur wenige Stunden *draußen* waren, reichte diese kurze Zeit schon aus, weil es galt, die Tragfähigkeit unserer heimlichen Sympathien und Gespräche zu erproben.

Daß der eine die Erprobung einer Männerfreundschaft mit seinem Leben bezahlte und der andere mit lang anhaltenden Schmerzen, bleibt demgegenüber geringfügig. Sosehr ich wünschte, Taubahn hätte leben bleiben können, sowenig kann ich unseren damaligen Entschluß bedauern oder bereuen. Jeder gerät einmal in eine Situation, in der er sich nur grundsätzlich dafür oder dagegen entscheiden kann; und da ich Taubahn mochte, konnte ich nicht gegen ihn entscheiden.

Ich bin später noch oft auf diese treuherzige Weise in mein Unglück gerannt. Doch kann man sich solche Freundesdienste nicht in alle Ewigkeit leisten. Also entschloß ich mich endlich, um nicht mehr aus purer Sympathie mit jemandem den Kopf

gegen die Wand zu rennen, der Sympathie zu entsagen. Die Stelle der freundschaftlichen Naivität nimmt seither das Mißtrauen ein, das vor Freundschaften bewahrt und uns mit den Jahren erfahrener und vernünftiger werden läßt, das heißt häßlicher und weniger menschlich. Schaden mache klug, heißt es. Der Kopf überwindet den Bauch. Was der Bauch mochte, hält dir der Kopf nun fern. Fortan wirst du leben ohne Freunde, ohne Sympathie und Liebe. Du bist endlich erwachsen geworden.
Wer seinem Herrn entläuft, gibt ihm das Recht, ihn einzufangen und zu ermorden. Der Mord an wiedergefangenen Entlaufenen ist straffrei, denn er heiligt das Recht. Die jungen Soldaten mit den rotwangigen Unschuldsgesichtern schlugen uns nieder, als die Distanz zwischen ihnen und uns auf Armlänge geschrumpft war, und brachten die Beute ins Lager ein. Wer es wagt, die Herrschaft zu beleidigen, wer sich ungebührlich abwendet von ihr und die Regeln des menschlichen Anstands verletzt, erhält die geziemende Antwort mit Fäusten, Gewehrkolben, Bajonetten. Alle acht Stunden löste die Lagerwache sich ab; jeder Wachmannschaft stand das Recht zu, sich einmal für die Beleidigungen schadlos zu halten. Man einigte sich darauf, gleich zu Anfang anzutreten. Hatte der neue Wachhabende dem alten die Papiere übergeben, waren die Zweierstreifen aufgezogen, erschien schon der Dreiertrupp und führte uns ins Freie zur Wasserpumpe.
Am Pumpschwengel stand ein kräftiger Soldat mit nacktem Oberkörper bereit, ein halbes Dutzend anderer eilte uns auf halbem Wege lachend entgegen. In den offenen ehrlichen Gesichtern der jungen Männer feierte die Mordlust Triumphe, und unser Blut leuchtete ihnen voran, doch war ihnen strengstens untersagt zu schießen oder tief zuzustechen. Mit bloßen Fäusten und Kolben hatten sie die ihnen zugefügte Schmach zu rächen, die Fahne Rot verhüllte unseren Blick, es sprudelte aus Kopfschwarte, Stirnhaut, Nase, Mund und Ohren, das Prasseln und dumpfe Aufprallen klangen wie ferne Kanonenschüsse, wir fielen und fielen, und wischte ein mitleidiger Schlag das Blut vom Auge, erkannte ich den kräftigen Bauernburschen,

der am Brunnenschwengel emsig sich abmühte; dann schmetterte es die beiden Körper, wer wußte, welcher Leib wem gehörte und welcher Schmerz welchem Leib zuzuzählen sein mochte, in die eisige Kälte des Wasserstrahls, der armdick dem Rohr entsprang, den blutenden Fleischpartien kenntliche Formen zurückgebend; wie weiß und blaß die Haut aufscheint, spült Wasser die Sprudelbäche Blut fort. Eiswasser aus der Tiefe der Erde geholt und mit frischen Platzwunden vereinigt, nie war der Wille zu überleben so deutlich, Wasser salzt das Leben auf.
Unterm Pumpenstrahl liegend, auf dem Rücken, wenn es endlich gelang, die Augen zu öffnen und unter den von Schlägen aufgeschwollenen Wülsten hervorzublicken, sah man die Runde beleidigter, geschmähter, im tiefsten Innern verletzter Soldaten; schweigend umstanden sie einen, und ihre Stiefel dampften, ihre Fäuste glänzten im Sonnenlicht. Unser Blut zierte ihre Knöchel, die Spitzen ihrer Stiefel und klobigen Absätze, das siegreiche, glatte, kalte Holz der Gewehrkolben.
Jetzt, da die Soldaten befriedigt einhielten, lag ein Ausdruck sonnigen Glücks über den erschöpften, unschuldigen Gesichtern, die Kameradschaftlichkeit der beleidigten Folterer mit den gestraften Beleidigern war es, die ihnen einzuhalten gebot. Unterm kühlen Pumpenstrahl ruhend, zum bewußten Leben zurückgebracht, erhielten wir das Geschenk achtstündiger Lebensverlängerung, bis die nächste Wache bereitstand, ihr Mütchen zu kühlen und ihren getarnten Seelen den tiefen Frieden der Rache zu schenken.
Ich habe in meiner frühen Kindheit für die Großmutter im Dorfe G. oft Wasser von der Pumpe geholt. Sie hatten mir einen kleinen Eimer gekauft, den ich gut tragen konnte. Damals, wenn ich in langsamen, ausholenden Schöpfbewegungen hinter dem gußeisernen Ungetüm stand und zusah, wie das Wasser brausend und schäumend den Eimer füllte, überkam es mich seltsam. Es war, als ob ich Angst empfände. Taubahn ist unterm Pumpenstrahl nicht wieder aufgewacht. Da haben sie aufgehört, sich an ihm zu ergötzen.
Habe gelernt, den Buckel hinzuhalten und Schläge schweigend

entgegenzunehmen. Habe gelernt, mich nicht schuldig zu fühlen. Mag der Himmel einstürzen, der Erdball bersten.
Wer sich nicht schuldig fühlt, muß sich nicht rechtfertigen. Hat man lange genug die Prügel der anderen kassiert, beginnt die Erde unter den Füßen zu tanzen, in der Luft bereitet sich was vor, man hat das gute Gefühl, Zeuge eines Weltuntergangs zu werden. In diesen mehr als eintausendfünfhundert langen Tagen und Nächten versuchte der Wojna Plenni GZ zu begreifen, was mit ihm geschehen war, und in all der flüchtigen, schmerzlichen Unsicherheit, in der er sich befand, war ihm das eine so sonnenklar, daß er einen Schwur drauf leistete: Nie mehr wollte er ein Gewehr anfassen.
Noch ahnte er nicht, wie bald er seinen schönen menschlichen Schwur brechen würde. Denn des Menschen Wille ist kein Himmelreich.

In jener Augustnacht 1944, als er sich zwischen Wehrmacht und Roter Armee mausig machte, in all seiner Ahnungslosigkeit annehmend, seine Desertion sei bereits geglückt, war er an einem Punkt seines neunzehnjährigen kleinen Lebens angelangt, der alles grundlegender veränderte, als ihm schwante. Die darauffolgenden Wochen der Fluchten und des Hakenschlagens vor den tüchtigen Verfolgern beider Armeen, vor denen er sich zu hüten hatte, weil die einen ihn standrechtlich und die andern aus Bequemlichkeit exekutieren wollten, wie es so Brauch war, was zu beobachten ihm kein Vergnügen bereitete, diese Wochen also zwangen ihn zum Privatkrieg gegen beide Seiten, was ihm noch weniger Vergnügen bereitete, wie man verstehen kann, und noch vier Jahrzehnte später sind ihm Alpträume übriggeblieben, denn wenn etwas tiefgreifend geschieht, hinterläßt es Spuren. Er verstand seitdem Desertion nicht als bloßen Seitenwechsel, ja, er versteifte sich mit unguter Beharrlichkeit darauf, jede Kriegsfront abzulehnen und jedes Heer samt Troß. Er war, als Deserteur, dazu gezwungen, sich von der einen Armee zu entfernen und zur anderen zu gehen. Doch erwartete er von der anderen Armee nichts Gutes. So schraubte er seine Erwartungen nieder, denn ihm wurde klar,

Rebellen auf Dauer sind nirgendwo geliebt. Ein Grund mehr dafür: Die August '44 zwischen den Fronten gewonnene Einsicht bewahrt noch den Mittsechziger vor den Verführungen seines romantischen Herzens.
Da das Jahrtausend-Ende herannaht, blickt er sich um und sieht: Die Politikerszene wird beherrscht von Männern mit ehrenwert erstarrten Gesichtern, aus denen im Alterungsprozeß Spuren von Häme und mühsam kaschierter Wut hervortreiben. Die Herren fühlen sich stets als zu kurz gekommen, nie weit genug hinaufgelangt. Etwas überpointiert ausgedrückt machen sie den Eindruck magenkranker Patienten, die dem Doktor gram sind. Als ich in meinen Kölner Jahren zu Old Adenauers Zeiten die Bonner Residenz durchstreifte, lebte dort noch die erste Nachkriegsmannschaft von Abgeordneten, und der Kontrast wirkte erfrischend. Es gab in Ehren und Kämpfen ergraute Gewerkschafter, durch Haft und Exil gezeichnete Sozialisten. Selbst die ins Demokratische gemendelten Drittreichsparteigenossen brachten Farbe ins alltägliche Grau. Ich kam mir jung vor unter den buntgescheckten Alten. Heute komme ich mir dort alt unter Alten vor, doch fehlt dem Alter der Stil, den die Jahre verleihen, die dort nur kaputtmachen. Offenbar kennzeichnen die fehlenden Abenteuer ihre Kandidaten bis zur Leblosigkeit. Wer als Kind vorm Fernseher hockt und als Karriereziel ansteuert, den Platz vor der Mattscheibe mit dem in ihr zu vertauschen, der kann, hat er's erreicht, nur von allem Fleisch und Blut erlöst sein. Freilich befindet sich die Gesichtslandschaft allgemein im Prozeß der Erstarrung. Man trägt nicht Gefühl, zeigt nicht Gehirn, unterschlägt Herz. Das gesellschaftliche Ideal ist die Maske, die von Natur bereits Erstarrung signalisiert. Der Mensch tritt hinter dem Amtsträger zurück. Lebendige Gesichter werden zur exotischen Seltsamkeit, die der Tarnung widerspricht. Offenbar führen die großen Organisationen (Staaten, Heere, Parteien) zu geklonten Heerscharen: einer wie der andere. Demgegenüber individualisieren die Tiere sich. Kein Wunder, sie bleiben ausgenommen vom gleichmachenden Karrieredruck.
Möglicherweise erstarren die Aufsteiger in Wirtschaft, Wissen-

schaft, Armee nicht weniger schnell und deutlich wie in der Politik, in der wir es übern kurzen Weg unter die Nase gerieben bekommen: Kaum haben wir einen guten Mann gewählt, sitzt er uns seltsam fremd geworden gegenüber im »Bericht aus Bonn« oder einer andern Wahllosigkeitssendung. Wir schicken Menschen ins Parlament und bekommen Automaten mit Hämorrhoiden zurück. Also rücken junge Grauköpfe nach, damit die obligatorische Ununterscheidbarkeit erreicht werde, Mittelmaß, übern gleichen Leisten geschlagen. Was ein Donner, muß einer dem dahingeschiedenen FJS mehr Leben im kleinen Zeh bescheinigen als der Gruppe, der er nahesteht, insgesamt. Immerhin kann unsereins die, die er wählt, als nützliche Idioten bewerten, nehmen sie nur die angesagten Interessen wahr. Wo nicht, sind's unnütze Idioten.

Im ersten Winter fischte Bronstein mich aus der Arbeitskolonne für die Administration heraus. Er war jetzt so etwas wie Minister für Aufbau und besichtigte seinen zukünftigen Amtssitz, die Administration, an deren riesigem Gebäudekomplex inmitten des weißrussischen Minsk wir arbeiteten. Ich bekam einen Propuisk, der mir gestattete, mich frei zu bewegen, was ich nach meinen Erfahrungen indessen meist vermied. An einem frostklirrenden Dezembermorgen ging es mit dem einspännigen Panjeschlitten in die schneeverlorenen Weiten von Bjeloruthenien, das ich bis dahin nur aus den Ritzen von Viehwaggons und durch den Lagerstacheldraht hindurch gesehen hatte. Der Kutscher war Pjotr, ein alter bärtiger Soldat mit einem noch älteren Gewehr, das beim Jagen zweimal abgefeuert werden mußte, bevor ein Schuß losging, und Karpisch, der hochintelligente stumme Jude, der seine Anweisungen schriftlich geben mußte, war unser Vorgesetzter. Für Pjotr warf er mit ungeheurer Geschwindigkeit kyrillische Buchstaben aus, für mich malte er lateinische Buchstaben. Seine Worte bestanden aus einer Mischung von Jiddisch-Deutsch-Russisch. Da Karpisch nur stumm, aber nicht taub war, entwickelten wir eine gut eingespielte Art von Verständigung, indem er mir seinen Zettel reichte und ich die Dinge, die ich nicht verstand, abklär-

te, indem ich auf ihn einsprach und er in schneller Folge nickte oder den Kopf schüttelte.
Karpisch besaß eine Liste mit mehreren Dutzend Ziegeleien, die verstreut im Lande lagen und aufgesucht werden sollten, um die Chancen ihrer Wiederverwendbarkeit zu überprüfen. Manchmal fanden wir die Ziegeleien im guten Zustand vor, oft waren sie kriegszerstört. Manchmal fanden wir sie gar nicht und irrten im Schnee umher, ohne anzukommen. Eine Ziegelei arbeitete bereits, eine zweite setzten wir in wenigen Tagen in Gang, wobei ich Karpisch einige Tricks beibrachte, die ich aus der Ziegelei meines Großvaters in Crimmitschau kannte. Er betrachtete mich mit glänzenden Augen, spannte den Gaul vor den Schlitten und raste davon. Am Abend, als er zurückkehrte, brachte er Speck, Salzgurken und drei Flaschen Wodka mit, was wir zusammen mit Pjotr wegputzten. Um Mitternacht lagen wir auf dem wärmenden Brennofen der Ziegelei, die Felle ausgebreitet, und Karpisch schnarchte die einzigen Töne, die ich ihn je hervorbringen hörte. Am Morgen erwachte ich von wütendem Gejaul und Gebell. Eine Meute frierender wilder Hunde balgte sich um die besten Plätze an der Mauer des Brennofens. Pjotr rieb sich die Augen, stieß einen Fluch aus, nahm sein Gewehr und drückte ein dutzendmal ab. Endlich löste sich eine Kugel aus dem verrosteten Lauf, ein großer schwarzer Hund blieb liegen, sein zottiges Fell verschwand unter dem Rudel, das über ihn herfiel. Pjotr schoß ein zweites Mal, und jetzt gab seine Flinte den Widerstand auf und funktionierte. Die Meute hetzte davon. Drei erlegte Tiere im Schnee zurücklassend, unseren Fleischvorrat für die ganze Woche.
Als wir nach dem Ausflug in die Schneelandschaft zurückkehrten in die Hauptstadt, hatte ich fast vergessen, ein Gefangener zu sein. Die zerstörte Stadt kam mir noch häßlicher und trostloser vor. Der Riesenkomplex der Administration, der seiner Vollendung entgegenging, ragte mit seiner klobigen Architektur als Ausrufezeichen in die Mondlandschaft. Die Kolonnen der Gefangenen trotteten durch die Straßen, ich blickte aus Bronsteins Arbeitszimmer auf sie hinab. Der Schnee taute. Die Holzsohlen klapperten auf dem klobigen Pflaster. Am Tag dar-

auf marschierte ich wieder in der Kolonne mit. Bronstein war verhaftet worden.

Bei der Feier zur Einweihung eines Teilkomplexes der Administration war ein Feuer ausgebrochen. Das versammelte Publikum konnte den Raum nicht verlassen. An den Türen fehlten innen die Klinken. Seltsamerweise wurde das Feuer gelöscht, doch gab niemand Alarm. Die gelöscht hatten, verschwanden in der Nacht. Am Morgen, als die Gefangenen ankamen und ihre Arbeit beginnen wollten, entdeckten sie die verschmorten Leichenhaufen. An der brandgeschwärzten Stirnwand habe ein Papier gehangen, wurde im Lager erzählt, darauf stand geschrieben: Die Schwarze Hand.

Ich traf keinen, der die Schrift gesehen hatte. Von der konterrevolutionären Geheimvereinigung Schwarze Hand wurde oft geflüstert. Keiner wußte, gab es sie oder war sie das Resultat von Wunschträumen oder Rachephantasien. In den Tagen danach stieg das Angebot von Fleisch auf dem Minsker Schwarzmarkt. Selbst im Lager roch es nach Braten. Es war nicht billig. Russen sind teuer, flüsterte der Lagerwitz. Und: Landser werden überleben, und wenn sie Russen fressen müssen.

Der Satz wurde zur heimlichen Parole, ein Seil, das sich von Baracke zu Baracke schlängelte und endlich zum Lasso schlang – jeder ging in Gedanken damit auf die Jagd, denn in Gedanken will jeder ein Jäger sein. Besonders, wer gejagt wird. Der den Satz erfand und tagelang ausposaunte, lag neben Heinz auf der Pritsche und ist bis zu einer Verwundung bei Rommels Afrika-Armee gewesen. Amerikaner schmeckten saftiger als Russen, behauptete er und fabelte von einer Patrouille in der Wüste. Sieben Mann und ein Feldwebel seien sie gewesen. Beim Zusammenstoß kehlten sie fünf Feinde ab und verloren vier Mann. Drei Tage lang schleppten sie sich durch den Sand und landeten wieder am Ausgangspunkt, wo sie sich über die Toten hermachten. Verwesung? Was glaubst du, was dich das kümmert, wenn du am Krepieren bist. Ich besuchte Heinz und hörte dem Schwätzer zu. Dann, als die Russen verbrannt waren und das ganze Lager nach geröstetem Fleisch duftete, glaubte ich ihm. Für eine Tagesration Brot oder drei Machorka gab es

einen Streifen Russenfleisch von der Größe eines Zeigefingers. Irgend jemand im Lager zerteilte die Beute in Portionen.
Ob Bronsteins Verhaftung mit dem Brand in der Administration zusammenhing, erfuhr ich nie. Er verschwand, und das war so üblich, der Mensch kommt und geht. Ich verbrachte einige Tage im Bunker und wurde über Gott und die Welt ausgefragt, die Schlittenreise zu den Ziegeleien inklusive. Es ging aber recht lässig zu, abgesehen von den ewigen Wiederholungen und gleichen Fragen. Sie setzen auf Unterschiede im Stumpfsinn. Als ich wieder im Lager war, machte ein neuer Slogan die Runde: »Amis schmecken zarter als Russen.« Es gab schon längst kein Fleisch mehr.
Ob Bronsteins Verhaftung und Verschwinden mit dem Brand in der Administration zusammenhingen, erfuhr ich zwar nie, doch als Kenner der Verhältnisse fragte ich auch nie danach. Er verschwand, und das war so üblich. Ich begegnete ihm unverhofft zwölf Jahre später wieder und dachte, ich seh' nicht recht. Das war in Dresden. Mir war kurz vorher gelungen, aus der Volkspolizei entlassen zu werden, als mich ein Schreiben zur Landesbehörde bestellte. Zu meiner Überraschung stand ich vor Bronstein. Er nannte sich jetzt Hollazky, hatte den Rang eines VP-Oberrats und leitete die Personalabteilung der sächsischen Volkspolizei. Ob ich wollte oder nicht, ich wurde wieder eingestellt. Es war mein Schicksal, Bronstein-Hollazky zu begegnen. Und bei keinem unserer Treffen wurden die vorigen Treffen erwähnt. Allerdings sprach sich meine Verbindung mit höheren Mächten allgemach herum. Ich profitierte von den Gerüchten. Das hielt noch jahrelang an und schützte mich lange. Erst als es nach dem Ungarnaufstand Oktober 1956 in den geheimdienstlichen Schaltzentralen von Moskau und Ost-Berlin gewisse Führungswechsel gab, verlor ich meine geheimnisvollen höheren Fürsprecher, womit die Bahn frei wurde für den Zugriff des Staatssicherheitsdienstes.
Bronstein-Hollazky wechselte nach Auflösung der Landesregierungen von Dresden nach Ost-Berlin über. Dort verlor sich seine Spur. Ich weiß nicht, ob er noch lebt und wo. Ich hab' ihm nie sagen können, daß wir in Minsk seinetwegen ewig verhört

worden sind. Offenbar vermuteten sie einen Zusammenhang mit dem Brandanschlag der Schwarzen Hand. Falls es sie überhaupt gegeben hat und alles, was da geschah, nicht das zufällige Produkt kalter Verfolgungsjahre war.

Bronstein, Kapitän der Roten Armee, Politoffizier und Vorgesetzter des Vernehmungstrupps bei der 5. sowjetischen Stoßarmee, hatte mich 1944 in einem Sammellager vernommen. Er sprach deutsch mit unverkennbar sächsischem Unterton und kannte sich zu meiner Verblüffung in meiner Heimatstadt vorzüglich aus. Auf den Fotografien, die sie mir abgenommen hatten, identifizierte er meine Mutter, ohne auf mein erstauntes Nachfragen einzugehen. Aus dem Gefangenenlager der Zitadelle von Brest-Litowsk fischte er mich kurz darauf wieder heraus. Ich weigerte mich, hinter die deutschen Linien zurückzugehen, was er verzieh und mir das Leben rettete. Tagelang fuhren wir mit einem Beute-LKW der Wehrmacht bis in Frontnähe, dann ging es zu Fuß weiter. Bronstein leitete das Unternehmen, zwei schweigsame russische Leutnants einer Spezialeinheit und zwei gefangene Unteroffiziere der Wehrmacht, ehemalige Kommunisten, sollten für irgendeinen geheimen Auftrag abgesetzt werden.
Wir hatten uns noch keine Stunde getrennt, als heftiges Gewehrfeuer einsetzte. Einer der Sowjetoffiziere schleppte sich verwundet zurück und meldete, die anderen drei seien tot. Bronstein fuhr den Verletzten zum Verbandsplatz, wir verblieben beim Stab der Division, die tags darauf eingriff. Hinter den T 34 und der Infanterie fuhr unser LKW mit. Sie fanden die Leichen der beiden Deutschen und des sowjetischen Offiziers. Ich saß, in Litewka und Wehrmachtshose, ohne Waffen, neben dem Fahrer, der immerzu fluchte und mich am liebsten umgelegt hätte, wäre Bronstein nicht dabeigewesen. Die deutsche Stellung bot ein Bild der Verwüstung. Gefangene sah ich nicht. Nur viele Tote und einige Verwundete. Gruppen russischer Soldaten durchsuchten ihre Taschen und zogen ihnen die Stiefel aus. Vereinzelt fielen noch Schüsse. Verwundete schrien auf. Baten um ihr Leben und verloren es.

Zwei Wochen lang erlebte ich die Front von der anderen Seite. Dann begann ich zu reden, ohne es zu wollen. Bronstein betrachtete mich verwundert. Wortlos lieferte er mich auf einem Sammelplatz ab. Ein russischer Posten riß mir die Litewka herunter, warf mir eine verlumpte, zerrissene Wehrmachtsjacke zu und trieb mich mit wütenden, heiseren Worten zu dem Haufen am Boden hockender Gefangener. Der wütende Fahrer unseres LKW riß seine Machorkakippe von den Lippen, warf sie zu Boden, trampelte darauf herum und jauchzte. Bronstein stieg ein. Sie fuhren davon. Mir war, als hätte ich einen Vater verloren.
Wieder ging's Richtung Osten in ewigen Tagesmärschen. Nachts lagen wir in Trümmern von Scheunen. Die Bewacher schliefen. Jeder Gedanke an Flucht erstarb im Hunger, verreckte an der Schwäche. Von Zeit zu Zeit Besichtigung der Nacktheit. Die Suche nach SS-Leuten. Fanden sie einen, war seine Überlebenschance gleich Null. Du blickst in andere Richtung, hörst keine Schreie, keine Schläge, keine Schüsse. Versuch zu schlafen, sonst ist es morgen zu Ende.
Wieder in Brest-Litowsk. Erneut in der Zitadelle. Mit dem LKW auf Leichenkommando. Wir bergen russische Zivilisten aus Massengräbern. Oder sind's Polen. Die verwesten Restbestände werden mit kleinen numerierten Pappschildchen versehen, dann zuhauf gelegt und mit LKWs abgefahren. In die leeren Gruben kommen Deutsche aus den Gefangenenlagern und Sammelstellen. Die Leichen oft von Wunden bedeckt, bandagiert, die Verbände stinken. Uniformstücke nur noch selten vorhanden. Wenn doch, nehmen wir sie den Toten ab, die können sowieso nichts mehr gebrauchen. Die Unterwäsche ist tabu. Wer sich ein Hemd oder eine Unterhose nehmen will, wird von den andern beseite gestoßen. Ein Posten schlägt mit dem Kolben drein. An manchen Tagen sind die Soldaten blutdürstig. Dann wurde ihnen am Abend vorher ein Film vorgeführt über die eroberten deutschen KZs und Vernichtungslager.
Es herrscht ein Minimum von Disziplin. Kein Gefangener wird mehr totgeschossen. Totschlagen kommt noch immer vor. Es beginnt meist ohne Absicht. Wegen Kleinigkeiten. Die Disziplin wird wiederhergestellt. Ein Posten gerät in Rage. Mit wü-

tend verzerrtem Gesicht prügelt er los. Die Schläge immer härter und kürzer. Dann das blutende Bündel am Boden. Der Posten beiseite, mit zitternden Händen die Machorkazigarette drehend, schwer atmend, die MPi zwischen den Knien, unsichere Blicke zum Opfer werfend.
Bei den Märschen von Brest-Litowsk nach Osten ins Innere Weißrußlands gab es die meisten Toten. Wer zurückfiel, bekam Kolbenstöße. Wer zu Boden sank und sich nicht wieder erhob, wurde mit zwei Schüssen erledigt. Der erste Schuß ins Herz, der zweite in den Kopf. Faule Posten schossen sofort am Ende der Kolonne. Andere, mit mehr Gemüt, warteten, bis die Kolonne sich etwas entfernt hatte. Die Schüsse klangen dünner. Wer an Durchfall litt, war innerhalb weniger Stunden so entkräftet, daß er nicht mehr mitkam. Das Todesurteil. Manchen Posten bereitete es Vergnügen, am Zug-Ende zu bleiben. Sie erschossen gern. Andere sah man nie dort hinten. Die Gesichter der Gefangenen am Ende der Kolonne erstarrten zu Masken. Dort hinten sammelten sich die Geschwächten. Wer genug Kraft besaß, hielt sich in den vorderen Reihen. Die Ohren verschlossen, an nichts denken, Kraft sparen, den Blick auf den Rücken des Vordermanns geheftet. Ging es durch Ortschaften, sammelten sich Polen am Straßenrand, die schrien und johlten und mit Fäusten und Knüppeln dreinschlugen. Wurde es einem Posten zuviel, ging er mit dem Kolben dazwischen oder feuerte einen Schuß in die Luft. Beim Marsch durch Ortschaften verschwand einer, der zu Boden sank, bald unter einem Gewühl von Leibern. Er wurde gelyncht. Dankbarkeit wuchs in uns, den Posten gegenüber, die durch die Hölle geleiteten. An uns, einem der unzähligen Restbestände der geschlagenen Armee, erfüllte sich der Spruch: Wehe den Besiegten. Nun ist jeder sich selbst der Nächste. Einem nach dem andern werden die Schuhe ausgezogen. Uniformstücke reißen sie uns vom Leibe. Barfuß, in zerschlissene Lumpen gehüllt, halbnackt, geschunden, geprügelt, blutend, voller Dreck und Striemen halten wir unsern Einzug ins einstmals eroberte und wieder verlorengegangene russische Land, es ist so weit, so unendlich weit und hat unendlich viel Platz für Lager und Gräber.

Ich lernte es kennen in den kommenden Wochen und Monaten und Jahren, und es war schwerer, am Leben zu bleiben als vordem im Kriege. Die Schlachten von Monte Cassino und Anzio-Nettuno erschienen mir als ferne zurückliegende glückliche Zeiten, bis ich sie ganz vergaß.
Einige Winterwochen verbrachte ich in Gomel, wo wir ein neues Lager für Kriegsgefangene einrichteten, indem wir in den Schnee getrieben wurden mit der Devise: Nun baut euer Lager auf.
Die Details der Situation sind mir blockiert. Ich erinnere mich nur in Träumen daran und nach Operationen, in der ersten Aufwachphase nach der Narkose. Bin ich ganz erwacht, ist nur der Eindruck des Ungeheuerlichen geblieben. Sonst nichts.
In der letzten flachen Aufwachphase verfalle ich in Euphorie. Ich lobe und singe, was die Mediziner und Krankenschwestern ergötzt. Offenbar braucht mein Unbewußtes eine Abgrenzung vom vorangegangenen Trauma.
Nach einer TV-Diskussion sagte mir ein teilnehmender Bundeswehrgeneral, der es schon unter Hitler zum Stabsoffizier gebracht hatte: »Bitte verübeln Sie mir nicht, daß ich Sie als jemanden einschätze, der aus dem Krieg als seelisch Beschädigter heimkehrte.«
Ich versicherte dem netten älteren Herrn, daß mir seine Gesundheit als das schwerere Leiden erscheine.

Bei einer Lesung in Marburg fiel mir ein prägnantes, gutes Gesicht im Publikum auf. Danach, im Gespräch, erfuhr ich, der Mann stammte aus Breslau, studierte kurz nach dem Krieg Theologie und war jetzt gerade als Pastor in den Ruhestand getreten. Als junger Artillerieoffizier und vorgeschobener Beobachter hatte er die Wirkung des Beschusses von Leningrad beobachtet und befehlsgemäß seiner Batterie gemeldet: »Wir sahen die Wirkung bei den Bewohnern der Stadt und registrierten sie, ohne auch nur auf den Gedanken zu kommen, daß wir Unrechtes taten.« Wir sahen uns in die Augen und verstanden uns: In welch einer tödlichen Welt lebten wir – zur Beantwortung der Frage und um Distanz zu damals zu gewinnen, hatte er zur Theologie gefunden und ich in die literarische Tretmühle. Wie der damalige vorgeschobene Artilleriebeobachter die Stadt, so beobachteten wir uns selbst in unserer vormaligen fatalen Gestalt. Das nenne ich Aufarbeitung der Vergangenheit: um eine andere Gegenwart zu gewinnen. Gerade weil ich nach dem Krieg gezwungen wurde, wieder zum Gewehr zu greifen, und alles tat und getan hätte, davon loszukommen, kann ich nicht im geringsten verstehen, wie vormalige Offiziere im Nachkrieg erneut zur Waffe griffen und die Aufrüstung vorantrieben. Als dann die RAF zum bewaffneten Kampf überging, was ich als schweren politischen Fehler ablehnte, fühlte ich mich den gefangenen Mitgliedern der RAF näher als den vormaligen Wehrmachtsoffizieren Strauß, Dregger, Schmidt, die die neue Aufrüstung betrieben. Die abgrundtiefe, verwirrte Verzweiflung der jungen Attentäter erscheint mir als unbewußtes Versagen und revolutionäre Verwirrung der Gemüter, bei den zu Politikern aufgestiegenen vormaligen Wehrmachtsoffizieren aber verabscheute ich die nachhaltige, zum System verfestigte Unbußfertigkeit. Keiner dieser pflichtgetreuen Kameraden brachte jemals den Mut auf, die frühere Blutschuld zu bekennen. Von ihnen waren nur gewundene Entschuldigungen, weitmaschig gestrickte Ausflüchte zu hören und zu lesen, so daß gerade diese Offiziersehrpusseligkeit die jungen Nachkriegsoppositionellen zur Verzweiflung bringen mußte. Wer aus eigenem Willen schießt und tötet, ist ein Mörder. Stehen ihm aber welche gegenüber, die auf Befehl geschossen und getötet haben, ohne dies in Wort und Tat zu bereuen, so setzt sich die Blutspur durch die Geschichte fort. Dies der grundlegende Unterschied zwischen den unbewältigten Offizieren und einem Martin Niemöller, dies auch der Grund, weshalb wir Niemöller nahestanden, ja ihn liebten, der, als ich ihn einmal auf seine Vergangenheit als kaiserlicher U-Boot-Kommandant ansprach, schlicht eingestand, er wisse gar nicht, wie viele Menschen er damals auf den Grund des Meeres geschickt habe, aber: »Ich kann die Toten nicht zum Leben erwecken, jedoch dafür kämpfen, daß ihnen keine weiteren Opfer nachfolgen müssen.« Es gab in unserem Volk zu wenige Niemöller und zu viele Strauß, Dregger, Schmidt, und so wurde eine einzigartige Chance nach Ende des Zweiten Weltkriegs vertan, leichthin, leichtfertig, und um billiger Polit-Karrieren willen, wo Zivilcourage vonnöten gewesen wäre statt erneuten Waffendienstes und militärischen Gehorsams.

Unter den vielen Besuchern, die bei uns anfallen, ist mir ein stiller, bärtiger Mann in Erinnerung, ein Mönch, der nach zwanzig Jahren das Kloster verließ und seither im pädagogisch-sozialen Dienst arbeitet. Wie er mir gestand, gehörte er als junger Mann der SS an, und offenbar nicht im niedrigsten Rang. Das Eingeständnis war eine Frage. Ich hatte darauf nur zu antworten, daß es mich nicht interessiere. Vergangenheit entschwindet unter der Gegenwart. Es kommt nicht darauf an, was einer war, aber darauf, was einer ist, weil er etwas grundsätzlich anderes daraus zu machen wußte. Schönhubers Bestseller »Ich war dabei« wäre ein anderes Buch geworden, hieße es: »Ich bin nicht mehr dabei«.

Ich bin, das läßt sich nicht leugnen, beim letzten Krieg dabeigewesen und hab' seitdem oft genug das Hemd naßgeschwitzt. Jedes Wort, das ich darüber niederschrieb, verschaffte mir den Genuß eines Trittes, mit dem die deutsche Vergangenheit verabschiedet wird, auf daß sie nie zurückkehre. So wendet sich diese ursprünglich nur als Notiz gedachte Nachbemerkung immer deutlicher an ehemalige und gegenwärtige Soldaten, meine Brüder im Ungeist und Tode.

Als ich in den »Kriegstagebüchern des Oberkommando der Wehrmacht« auf das Massaker von Kephalonia stieß, schrieb ich im zornigen Erschrecken des Kenntnisnehmens eine Geschichte, in der einer der toten deutschen Massenmörder als Ich-Erzähler auftritt:

Aussage eines gefallenen Wehrmachtsoffiziers

Ich gehörte der Gebirgsjägerdivision Edelweiß an. Als Badoglio 1943 putschte und Italien Deutschland verriet, landeten wir auf der von Italienern besetzten griechischen Insel Kephalonia. Die

Itaker setzten sich zur Wehr, und das kostete sie die Kleinigkeit von 5630 (fünftausendsechshundertdreißig) Toten. Wir hatten 40 (vierzig) Tote. Derartige Siege fallen einer Truppe nicht in den Schoß. Man muß dafür was tun. Als wir die Insel erobert hatten und die Waffen schwiegen, waren erst 1265 Italiener tot. Wir erschossen, um auf die richtige Zahl zu kommen, noch 4365 dazu, denn süß und ehrenvoll ist es, fürs Vaterland zu morden. Mein Name ist übrigens Harald von Hirschfeld, Major und Träger des Ritterkreuzes mit Eichenlaub, ich jagte in Griechenland Partisanen, massenmordete gefangengenommene Italiener und fand kurz vor Kriegsende in der Slowakei den Heldentod. Ein untadeliges Soldatenleben eben. Natürlich handelte ich nur auf Befehl. Auf Kephalonia lag ein direkter Führerbefehl vor. Und wenn ich nicht gefallen wär', dann wär' ich heute General in der Bundeswehr, wie mein damaliger Kamerad Karl Wilhelm Thilo, zu meiner Zeit Erster Generalstabsoffizier (Ia) der 1. Gebirgsdivision, der es 1969 zum Kommandierenden Bundeswehrgeneral gebracht hatte, denn Leistung zahlt sich immer aus. Auf Kephalonia teilten wir die gefangengenommenen Itaker in Gruppen so um die tausend Stück ein. Die eine Gruppe ließen wir exerzieren, die andere sich niedersetzen, und dann machten wir sie mit Maschinengewehren alle. Die Feiglinge jammerten um ihr Leben, knieten und beteten. Das Dumme ist, bei so großen Haufen sind nicht alle miteinander gleichmäßig tot, du mußt mit den MGs, mit Karabinern und MPs noch mal ganz nahe an den Haufen ran und alles durchschießen. Da sind immer noch nicht alle tot. Meine einfallsreichen Soldaten kamen auf eine gute Idee. »Hier sind die Krankenträger«, riefen sie, »wer noch lebt, der komme raus.« Runde 20 Verwundete glaubten das, krochen aus dem Haufen raus und konnten endlich ganz totgeschossen werden. Denn Befehl ist Befehl, und deutsche Ordnung muß sein. Natürlich gab es damals auch unter unsern Soldaten Versager. Einer soll gesagt haben: »Keine Gefangenen gemacht ... alles kaputt.« So was sagt ein deutscher Soldat einfach nicht. Er tut's und schweigt, wie befohlen. Pfarrer Georg Lipp aus Rosenheim, zu meiner Zeit Divisionsgeistlicher bei der 1. Gebirgsdivision, sagte nach

dem Kriege in schöner Schweigsamkeit aus, vom Massaker habe er nur »mehr oder weniger nebenbei gehört«. Guter Mann, liest seine Bibel und weiß nichts von 4365 erschossenen Italienern. Augen zu und durch. Major Reinhold Klebe, mein lieber damaliger Kamerad, faßte das Unwissen des Geistlichen in die knappe militärische Form, als er am 20. September 1943 meldete: »Alle Italiener wurden, soweit sie nicht als Munitionsträger noch gebraucht wurden, im Kampf getötet.« Sehen Sie, das ist militärische Disziplin. Natürlich nahmen wir den Italienern vorher ihre Waffen und Wertsachen ab. Tote brauchen weder Brieftaschen noch Armbanduhren. Als wir die großen Gruppen erledigt hatten, waren noch kleine Gruppen übrig. Besonders die Offiziere, die wir ordentlich exekutierten. Stückweise, im Abstand von 50 Zentimetern. Wobei es zu Manifestationen von Feigheit und Schwäche beim Erschießen kam. Einer meiner Soldaten bekam einen Weinkrampf, ein anderer lief schreiend aus der Reihe, aus der er ordentlich schießen sollte. Es gibt immer Durchhänger in der Truppe. Versager. Ein paar italienische Offiziere überlebten, wie sich später zeigte, weil einige meiner Truppenoffiziere beim Gnadenschuß nicht exakt zielten. Ein italienischer Hauptmann überlebte seinen Genickschuß, was nun wirklich gegen deutsche Wertarbeit spricht. Ich bin noch im Tode entsetzt über so viel Unsoldatentum. Hauptmann Amos Pamplona, der sich heute vor Fernsehkameras damit brüstet, trotz Genickschusses überlebt zu haben, bekam aus Versehen die Uhr nicht abgenommen. Er trug sie, als Linkshänder, an der rechten Hand. Die deutschen Soldaten suchten sie an seiner linken Hand. Echt italienisches Durcheinander das.
Übrigens ließen wir die letzten 37 italienischen Offiziere am Leben. Waren Südtiroler. Gelobten, auf unserer Seite weiterzukämpfen. Wir suchten die Insel eine Woche lang nach Geflüchteten ab. Sieben Offiziere und 17 Matrosen stöberten wir bei Argostolion auf. Die Offiziere erledigten wir sofort. Die Matrosen durften die Leichen auf einen LKW verladen und ans Meer bringen, wo sie, mit Stacheldraht umwickelt, versenkt wurden. Anschließend brachten wir die Matrosen um. Einzelne Italiener wurden in Krankenhäusern vorgefunden, wohin sie, verwun-

det, von Inselbewohnern gebracht worden waren. Wir erledigten sie ebenso im Kampfe wie ihre Kameraden, bis keiner mehr übrig war, wie der Führerbefehl es verlangte. Ich denke, meine Söhne können stolz sein auf ihren Vater. Jeden Volkstrauertag, wenn Deutschland seiner toten Soldaten gedenkt, spüre ich mein totes Herz wieder schlagen. Mag sein, General Lanz, mein Vorgesetzter, wurde 1948 vom Nürnberger Militärtribunal zu zwölf Jahren Haft verurteilt. In den ersten Nachkriegsjahren kam es noch zu Ungerechtigkeiten. Meine andern Offizierskameraden hingegen blieben unbehelligt und machten bundesdeutsche Karriere, wie es sich gehört. Kapitänleutnant Hans Rademaker, von dem die Italiener frech behaupteten, er sei »einer der Brutalsten« gewesen, der zahlreiche im Kampf verwundete Italiener habe erschießen lassen, schaffte es in treuer Pflichterfüllung Ende der sechziger Jahre zum Leitenden Regierungsdirektor der rheinland-pfälzischen Landesregierung in Mainz. Denn es geht wieder gerecht und deutsch zu. Nicht ganz und gar natürlich, Rademaker, statt sich zu seinen Heldentaten zu bekennen, muß, sie und sich verleugnend, sagen: »Ich habe nichts gesehen und nichts gehört.« Nun ja, man kann nicht alles haben. Im übrigen wird sich auch das noch einrenken. Die Hand drauf – Kameraden von damals, Söhne und Enkel von heute und Deutschland über alles.
Seht, liebe Nachkommen, was wir taten, taten wir für die Freiheit unseres Vaterlandes. Wir Wehrmachtssoldaten taten 1943 auf Kephalonia nur unsere Pflicht, wenn wir 4365 italienische Gefangene liquidierten. Die Sowjets hingegen, die in Katyn bei Smolensk 4300 polnische Offiziere erschossen, handelten dabei als bolschewistische Untermenschen. Franz Josef Strauß hat recht, wenn er im Bundestagswahlkampf Anfang 1987 sagte: »Aber Katyn, das war der russische Geheimdienst, der die polnische Intelligenz ausrotten wollte.« Das ist eben der kleine Unterschied: Wenn wir, die deutschen Soldaten, Erschießungen vornahmen, so waren wir treu, ehrenhaft und tapfer. Die Bolschewiken hingegen handelten unehrenhaft, feige und hinterhältig. Weshalb Strauß und andere von den Sowjets Aufklärung über Katyn verlangen, während uns das deutsche Katyn

auf Kephalonia nicht zu beunruhigen braucht. Denn süß und ehrenvoll ist es, fürs Vaterland zu morden.

Mit der Short story schrieb ich mir allen Zorn von der Seele, wissend, daß derlei Literatur hierzulande nirgendwo gedruckt werden könnte, ausgenommen irgendwann in einem Buch bei einem Verlag mit Zivilcourage, weshalb ich jetzt ausdrücklich meinem Verleger danke, daß er nicht versuchte, mir den Abdruck auszureden.
Mit dem Massaker von Kephalonia hatte es noch eine andere Bewandtnis. Gerade weil niemand davon wissen wollte, ließ es mich nicht los. Als 1988 in unseren Medien immerzu vom sowjetischen Massenmord in Katyn die Rede war, schrieb ich in einer meiner Kolumnen für die Freiburger »Badische Zeitung« über Katyn *und* Kephalonia:

Das eine und das andere Katyn

Kaum ein Tag vergeht, ohne daß der Name Katyn in den Medien erscheint. Der Ort nahe Smolensk erlangte seine makabre Berühmtheit erstmals im Jahre 1943, als in einem Wald nahe Katyn die Leichen von 4143 polnischen Offizieren entdeckt und ausgegraben wurden. Hitlerdeutschland nutzte den Fund zur antibolschewistischen Propaganda und lud ausländische Fachleute und Pressevertreter zur Besichtigung vor Ort.
Die Sowjets wiederum bezichtigten die Deutschen der Untat. Tatsache ist aber, daß die polnischen Offiziere nicht erst während der deutschen Besetzung erschossen worden sind, sondern schon vorher im Jahre 1940, nachdem die Sowjets den Ostteil Polens besetzt hatten. Außerdem fanden sich in den Exhumierten Geschosse aus Waffen sowjetischer Herkunft.
Die Leichen von Katyn führten zu einer unendlichen Kette von Konflikten. Stalin brach deswegen mit der polnischen Exilregierung in London, in den Nürnberger Kriegsverbrecherprozessen behauptete die sowjetische Anklage ungebrochen die deutsche Schuld an Katyn, eine im Vorjahr gebildete polnisch-sowjeti-

sche Kommission untersucht das Massaker, ohne bisher zu einem Ergebnis zu kommen. So bleibt das polnisch-sowjetische Verhältnis auf eine geradezu symbolische Weise belastet, denn die Polen machen Katyn zum Prüfstein der Gorbatschowschen Politik. Solange die Sowjets den Stalinschen Massenmord nicht eingestehen, bleiben die Polen reserviert.

Den spärlich fließenden Informationen nach zu urteilen, die wir aus beiden Ländern erhalten, sind die sowjetischen Perestroika-Anhänger geneigt, die Schuld Stalins einzugestehen. Allerdings fanden sie bisher in den Archiven keine Beweise dafür, weshalb sie sich auf die Angaben von 1943 stützen, was wiederum auf den Protest der Konservativen stößt, die geltend machen, daß damit die Angaben Nazideutschlands beglaubigt würden.

Gänzlich unaufgeklärt blieb bisher das Schicksal weiterer 10 000 polnischer Offiziere, die als verschwunden gelten. Insgesamt seien 15 000 Offiziere den Sowjets in die Hände gefallen, heißt es in Polen.

Zieht man davon die bei Katyn gefundenen 4143 Leichen ab, bleibt die Frage offen, was mit den anderen geschah. Nach polnischen Angaben fehlt seit 1940 von ihnen jede Spur.

Am erstaunlichsten ist dabei das Fehlen von Zeugen und Beweisen. Weder fanden sich bisher auf sowjetischer Seite Unterlagen des Massakers, noch gibt es Hinweise auf daran beteiligte Täter. Verwunderlich ist auch der Umstand, daß die deutschen Besatzer Weißrußlands 1943 das Massengrab der mehr als viertausend Polen auffanden, nicht aber das der fehlenden zehntausend Opfer.

Vielleicht suchte man auch nicht danach, um nicht auf die Massengräber zu stoßen, die von der eigenen deutschen Seite angelegt worden waren.

Allerdings sollten wir Deutschen uns hüten, wegen Katyn anklagend Richtung Osten zu weisen. Ein Massaker wie in Katyn an mehr als 4000 Gefangenen leistete sich unsere deutsche Wehrmacht 1943 auf der griechischen Insel Kephalonia. Davon freilich wollen wir nichts wissen. Wer in unseren Medien diesem Namen nachforscht, wird nicht fündig. Wer in unseren

Schulen nachfragt, stößt auf blanke Unkenntnis. Dabei wurden wir nicht von Stalin regiert, der einfach befahl, Katyn sei keine sowjetische Untat. Und wer etwas anderes behauptete, kam in ein Straflager. Keiner von uns kam oder kommt ins Lager, erkennt er die deutsche Untat von Kephalonia an. Dennoch haben wir das Massaker verdrängt, freiwillig, nicht gezwungen.
Auch die Zeugen und Mittäter, die sich nicht erinnern können und nichts wissen, gibt es. Ein Rosenheimer Pfarrer, damals Militärgeistlicher bei der 1. Gebirgsdivision, die den Massenmord mit typisch deutscher Gründlichkeit und im festgefügten Gehorsam ausführte, wußte bald kaum noch etwas davon. Ein Oberstabsrichter erinnerte sich nur an »Übergriffe, Plünderungen und so«, nicht aber an die Massaker. Ein Offizier, den ein italienischer überlebender Zeuge als einen »der Brutalsten« bezeichnete, brachte es nach dem Kriege zum Leitenden Regierungsdirektor der rheinland-pfälzischen Landesregierung in Mainz. Über den Massenmord meinte er: »Ich habe nichts gesehen und nichts gehört.«
Der Unterschied zwischen den Sowjetbürgern und uns besteht offenbar darin: Sie durften nichts wissen – wir wollen nichts wissen. Es ist ja so schön erleichternd, anklagend in Richtung Osten zu weisen.
Dabei fällt selbst der genaue Vergleich der beiden Massaker noch zu unseren Ungunsten aus. Denn was die 1. Gebirgsdivision mit ihren Gefangenen auf Kephalonia anstellte, war eine Schlächterei mit anschließender Menschenjagd in einem unvorstellbaren Ausmaß. Es waren eben ganz normale Wehrmachtssoldaten, die die Italiener zu tausend Stück zusammenstellten und niedermetzelten. Offiziere erledigten italienische Offiziere durch Genickschuß. Verwundete lockte man aus den Leichenhaufen mit dem Versprechen, sie zu verbinden. Krochen sie heraus, gab man ihnen den Rest. Von Inselbewohnern ins Krankenhaus gerettete Italiener wurden aus den Betten geholt, erschossen, im Meer versenkt.
Wer jetzt so laut »Katyn« ruft, sollte auch einmal »Kephalonia« sagen.
Übrigens nahmen unsere tapferen deutschen Soldaten ihren

Opfern, bevor sie sie ermordeten, noch die Uhren ab. Ein italienischer Offizier, der den Genickschuß überlebte, behielt seine Uhr. Als Linkshänder hatte er sie am rechten Handgelenk getragen. Die Mörder sahen, in der Eile, nur am linken Handgelenk nach.
Doch von solchen deutschen Heldentaten schweigt unserer nationalen Sänger Höflichkeit. Im Bewältigen der sowjetrussischen Vergangenheit sind sie die ersten. Im Bewältigen der eigenen Vergangenheit sind sie die letzten.

In den Briefen, die mich auf diesen Artikel hin erreichten, wurde ich verhöhnt, beschimpft, aber auch sachlich um Aufklärung wegen der Quellenlage gebeten. Am Telefon häuften sich die Drohanrufe, doch das kennt man, denn es begleitet den deutschen Schriftsteller lebenslang.
Allerdings war die massive Reaktion auf die Kolumne neu, denn vorherige Veröffentlichungen über das Massaker von Kephalonia waren folgenlos geblieben. Kaum jemand kannte die Notizen darüber im »Kriegstagebuch des OKW«, kaum jemand die Anmerkungen in »Krieg der ›Achsenmächte‹ im Mittelmeerraum« von Baum/Wichold, Band 14 der »Studien und Dokumente zur Geschichte des Zweiten Weltkriegs«. Als der »Spiegel« am 8. 12. 1969 einen gut recherchierten, faktenreichen, bestürzenden Artikel über das Massaker druckte, hatten die Linken gerade mit ihrer Revolte gegen die Väter zu tun, die Rechten waren mit der Abwehr von APO, SDS und aufmüpfigen Jugendlichen vollauf beschäftigt. 1987 informierte ich das TV-Magazin »Monitor«, das die Mordstätte auf der griechischen Insel filmte und Augenzeugen zu Worte kommen ließ. In einem zweiten Teil berichtete Anna Magnani, ARD-Rom-Korrespondentin, über die Gedenkfeiern der Italiener, das Kephalonia-Denkmal in Verona und andere Fakten, die in Deutschland völlig unbekannt geblieben sind. Vor der Kamera schilderte ein italienischer Offizier den Massenmord.
Auch diese Fernsehsendung blieb so folgenlos, als wäre ein fiktiver Kriegsfilm ausgestrahlt worden. In den Medien war weiterhin viel von Katyn und nie von Kephalonia die Rede.

Ist das nun, frage ich mich, darin begründet, daß wir heute, und das wird ja immer wieder so ausgedrückt, »von diesen lange zurückliegenden Dingen« nichts mehr wissen wollen? Aber vom ebenfalls lange zurückliegenden sowjetischen Katyn wollen wir sehr wohl etwas wissen, und wenn Strauß in seinen Wahlreden darauf zu sprechen kam, erntete er den begeisterten Beifall der Troglodyten.
Als die deutschen Soldaten auf Kephalonia wüteten, im September 1943, war ich kurz zuvor von Sizilien, das die Alliierten erobert hatten, aufs italienische Festland übergesetzt. Noch heute frage ich mich, wie ich mich als Angehöriger der auf der griechischen Insel eingesetzten Edelweiß-Division verhalten hätte. Gewiß, ich bin später desertiert, aber wäre ich auch auf der Insel von der Fahne gegangen?
Ich bin mir meiner keineswegs so sicher. Mein Glück, daß ich nicht dazugehört hatte. So verurteile ich die Mörder von Kephalonia nicht. Ich wehre mich nur dagegen, daß wir als Deutsche unsere Morde nicht wahrhaben wollen, die der anderen aber politisch ausnutzen. Als Soldat war ich, wie alle Soldaten im Krieg, am Töten beteiligt, ein pflichtgemäßer Mörder, ein durch Befehle gedeckter, *unschuldiger* Mörder. Wäre ich, auf die Insel Kephalonia verschlagen, an den massenhaften Exekutionen italienischer Gefangener beteiligt gewesen, müßte ich mich als *schuldiger* Mörder bezeichnen, obwohl ich auch dabei nur gehorsam meiner Soldatenpflicht nachgekommen wäre. Nach den Kephalonia-Veröffentlichungen schrieb mir ein Akademiker und gläubiger Christ, der als junger Soldat damals auf der Insel dabeigewesen ist. Ich hoffe, diesen Briefwechsel zusammen mit anderen Zeugnissen einmal veröffentlichen zu können. Die Seelenpein des Soldaten, der in diese Situation kommt, hält lebenslang an, auch wo sie überwunden scheint. Ich schätze aber, daß nur einer von hundert überhaupt an der Überwindung arbeitet, die andern verdrängen und sind doch an ihren Aggressionen, Verleugnungen und Roheiten kenntlich, so daß sie unfrei bis zum letzten Atemzug dahinkümmern.
Als dieses Buch bereits geschrieben war, machte mir die WDR-

Journalistin Ulrike Müller die Bekenntnisse des inzwischen verstorbenen Harald Kaiser zugänglich, der als Pionier einer Flammenwerfer-Einheit an der Niederwerfung des Warschauer Aufstands beteiligt gewesen ist. Kaiser litt an seiner Schuld lebenslang, rang sich aber dazu durch, nach dem Krieg den politischen Kampf gegen Rüstung und Militär aufzunehmen. Es gibt nicht viele solche Einsichtige und Tatkräftige, doch diese Minderheit mag unser aller Versagen von damals ein wenig ausgleichen. Ich selbst begreife, wenn ich Kaisers Schilderungen nachlese, was mir erspart blieb, indem ich mich der Warschauer Metzelei verweigerte. Oft genug haderte ich in den Gefangenenlagern mit meinem Schicksal. Da ist mir Kaisers Kriegsbericht von Warschau heilsame Lektüre. Gerade jetzt, da gewisse Bücher wie Franz Schönhubers »Ich war dabei« den Krieg romantisieren und bagatellisieren und die Schuldfrage mit Nationalismen beantworten, was offenbar einem weitverbreiteten Bedürfnis entgegenkommt und zu Erfolg führt, so, wie Anfang der dreißiger Jahre nationalistische deutsche Kriegsbücher Konjunktur bekamen, gerade jetzt ist es wichtig, pazifistische Courage zu erweisen. Allerdings meine ich, man müsse den Militärs gerecht werden, aus welchem Grunde ich mich bemühe, das Bild des Soldaten fair zu zeichnen. Nie war es meine Absicht, den Soldaten zu beleidigen. Ihm zu sagen, daß seine Tätigkeit im Ernstfall Massenmord ist, hat nichts mit Beleidigung zu tun, aber mit der Feststellung seiner Funktion.

Die Wehrmacht des Dritten Reichs war das Instrument, ohne das Krieg, Unterdrückung, Holocaust nicht hätten stattfinden können. Soweit heutige Politiker und Soldaten der Bundeswehr das nicht akzeptieren wollen, stehen sie in der Nachfolgeschaft Hitlers.

Etwas anderes ist die Frage nach der subjektiven Rolle des Wehrmachtssoldaten im letzten Weltkrieg. Wer durch Erziehung, Tradition und Selbstverständnis entsprechend trainiert und geschädigt war, besaß möglicherweise weder Energie noch Einsichtsfähigkeit genug, um erkennen zu können, an welchem Verbrechen er teilnahm. Insofern teilten die Wehrmachtssolda-

ten die Schwäche aller Soldaten aller Armeen der ganzen Welt, die bei Kriegsverbrechen nicht widerstanden, sondern gehorchten.
Indem die Sowjets unter Gorbatschow die von Chruschtschow eingeleitete Entstalinisierung wiederaufnahmen und fortsetzten, wurde der Blick auch frei auf die Verbrechen des Sowjetstalinismus, womit sich anbot, den Krieg Deutschlands gegen die Sowjetunion zu rechtfertigen. Selbst wenn man nur vorbringt, daß sich mit Hitler und Stalin zwei Diktatoren gegenüberstanden, erscheint das deutsche Schuldkonto gemindert und gemildert, denn der Wehrmachtssoldat an der Ostfront verlegte ja nur dem Bolschewismus den Weg nach Europa. Laut Dregger besteht darin die Tragik des deutschen Soldaten.
Dregger steht nicht allein mit seiner Meinung. Offenbar addieren sich die Bedürfnisse der Alten nach Rechtfertigung ihrer Wehrmachtszeit und die der Jungen nach Vorbildern, zu denen aufgeblickt werden kann.
Allerdings stellt die Offenlegung der Verbrechen Stalins die Linke vor die Frage nach ihrer Identität. Der Name Stalin war das Symbol antifaschistischen Widerstandes. Gewisse Irritationen wie der Hitler-Stalin-Pakt wurden durch den deutschen Angriff auf die Sowjetunion überwunden. Nun ging es voll mit Stalin gegen Hitler. Der Stalin-Mythos war selbst eine antinazistische Waffe. Um so bitterer die Erkenntnis, daß auch die Linke einem Verbrecher gefolgt war.
Wenn denn schon von Tragik zu sprechen ist, dann hier. Die Einsicht in die Geographie der Gulag-Lager stellt den antinazistischen Kampf in Frage, zumindest ist eine Differenzierung verlangt, wonach der Widerstand und Krieg gegen Nazideutschland so notwendig wie gerechtfertigt ist, der eigene Führer Stalin aber nicht war, was man in ihm sehen wollte.
Aus welcher Differenzierung logischerweise die Frage folgt, ob die Tragik, die den linken Antifaschisten zugebilligt wird, nicht auch für den deutschen Soldaten gelten muß, der Sowjetrußland bekämpfte. Tragik also auch hier?
Ich will das im subjektiven Sinne nicht ausschließen. Die Linke

pflegt dabei von falschem Bewußtsein zu sprechen. Allerdings war Hitlerdeutschland angetreten, die Welt zu erobern, die Juden als Volk zu vernichten, die Slawen darin später nachfolgen zu lassen. Die Niederlage der Sowjetunion hätte Hitlerdeutschland zur Supermacht werden lassen, unbesiegbar, unreformierbar, eine völkermordende Staatsinstitution. Erst wer sich die Grundzüge einsichtig macht, erlangt die Freiheit des Blicks auf die Geschichte und zur Ein- und Umkehr.

Das spricht andere Staaten nicht frei. Die Kriegsverbrechen der USA in Vietnam, der Franzosen in Algerien, der Sowjets in Afghanistan, die koloniale Vergangenheit Großbritanniens wären vor einem Nürnberger Gericht durchaus anklagbar. Nur besitzen wir als Besiegte nicht die Kraft zum Tribunal, so daß uns lediglich das Wort bleibt, die Aufforderung an die Pazifisten aller Länder, sich zu vereinigen gegen die Kriegsverbrecher des eigenen Staates.

Wir, als Deutsche, sollten die Nürnberger Prozesse nicht als Gericht der Sieger über die Besiegten desavouieren, sondern im Gegenteil dafür arbeiten und kämpfen, das in Nürnberg neugesetzte Recht international verbindlich zu machen. Auch Pazifisten können als vorübergehende Losung anerkennen, daß die für Kriege verantwortlichen Politiker und Militärs an den Galgen gehören.

Wir, die Deutschen, schufen mit dem Holocaust als erste das Übermassaker. Da ist es nur folgerichtig, wenn wir als erste daraus die Schlußfolgerung ziehen, daß auf unserem Gebiet kein Krieg mehr stattfinden darf, auch nicht als Vorbereitung, Aufrüstung, Drohung. Die Deutschen eskalierten den Krieg. Nun kommt ihnen zu, den Frieden zu eskalieren.

Dazu allerdings brauchten wir andere Politiker, Militärs und Theologen an der Spitze, die einen wirklichen Schlußstrich unter die deutsche Vergangenheit ziehen und Geist, Willen und Charakter genug zur vollständigen Umkehr besitzen. Das jetzige Personal ist dazu nicht tauglich.

Die Seydlitz-Armee

Von den Gefangenen der Kriegsjahre versanken viele in den Panzergräben, die Rußland durchzogen, Kriegsspuren, anonyme Friedhöfe. Nach Kriegsende besserten die Lebensumstände sich. Manche begannen in Gefangenschaft ihre spätere große DDR-Karriere. Andere kehrten zurück ins kleine Privatleben. Den Stromableser, der bei meiner Mutter vorbeikam, kannte ich aus dem Lager in Bobruisk. In Leipzig beobachtete ich einen alten, aufgedunsenen Mann, der Mitte der fünfziger Jahre zum Bild der Innenstadt gehörte. Sein Gang war schlurfend, seine Haltung schlaff, sein Blick demütig, der Mann bettelte. Ich hatte ihn in Gomel gesehen, wo ihn die Hungerkrankheit Dystrophie für immer zeichnete. Endlich Bardehle, Sohn eines wohlhabenden Ladeninhabers aus Breslau. Wir lagen länger als ein Jahr nebeneinander auf der Pritsche. Bardehle verstand sich die besten Kommandos zu verschaffen und zählte zur Lageraristokratie. Mitte der achtziger Jahre besuchte er mich, ich erkannte in dem kranken, schwächlichen alten Herrn den gesunden, arbeitsfähigen, kräftigen Gefangenen von damals kaum wieder. Er wiederum staunte, denn ich machte einen gesunden Eindruck und war damals ein ausgehungertes, blasses Jünglein gewesen. Heute sind die Gefangenschaftszeiten dem öffentlichen Bewußtsein entfallen. Unter der Haut leben die Erfahrungen und Niederlagen weiter, zu Mentalitäten verdichtet, zu Ressentiments verkommen. Der Deutsche vergißt gern eigene Schuld. Dafür vergibt er fremde Schuld nicht.

Fast viereinhalb Jahre durfte ich in den weitverstreuten Gefangenenlagern Sowjetrußlands verbringen. Auf meine anfänglichen Privilegien als Deserteur verzichtete ich, im ersten Hauptlager angekommen. Sollten sie ihre doppelte Ration Suppe und Kascha behalten. In diesen langen, harten Jahren lernte ich widerwillig die deutschen Männer verachten. Ich beobachtete die Offiziere bis hoch zum General aus distanzierter Nähe und wußte, ich würde nie wieder vor den Stiefeln Haltung annehmen können. Nein, Herr Hauptmann, ich habe das Jawohl vergessen. Zum unguten Ende, im Herbst 1948, erinnerten sich die Sowjets meiner Wenigkeit und entsandten mich erneut in die Kaserne, denn die Mächtigen dieser Erde lernen nie hinzu, ihr Tag ist eine lange Nacht, ihr Schlaf ungerecht, ihr Tod ein wohlverdientes Schicksal. In der Mitte Europas gruppierten sich die Truppen zu neuen Fronten.

Ich will's nicht glauben, und ich kann's nicht glauben, und dennoch ist es so. Aber man mochte sich dagegen sträuben und auf nichts mehr hereinfallen, eines Tages war es soweit, und das Unglaubhafteste wurde Wirklichkeit. Jahrelang waren Heimkehrerparolen durchs Lager gegangen, die wildesten Gerüchte hatten um sich gegriffen, und als ich es mir abgewöhnt hatte, auch nur im geringsten zu hoffen, da traf es mich.

Es war gut vier Wochen her, da wußte ich noch nichts, und der Tag war wie jeder andere. Das Kommando lief in eine Staubwolke gehüllt und mit den Holzsohlen klappernd durch das Lagertor. Der Wachhabende hielt die Hand in der Hosentasche, und mit der anderen zählte er die Reihen. Der Posten stand daneben, auf das Gewehr gestützt. Hinter der Wachbude spielte jemand Ziehharmonika. Im zweiten Stock saß ein Soldat, die Zigarette im Mund, auf dem Fensterbrett und ließ die Beine baumeln.

Die letzte Reihe des Kommandos marschierte an dem zählenden Offizier vorüber, der eine Zahl in das Buch kritzelte, dem Wachtposten zunickte und das nächste Kommando zu zählen begann. Sie liefen im gleichen Tempo die Landstraße entlang und strebten bei den ersten Baracken auseinander. Vor der Sanitätsbaracke stand Heinz und winkte mir aufgeregt zu.

»Post?« fragte ich.

»Nein, aber ich fahre heim.«

Ich ging weiter, Heinz kam mit.

»Wenn ich mich recht erinnere, bist du bereits zweiundzwanzigmal heimgefahren.«

»Aber diesmal ist es anders, ich fahre bestimmt.«

Ich ging in meine Baracke und holte die Brotration. Ich hatte Glück, bei der Auslosung war auf meine Nummer ein Kanten gekommen.

Vor der Tür wartete Heinz. Wir gingen um die Baracke und setzten uns so, daß wir über den Stacheldraht hinaus zur Straße sehen konnten.
»Ich fahre bestimmt heim«, begann Heinz wieder. Ich kaute meinen Kanten. Man mußte die Kruste bedächtig im Munde zergehen lassen. Es gab welche, die zerrissen das Brot gierig und schlangen es wild hinunter. Das war falsch.
Ich sagte: »So ein Brotkanten ist ein wahres Glück.«
»Du glaubst nicht, daß ich heimfahre?« fragte Heinz.
»Ich glaube«, sagte ich, »so ein Stück Brot hat seinen Wert.«
»Ich fahre jedenfalls«, sagte Heinz und stand auf. Ich kaute bedächtig und studierte die rissige Kruste.
Heinz ging davon. Er war noch sehr jung, aber er ging wie ein alter Mann. Obzwar, so sehr jung war er eigentlich gar nicht, aber er glaubte jeder Parole, ganz wie die Allerjüngsten.
Heinz ging in seine Baracke. Ich wußte, überall würden sie jetzt von der Heimfahrt reden, überall, wie schon so oft... Sie reden von der Frau, den Kindern, der Wohnung, wie sie eingerichtet war, was man verdiente, was die Nachbarn verdienten...
Ich schluckte langsam den letzten Bissen und schlenderte die Lagerstraße entlang. Es dunkelte. Im Eingang zur Acht stand Heinz und winkte heftig. Ich lief langsam weiter.
Ich schlief bereits, als jemand an die Pritsche schlug und meinen Namen rief.
»Du sollst zum Russen kommen.«
Es war ein kahlschädliger, dünner Oberleutnant. Der Dolmetscher saß müde auf einer Kiste. Es roch nach Schweiß und Pomade.
Der Oberleutnant starrte in seine Liste und sagte:
»Wie du geißen.«
Der Dolmetscher richtete sich etwas auf und übersetzte das russische Deutsch in sein sächsisches:
»Wie heeßden du?«
Ich sagte meinen Namen.
»Was du machen?«
Der Dolmetscher: »Was de machsd, frachd der Herr Offizier.«

»Ich arbeite im Sägewerk«, sagte ich.
»Njet!« ruft der Oberleutnant ärgerlich. »Nix hier, was du machen suhaus!«
Bevor der Dolmetscher einhaken kann, antworte ich schnell:
»Kupferschmied.«
Der Oberleutnant sieht den Dolmetscher an. Der Dolmetscher überlegt. Schmied – das übersetzt er gut. Aber »Kupfer«? Er hilft sich und übersetzt »Spezial« – also bin ich ein Spezialschmied, nun, warum nicht?
Der Oberleutnant nickt zufrieden.
Plötzlich denke ich an Heinz. Sollte er doch...?
Sollte wirklich ein Transport gehen?
Ich bin hellwach. Der Oberleutnant hat eine Warze unter dem linken Auge und sehr saubere Fingernägel. Ganz schnell sagt er jetzt etwas zu dem Dolmetscher. Er sagt es russisch, und ich merke nur, es geht um Vater und Mutter.
Da beginnt der Dolmetscher schon:
»Der Herr Offizier frachd, ob du oder dein Vader oder deine Muder reich oder arm sin.«
Damit kann ich dienen, denke ich und sage geradehin:
»Arm.«
»Nix Geld?« Der Oberleutnant sieht mich scharf an.
»Nix Geld!« sage ich.
»Nix Gaus?«
»Nix Haus!«
»Nix Land?«
»Nix Land!«
»Du nurr von Arbeit der Gand leben?«
»Klar«, sag' ich, »von was denn sonst?«
»Karascho!« Er lacht und macht ein dickes Kreuz hinter meinen Namen.
Plötzlich fällt ihm etwas ein. Er furcht die Stirn. Die Warze unter dem linken Auge ruckt hoch und nieder.
»Du Faschist?«
»Nix Faschist!«
»Du SS?«
»Nix SS!«

»Karascho!«
Er macht das Kreuz noch dicker, legt den Stift fort und sagt:
»Du werden eine gute Polizei!«
»Warum – wieso Polizei?«
»Du fahren domoi na Germanski und werden eine gute Polizei.«
Er steht auf.
Im Hinausgehen wispert mir der Dolmetscher zu: »Menschensgind, da hasde abber Schwein gehabd.«
Ich gehe zur Baracke. Die Nacht ist hell und kühl. Man hört Schnarchen. Ein Posten singt das Moskaulied. Ich werde nach Hause fahren. Ich komme zur Polizei. Aber ich werde nach Hause fahren. Domoi. Polizist? Gleichgültig. Ich würde Steine züchten lernen. Nur fort von hier.

Wir kommen in ein anderes Lager, ein OK-Lager, in dem sonst nur Kranke sind. Sie mußten ausziehen, wurden zu neunzig Prozent gesundgeschrieben – nicht wegen uns, sondern weil das Kombinat mehr Arbeitskräfte angefordert hatte –, und die verbliebenen zehn Prozent wurden ins Hauptlager transportiert zu leichterer Arbeit.
Wir selbst arbeiten nicht mehr, wenigstens nicht außerhalb. Wir dürfen nicht hinaus, sitzen in einer sonderbaren Quarantäne.
Am Stacheldraht draußen führt ein Weg vorbei. Ein Kommando Gefangener marschiert heran. Sie trotten herbei, zu beiden Seiten die gewehrtragenden Posten. Plötzlich Rufe, unsere Wachtposten von den Türmen beugen sich heraus und fluchen nach unten. Das Kommando stockt. Die Posten schimpfen weiter, die Gefangenen blicken neugierig zu uns herein. Großes Palaver auf russisch. Langsam zieht der Pulk wieder davon, sie dürfen nicht am Draht entlang, an unserem Lager vorbei.
Vom Hauptlager fährt das Verpflegungsauto heran, der Fahrer, ein Deutscher, muß aussteigen. Ein Russe klettert in den Führersitz, untersucht Boden, Wände, Decke nach geheimen Nachrichten und lenkt die blubbernde Karre schließlich herein.
Wir haben wenig zu tun. Die halb in die Erde gebauten Barak-

ken werden etwas renoviert, hin und wieder finden Vorträge statt über Lenin, Stalin und das neue Deutschland. Nach vierzehn Tagen kommen ein paar hohe Offiziere aus Moskau. Wir werden aufgerufen und zu je fünf Mann vor sie gebracht. Sie sagen uns wieder, daß wir zur Polizei gehen sollen. Wir würden da, wo wir wohnten, Polizeidienst machen, für zwei, drei Jahre.
Warum?
Ganz einfach, Deutschland sei durch den Krieg ein verarmtes Land geworden, mit verwilderten, schwer zu zügelnden Menschen. Wir nicken, verlassen die Offiziere mit gesenktem Kopf und denken an daheim.
Wir sind vierhundert Mann. Meist zwischen zwanzig und dreißig. Man kleidet uns neu ein. Guterhaltene Luftwaffen-Uniformen und Heeresmäntel, einen Rucksack für jeden, zweimal leinene Leibwäsche. Das ist unendlich viel, das ist geradezu unfaßbar für uns.
Ein General fährt vor und spricht zu uns. Wir stehen zwanglos auf dem kiefernumsäumten Lagerplatz und blicken schiefäugig vor zu dem wohlgenährten, sternglitzernden Mann aus einer jenseitigen Welt. Er hat eine tiefe, heisere Stimme und klingt beruhigend. Wir hören ihm gern zu, wenn wir auch meinen, daß sich da nicht viel Neues ergeben werde. Da sagt der General, wir kämen nun nach Hause, schon morgen fahre der Zug. Wir stehen noch locker und zwanglos und hören auf die tiefe Stimme. Ein junger semmelblonder Dolmetscher übersetzt exakt und klar. Daß wir »nach Hause« dürften, hörten wir schon oft, aber jetzt sagt es sogar ein General. Die ruhig-bestimmte Stimme wirft uns um. Ich spüre plötzlich ein Würgen im Hals. Ich habe gehört, Russen, aus der Fremde heimgekehrt, fallen nieder und küssen die Erde, genau danach ist mir zumute. Wie ein Taumel geht es durch das Lager. Wir klatschen und brüllen. Ich sehe Heinz, er trommelt sich auf die Brust, das bringt mich zur Besinnung; Heinz ist fünfundzwanzig Jahre alt, älter als ich, aber ich meine immer, er ist jünger, er glaubt alles, übertreibt jede Hoffnung. Ich zwinge mich zur Ruhe. Die Welle um mich herum brandet weiter. Mützen fliegen hoch, Männer fal-

len sich in die Arme. Ich setze mich einfach auf den Boden. Vier Jahre, denke ich, vier Jahre lang machst du das mit, und davor zwei Jahre als Soldat. Ich bin dreiundzwanzig, und seit meinem siebzehnten Lebensjahr liege ich in der Scheiße.
Dreimal treten wir frühmorgens an, und dreimal treten wir mittags wieder weg. Am vierten Tag marschieren wir durch das Tor, von dem Stalin herablächelt. Wir sind 394 Mann, ich weiß die genaue Zahl von einem Schreiber. Eigentlich waren wir 400, genau 400 Mann. Sechs Mann blieben zurück. Zwei waren bei der SS gewesen, und es kam erst im Lager heraus. Vier weigerten sich, die Verpflichtung zur Polizei zu unterschreiben. Man sieht, was mit der Polizei hier gemacht wird, sollen sie gesagt haben. Sie stehen drin am Zaun. Wir marschieren an ihnen vorüber und sehen zu Boden.
»Denen geht es jetzt schlecht«, sagt Heinz.
Wir kommen am neuen Kombinat vorbei. Die Gefangenen bleiben stehen und starren zu uns her. Auf den Gerüsten werfen sie die Kellen fort und winken herunter.
»Werner, bestell Maria viele Grüße!« ruft ein kleiner Kerl von ganz hoch oben und winkt mit beiden Händen. Dann nimmt er sie vor das Gesicht.
»Daß die Posten nichts sagen!« wundere ich mich.
»Die Posten?« Heinz grinst. Ich blicke mich um. Vorn gehen ein paar russische Offiziere. Posten haben wir nicht mehr.
Wir fahren zwei Tage bis Brest-Litowsk. Es regnet, wie vor vier Jahren. Damals ging die Reise ostwärts. Jetzt fahre ich westwärts. Splitternackt absolvieren wir die berühmte Kontrolle. Sie wird nicht nachsichtig gehandhabt.
Auf der Normalspur steht der neue Tansportzug. Frischlackierte Wagen, mit Verschlägen und Stroh.
Wir fahren über die Grenze nach Polen. Beiderseits Stacheldraht, die Landschaft bleibt sich gleich. Wie sollte sie auch nicht, es ist das gleiche polnische Land.
Wir fahren durch Warschau. Kinder und Jugendliche kommen zum Tauschen. In den ehemals deutschen Gebieten winken ärmlich gekleidete Gestalten von den Feldern uns nach. Heinz lacht nicht mehr; er schweigt.

»Lach doch, bald bist du daheim«, sag' ich.
»Daheim«, sagt er.
Wir rollen über die Oderbrücke und sind aufgeregt. Eine verwüstete Stadt taucht auf, Frankfurt.
»Ich will aber nicht zur Polizei!« sagt Heinz.
»Ich auch nicht!«
»Aber ich bin Theologe.«
»Was bist du?«
»Theologe!«
»So plötzlich?«
»Ach was, ich hab' sechs Semester Theologie studiert, bevor sie mich einzogen.«
Wir fahren ganz langsam über die Brücke. Das Wasser ist schmutzig-braun. Die Ruinen rücken immer näher.
»Du hast mir nie gesagt, daß du Theologie studiert hast«, sag' ich.
»Sie wissen es, es steht in meinen Papieren.«
Der Zug hält. Wir springen aus den Türen. Aber es ist nur ein geschlossenes Signal. Die Lokomotive ruckt an. Wir springen auf. Langsam rollen wir weiter. Neben den Gleisen führt eine Straße entlang. Wir sehen ein paar Menschen, richtige deutsche Menschen, Zivilisten, Männer, Frauen, ein Kind.
»Und du glaubst an Gott?« frage ich Heinz.
Er steht neben mir in der offenen Waggontür und starrt hinüber auf die Straße.
»Ich weiß nicht«, sagt er, »aber ich bin Theologe.«

Das Entlassungslager ist wie ein Traum, nur grauer und langweiliger. Wir sehen die gleichen Transporte wie im Lager, hören die gleichen Reden wie im Lager. Es ist ein Lager in der gleichen Welt.
Mißtrauisch mustert das Stammpersonal unsere Monturen. Sonst sind alle lumpig gekleidet, sagen sie.
So, sagen wir und fragen nach draußen.
Draußen? antworten sie. Na, ihr werdet schon sehen.
In einem Zimmer stehen große Kisten. Ein Mann liest Namen vor. Jeder erhält ein Buch zum Geschenk, die Geschichte der

KPdSU. Manche lächeln merkwürdig dabei. Ich nehme das Buch und denke, ein Buch ist immer zu was gut. Ich werde es lesen. Heinz klemmt sein Buch trotzig unter den Arm und geht davon.

Die Sowjets entlassen uns, aber wir sind nicht frei. Ein deutscher Polizeioffizier läßt uns antreten. Wir marschieren zum Bahnhof und steigen in den Zug, der bereitsteht.

Wir singen und finden unsere gute Laune wieder. Wir sind in Deutschland. Als wir aussteigen, fragt mich eine Frau, ob wir die Seydlitz-Armee sind.

»Ich glaube nicht«, sage ich.

Der Ort heißt Fürstenwalde. Einige Häuser sind zerstört. Wir marschieren und singen. »In meiner Heimat, da blühen die Rosen...« Ich konnte das Lied nie leiden. Jetzt singe ich mit und möchte heulen.

Ich sehe Stacheldraht. Ein Lager?

Es geht durch ein Tor. Polizeiposten. Ein Lager! Links und rechts wimmelt es von Uniformen.

Stacheldraht. Wir sind wieder gefangen.

Entlassen und wieder gefangen.

Aber was ist das mit den Uniformen? Ich sehe, es sind sehr viele Mädchen dabei. Und was für Mädchen.

Ich stoße Heinz an. »Ich bin Theologe!« sagt er und lacht.

»Ich nicht«, sag' ich.

Jeder erhält ein großes Brot, ein Stück Butter, einen Käse, eine armdicke Wurst.

»Die wollen etwas von uns!« sagt einer mißtrauisch und riecht an der Wurst.

Es geht auf den Abend zu. Wir werden aufgefordert, auf dem Appellplatz anzutreten, und stehen, 494 ehemalige Wojna Plennis und zukünftige Polizisten, dicht gedrängt. Um uns herum etwa 200 meist weibliche Polizeiuniformierte. Ein bleicher Zivilist erscheint und tritt an das herbeigetragene, fahnengeschmückte Podium.

»Genossen«, sagt der Zivilist, »es ist uns eine große Freude, euch begrüßen zu können. Ihr habt eine lange Reise hinter

euch. Ihr kommt aus der großen und mächtigen Sowjetunion. Ihr werdet uns gute und liebe Mitarbeiter sein. Ich begrüße euch im Namen der Partei und im Namen der deutschen Verwaltung des Innern! Ich heiße euch als Kämpfer für die Interessen der Arbeiterklasse willkommen. Ich begrüße euch im Namen der deutschen Volkspolizei, der ihr ab heute angehört!«
Wir klatschen etwas in die Hände. Neben mir steht Heinz und hat die Hände in den Hosentaschen.

Ich liege auf dem Bett. Es sind einfache Holzgestelle, zweifach übereinander. Aber es ist sauber. Ich lese in der Geschichte der KPdSU. Es gibt keine anderen Bücher. Ich habe viel marxistische Literatur gelesen, das Buch über die KPdSU nicht. Warum eigentlich nicht. Vor der Baracke ist Tumult. Ich schlage das Buch zu und gehe hinaus.
Eine dicke Menschentraube hat sich gebildet. Sie reden erregt durcheinander. Ich stelle mich auf die Zehenspitzen und erblikke inmitten des Auflaufs ein kleines Männchen.
»Was ist?« frage ich einen Blonden mit Sommersprossen.
»Wir dürfen nicht nach Hause.«
»Nicht nach Hause?«
»Erst müssen wir sechs Wochen in die Kaserne und ausgebildet werden.«
Heinz löst sich aus dem Knäuel, ganz blaß.
»Ja«, sage ich zu ihm, »ich hab's gerade gehört. Sechs Wochen in die Kaserne.«
»Ich bin –«
»Schon gut«, sag' ich, »Heinz, ich weiß, du bist ein Theologe.«
Ich dränge mich vor zu dem Männlein. Es trägt Zivil und ein großes Parteiabzeichen am Jackenaufschlag.
»Genossen!« ruft das Männlein aufgeregt, »versteht doch, wir erwarten euch, der Klassenfeind arbeitet –«
Ich unterbreche ihn. »Und was arbeitest du?« frage ich.
Ein paar lachen.
Er sieht mich böse an.
»Mach keine dummen Witze, Genosse!« sagt er.

»Ihr macht dumme Witze, und zwar mit uns!« ruft einer und erhält lauten Beifall.
»Sag mal«, frag' ich das Männlein, »stimmt das mit den Kasernen?«
Der Kleine sieht mich trübe an. Er öffnet den Mund: »Ihr müßt einsehen –«
»Nein, ihr müßt einsehen!« schreie ich dazwischen. Er steht vor mir, und der Mund bleibt ihm offen. Er dauert mich beinahe. Ich fühle Wut aufsteigen.
»Die Sowjets haben uns zur Polizei verpflichtet«, sage ich, »das stimmt, und wir haben unterschrieben. Aber für unseren Wohnort und frei, nicht in Kasernen.«
Der Auflauf wird immer größer. Dem Männlein flackern die Augen. Der wird dich nie vergessen, denke ich. Da dreht er sich um und drängt sich durch die murrende Menge.
»Sieh dich vor!« warnt mich Hermann, den ich vom Sägewerk her kenne.
»Wir sind in Deutschland!« sage ich.

DAS VIERTE LEBEN

Ein Befangener, auf Suche nach Heimat

Wir werden aufgerufen und müssen vor eine Kommission. Es geht dem Alphabet nach, und ich bin zuletzt dran. Die Zurückkommenden berichten apathisch, was geschah. Manche regen sich auf. Jeder weiß, daß die Versprechungen der Russen glatte Lügen waren, doch was soll man jetzt tun?
Ich komme vor die Kommission. Am Tisch sitzen ein Offizier und zwei der uniformierten Frauen. Die eine ist auch Offizier, die andere schreibt. Sie reden kein Wort, nur der Mann spricht. Er liest meine Personalien vor und verhaspelt sich oft. Über ihm an der Wand hängt ein Stalinbild. Der Tisch ist mit rotem Tuch bedeckt. Der weibliche Offizier ist verdammt hübsch und sehr gelangweilt. »Sind Sie gewillt, in den Reihen der Bereitschaft Dienst zu tun?«
Ich sehe den männlichen Offizier an. Er ist dick und schwerfällig, und seine Augen blicken wie durch einen Schleier. Auf diesen Satz kommt es an, denke ich und wundere mich, daß der Offizier sich nicht versprochen hat.
»An meinem Heimatort«, sage ich.
»Das – ist eine andere Sache. Ich frage Sie, ob Sie gewillt sind, in der Bereitschaft Dienst zu tun?«
»Wo?«
»In der Bereitschaft.«
»In welcher Stadt?«
»Das, eh, wird sich zeigen.«
»Mir ist versprochen worden, ich könnte daheim zur Polizei gehen. Ich war viereinhalb Jahre in Kriegsgefangenschaft, ich möchte nach Hause.«
»Daran ist der Hitler schuld, eh, also gehen Sie nun zur Bereitschaft oder nicht?«
»Und wenn nicht?«
Er starrt mich an. Seine Augen verschleiern sich immer mehr. Der weibliche Offizier betrachtet mich neugierig. Die schreibende Polizistin blickt stirnrunzelnd auf.
Der Dicke klopft mit dem Bleistift auf den Tisch. Durch das Tuch klingt es eigentümlich gedämpft.
»Haben Sie in der, eh, Sowjetunion, eh, unterschrieben oder nicht?«

Ich merke, das ist wieder ein Kernsatz, er verhaspelt sich nicht und krächzt nur sein heiseres »eh« dazwischen.
»Ja«, sage ich.
Er ist erleichtert.
»Also gehen Sie zur Bereitschaft?«
»Ja.«
Er nickt befriedigt. Der weibliche Offizier lächelt, die Schreiberin reibt sich die Nase und unterstreicht etwas.
»Bitte unterschreiben Sie.« Er reicht mir einen Bogen. Ich lese, und er spricht weiter auf mich ein:
»Das wäre kein gutes Zeichen, Sie waren in der Sowjetunion und haben gelernt, daß der, eh, Sozialismus siegen wird, es ist –«
»Warum muß ich noch einmal unterschreiben?«
Er sieht mich aus trüben Augen traurig an. »Warum?«
»Ich habe doch in der Sowjetunion schon unterschrieben.«
»Ja, eh, das ist nur eine Formsache, bitte setzen Sie Ihren Namen darunter.«
»Und drei Jahre soll ich in der Bereitschaft bleiben?«
»Das wird sich noch zeigen, bitte!«
Ich greife zum Federhalter, den er mir hinschiebt. Was soll ich tun?
Ich räuspere mich: »Also, da muß ich noch etwas sagen –«
»Was ist denn?« Ungeduldig klingt der Dicke. Der weibliche Offizier kratzt sich am Rücken, die Schreiberin ist ärgerlich, sie hat viel mit mir zu tun.
»Wissen Sie, da ist der Fall mit den Kartoffeln«, sage ich. Mir wird der Raum völlig gleichgültig. Ich habe keine Angst mehr. Ich werde nicht unterschreiben. »Die Sache mit den Kartoffeln war so, wir haben sie den sowjetischen Bauern weggenommen.«
Der Dicke nickt. »Wissen das die sowjetischen Genossen?«
»Ja.«
»Dann ist der Fall klar, es hat nichts zu sagen.«
Ich halte die Feder in der Hand, er blickt auf die Feder und sieht aus, als möchte er selbst unterschreiben.
»Nein«, sage ich, »so klar ist der Fall nicht. Wir sind mit dem

Wagen hinausgefahren auf die Kolchose und haben unter vorgehaltenen Maschinenpistolen die Kartoffeln rausgeholt. Es war Winter, die letzten Kartoffeln. Wovon die Leute dann gelebt haben, weiß ich nicht. Sie waren sehr arm.«
»Was haben Sie mit den Kartoffeln gemacht?«
»Wir brachten sie in Bobruisk zur Sammelstelle.«
Er springt auf, der weibliche Offizier zieht seinen Stuhl zurück, die Schreiberin schreibt nicht mehr.
»Sie sind ein Kriegsverbrecher!« schreit der Dicke. Er ist erregt und hat keine trüben Augen mehr, sehe ich. Und ich sage:
»Kriegsverbrecher? Wieso? Das war doch 1947!«
»1947?«
»Ja, wir wurden auf Wagen der Roten Armee in die Dörfer gefahren und mußten die Kartoffeln holen, die Rotarmisten beschützten uns dabei.«
Er setzt sich schwerfällig.
»Das kann schon vorkommen«, sage ich lebhaft, »in dieser Zeit und nach so einem Krieg, in der Stadt hatten die Leute nichts zu essen, nur hatten die Bauern, als sie ohne Kartoffeln waren, auch nichts.«
Er nimmt mir den Federhalter aus der Hand. »Und die Rotarmisten«, fragt er, »die hatten Waffen bei sich?«
»Ja.«
»Es ist gut, gehen Sie.«

Ich lief nicht zurück zur Baracke. Ich ging durch eine kurze Hecke Büsche und fand einen Pfad, der zum Zaun und am Zaun entlangführte. Ich legte die Hände auf den Rücken und schlenderte dahin. Außen war die Straße, der Zaun bestand aus Maschendraht, mit Stacheldraht verflochten. Zwei junge Männer trotteten langsam am Bürgersteig hin, die Kriminalpolizei, die uns bewachte. Ich holte sie ein und sagte durch den Zaun hindurch: »Na, wie geht's?«
Sie blickten mich an und sagten nichts. Wir schritten auf gleicher Höhe weiter, sie außen, ich innen.
Eine Frau kam uns entgegen, in der Hand hielt sie eine Tasche mit Grünzeug.

»Na«, sagte ich, »Mutter, was machen wir denn?«
Sie blieb stehen, streifte die beiden Zivilisten mit einem kurzen Blick und fragte:
»Was seid ihr denn für welche?« Es war nicht ganz klar, meinte sie die beiden draußen oder mich herinnen.
»Gehen Sie weiter«, sagten die zwei Zivilisten wie aus einem Munde.
»Ach du lieber Gott«, die Frau schüttelte den Kopf, zwinkerte mir zu und lief langsam weiter.

Hermann war im Sägewerk in Minsk Gatterführer. Von Beruf ist er Maurer, breit gebaut, kräftig und hat riesige Hände. Hermann liegt an der anderen Fensterseite des Raumes auf seinem Bett und liest in einer Zeitung. Ich schlendere zu ihm.
Er läßt die Zeitung sinken.
»Na, wir haben unterschrieben?«
»Nein, wir haben das nicht getan.«
»Hm«, brummt Hermann, »ich habe auch nicht unterschrieben, aber hast du schon gehört, was sie mit uns machen?«
»Was können sie schon mit uns anfangen, wir sind in Deutschland, sie müssen uns entlassen.«
Hermann setzt sich auf.
»Hoffen wir das Beste.« Er grinst mich an.
»Du meinst – sie könnten uns auch – zurückhalten?«
»Zurückhalten? Zurückschicken!«
»Das glaub' ich nicht.«

In der Baracke ist hektischer Betrieb. Die gleich unterschrieben haben, packen schon. Sie erhalten Uniform und Ausrüstung, heute noch sollen sie in die Kaserne fahren. Sie kommen nach Chemnitz, heißt es.
»Sieh dir nur die Nieten an«, Hermann zeigt mit dem Daumen auf das Gewühl. Ein Polizist erscheint und liest Namen vor. Ich bewege mich sachte nach draußen und sehe, da gehen wieder welche zur Kommission. »Wart ihr noch nicht dort?« frage ich einen links neben mir. »Wir müssen das zweite Mal hin.«
Da kommt auch Heinz.

»Hast du schon gehört«, fragt er aufgeregt, »wer jetzt nicht unterschreibt, fährt zurück nach Rußland!«
»Du bist verrückt.«
»Daß du mir nie glauben willst!« Er eilt weiter. Ich gehe wieder zu Hermann. Heinz hatte das erste Mal nicht unterschrieben. Jetzt wird er unterschreiben.

Es ist still geworden im Lager. Der erste Transport ist abgegangen, der zweite steht auf dem Platz. In den Baracken sieht man nur noch wenige. Ich schätze, es sind von den knapp vierhundert Mann noch gut fünfzig da, die nicht unterschrieben haben. Es wird dunkel, und der zweite Transport marschiert durch das Tor. Ganz hinten marschiert Heinz, er winkt mir zu und dreht sich vorn an der Kurve noch einmal um.
Leb wohl, Heinz.
»Wir sollten zur SED gehen«, sagt Hermann.
»Und was sollen wir dort?«
»Ich hab' mit dem schon gesprochen, das scheint ein vernünftiger Kerl zu sein.«
Wir steuern auf die einzeln stehende Baracke zu. Ich hatte den Mann auch gesehen, er war durch das Lager gelaufen und hatte Zeitungen verteilt, Formulare angeboten und Fragen beantwortet. Er ist ein nervöser langer Mensch mit eingefallenen Wangen und Glatze. Er lächelt uns dünn zu und sagt:
»Setzt euch, Genossen«, obwohl wir gar keine Genossen sind.
»Ihr habt also nicht unterschrieben?« erkundigt er sich.
»Nein«, erwidert Hermann, »ich gehe zur Polizei, wie der Russe es mir gesagt hatte, aber ich will nach Hause. Ich bin verheiratet und habe zwei Kinder, ich war drei Jahre Soldat und drei Jahre Kriegsgefangener, und ich will nun endlich heim zu meiner Familie.«
Der SED-Mann nickt.
»Und du?« fragt er mich.
»Ich habe keine Frau und keine Kinder, aber ich gehe nicht wieder in eine Kaserne.«
»Ich versteh' euch ja«, sagt der Mann und versteckt sein dünnes Gesicht hinter den Händen. »Was soll ich euch sagen, die

Bereitschaften sind einfach eine Notwendigkeit. Unterschreibt und fahrt hin, später findet sich immer noch ein Ausweg.«
»Und wenn wir nicht unterschreiben?«
»Ich glaube, dann – werdet ihr – entlassen.«
»Dann unterschreiben wir nicht!« Hermann steht auf.
»Moment«, sagt der SED-Mann und erhebt sich gleichfalls. »Ich sag' das hier als meine Meinung – als eine Mutmaßung –, aber wissen – genau weiß ich das nicht.«
»Also werden wir dann nicht entlassen?« frage ich.
Der SED-Mann hebt die Schultern.

Wir gehen zurück in unsere Baracke. Nur noch ein einziger Mann sitzt auf seinem Bett. Ein Polizist kommt und ruft einen Namen, der einzelne steht auf und verschwindet durch die Tür.
»Fällt dir was auf?« fragt mich Hermann.
»Ja, alle anderen müssen immer wieder zur Kommission, nur wir nicht.«
»Nein, wir nicht.«
»Eigentlich war dieser Dünne von der SED ganz in Ordnung«, Hermann sagt das so lauernd und sieht mich gespannt an.
»Ja«, stimme ich zu, »das war er.«
»Wir haben Schwein gehabt, daß der andere weg ist.«
»Welcher andere?«
»Du bist gut!« Hermann lacht und schlägt seine riesigen Hände vor die Brust, daß es dumpf widerhallt. »Der lange Glatzkopf hier ist nur der Stellvertreter, er macht die Arbeit und ist vernünftig.«
»Und wer ist sein Vorgesetzter?«
»Das dünne Männchen, mit dem du dich gestern angelegt hast. Aber den haben sie heute, wie es heißt, zum Zentralkomitee gerufen.«
»Das find' ich anständig vom Zentralkomitee«, sage ich, »denn wäre der dagewesen –«
»So ein ZK ist eben auch zu was gut«, sinniert Hermann. Plötzlich bleibt er stehen: »Und wie, wenn wir nicht unterschreiben, aber in die SED eintreten?«
»Ich hab' noch einen anderen Vorschlag«, sag' ich leise.

»Gut, wenn du nicht willst, mach' ich's allein.«
Ich stehe auf und wende mich zur Tür. Hermann sitzt auf seinem Bett und kaut auf einem Bleistift. Ich drehe mich zu ihm um.
»Nicht, daß ich feige bin«, sagt Hermann vom Bett her, »aber ich will nach Hause zu meiner Frau.«
»Gut, du willst nach Hause. Das versteh' ich. Auf Wiedersehen.«
»Viel Glück!«
Ich trete vor die Baracke. Es ist stockfinster und ganz still. Vorsichtig durchquere ich die Büsche und bin am Zaun. Er ist zwei Meter hoch, oben zieht sich eine gesonderte Wicklung Stacheldraht entlang. Ich streife die dicken Winterhandschuhe über und taste hoch. Der Draht gibt ein schwingendes Geräusch von sich. Die Straße ist leer, eine einsame Laterne wirft bizarre Schatten.
Ich ziehe mich hoch, suche mit den Füßen im Draht nach Halt, erklimme die Oberkante, klettere über den oberen Strang, rutsche ab und falle nach unten. Mit dem rechten Oberschenkel bleibe ich hängen, etwas zerreißt, ich spüre einen brennenden Schmerz.
Ich will aufspringen, aber ich werde niedergehalten von zwei Zivilisten.
Die beiden bringen mich in die Wachbaracke, meine Hose ist an der rechten Seite zerrissen, warm läuft Blut in die Kniekehle und die Wade entlang.
Sie lassen mich auf eine Bank niedersitzen und rufen etwas durch eine Tür. Ein Major tritt bis an die Schwelle, ich habe ihn mehrmals gesehen, er ist sehr ruhig und hat ein braunes, gutes Gesicht. Jetzt schüttelt er den Kopf.
»Komm rein!«
Ich hinke durch die Tür. Er schließt sie hinter mir. »Zeig mal«, sagt er und zieht mir die Hose herunter. Ich hebe das Hemd, und er pfeift durch die Zähne. Mit dem Taschentuch wische ich das Blut ab und höre, wie er durchs Telefon Verbandszeug verlangt.
»Verwundetenabzeichen gibt's bei uns nicht!« sagt er.

»Ich hab' mein's schon«, sage ich.
»In Schwarz?«
Ich nicke.
»Na ja«, sagt er, »du bist auch noch jung. Ich hatte es in Silber.«
»Und trotzdem bist du hier ein hoher Offizier?« Ich rede ihn auch mit du an, er nickt gleichmütig.
»Außer dem Silbernen bin ich auch noch alter Kommunist.«
Die Tür geht auf, und eine der hübschen Polizistinnen erscheint. Ich steh' immer noch da mit heruntergelassenen Hosen und erschrecke. Schließlich bist du jetzt wieder in Deutschland, denke ich.
Die Hübsche in Uniform betrachtet mich nachdenklich und legt das Verbandszeug auf den Tisch, danach geht sie hinaus. Ich verbinde mich, der Major hilft mir dabei.
»Wohin sollte denn die Reise gehen?« fragt er, als wir fertig sind.
»Ist die Antwort für den Dienstgebrauch?« frage ich zurück.
Er schüttelt den Kopf.
»Ich wollte richtig abhauen«, sage ich.
»Zum Klassenfeind?«
»Zum Klassenfeind.«
»Ich bin Offizier der Volkspolizei, ich dürfte das gar nicht hören. Ich will dir was sagen, was du nicht hören dürftest: Ich bin Kommunist, doch wenn ich sehe, was sie mit euch hier machen, dann möcht' ich auch übern Zaun.«
»Für dich ist der Zaun höher«, sage ich.
»Höher?«
»Ja, weil du Kommunist bist. Wenn du drüber willst, stehst du zugleich Wache gegen dich selbst.«
»Das stimmt. Bist du kein Kommunist?«
Ich überlege, ob ich Kommunist bin. Das ist gar nicht so einfach zu beantworten. Hätte mich jemand in den vergangenen viereinhalb Jahren gefragt, ich hätte glatt verneint. Jetzt war das anders.
Aber was war anders? War ich nicht immer noch gefangen? Wollte ich nicht eben noch nach West-Berlin gehen?

»Na, was ist, bist du einer, oder bist du keiner?« fragte der Major. Ich schiele ihn von der Seite an und merke, wie er zu mir herschielt. Wir müssen beide lachen.
»Hör mal«, sagt er, »ich mache dir einen Vorschlag zur Güte. Laß den Unsinn sein, tu, was ich dir sage. Unterschreib, was dann wird, ist immer noch besser als das, was geschieht, wenn du nicht unterschreibst.«
»Unterschreibe ich nicht, muß ich zurück?«
»Wir wissen es nicht, aber ausgeschlossen ist es keineswegs.«
»Und mein Fluchtversuch?«
»Fluchtversuch? Wieso?«
Er steht neben mir, groß und kräftig und braun und mit spöttischen Wetterfalten um die Augen.
»Ich wollte doch soeben abhauen«, sage ich.
»Tja« – er kratzt sich hinterm Ohr –, »die Natur verlangt eben ihr Recht.«
»Die Natur?«
»Das ist doch ganz einfach. Wie lange warst du gefangen?«
»Viereinhalb Jahre fast und vorher die zwei Jahre Soldat waren auch nicht gerade eine Freiheit.«
»Na also, und du bist doch ein Mann.«
»Ach so«, sag' ich, »du meinst, ich bin über den Zaun, um eine Frau –«
»Mensch, bist du schwerfällig.«
Er lacht leise und schiebt sich die Schirmmütze hinten hoch, daß sie vorn ins Gesicht rutscht. Das ist eine typische Bewegung der Russen, und wir müssen beide lachen.
»Vielleicht mach' ich mal ein Kabarett auf«, meint er.
»Oder ein Panoptikum«, sage ich.
»Ein Panoptikum? Ach nein, da gibt es nichts zu lachen. Ein Kabarett ist besser.«
»Übrigens«, sage ich, »das mit der Frau wäre mir von allein nicht eingefallen.«
»Und unsere attraktiven Amazonen hier im Lager?«
»Attraktiv sind sie, es kommt mir vor, als hätte sie einer ausgesucht. Aber wir sind wohl noch zu fremd für so was... außerdem starren sie uns immer an, als seien wir wilde Tiere.«

Er stutzt.
»Hat jemand was gesagt?«
»Gesagt? Nein, aber das merkt man doch.«
»So«, sagt er leise, »das merkt man.« Und dann lauter: »Sag mal, sind bei euch welche von der Seydlitz-Armee?«
Das hast du doch schon mal gehört, denke ich.
»Warum fragst du danach? Du bist einer der hier ranghöchsten Offiziere, bist du nicht genauestens orientiert?«
»Genauestens orientiert? Daß ich nicht lache. Die Sowjets teilen uns mit: Da kommen tausend einwandfreie Antifaschisten. Ja, und dann kommt nichts. Dann noch mal nichts. Schließlich kommen 394 erboste Leute, mit denen wir uns nicht auskennen. Der Westen meldet, es sind Teile der Seydlitz-Armee. Die Bevölkerung erzählt sich die tollsten Geschichten. Und wir –«, er macht eine unmutige Handbewegung.
»Von der Seydlitz-Armee weiß ich nichts«, sage ich.
»Schon gut!« Er gibt mir die Hand. »Geh jetzt schlafen, morgen früh kommst du zu mir, wir nehmen dich noch auf und schikken dich den anderen hinterher.«

Ich bringe Hermann mit. Es ist ein milder Herbstmorgen mit blauem Himmel und glitzernd braunem Laub.
»Hast du ein Kind gekriegt?« fragt der Major und zeigt auf Hermann.
»Es ist über Nacht ganz schön gewachsen«, sage ich.
Wir schlendern gemütlich zur Kommission. Der dicke Offizier, der immer »eh« macht, sitzt auf dem Tisch und schneidet sich mit seinem Taschenmesser die Fingernägel. Der weibliche Offizier hält ein Buch in Händen und studiert den Einband. Die Schreiberin ist nicht anwesend.
Der Dicke springt eilig vom Tisch, der weibliche Offizier legt das Buch weg.
»Aufnehmen!« sagt der Major und zeigt auf uns zwei.
»Jawohl!« sagt der Dicke und setzt sich beflissen hin. Er sieht Hermann ins Gesicht und hält erstaunt inne. Dann sieht er mich an und blickt ganz ratlos drein.
»Aufnehmen!« wiederholt der Major.

Der Dicke schluckt verzweifelt und beugt sich über seine Formulare. Der weibliche Offizier setzt sich an den freien Platz der Schreiberin.
Sie suchen unsere Papiere heraus.
Während der Fragen sehe ich, wie der weibliche Offizier einen kleinen weißen Bogen in Händen hält und unter andere Papiere schiebt, ein Vorgang, den ich wohl beobachte, dem ich aber keine weitere Bedeutung beimesse.

Wir unterschreiben wortlos und gehen in die Kammer. Ich rechne sechseinhalb Jahre zurück. So lange ist es her, daß ich eine Uniform empfing, es war die Wehrmachtsmontur. Jetzt halt' ich die blauen Kleidungsstücke der Volkspolizei in Händen. Wir probieren die Sachen in Ruhe an. Muß es denn schon sein, soll das Zeug auch passen.
Wir marschieren unserer Baracke zu. Hermann, die Mütze aufgestülpt, den Rock über die Schultern gehängt, geht vorweg. Wir treten durch die Tür und sind allein. Hermann packt die Mütze, wirft sie auf den Boden und schleudert den Rock ab.
»Es hat keinen Zweck«, sage ich und hebe Rock und Mütze behutsam auf.

Wir sind der letzte Transport, vierunddreißig Mann. Ein LKW bringt uns zum Bahnhof. Unser Begleiter ist ein Polizeikommissar, ein älterer grämlicher Kauz. Wir haben ein Sonderabteil, die anderen Abteile sind überfüllt von nervösen, schlechtgekleideten Leuten, die zerschlissene und verkratzte Gegenstände bei sich haben. Wir fahren über Dresden nach Chemnitz. Auf einer Station wird die Tür zu unserem Abteil geöffnet, und eine ärmliche, abgerackerte Frau will herein.
»Mach, daß du rauskommst!« schreit der Kommissar und schlägt die Tür zu.
Hermann sieht mich wortlos an. Ich fürchte, er setzt dem Kommissar eine Faust unter die Nase.
In Chemnitz werden wir nicht angenommen. Die Kaserne ist überfüllt. Im Lastwagen fahren wir weiter nach Zwickau. Wir werden in einer Schule untergebracht.

Gleich unter der Tür treffe ich Heinz. Er trägt das Kriegsgefangenenzivil und hat einen Koffer in der Hand. »Bist du die Uniform schon los?« frage ich.
»Für vierzehn Tage. Sie lassen uns zwei Wochen nach Hause, dann müssen wir wieder hierher zum Dienst. Es ist wie beim Kommiß, wir werden in Kompanien eingeteilt und haben Gefechtsübungen und das ganze Drum und Dran.«
In der Schule herrscht das Stammpersonal. Es sind alles höhere Dienstgrade aus der Schutzpolizei, die abkommandiert wurden. Sie behandeln uns mit einer freundlichen Zuvorkommenheit, die mich stutzig macht.
Wir ziehen die Uniformen aus, kriechen in unsere aus Minsk mitgebrachten Klamotten und empfangen große Mengen Verpflegung. Es ist alles sehr improvisiert. Ich stehe mit Hermann in einem Raum, man nimmt unsere Personalien auf und sortiert unsere Papiere. Hermann wird nicht aufgerufen und bleibt zurück. Ich muß mit noch fünf anderen in einen Raum zwei Stockwerke tiefer. Auf dem Rückweg treffe ich Hermann, er geht die Stufen ganz langsam hinauf und hält seine Personalpapiere in Händen.
»Die haben sie dir gegeben?« staune ich. »Uns gaben sie extra einen vom Stammpersonal mit, der das ganze Papierzeug an sich nahm.«
»Komm mit!« sagt Hermann.
Wir suchen einen ruhigen Ort.
»Lies das!« sagt Hermann und reicht mir einen kleinen weißen Zettel. Mit fällt sofort die Polizistin in Fürstenwalde ein, der weibliche Offizier, der einen solchen Bogen in unsere Papiere gesteckt hatte.
»Die Kommission H 3 hat den entlassenen Kriegsgefangenen Hermann Bingel gehört und festgestellt, daß Bingel den sozialistischen Zielen in verbohrter Feindseligkeit gegenübersteht. Die Kommission lehnt es von sich aus ab, Bingel in die Volkspolizei zu übernehmen.«   Unterschrift.
Unter diesem Text steht mit der Hand geschrieben: »Die Parteiorganisation des Wohngebietes von Bingel ist anzuweisen, ihn einer ständigen Kontrolle zu unterziehen.«

»Was machst du mit dem Zettel?« frage ich.
»Das überlege ich gerade.«
»Ich versteh' das nicht ganz. Ich hab' der Kommission auch zu kauen gegeben, aber so einen Zettel –« Ich stocke. Weiß ich denn, ob nicht auch in meinen Papieren so ein verdammtes Blatt liegt? Und wenn ja, was dann? Soll ich, eben aus dem Stacheldraht heraus, unter eine neuerliche Kontrolle gehen?
»Den Zettel behalt' ich bei mir«, sagt Hermann und steckt ihn in die Tasche.
»Und wenn es, was anzunehmen ist, einen Durchschlag gibt?«
»Möglich, sogar wahrscheinlich, aber der ist dann weit fort, bei der Landesbehörde in Dresden. Auf alle Fälle haben sie mich hier nicht gleich auf dem Kieker.«
Mir fällt etwas ein. Ich sage: »Aber dieser Zettel beweist noch etwas anderes.«
»Was?«
»Wir sind hereingefallen. Hätten wir nicht unterschrieben, wären wir auch entlassen worden. Hier steht doch ›die Parteiorganisation des Wohngebietes von Bingel‹ – das bedeutet also, wir wären auch ohne unsere Unterschrift entlassen worden.«
»Kann sein, kann auch nicht sein. Immerhin gaben uns der SED-Mann und auch dein Major zu verstehen, daß es nicht klar ist, was, weigern wir uns weiter, aus uns wird. Vielleicht hatten sie Anweisung, uns auf diese Art gefügig zu machen. Aber ich glaube es eigentlich nicht.«
»Nein«, sage ich, »ich glaube es auch nicht. Der Major war echt.«
»Eben, sie werden es wirklich nicht genau gewußt haben, und der Zettel hier hatte die Aufgabe, im Fall unserer Entlassung wirksam zu werden. Bei einem Rücktransport wäre er wohl vernichtet worden, zusammen mit unseren anderen Personalien.«

Der Bericht einer Heimkehr mit Hindernissen wurde 1955 noch in der DDR niedergeschrieben. Ich versuchte, so genau und authentisch wie möglich zu bleiben. Lediglich die Figur

des Hermann Bingel ist Erfindung, der denunziatorische Zettel, der seinen Personalpapieren beigegeben war und den er vernichtete, war in Wirklichkeit meinen eigenen Papieren angefügt. Die kleine Tarnung nahm ich vor, weil ich damals argwöhnte, daß Unbefugte meine Manuskripte lesen würden, wie es dann ja auch geschah. Der Vorgang selbst, die Überstellung deutscher Kriegsgefangener an die damalige sowjetische Besatzungszone, ist authentisch. Mehrere Männer, die in Fürstenwalde die Unterschrift verweigerten, sind in die Gefangenenlager zurücktransportiert worden. Die Überstellung im Herbst 1948 hatte ihre Gründe in der Berlin-Krise. Ich fand den Vorgang nirgendwo notiert. Allerdings waren Gerüchte über die »Seydlitz-Armee«, die auf seiten der Roten Armee gegen die Wehrmacht gekämpft habe und nun in der DDR die Volksarmee aufbaue, im ganzen Lande verbreitet.
Ich erfuhr später, die Russen hatten ihre Gründe für die Transporte und waren von Ost-Berlin gedrängt worden. Soweit ich es beobachten und beurteilen konnte, reagierte die östliche Seite durchweg auf die westlichen Aktionen, und im Zuge einer solchen Re-Aktion waren wir nach Hause gekommen, wenn auch nicht so ganz und gar.

Als ich acht Jahre alt war, empfing ich den Eindruck, der mein Leben mehr bestimmte, als ich ahnte, obwohl er nur kurz war und ich, während es geschah, nicht recht begriff, was geschah. Wir wohnten in einer kurzen, steil ansteigenden Seitenstraße, in der nur sieben Häuser standen und die danach in einem hügeligen Gelände endete. Blickte ich aus dem Wohnzimmerfenster im zweiten Stock auf die Gebäudefronten gegenüber, erfaßte der Blick drei zusammengebaute Häuser. Das mittlere war durch eine normale Haustür begehbar, die beiden Häuser zur Seite waren durch seitlich angebaute Toreinfahrten erreichbar, man durchmaß den Gartenzugang und betrat die Häuser durch die an der Rückfront befindliche Haustür.
An einem Morgen, bevor ich zur Schule ging, blickte ich auf die Straße, als die grüne Minna, der gefürchtete Polizeiwagen, gegenüber hielt und zwei Uniformierte heraussprangen. In kur-

zer Zeit tauchten sie wieder auf und trieben einen Mann vor sich her. Er war nicht vollständig angekleidet, hielt seine Jacke mit beiden Händen umkrampft und suchte sich gegen die Schläge und Tritte der Beamten abzusichern, indem er die Jacke aufspannte und die Wucht abfing. Am Wagen angekommen, wurde der Mann, er hieß Liebold, seine Jungs und ich gingen fast täglich den gleichen Schulweg, ins Innere der grünen Minna geworfen, wobei er einen durchdringenden Schrei ausstieß.
Solche Schreie hörten wir nachts. Die Verhaftungen erfolgten im Morgengrauen. Wir Kinder wurden geweckt von den Schlägen und brüllenden Männerstimmen. Der Terror hielt an bis zum Olympiajahr 1936, manchmal kamen sie oft, dann wieder wochenlang nicht. Liebold holten sie zu ungewohnter Zeit, erst am Morgen, ab. Wir Kinder erfuhren, wohin die Männer gebracht wurden. Wir wußten, es ging ihnen schlecht, manche kehrten nicht zurück, andere als Krüppel und Kranke, die kein Wort darüber verlauten lassen durften, was mit ihnen geschehen war; meist starben sie nach ihrer Entlassung aus dem Lager. Seltsamerweise berührte mich, was ich sah, weniger als die nächtlichen Schreie. Erst später machte ich mir klar, daß ich gesehen hatte, was sonst unbeobachtet im Schutz der Dunkelheit ablief.
An einem Sonnabend rief meine Mutter, aus dem Fenster blikkend, plötzlich aus: »Ach du lieber Gott!« Ich hörte eine vertraute Stimme laut schimpfen. Es war mein Vater, der vom Preisskat heimkehrte, wo er gewonnen hatte, er gewann immer im Skat, und er war ein Biertrinker vor dem Herrn, es war also mein Vater, der schwer geladen und doch kaum schwankend mitten auf der Straße den Berg hochstiefelte, seinen Gewinn, eine große Gans, in Händen, wobei er, sich stur wiederholend, ausrief: »Der Lump, der Hitler, holt uns alle noch zu den Soldaten!«
Da die Fenstergucker in allen Häusern ringsum die Weisheiten meines bierwuttrinkenden Vaters deutlich hörten, ängstigte sich meine Mutter. Doch die befürchteten Folgen blieben aus. Die Leute hielten dicht, oder die Staatsmacht hatte andere Sorgen.

Kurz darauf wurde Papa trotz seines Alters eingezogen, zu den Landesschützen, einer Altherrengruppe der Wehrmacht. Ich holte ihm die letzten Abende viele Kannen Bier. Er schluckte schweigend Liter um Liter, Mama ließ ihn nicht aus dem Haus, denn: »Der Mann redet sich noch um Kopf und Kragen.«
Sie zähmten ihn, drehten ihn um. Da er vom ersten Krieg noch die letzten beiden Jahre mitgekriegt hatte, wenn auch bei den Österreichern, ernannten sie meinen Vater bald zum Unteroffizier. Er trank nicht mehr, rauchte stark, nie hörte ich ihn gegen Hitler mehr etwas sagen. Er hatte zu funktionieren gelernt. Wenn ich aus dem Wohnzimmerfenster blickte, fiel mir die Szene ein, wie der Maurer Liebold abgeholt worden war. Ich dachte: Wir gehören nicht zu denen. Es war nur der flüchtige, verwischte Eindruck eines Kindes, der sich nicht ungeschehen machen ließ und wiederkehrte, mein Aha-Erlebnis, obwohl sich das Aha erst Jahre später einstellte, als ich eine Art von zweitem Willen, ja zweites Ich entwickelte.
Ich vermute, hier liegen die tiefer verborgenen Gründe für manche meiner Handlungen. Gewisse Bilder, die ich in mir trug, wirkten fort. Anders ist meine Desertion vom August 1944 nicht hinreichend erklärbar.
Im Widerspruch zwischen der Dummheit des Kopfes und der Klugheit des Herzens wählte ich unbewußt den schwereren Gang, denn ich zählte zum Volk der Mitte Europas, von dem sich erweisen müßte, ob es schon rettungslos verloren wäre oder nicht. Da ich mir das alles nicht ausreichend erklären konnte und mehr meinen Gefühlen folgte als dem fehlenden klaren Licht meines Kopfes, wich ich in taktische Verhaltensweisen aus und entwickelte einen »Ketman«, wie Czeslaw Milosz das nannte: Ich hatte die brutale Verhaftungsszene gesehen, durfte aber nicht davon sprechen. Schon eine Stunde später in der Schule hatte ich nichts davon zu wissen. Daß die beiden Liebolds-Jungen an diesem Tag nicht zur Schule kamen, wurde offiziell mit Krankheit erklärt.
Nun mag sein, daß die Menschen unterschiedlich darauf reagieren. Ich befand mich in der Rolle des Kindes im Märchen von des Kaisers neuen Kleidern. Nur war mir streng untersagt,

von der Nacktheit des Kaisers zu sprechen. Ja, unter den Erwachsenen unserer Straße, angefangen bei meinen Eltern bis zu den Nachbarn, war unumstritten, daß der Kaiser nackt sei, doch gebot es die Klugheit, darüber zu schweigen. Man gab sich nach außen anders, als man innen war. Dieses Doppelleben kann zur Disziplinierung führen. Aus Gründen, die mir rätselhaft blieben, reagierte ich mit dem geheimen Trotz des Beleidigten, der auf seine Stunde wartet. Ich entdeckte meine Fähigkeit der Formulierung. Der Aufsatz wurde mein Lieblingsfach. Ich las alle Bücher, die ich erreichte, notierte als junger Soldat jedes Begebnis, ohne genau zu wissen, wofür und warum.

Es war der »Ketman«, das Doppelwissen, an dem ich würgte. Ich hatte eine Welt entdeckt, die es gab und die es offiziell nicht geben durfte. Der Maurer Liebold war verhaftet worden und im KZ verschwunden. Ich entdeckte, je älter ich wurde, immer mehr Dinge, die geschahen, aber nicht beim Namen genannt, ja nicht einmal wahrgenommen werden durften. Ich glaube, daß dies der tiefere Grund für meine Schreibwut ist. In welcher Zeit und Gesellschaft ich auch lebte, ich blieb das Kind, das den Kaiser nackt sieht. So sperrte ich Augen und Ohren auf, meinem Bedürfnis folgend, in Bilder und Worte zu fassen, was geschah, notierte und begann zu erzählen, ohne zu wissen, daß ich erzählte. So, wie ich nicht ans Veröffentlichen dachte und denken konnte, sowenig kam ich auf den Gedanken, das, was ich tat, dieses belauernde Notieren, als Erzählen zu bezeichnen.

Den Begriff lernte ich erst Jahre später an der Universität derart verstümmelt kennen. Beinahe wäre mir das Erzählvermögen verlorengegangen unter der Vielzahl eisgrauer Begrifflichkeiten, mit denen sie in den Wissenschaftsinstituten herumwuchern.

Im Winter '44/45, als wir in den Baracken von Bobruisk hockten und die Gefangenen sich abends hinlegten und über Nacht um die Wette starben, sangen wir oft. Fast jeden Abend melancholische Gesänge. Am Morgen, wenn wir die Toten von der Pritsche zogen und zum Zählen vor die Tür legten, sang keiner. Ich glaube, Erzählen ist Abschiedsgesang.

Czeslaw Milosz' Buch »Verführtes Denken« hat mein erster West-Verleger Dr. Witsch in seinem Verlag Kiepenheuer und Witsch Anfang der fünfziger Jahre verlegt, woraufhin das revolutionäre Buch wieder vergessen und erst ein Vierteljahrhundert später, als Milosz den Nobelpreis erhielt, wieder erinnert wurde, und wiederum nur kurz, denn vor großen Büchern fürchten die Zwege der Gegenwart sich wie vor dem Atomkrieg. Da ich also den großen polnischen Exil-Schriftsteller erwähne sowie den barocken Verleger Witsch, muß ich mich gleich noch ein zweitesmal bedanken, denn bei Witsch erschien damals auch eine Luxusausgabe des Grimmelshausen in Urfassung. So geschah es, daß ich den Simplicissimus nicht geglättet und modernisiert, sondern in der ursprünglichen Sprache und Form kennenlernte, denn vordem hatte ich ihn nicht gelesen. Jetzt, in Köln, Anfang der sechziger Jahre Grimmelshausen nachlesend, nachfühlend, entzifferte ich meine eigene Vergangenheit. Dieser Knabe, der durch die Grausamkeiten des Dreißigjährigen Krieges ging, war mir nahe verwandt und war uns, den Jungen des 20. Jahrhunderts, voll auf den Leib geschrieben, jedenfalls den unterprivilegierten Rohlingen aus dem Volke. Wir besaßen nur mangelhafte Bildung, wußten nichts außer dem einen, daß es darauf ankäme, sein kleines, beschissenes Leben zu erhalten, auch um den Preis, daß andere dabei das ihre verlieren müßten. Mehr Horizont war nicht vorhanden bei unsereinem. Und weshalb diejenigen, die die Gnade einer besseren Bildung besaßen, genauso darauf reinfielen wie wir Unholde der Unterklasse, entzog sich meiner damaligen Unkenntnis, wie es sich meiner heutigen Kenntnis entzieht. Ich habe jedoch nicht von denen zu reden, sondern von uns und mir.

Kapitän Rostow

Überfallartig setzt mir mein Gedächtnis zu. Eine Stimmung dient ihm als Hinterhalt. Eine besondere Art des Lichts, des Tons, ein bestimmter Geruch wird meinem Gedächtnis zum Angriffszeichen. Das Erinnerungsvermögen ist eine furchtbare

Waffe, ein auf die Gelegenheit des Zustoßens lauernder Dolch, eine meuchelnde Hand, die ihn führt oder die auch mit absichtslosen Bewegungen Gift in den Becher träufelt, wenig nur, Tag um Tag eine Spur, und daran siechst du hin, Tag für Tag um ein weniges mehr, um ein Gran weniger lebendig. Erinnerungen können töten. Ich kenne Menschen, die fliehen ihr Gedächtnis wie einen Mörder.

Es gibt vielerlei Arten, an seinem Gedächtnis zu sterben. Manche erinnern sich nur im Schlafe. Ich habe schlimm geträumt, sagen sie nach dem Erwachen. Und ihre Gesichter sind bleich wie die Gestalten der Träume.

Dies sind die Menschen, die ihr Gedächtnis nur liegend überfällt. Kaum haben sie sich erhoben, sind aufgestanden, Menschen in senkrechter Haltung, so ist die Erinnerung von ihnen abgeglitten: Sie waschen sich den Traum ab. Ihr Gedächtnis ist eine Frage der Toilette. Ich bewundere diese Menschen. Sie schlagen die Augen auf, und schon ist die Zeit ihnen untertan. Wie glücklich sie sind, wie schön und einfach, wie vollkommen glatt – solange sie wachen.

Ich aber bin ein Opfer meiner Erinnerungen. Seit vielen Jahren verschließe und verriegle ich die Tür meines Schlafzimmers. Seit Jahren igele ich mich ein. Seit Jahren gestatte ich keinem, auch meiner Frau und meinem Kinde nicht, am Morgen an mein Bett zu treten und mich zu wecken. Denn wer sich über mich beugt, verliert, wache ich auf, sein Gesicht: Nicht die vertrauten Züge meiner Frau erblicke ich, nicht die schüchterne Stimme meines Kindes vernehme ich; wer auch immer sich über mein Lager beugt und mich weckt, der flucht auf jene rauhe Weise und wendet dem Erwachsenen jenes heftige Gesicht zu, das an einem frühen Morgen, nein, es war noch in der Nacht, über mir war:

Kapitän Rostow, ein unverwüstlicher, wilder Mann mit Bewegungen, die man zeichnen könnte, so klar und deutlich waren sie. In jener Nacht, kurz nach dem Kriege, spärliches Licht tropfte aus der von Fliegendreck erblindeten Lampe, holte Rostow mich aus dem Zimmer, holte mich Rostow, Kapitän der ruhmreichen Roten Armee, aus dem Schlaf, riß mich mein gewalttätiger Hauptmann auf grausame Weise in die Wirklichkeit hinein. Mitten in der Nacht? murrte ich, und die Angst, ein Eiswasser, das plötzlich meinen Mund füllte, durch den Rachen in Magen, Brust und Bauch hinabrann, machte mich wach und stumm.

Vor dem Haus hielt der Jeep. Rostow schaltete die Scheinwerfer ein und machte sich am Motor zu schaffen. Er trat zurück. Die schwefelige Helligkeit überflutete sein wüstes Gesicht und verwandelte es zu gespenstischer Schönheit. Mein Herz schlug bis zum Halse. An Rostows Seite saß ich im Jeep. Durch die starre Stadt rasten wir mit heulendem Motor, hinaus in die Harthwälder, die am Tag den Horizont dunkel fleckten.
Den Mantelkragen schlug ich hoch. Kalt war die Sommernacht. Hinter uns loderten die Feuer der Werke. Vom Bahngleis her dröhnten aufeinanderprallende Waggons. Im Süden überm Flugplatz spielten die gelben Finger der Scheinwerfer. Es war eine Nacht ohne Menschen und nur mit ihren Zeichen, und Rostow ritt mich auf dem olivgrünen Jeep der Roten Armee in die Harth zur Hinrichtungsstätte, einem Sandrondell, wo früher die Werksfahrer von Horch, Audi und DKW ihre neuesten Modelle ausprobiert hatten.
Hier hockte der Kapitän auf die nachtfeuchte Erde sich, zog zwei Wodkaflaschen aus der Litewka und kommandierte:
Erzähl von Gitler, erzähl!
Ich stand vor ihm, nun größer als er, der Sitzende, Hockende, der seine mächtige Glatze mir darbot, daß ich hätte draufschlagen können mit einem Stein.
Rostow wiederholte die Aufforderung:
Erzähl von Gitler, erzähl!
Der Himmel über uns verwandelte sich langsam ins leichenblasse Gesicht des Morgens. Im Südosten hing die Stadt unter dem Himmel, eine schwärzliche Runzel. Sehnsüchtig blickte ich hinüber. Rauch stieg in der Ferne auf, umhüllte die Häuser. In der Nähe wurde es hell. Aus dem Dunkel traten vorsichtig die Gerippe der Tannen.
Vor langer Zeit war Rostow Adjutant des Sowjetmarschalls

Blücher gewesen. Als Blücher erschossen wurde, degradierte man den Oberst Rostow.
In den Lagern Sibiriens verschwand er.
Im Zweiten Weltkrieg diente sich der Sträfling vom einfachen Soldaten wieder zum Hauptmann hinauf.
Als Hauptmann begleitete Rostow die zum Tode Verurteilten in die Sandgruben der Harth, und hier, wo wir saßen, steckte man ihnen im Morgengrauen eine Machorkazigarette zwischen die Lippen, schob ihnen eine schmutzige Binde über die Augen und feuerte eine Salve Eisen in ihr Herz.
Rostow, der krummbeinige Kosak, der Lenin noch kennengelernt hatte und von den Wirren des russischen Bürgerkriegs zu berichten wußte, als sei es erst gestern gewesen, Hauptmann Rostow trank Wodka wie Wasser, und seine wüste Freundschaft erfüllte mein Herz mit Abscheu und Bewunderung.
Erzähl von Gitler, erzähl!
Er saß vor mir, vom ersten Morgenrot übergossen, das frühe Blut der Sonne im Gesicht.
Erzähl von Gitler, erzähl!
Nebel umfing mich. Alter Legenden erinnerte ich mich. Rostow hockte auf dem Rücken eines dahinfliegenden Hengstes, in seinen heftigen, lederhäutigen Händen blitzten Säbel...
Ich begann zu erzählen:
Zweimal sah ich ihn. Als ich noch zur Schule ging, kam Hitler nach Meerane und Glauchau gefahren, das war zur Einweihung der Autobahn. Dann sah ich ihn noch mal, ich war schon Soldat, wir präsentierten die Gewehre, gebeugt schlich er vorüber, ein verworfener, furchtsamer Mann, Neid, Haß und Untergang im Blick. Oft frage ich mich, warum ihn keiner niederschoß. Niemand wagte das. Vielleicht dachte auch niemand daran. Selbst die Tapfersten wagten es nicht. Der Mann, der ihm die Bombe, in seiner Aktentasche verpackt, zu Füßen legte, machte sich schnell davon. Es gibt wohl Gesichter, die sind so schrecklich, die erträgt man nicht. Warum zog keiner die Pistole und schoß Hitler in die Stirn? Er war von Marschällen, Generalen, Ordonnanzen umgeben. Ein Jahrhundert zuvor hatten sich einfache Soldaten geopfert. Der Soldat Klinke sprengte

sich selbst mit den Düppeler Schanzen in die Luft, und der preußische Sieg war gesichert. Warum gab es keinen Deutschen, der sich für Millionen seiner Landsleute opferte? War es Feigheit? Ist es Feigheit, wenn Menschen sich töten lassen, statt den zu töten, der ihnen die Befehle zum Töten erteilt? Nein, Hauptmann, Feigheit ist es nicht, und Graf Stauffenberg, der die Bombe legte, war Jahre früher ein begeisterter Anhänger Hitlers gewesen. Er hatte sich für diesen Mann zum Krüppel schießen lassen. Ein Krüppel, ein Mann mit dem Goldenen Verwundetenabzeichen, verstümmelt und voll einsamer Größe, wagte es endlich, und es mißlang. Ich schwieg. Die trunkene Nüchternheit der großen wilden Säufer glänzte in Rostows schrägen Augen, durch die man hindurchsehen konnte in die verletzte Seele des Kosaken.

Wir tranken bis zur Besinnungslosigkeit. Durch Wolken von Nebel hindurch beobachtete ich, wie Rostow aufstand und an dem eingegrabenen, zersplitterten, blutbesudelten Pfahl rüttelte, an dem die Verurteilten endeten.

So stand Rostow, hielt sich fest, fluchte und schrie die Namen hinauf in den hochgetürmten, tanzenden Himmel. Ich schüttete den letzten Rest aus der Flasche auf die Erde, die geduldig mithielt. Vor Übelkeit begann ich zu keuchen. Wir gingen zum Bach, betrachteten mit stumpfen Augen das Wasser und legten uns hinein. Das Wasser war eiskalt, aber ich zitterte vor Hitze. Nie war mir so deutlich, welch eine schwere Schuld das Leben ist. Nie war mir so deutlich, wie schön und kostbar das Leben ist.

Es war Tag geworden um uns. Der Wald dampfte. Wir schüttelten uns. Die rostrote Sonne klirrte hoch am Himmel. Südostwärts spien die Zechen Schmutzwolken über Zwickau aus. Ich wollte Rostow sagen, daß Deutsche und Russen Brüder sind, aber ich sagte es nicht. Ich brachte kein Wort hervor, und ich sah hilflos zu dem Pfahl hinüber, der in der Erde steckte, ein geschwärzter Finger.

Ich erbrach mich.

Ich war nicht der einzige, den Rostow nachts beim Marterpfahl in der Sandgrube nach Hitler fragte. Auch andere waren von Rostow mitten in der Nacht hinausgeschleppt worden.

Ich sah den Kapitän den ganzen Sommer lang nicht.
Im Herbst traf ich ihn im Robert-Schumann-Haus. Angestrengt und mit finsterem Fleiß fotografierte er. Wir tranken natürlich, und da gestand Rostow, warum er sich so für Hitler interessierte. Die Verurteilten, bevor die Salve sie träfe, richteten sich meist noch einmal auf und riefen Heil Hitler!.
Als Rostow mir das erklärte, war er sehr blaß und betrachtete mit einem Ausdruck von Argwohn und Ekel mein Gesicht.
Ich sagte:
Mein Volk ist nicht schlecht, es ist jedenfalls nicht schlechter als dein Volk, ich hoffe, du weißt, wieviel Verzweiflung dazu gehört, wenn ein Mann zwei Jahre nach diesem Krieg noch Heil Hitler! ruft.
Rostow ließ das nicht gelten. Sie sind Faschisten, sagte er, sie sind wild und dumm und unverbesserlich. Warum verabschieden sie sich nicht auf anständige Weise von dieser Welt, mit auf Wiedersehen oder gute Nacht oder einem Fluch, meinetwegen mit einem Gruß an ihre Familie, oder auch mit eurem Deutschlandlied – nein, sie schreien Heil Hitler! – Heil Hitler!.
Er erhob sich schwankend und streckte den Arm aus und schrie immerfort: Geil Gitler! – Geil Gitler! …
Erschöpft ließ er sich zurückfallen.
Ich antwortete:
Ihr laßt ihnen ja keine andere Möglichkeit, es ist ihr einziges Wort und ihr einziger Gedanke, der ihnen geblieben ist und nur ihnen gehört; ihr nehmt ihnen alles andere; alle ihre Enttäuschung und Reue werden vor den Gefängnissen und Urteilen zunichte; wenn ihr sie hinausfahrt in den Wald und an den Pfahl bindet, sind sie von allen Göttern verlassen, das einzige, was ihnen bleibt, ist der Untergangsgruß. So weit ist euer Sieg gediehen, daß eure Gegner, wollen sie nicht ehrlos sterben, diesen Namen nennen müssen…
Ich weiß nicht, ob Rostow noch alles verstanden hat, was ich sagte, er drang erst mit beiden Fäusten und dann mit erhobener Pistole auf mich ein, und dann griff er die anderen an, die sich um uns sammelten.

Ich sprang durchs Fenster auf die Straße und machte mich davon, schuldbewußt und unfroh.
Am nächsten Tage hörte ich, Rostow war überwältigt, verprügelt und in die Mulde geworfen worden. Seine Pistole gelangte auf irgendeine geheimnisvolle Weise zur Polizeiwache und wurde der Kommandantur übergeben. Vielleicht führte dieser Vorfall zu Rostows Verhaftung, ich wünsche ihm jedenfalls, es möchte nichts Schwerwiegenderes gewesen sein; dieser alte Bolschewik und Söldner war, mein' ich, ein im Grunde empfindsamer Mensch, und die fortwährenden Exzesse waren seine Art zu reagieren auf den Mord, den unsere beiden Vaterländer von uns verlangten.
Ich sah Rostow nie wieder.
Schikora, der auf dem Hauptbahnhof arbeitete, rief an einem frühen Morgen bei mir an. Schwerbewaffnete russische Posten haben den Kapitän auf den Bahnhof gebracht, erfuhr ich. Ich hastete zum Bahnhof hinüber. Auf dem Gleis, wo die Gefangenen und Häftlinge verladen wurden, war nichts mehr zu sehen.
Der Zug ist gerade weg, sagte der Mann mit der roten Mütze. Er stand, die Abfahrtskelle unter den Arm geklemmt, verloren auf dem menschenleeren Bahnsteig und sog genüßlich an einer verglimmenden Machorkakippe.
Ich starrte ihm auf die Lippen.
Sie ist von einem Offizier, sagte der Mann, man hat ihn abgeführt. Es sind schwere Zeiten, wie –?
Ich dachte an Rostow. Der Wind kam aus dem Böhmischen, sprang übers Erzgebirge und hoch an den Himmel, wo er die Wolken forträumte. Dröhnend und gleißend rollte die Sonne, das ausgeschlagene Auge Gottes, über uns hin. Mir war plötzlich, als stünde ich Jahre so auf dem Platz neben den Gleisen.
Ich blickte mich um, es war niemand zu sehen, nur der Mann stand noch vor mir und zerkrümelte die Machorkakippe, um die ich ihn gerade hatte bitten wollen, verlegen lächelnd in seiner Tabakspfeife. Plötzlich sah er auf und betrachtete mich verwundert.

Der Sowjetoffizier war wohl ein Freund von Ihnen, was?
Es ist keine Zeit für Freundschaft, sagte ich.

Das Monogramm

Fahr los nach C. und sorge für Gerechtigkeit. Du wirst einen Mann festnehmen und herbringen.
Diesen Befehl gab mir Schröter, mein Vorgesetzter, bei der Untersuchungsbehörde gegen konterrevolutionäre Verbrechen.
Gewiß, sagte ich, gleich will ich losfahren.
Ich holte meine Schuhe vom Ofen, zog das zusammengeknüllte Papier heraus, das ich hineingestopft hatte, damit sie beim Trocknen ihre Form behielten, und bekam Schwierigkeiten mit den verknoteten Schnürsenkeln. Schröter sah aufmerksam zu. Ich nahm das Messer, schnitt die Knoten ab, fädelte die Schnürsenkel ein und knüpfte die Enden wieder zusammen. Schröter sagte:
Dich wundert gar nicht, daß ich dich nach C. schicke?
Warum soll es mich wundern. Weil ich aus C. stamme?
Ich ging um den Schreibtisch herum und öffnete den Schub. Da lag mein Proviant. Ein Stück Brot und ein Salzhering. Die Wurst hatte ich am Morgen bei Dienstbeginn gegessen. Ich biß dem Hering den Kopf ab, öffnete das Fenster und spuckte ihn hinaus. Als das Telefon klingelte, nahm ich den Hörer auf. Eine verdrossene Stimme meldete den Wagen fahrbereit. Schröter beobachtete mich immer noch aufmerksam. Als ich zur Tür ging und stolperte, hatte er mich plötzlich gepackt.
Du wirst den Mann herbringen, ja? Auf jeden Fall, ich kann mich verlassen auf dich?
Ich gab keine Antwort, schlich zum Hof, wo die Wagen standen. Es war Anfang März 1948, ein verspäteter Wintersturm dröhnte. Stanek, der Chauffeur, nahm die Straße über Luckenwalde. Wir drehten rechts ab und kamen hinter Nossen auf die Autobahn. Das waren bis C. an die dreihundert Kilometer. Wir brauchten zehn Stunden dazu. Am Morgen sah ich die Ruinen von Chemnitz im Süden liegen. Wir fuhren weiter. Zwischen

Glauchau und Meerane verließen wir die Autobahn und nahmen die Chaussee. Leergefegt lagen die Straßen. Stanek sah mich mißmutig an: eine vertrackte Gegend.
Für mich ziehen hier jeden Tag die Heiligen Drei Könige durch, sagte ich.
So erreichten wir C.
Stanek fuhr auf den Neumarkt, zog sich den Mantel übers Gesicht und schnarchte. Ich durchstreifte die Stadt. Trottete in die Laurentiuskirche, auf den Friedhof, zur Leichenhalle, zur Schule. Gegen Mittag hielt es mich nicht mehr, ich stieg die Straße zum Gablenzer Berg hinauf, und die zwei Zimmer waren vollgestopft mit Betten, Koffern und bleichen, schweratmenden Kindern. Ins Schlafzimmer trat ich. Unverändert lag drunten der schmale Hof. Nur die Tauben fehlten, längst geschlachtet.
Die Flüchtlinge, ausgesiedelte Deutsche aus Ungarn, flüsterten. Die Augen der Kinder glänzten samten. Als ich ging, schlug die Angst hinter mir in Gelächter um. Ich verzichtete darauf, ihnen zu erklären, daß sie in meiner Heimat lebten, auf dem Land meiner zwei Zimmer, mit dem großen Garten der Blumen, die sich meine Mutter auf den Fensterstöcken in irdenen runden Töpfen gezogen hatte.
Die Treppe hinab stieg ich pfeifend. Blieb stehen vor der zerschrammten Kellertür, bückte mich schnell, sah das Monogramm, das ich als Junge mit dem Taschenmesser eingeritzt hatte, befühlte die Buchstaben, war jetzt ganz daheim, mit den Fingerspitzen.
Der Sturm hatte sich gelegt. Rauh und kalt war die Luft. Stanek glitt unter seinem Mantel hervor. Dünn und bleich standen ein paar Männer und Frauen um den Wagen. Man treibt sich jahrelang in fremden Ländern herum, tötet, wird gejagt, kommt noch einmal davon, und am Ende gelangst du dahin, von wo du ausgegangen bist.
Zwischen die Ziegelscheunen holperte der Wagen. Der Schornstein bohrte sich in eine riesige weiße Wolke hinein. Neben dem Ofenaufgang sprang die Tür auf, Spiralen von Staub tanzten, ein Mann mit Krücken, einbeinig, knarrte heran.

Guten Tag, Bruno! sagte ich.
Sein Hals flammte rot. Er schrie, hob die Krücken, lachte, lachte nicht mehr, die Pupillen verengten sich.
Du wirst hierbleiben? fragte er.
Ja.
Hast einen so großen Wagen und einen Chauffeur dazu?
Ja.
Unbewegt hielten die entlaubten Birken, riesige Spinnwebfenster glänzten in den verwitterten Gattern der Ziegelscheunen. Bruno nahm das Beil und schlug ein Regal zusammen. Dem Ofen heizten wir das morsche Holz. Saßen zu dritt um den knisternden Ofen.
Draußen heulten hungrig die Hunde.
Am Morgen stand Bruno an meinem Lager. Seine Stimme war rauh vor Erbitterung, er sagte:
Du bist nun einer von denen, und jetzt holst du mich ab, was?
Geh in die Küche und wart auf mich, antwortete ich. Und setzte, als er seinen Rücken schon wandte, hinzu: Das Proletariat hat die Macht übernommen, aber das Proletariat ist eine gerechte Klasse, die einzige gerechte Klasse auf Erden!
Er hüpfte, ohne Krücken, hinaus. Ich erhob mich, zog Hemd und Hose an, die Jacke, den Mantel, nahm die Pistole, lud sie durch, ging in die Küche. Bruno stand wieder am Fenster. Der Sturm dröhnte, vor den Fensterscheiben lehnte der Himmel, eine Scheibe gefrorener Milch; bleiche, blasse Kälte drang vom Erzgebirge herüber. Ich half Bruno in den zerlumpten Mantel. Er nahm die Krücken.
Stanek tauchte auf. Wir traten vors Haus.
Was habt ihr mir vorzuwerfen? schrie Bruno.
Was weiß ich, sagte ich, vielleicht hast du Russen getötet, fügte ich gleichmütig hinzu.
Es war Krieg, schrie Bruno, ich habe Soldaten getötet, und die russischen Soldaten haben uns getötet!
Er stützte sich auf die eine Krücke, die andere klemmte er mit einer fahrigen Bewegung zwischen Ellbogen und Leib, und mit der freien Hand faßte er sich an den Hals.

Stanek lauerte am geöffneten Wagenschlag. Sand und Steine spie der Sturm auf die zerschlissenen, knirschenden Lederpolster. Und du, schrie Bruno mich an, du hast nicht getötet? Du nicht? Wirklich nicht? Keinen einzigen Menschen?
Ich zog die Pistole.
Steig ein, brüllte ich wie von Sinnen, steig endlich ein... Er gehorchte. Ich setzte mich neben ihn. Als wir anfuhren, sagte er: Ich verstehe das nicht. Major Tretjakow ließ mich frei, und wer verhaftet mich jetzt wieder?
Ich sagte: Auch ich verstehe etwas nicht. Warum bliebst du hier in der Ziegelei?
In der Ziegelei – und du meinst, ich hätte woanders hingehen können; aber wohin, das sagst du nicht. Mit einem Bein ausreißen? Das versuch mal, du kommst nicht weit als Krüppel, glaub mir. Und zu den Amerikanern gehen – die warten schon auf mich.
Gut, sagte ich, und was war mit deinem Major Tretjakow, so hieß er doch, was?
Major Tretjakow ist der NKWD-Kommandant in Chemnitz. Ich stehe zu seiner Verfügung.
Jetzt stehst du für eine Berliner Kommandantur zur Verfügung, sagte ich, aber du hast mein Ehrenwort, es wird dir nichts geschehen.
Er begann trotzig vor sich hin zu reden. Später spielten wir Siebzehnundvier, und als Bruno einschlief, fesselte ich ihm die Hände. Er erwachte, starrte wortlos auf seine Handgelenke und schloß die Augen wieder.
Es war ungefähr in der Gegend von Chemnitz, als Bruno sagte: Das muß ein harter Beruf sein, seinen eigenen Freund zum Henker bringen.
Du sprichst die Wahrheit, sagte ich, doch du sprichst mit einem Vertreter der Arbeiterklasse. Die Revolution ist eine harte Mutter, aber sie ist auch eine gerechte Mutter. Der einzelne Kämpfer kann untergehen. Dem einzelnen Kämpfer mag der Schmerz die Brust zerreißen, doch die Revolution ist unsterblich, und unendlich groß ist der Leib unserer Partei. Die Zeit ist reif. Ein Krieg ging verloren, die Revolution hat gesiegt.

Du bist ein sibirischer Wolf geworden, sagte Bruno, und sein Gesicht stieß in ohnmächtiger Angst und Wut auf mich zu.
Ich sagte:
Unsere Kinder werden ein gutes Leben führen. Unsere Enkel werden nicht mehr wissen, was es heißt, eine Klasse zu befreien. Nur eine einzige Klasse wird leben auf dieser Erde – die befreite Arbeiterklasse, ein gutes, schönes, stolzes und gerechtes Geschlecht!
Schweigend fuhren wir weiter. Bruno flüsterte:
Aber du, was du auch tust, es wird über dich kommen, ich an deiner Stelle, ich verhielte mich anders.
Ich verhalte mich anders, Bruno, flüsterte ich zurück; und dann öffnete ich mit dem Schlüssel die Fessel an seinen Händen.
Durch Schnee und Matsch fuhren wir. Die Reifen glitschten. Wind fetzte durch den Wagen.
Anhalten! rief ich. – Stanek hielt an.
Lauf los, Bruno, schrie ich aufgeregt, lauf doch, so lauf doch! Er verhielt an der offenen Tür, die Krücken bereit, so starrte er auf die Pistole in meinen Händen. Nun lauf schon, du Scheißkerl! Ich richtete den Lauf auf Staneks Rücken, und da verschwand Brunos leichenblasses Gesicht. Mit großer Geschwindigkeit hüpfte seine Gestalt durch den fallenden Schnee, torkelte, fiel nieder, schwang sich auf, war nicht mehr zu sehen.
Schröters Augen röteten sich vor Zorn, als ich ihm davon erzählte. Er schlug mit der Faust auf die Schreibtischplatte, die Enttäuschung verfinsterte sein offenes Gesicht, das Blut schoß ihm in Wangen und Stirn, die Glatze verdunkelte sich, du Verräter, du verfluchter Verräter, ein zürnender Vater war er mir; ich sagte:
Aber man kann seinen Freund nicht an den Galgen bringen!
Tief Atem holte Schröter, wollte antworten, sein Gesicht erstarrte, er hustete und röchelte, und dann spuckte er und spuckte, und ich sah, er spuckte Blut.
Ich empfand plötzlich wieder eine große Zuneigung zu ihm. Er rang keuchend nach Luft, dann rief er einen Polizisten, und sie sperrten mich eine Woche lang in die Arrestzelle im Keller. Dort holten sie mich an einem Sonntagabend heraus, und

Schröter befahl mir, in einen kleinen Ort an der Zonengrenze zu fahren. Bruno war in den Westen entkommen, hörte ich, aber die Amerikaner hatten ihn aufgegriffen und wieder zurückgeschickt.
Dies war mein letzter Auftrag, ich machte mich auf, Bruno nach Berlin zu bringen. Drei Jahre später stießen sie ihn im Kellergewölbe des Waldheimer Zuchthauses von einem Stuhl, daß die Wäscheleine um seinen Hals sich straffte und seinem Leben ein Ende setzte. Doch da war ich schon drei Jahre lang nicht mehr dabei: Ich sah mit Verehrung zu Schröter auf, sah den vor Erschöpfung zitternden Mann vom Stuhl sich erheben, unbarmherziges Mittagslicht auf den Zügen, ich führte Bruno ins Zimmer, den die Amerikaner zurückgeschickt hatten, ohne Krücken, wer weiß, wo sie geblieben waren, was brauchte es für ihn noch Krücken; in dem Leben, das ihm als Rest bevorstand, war wenig Platz für Bewegung. Ich sagte zu Schröter:
Das war mein letzter Auftrag, ich geh' nach Hause.
Er trat ganz nahe an mich heran.
Und die Gerechtigkeit – du willst nicht der Gerechtigkeit dienen?
Ich will, sagte ich traurig, ich möchte schon, aber ich weiß nicht, wo sie ist, die Gerechtigkeit.
Und das vergossene Blut?
Ich schwieg, und in die Stille hinein keuchte Schröter ein zweites Mal sein: Und das vergossene Blut?
Ich sah den bleichen, mahnenden Mann vor mir, ich sah Brunos zerschlagenen Kopf, ich sah den Polizisten, der uns begleitet hatte und in seiner gutmütigen Verwunderung nicht verstand, was vorging.
Ich sagte: Ein Land müßte sein, ein schönes, gutes Land, wo einer schlafen kann, nichts als einfach schlafen.
Einen Nachmittag lang trottete ich durch Berlin, am andern Tag um neun in der Frühe stehe ich pfeifend daheim auf dem Bahnsteig in C., besitze einen abgeschabten, verschwitzten Anzug, einen ziemlich neuen Mantel aus grauem Militärstoff, ein Paar derbe Lederschuhe, fünfhundert Mark und mein ganzes ferneres Leben. Plötzlich fällt mir ein, ich weiß gar nicht, wohin ich

jetzt gehen soll. In die Ziegelei will ich nicht, und sonst ist kein Haus, wo man mich aufnähme.
Aus lauter Ungewißheit laufe ich langsam neben den Gleisen den Bahndamm entlang. So marschiere ich durch den Ort; die grauen Häuser, die backsteinblanken Ziegelbauten der Fabriken rechts und links vom Bahndamm sehen noch trostloser aus, als ich sie in meiner Erinnerung aufbewahrt hatte. Da sehe ich einen Mann, er ist dürr und geht deutlich vornübergeneigt, und er tritt durch eine Tür in eins der grauen Häuser. Ich bleibe stehen und starre auf die Tür, die sich hinter dem Manne geschlossen hat.
Ich weiß nicht, wie lange ich so gestanden habe. Wie ich wieder zu mir komme, bin ich schon ein ganzes Stück gelaufen, bin die Straße zum Gablenzer Berg hinangestiegen und stehe vor dem Haus.
Ich gehe hinein, fühle an der Kellertür nach dem Monogramm, beuge mich nieder; von den Fingerspitzen an durchströmt mich das gute Gefühl, daheim zu sein.
Im Hof find' ich ein Stück Eisen. Damit heb' ich die Kellertür aus, trag' sie auf meinem Rücken die Straße hin und hinaus in den Wald.
Auf meiner Tür liegend, verbrachte ich die Nacht in tiefem, glücklichem Schlaf: Alle guten Träume einer längst vergangenen Kindheit erstanden mir auf. Für eine kurze Nacht.

Wir sind seit vier Wochen stramme Volkspolizisten. Freilich haben wir mit der eigentlichen Volkspolizei wenig zu tun, wir sind Soldaten. Unser Dienst ist streng militärisch aufgebaut, es gibt Geländeübungen und Exerzieren, Waffenkunde und Polit-Unterricht. Unsere Einheit, die Bereitschaft, ist etwa mit einer Kompanie zu vergleichen, sie besteht aus Zügen und Gruppen, die Zugführer sind Offiziere, die Gruppenführer Unteroffiziere. Jede Gruppe hat ein Maschinengewehr, die Schützen tragen Karabiner. Wenn wir mit den Maschinengewehren durch Zwickau marschieren, gibt es ein großes Aufsehen. Die Leute wissen nicht genau, was das für sonderbare Waffen sind. Nur einige alte Soldaten lächeln höhnisch, sie erkennen die

MG 08/15, uralte wassergekühlte Schlitten aus dem Ersten Weltkrieg. Ein halbes Jahr später allerdings waren die 08/15 verschwunden, dafür gab es MG 42.
Ich stehe vor meinem Spind und ziehe mich aus. Die anderen warten darauf, daß ich das Hemd herunter habe. Jetzt streife ich es über die Arme, und alles johlt. Das hat sich seit Tagen so eingebürgert. Ich zeige nicht, wie ich mich darüber ärgere. Was kann ich dafür, wenn ich so zunehme. Ich fühle mich gesund und kräftig, treibe Gerätesport und gehe abends nach Dienst oft zur Boxgruppe. Allerdings schwitze ich stark und werde immer dicker. Die Kleidung macht mir Sorge. Die Hemden werden eng, die Hose mußte ich weiter machen lassen. Jetzt gibt es große Schwierigkeiten mit der Turnhose. Meine Oberschenkel sind zu stark geworden, ich komme kaum noch hinein. Dabei war ich immer schlank, ich wog hundertdreißig Pfund, in Gefangenschaft meist weniger, manchmal kaum einen Zentner; jetzt wiege ich einhundertfünfundsechzig und nehme ständig zu.
Um mich herum johlen sie immer noch. Ich mache mit und marschiere in den Waschraum, wenn auch ziemlich ärgerlich. Alle werden dicker, ich aber halte den Rekord, mein steigendes Gewicht beunruhigt mich. Sind es die Nachwehen der Gefangenschaft? Neulich, bei der Durchleuchtung, hatte ich einen Befund, und die Ärztin schüttelte bedenklich den Kopf.
Ich dusche abwechselnd heiß und kalt. Der Waschraum ist voller Dampf. Die Tür geht auf, und Hermann kommt herein.
»Na, Dicker, du willst in die Stadt?«
»Ja.«
»Bring mir Brotmarken mit.«
»Gib Geld.«
Er drückt mir zwanzig Mark in die Hand, das ergibt Marken für fünf Pfund Brot.
»Ich ängstige mich vor mir selber«, sage ich, »gestern hab' ich zu den üblichen drei Mahlzeiten noch ein ganzes Dreipfundbrot gegessen.«
»Man sieht's«, sagt Hermann, »wir sind jetzt vier Wochen hier, noch mal vier Wochen, und dir sind die Augen zugewachsen.«

»Dabei fühle ich mich wohl, es ist vielleicht nur eine Reaktion auf die lange Unterernährung. Schließlich geht es uns gut, wir sind viel an der frischen Luft –«
»Und exerzieren!«
»Wir essen vorzüglich«, fahre ich fort.
»Und essen es den anderen weg«, sagt Hermann.
»Wir erholen uns!« sage ich, ärgerlich geworden durch Hermanns Zwischenrufe.
»Wir mästen uns, und die Leute draußen sterben an Unterernährung und Schwindsucht!«
Offiziellen Ausgang hatte ich nicht. Ich stieg in meinen Spind, und als es pfiff, gingen die anderen antreten. Oberwachtmeister Naumann würde nichts sagen, wenn er mein Fehlen bemerkte, für ihn sollte ich auch Brotmarken holen.
Ich hörte Marschgesang und stieß die Spindtür auf. Die Bereitschaft marschierte über die Straße. Der dritte Zug hatte Maschinengewehre mit, die anderen trugen ihre Karabiner umgehängt. Ich schlich in den Keller, jetzt durfte mir niemand begegnen. Es blieb still in den Korridoren. Ich lief den Gang entlang, schwang mich zum Fenster hinaus und nebenan in den Keller des Neubaus, hier waren die Fenster noch nicht verglast. Am anderen Ende stieg ich die Stufen hinauf und stand auf der Straße.
Ich hatte Glück und erhielt genügend Brotmarken gleich im »Taubenschlag«, einer zwielichtigen Kneipe, die für uns eigentlich verboten war. Der Wirt kannte mich schon, ich kaufte oft Brotmarken schwarz bei ihm. Er wußte, daß ich von der Bereitschaftspolizei kam. Die meisten von uns betrieben den Ankauf von Brotmarken für ihre Verwandten, sie schickten die Marken nach Hause. Allerdings brauchten die Jüngeren selbst viel zusätzliches Brot, da ihnen die Rationen nicht reichten. So blühte der Schwarzhandel gerade durch uns, die Bereitschaftspolizisten.
Ich verließ den »Taubenschlag«. Es war noch zu früh zum Rückweg, ich schlenderte durch die Innenstadt. Es machte Spaß, als Zivilist unter Zivilisten zu sein.
Ich ging in die Kaufhalle. Margot stand hinter den Spielsachen und winkte schon von weitem.

»Hast du Brotmarken gekauft?« fragte sie.
»Eine ganze Menge.«
»Was macht Heinz?«
»Er marschiert über die Straße, den Karabiner umgehängt.«
Sie lächelte. »Glaubst du, daß sie ihn entlassen?«
»Entlassen? Er benimmt sich wie ein vorzüglicher Soldat, da gibt's keinen Grund, ihn zu entlassen.«
»Aber er hat ein Gesuch eingereicht.«
»Ein Gesuch? Davon weiß ich nichts!« Ich hatte es so schnell gesagt, und jetzt war es zu spät. Margot wurde ganz rot.
»Aber er hat es mir doch erzählt.«
»Dann hat er es mir wohl verschwiegen.« Das sagte ich so leichthin. Margot sah mich mißtrauisch an. Weiß der Teufel, was sie miteinander reden, dachte ich, wahrscheinlich hat Heinz, wenn er bei ihr ist, den festen Willen, um seine Entlassung zu bitten, bringt aber dann doch nicht den Mut auf.
Ich verabschiedete mich. »Wir wollen heute abend ins Kino«, sagte sie noch schnell, »wenn du Lust hast, komm mit.«
»Geht Mieke mit?«
Sie nickte.
»Eigentlich wollte ich zum Box-Training«, sagte ich, »aber wenn Mieke mit ins Kino will –«
Es war Dienstschluß. Der Rückweg durch den Neubau und die Keller hatte geklappt, obwohl ich beide Arme voller Brote trug. Ich nahm den Koffer vom Spind und legte ihn ins Bett. Zwei Decken wurden zu Rollen gewickelt und so an den Koffer gelegt, daß es wie Beine aussah. Oben richtete ich Kissen und Deckbett auf. Von der Tür her betrachtet, wirkte es völlig echt. Der Stubenälteste konnte um 22 Uhr ruhigen Gewissens Vollzähligkeit melden, in meinem Bett lag »einer« und schlief.
Im Keller wartete Heinz schon auf mich.
»Mit dir hab' ich ein Hühnchen zu rupfen«, sagte ich.
»Wieso?«
Wir schwangen uns durch die Fenster, eilten durch den Neubau und standen auf der dunklen Straße.
»Ich habe mit Margot gesprochen«, sagte ich.
»So«, sagte Heinz.

»Sie meint, du hast das Gesuch eingereicht.«
»Nein, hab' ich nicht.«
»Hast du es überhaupt geschrieben?«
»Ja.«
»Na und?«
Er bleibt stehen. Ich lauf' noch ein Stück weiter und bleibe auch stehen.
»Ich weiß nicht«, sagt er, »was ich machen soll.«
Ich möchte ihm eine scharfe Antwort geben, er ist so weich, und daß er Margot etwas sagt und es dann nicht tut, empört mich. Aber jetzt werde ich unsicher. Weiß ich denn, was ich will?
Ich stampfe wütend mit dem Fuß auf und fühle zugleich, daß das mehr gespielt ist.
»Wie oft hast du in Gefangenschaft gesagt ›Ich rühr' kein Gewehr mehr an!‹, und jetzt jammerst du ›Ich weiß nicht, was ich machen soll‹, und dabei schleppst du treu und brav die Knarre durch die Stadt.«
»Du wohl nicht? Seit drei Jahren ist der Krieg zu Ende, und schon stehen wir wieder nebeneinander im Glied, die Hände am Gewehr. Du genauso wie ich.«
»Aber ich bin kein Theologe!«
»Und ob ich es bin – ich weiß nicht. Ich nenne mich so, aber ich weiß nicht, ob ich ein Recht dazu habe. All die Jahre hab' ich gezweifelt, ich hab' an allem gezweifelt, auch an Gott.«
»Also willst du hier bei der Bereitschaft bleiben?«
»Bleiben? Ich will eigentlich nicht. Doch wir haben uns zur Polizei verpflichtet. Ich fürchte, es war ein Fehler. Wir hätten schon beim Russen nein sagen sollen. Wenn ich jetzt fortgehe, breche ich mein Wort.«
»Es war Notwehr«, sage ich. Und ich denke: Gewiß, es war Notwehr! Der Mensch hat das Recht zur Notlüge und auch zur Nothandlung. Für uns galt es, aus dem Lager herauszukommen. Ich sage: »Das Wort haben *sie* zuerst gebrochen. Sie versprachen uns das eine, aber was sie dann hielten, war etwas ganz anderes. Du brichst kein Wort, wenn du fortgehst.«
»Und warum bleibst du hier?«

Ja, warum blieb' ich?
»Bei mir ist das anders«, sage ich. Heinz nickt. Freilich war es bei mir anders, ich war kein Theologe. Trotzdem, warum verließ ich nicht die Bereitschaft? Warum versuchte ich nicht ein zweites Mal über den Stacheldrahtzaun zu klettern?
Wir gehen schweigend weiter. Bevor wir auf Margot und Mieke treffen, sage ich schnell:
»Wenn du nicht weg willst, dann versprich es wenigstens Margot nicht, sie glaubt, du willst rüber nach Westdeutschland und sie mitnehmen.«
»Das möchte ich auch. Wenn ich mit ihr zusammen bin, nehme ich mir fest vor, es am nächsten Tag anzupacken, aber am nächsten Tag hänge ich mir treu und brav das Gewehr um.«
Es ist ein langweiliger Film. Rechts neben mir sitzt Mieke. Sie ist siebzehn Jahre alt und die Schwester von Margot.
Nach dem Kino werden wir heimwärts gehen, ganz langsam, und wir haben etwas vor. Die Ironie des Schicksals schenkte mir nach Krieg und Gefangenschaft und erneutem Kasernendienst ein Mädchen, bei dem der Boden noch drin war. Das darf doch nicht sein, dachte ich halb verzweifelt und halb erschreckt, daß dir nun auch noch die schwere Arbeit einer Entjungferung bevorsteht. Ja, wen die Götter lieben, den stellen sie vor schwere Aufgaben. Mich schienen sie ganz besonders zu lieben.
Später beschloß ich, meine Rückkehr ins Leben in Deutschland als Lehrzeit einzuschätzen. Ich mußte den Alltag kennenlernen, seine wirren Nöte und Zwänge und seine überraschenden Abenteuer. Meine Generation hatte nur gelernt, Soldat zu sein und Gefangener. Jetzt hieß es auf eigenen Füßen stehen. Auch wenn's Blasen zog.

Es ist abends elf Uhr. Ich biege in die Lassallestraße ein und stoße fast gegen drei Zivilisten, die mir entgegenkommen.
»Mensch, den kenn' ich doch –«, sagt der eine. Es ist Naumann, mein Gruppenführer. Verdrücken kann ich mich nicht mehr. Also bleibe ich stehen. Die anderen beiden sind Zugführer, Kommissare. Sie lachen und geben mir die Hand.

»Gehst du mit?« fragt Becker, ein blonder, immer fröhlicher Kerl, der die Boxgruppe leitet. Becker stammt aus Hermanns Geburtsort, die beiden kennen sich seit ihrer Kindheit.
»Wohin geht ihr?« frage ich.
»Wir wollen uns hauen«, sagt Reber, der andere Kommissar. »Wir sind auf dem Weg in die Nähe der alten Kasernen, wo die Wismuter jetzt wohnen.«
Es ist ein finsteres Lokal, auf dem Podest hockt eine Blaskapelle, die Tanzfläche ist eng, betrunkene Wismuter grölen.
Wir gehen dicht hintereinander und finden in einer Ecke Platz.
»Das ist doch Polizei!« höre ich sagen. Ein Mädchen streckt uns die Zunge raus.
»Gleich geht's los«, sagt Becker und ballt wie zur Probe die Hände unterm Tisch. Aber es bleibt ruhig. Wir merken nur, wie an den anderen Tischen über uns getuschelt wird.
Heute scheinen sie sich nicht richtig zu trauen. Keiner stänkert. Wir reden über die Bereitschaft.
»Weißt du«, sagt Naumann, »daß zwanzig Genossen vom Stamm eine Resolution gegen euch losgelassen haben, bevor ihr angerückt seid?«
Das wußte ich nicht.
»Sie haben das Polizeipräsidium gebeten, sie nicht zum Stamm der Bereitschaft zu nehmen. Zwar seien sie Kommunisten, aber immerhin wären sie, ihre Brüder oder Väter, auch deutsche Soldaten gewesen.«
»Was hat das mit uns zu tun?« frage ich.
»Sie sagten, sie könnten nicht mit euch in einem Glied marschieren, weil ihr im Krieg gegen die deutschen Truppen gekämpft habt.«
»Das ist Quatsch, wir sind Kriegsgefangene, weiter nichts.«
»Nicht von der Seydlitz-Armee?«
»Das kann ich beschwören.«
»Und wenn's so wäre, mir könnte das verdammt noch mal egal sein«, knurrt Reber.
Ich muß plötzlich lachen. »Deshalb habt ihr uns wohl so zaghaft, beinahe höflich, behandelt am Anfang?«

»Ja, wir hatten Schiß vor euch.«
»Angst ist immer gut«, sag' ich, »das hab' ich inzwischen gelernt. Mit Angst kannst du alles machen.«
»Jetzt geht's los«, ruft Becker, »Achtung!«
Ein Bierglas knallt über uns an die Wand. Zwei kräftige, schmutzige Gestalten schieben sich heran, hinterher drängt ein Haufe nach.
»Was willst du hier?« fragt der eine und faßt Becker an den Hals. Becker, Leiter der Boxgruppe und unser schärfster Mann, knallt ihm die Faust unters Kinn. Der kräftige Kerl knickt zusammen. Wir packen den Tisch an seinen vier Beinen, halten ihn wie einen Schild, und wir drücken uns durch das Lokal. Ringsum brüllt's und pfeift's und hagelt's Schläge. Einige Leute dreschen auf die Kapelle ein. Jemand kriegt die große Trommel über den Kopf gestülpt, zwei Betrunkene zertreten eine Posaune.
»Jetzt aber ab!« schreit Becker, »bevor die Polizei kommt!«
Wir schlagen uns zum Ausgang durch. Beckers Hände sind angeschwollen von den ausgeteilten Hieben. Naumann hat eine Schramme im Gesicht, mir ist der linke Ärmel aus dem Jackett gerissen.

Am Morgen vor dem Dienst kommt Heinz zu mir. Er sieht übernächtigt aus, scheint aber guter Stimmung zu sein.
»Du mußt uns helfen«, sagt er leise.
»Uns? Wem denn noch?«
»Hermann und mir.«
»Und was kann ich tun?«
»Du fährst am Wochenende zu deinen Eltern?«
»Ja.«
»Da fällt es nicht auf, wenn du Gepäck mitnimmst. Bei Hermann und mir wäre das verdächtig, wir kriegen diese Woche nur Stadturlaub.«
»Wollt ihr etwa – abhauen?«
»Ja.«
»Hermann auch?«
»Hermann auch. Er läßt seine Familie nachkommen, und ich nehme Margot mit.«

»Na, da wünsch' ich viel Glück«, sage ich.
»Kommst du auch mit?« fragt Heinz.
»Ich?«
»Also kommst du nicht mit?«
»Nein, ich bleib' noch.«

Nach der Flucht der beiden herrschte in der Bereitschaft große Aufregung. Es gab Versammlungen in den Parteigruppen, und schließlich gestattete die Landesbehörde der Volkspolizei den Übertritt aus der Bereitschaft in die Schutzpolizei. Aber nur etwa zehn Prozent kamen so in ihre Heimatorte. Ich wurde nicht berücksichtigt.
Eines Tages mußte ich ins Polizeipräsidium, und man fragte mich, ob ich Lust hätte, zur Kriminalpolizei zu gehen.
»Weshalb gerade ich?« erkundigte ich mich.
»Ihre soziale Herkunft ist sehr gut, Vater Arbeiter, Mutter Arbeiterin. Sie selbst auch Arbeiter, so etwas brauchen wir.«
»Gut«, sagte ich, »einverstanden.«

Es ist Silvester, ein leiser Schnee fällt auf die nachtdunklen Straßen. Die Gaststätten sind überfüllt, das Überfallkommando wird fortwährend alarmiert. Ich habe Kriminalwache.
Kurz nach ein Uhr ruft mich der Wachhabende.
»Sie kommen doch von dieser komischen Bereitschaft, wie? Nehmen Sie unten einen Wagen, ich kann Ihnen keinen weiteren Mann mitgeben, fahren Sie hin, und bringen Sie Ordnung in die Verrückten!«
Ich fahre zur Schule, stelle den Wagen ab und sehe keinen Posten. Plötzlich fallen Schüsse. Vom Dach zischt Leuchtspurmunition in den Himmel. Ich höre einen diszipliniert gesungenen Choral: »Wir ham noch lange nicht die Schnauze voll…« Zwischendurch bricht die Melodie wie auf Kommando ab, und im Sprechchor wird gerufen: »Wir ham sie aber voll! Jawoll!«
In der Straße ist es lebendig geworden. Die Bewohner sehen aus den Fenstern oder treten vor die Tür.
Ich laufe die Treppen hoch. Sonst ist die Tür zum Dachboden

verschlossen, jetzt steht sie weit offen. Ich sehe alles vor mir und halte überrascht inne. Vor dem Erkerfenster stehen die drei Posten und halten ihre Gewehre hinaus. Hinter ihnen, wie ein Chor aufgebaut, reihen sich etwa einhundert Mann, davor der kleine Blümel, der sie dirigiert. Ich beobachte von der Seite die Gesichter der Männer, sie blicken eigentümlich ernst drein, obwohl die meisten betrunken sind.
Ich möchte am liebsten umkehren. Die Posten schießen wieder eine Salve in die Luft, und das bringt mich zur Besinnung.
»Hört auf mit dem Unsinn«, sage ich.
Sie sehen zu mir her, von der Straße unten dringen die Rufe der Leute herauf, sonst ist es ganz still.
»Die Polizei ist besoffen!« verkündet eine Frauenstimme.
»Es ist eine gute Stunde im neuen Jahr, es ist 1949 geworden«, sage ich und komme mir vor wie bei einer Predigt, »macht Schluß mit dem Theater!«
»Wir wollen nach Hause!« ruft eine heisere Stimme. Es ist der kleine Blümel, der sie dirigiert hat. Ich gehe langsam zu ihm hin, stehe jetzt direkt am Fenster, die drei Posten sehen mich finster an.
»Gebt die Gewehre her!«
Es ist ganz ruhig, vor dem Erker fallen Schneeflocken nieder.
»Wir wollen nach Hause!« sagt Blümel und fährt sich mit der Hand über die Augen. Der Chor steht wie angewachsen.
»Ihr kennt mich doch, Arnold, Günther, Bismarck, ihr kennt mich doch«, sage ich. Sie sehen mich an wie einen Fremden. »Ihr kennt mich doch«, schrei' ich, »ihr kennt mich von Minsk her, von Fürstenwalde, ich hab' so wie ihr gehungert, ich hab' so wie ihr in Fürstenwalde gemeutert, ich hab' hier wie ihr zugenommen. Wißt ihr noch, wie ihr immer aaaah-aaaah gemacht habt, weil ich so dick wurde?«
Ich sehe, ein paar werden weich und beginnen zu lächeln. Die andern stehen stur.
»Verdammich!« sag' ich und grinse. »Wißt ihr das noch, oder wißt ihr das nicht mehr? Hab' ich nicht hier meinen Koffer ins Bett gelegt und bin nachts schwärmen gegangen wie jeder andere von euch auch?«

Du mußt sie beruhigen, denke ich, du mußt sie abwiegeln, gleichzeitig denke ich auch: Und wenn nicht?
Wenn du sie nicht beruhigst? Weshalb überhaupt willst du sie beruhigen? Weshalb sollen sie es nicht laut über die Stadt hin und ins neue Jahr schreien? Weshalb sollen sie ihr jämmerliches Schicksal nicht hinausgrölen?
Weshalb, denke ich, stellst du dich gegen sie? Weil du seit kurzem nicht mehr bei ihnen bist. Weil du bei der Kripo eine interessantere Arbeit gefunden hast. Mehr gehört also nicht dazu, die Vergangenheit und Gemeinsamkeit zu vergessen.
Stell dich mitten unter sie und sing mit: »Wir ham die Schnauze voll – jawoll!« Reih dich ein, schrei's hinaus in die aufhorchende Straße –
Da sehe ich, wie mir der kleine Blümel zunickt.
»Das stimmt!« sagt der kleine Blümel trocken.
»Das stimmt!« sagen ein paar andere.
Das stimmt? denke ich, und mir fällt ein, sie meinen das, was ich laut ausgesprochen und nicht still bei mir gedacht hatte. Sie stimmten mir zu, sie anerkannten mich als einen der ihren. Ich möchte etwas sagen, aber was ich sage, klingt anders. Ich höre meinen Satz: »Und nun laßt den Unsinn sein!« Eigentlich meine ich: »Macht weiter, laßt euch nicht abhalten von mir!« Aber ich fahre fort: »Es hat so keinen Zweck, damit erreicht ihr nichts, höchstens eine Gefängniszelle. Ihr müßt das anders anfangen!«
Sie reden durcheinander. Ich habe gesiegt.
»Geht wieder auf eure Posten«, sage ich zu den dreien, die immer noch mürrisch am Fenster stehen und ihre Gewehre hinaushalten. Sie nicken und trotten davon.
Die anderen umringen mich und fragen nach der Kripo. Wir gehen hinunter und feiern das Jahr 1949, dann fahre ich zurück, im Zustand grimmiger Zufriedenheit. Ich hatte der DDR eine Anzahl Kader für die künftige Armee gerettet.

Ich bin in die Kriminalaußenstelle meiner Heimatstadt versetzt worden. Der Leiter der Außenstelle heißt Lippold. Außer ihm sind wir fünf Sachbearbeiter. Es gibt jeden Tag mehrere Anzei-

gen und zusätzlich noch die operative Arbeit. Im Zimmer stehen zwei Schreibtische, an einem sitzt Hans, am anderen ich. Hans erteilt mir, dem Neuling, als erstes die Lehre: »Merk dir, jeder Mensch ist ein Verbrecher!«
Zum Beweis dieser These nahm er mich den nächsten Tag mit auf die Runde. »Ich will dir demonstrieren, daß ich recht habe«, sagte Hans. Wir gingen durch eine Straße, bogen in die nächste ein und blieben stehen.
»Zeig auf ein Haus!« forderte Hans mich auf.
Ich tat es.
»Komm!« sagte Hans. Wir traten ein. Vor der Namenstafel wies er mich an: »Zeig auf einen Namen!«
»Gleichgültig, auf welchen?«
»Gleichgültig.«
Ich wies auf einen im zweiten Stock, weil ich nicht bis in den vierten steigen wollte.
»Gehen wir hin!« Hans marschierte geradenwegs in die zweite Etage und klingelte.
Eine ältere Frau öffnete die Tür.
»Kriminalpolizei!«
Sie wurde kalkweiß im Gesicht.
»Na, na«, sagte Hans, »was ist denn?«
»Aber«, sagte die Frau.
»Wir wollen nur mal mit Ihnen reden«, sagte Hans und steuerte auf eine Tür zu. »Nein«, sagte die Frau, »nicht, hier ist die Küche, da geht es besser.«
Wir setzten uns in die Küche.
»Um es kurz zu machen, haben Sie eine strafbare Handlung begangen?«
»Ich? Aber wie kommen Sie darauf?« antwortete die Frau, mir schien, sie habe ihre Sicherheit wiedergefunden.
Hans stand wortlos auf und ging in den Korridor. Die Frau saß wie versteint. Dann rief sie: »Nein! Nein!« und eilte hinter ihm her. Hans öffnete die Stubentür, von der die Frau uns vorher abgelenkt hatte. Es war eine Stube mit zwei altmodischen Sesseln und einem Plüschsofa. An einer Wand stand ein Fahrrad, umgedreht, mit den Rädern nach oben. Das Fahrrad war ziemlich neu.

»Wem gehört das?« fragte Hans.
»Meinem – meinem Schwiegersohn.«
»Gehört es ihm wirklich?«
»Ich – ich habe nichts damit zu tun, glauben Sie mir, ich weiß wirklich nicht, woher er es hat.«
Hans lächelte mir zu.
Die Vernehmung ergab, der Schwiegersohn hatte das Rad ein Vierteljahr vorher gestohlen.
Als wir die Treppe hinunterstiegen, sagte ich: »Das ist ja toll, das hätte ich nicht gedacht.«
»Ich auch nicht«, sagte Hans.
»Aber du sagtest doch, heute sei jeder ein Verbrecher?«
»Ja, aber ich dachte mehr an Wirtschaftsvergehen, kleine Schiebereien und so.«
»Das sind keine Verbrechen«, entgegnete ich.
Er lachte. »Du Anfänger! Zuerst denkt jeder so, wenigstens im stillen, aber arbeite erst ein paar Monate bei uns, und du machst keinen Unterschied mehr. Am Anfang schämst du dich, bald vergißt du die Scham. Wir werden alle zu herzlosen Bürokraten, und ich weiß nicht mal, warum.«

Ich wohne in der Nähe des Bahnhofs. »Das ist gut«, sagt Lippold, unser Chef, »da kannst du immer ein Auge offenhalten dort.« Ich gehe also mittags oder abends und nachts am Bahnhof vorbei. Von den Berliner Zügen kommen immer welche mit Westwaren.
Zur Zeit sind Bücklinge die große Mode. Ich habe eigentlich keine Lust, mich mit kleinen Schiebern abzugeben, es gibt jedoch Leute, die nur zur Verschleierung schieben. Neulich erst nahmen wir zwei junge Männer fest, die nicht arbeiteten, auf dem Schwarzmarkt bekannt waren, nachts auf eine andere Tour gingen. Wir konnten ihnen 52 Einbrüche und Diebstähle nachweisen. Ich gehe durch den hinteren Eingang des Bahnhofs. Es ist 21.30 Uhr, die Halle ist fast leer, der nächste Zug kommt erst in einer guten halben Stunde. Ich setze mich in eine dunkle Ecke. Ein Mann nähert sich, setzt sich neben mich, sieht mich an, erschrickt, springt auf und geht eilig fort. Ich folge ihm.

Er geht die Bahnhofsstraße entlang, über die Brücke, durch die Kirchgasse und verschwindet im Café Modes.
Ich mache mich auf den Heimweg. Das Gesicht des Mannes sehe ich noch Tage vor mir, ein teigiges, rundes Gesicht mit unsteten Augen.
Im Café Modes trinke ich einen Tee. Den Mann sehe ich nicht. Einige Tage später ruft mich Lippold in sein Zimmer. Neben dem Schreibtisch sitzt jemand. Es ist mein Bahnhofsbanknachbar.
»Kennst du den Herrn?« erkundigt sich Lippold.
»Ich hab' ihn gesehen.«
Der Teiggesichtige blickt unsicher auf mich und wendet den Kopf schnell ab.
»Bist du orientiert, was dieser Cafébesitzer Modes für ein Kerl ist?« fragt mich Lippold.
»Ich weiß nichts Genaues.«
»Warum bist du diesem Herrn hier nachgegangen?«
»Darüber sprechen wir besser später.«
»Gut.«
Ich verlasse das Zimmer. Nach einer halben Stunde verschwindet der Mann, ich gehe wieder zu Lippold.
»Das ist ein Konditor«, erklärt mir Lippold, »der arbeitet bei Modes.«
»Ich halte ihn nicht für astrein.«
»Wieso? Beweise?«
»Hab' ich nicht. Er gefällt mir nicht, er kann einem nicht in die Augen sehen.«
»Ach was, der Junge ist goldrichtig, den hab' ich in der Tasche, verstehst du? Morgen heben wir den Modes aus.«
»Ausheben?«
»Klar! Wir nehmen ihm den Laden weg. Ganz einfach.«
»Wir machen das Café zu? Aber die Stadt hat sowieso wenig Lokale.«
»Dann – setzen wir den Konditor eben als Treuhänder ein!«
»Und welche Gründe sprechen für die Aktion?«
»Gründe? Ich hab' schon welche. Der Modes schiebt, kauft, verkauft schwarz, und im übrigen sind die hygienischen Zustände da untragbar.«

Am nächsten Morgen fuhren wir mit zwei Wagen vor und holten Modes aus dem Bett. Er zitterte und konnte kaum sprechen. Wir nahmen alle Waren mit. Lippold ließ die Theke abbrechen, daß es um den Ausschank aussah wie nach einem Bombenangriff. Wir fanden ein wahrscheinlich von Ratten gefressenes Loch. Lippold schäumte: »So ein Saukerl. Hier laufen die Ratten über den Kuchen, kein Wunder, wenn die Gäste krank werden!«
Ich wußte nicht, war Lippold so aufgebracht oder spielte er die Erregung nur. Freilich – die Sache mit dem Rattenloch langte nicht für eine Verhaftung. Trotzdem wurde Modes festgenommen. Später setzte Lippold den Mann, der ihn angezeigt hatte, als Treuhänder ein. Als Lippold seinen Entschluß mitteilte, sah ich, wie der Treuhänder rot wurde. Lippold drehte sich um und erblickte mich.
»Was hast du?« fragte Lippold.
»Was soll ich haben?« antwortete ich.
Seit dieser Zeit sprach Lippold oft mit mir über Dialektik. Ich verstand nicht, weshalb, aber wo er mich auch traf, fing er von den Grundzügen an. Mir wurde es peinlich, denn er war wohl kein schlechter Kriminalist, doch von Ideologie verstand er nichts. Ich war in der Psychologie noch zu unerfahren, um sein Verhalten zu verstehen, immerhin ahnte ich etwas. Mein Verdacht wurde bald bestätigt. Man begann die Enteignung von Betrieben zu forcieren. Wir hatten fast jede Woche einen Fall. In einer kleineren Fabrik wurden die Besitzerin festgenommen, jeder Beleg sichergestellt und eine Menge Waren beschlagnahmt. Lippold wandte sich an mich: »Geh rüber ins Kontor und sieh zu, daß du den Herrn X. erwischst. Ich möchte ihn sprechen.«
Ich machte mich auf, hatte etwa zweihundert Meter zu gehen und mußte dann mehrere Zimmer absuchen. Unterwegs blieb ich stehen. Warum wollte mich Lippold aus dem Hause haben?
Ich lief schnell zurück. Durch das Fenster einer Tür sah ich, wie Lippold die Treppe herunterkam. Er trug ein großes Paket in Händen und ging nach vorn hinaus auf die Straße, wo sein Au-

to stand. Er kam wieder zurück und stieg langsam die Treppe hoch. Ich wartete eine Weile und folgte ihm.
»Herr X. ist nicht aufzufinden!« Lippold nahm es gleichmütig hin. »Na dann nicht«, sagte er.
Auf der Rückfahrt stieg ich in Lippolds Wagen. Von dem Paket war nichts zu sehen. Er hatte es wohl in den Kofferraum gelegt.
Lippold fuhr wie gewöhnlich sehr schnell. Ich saß neben ihm. Ein Mann lief uns beinahe ins Auto. Lippold bremste, öffnete die Tür, beschimpfte den Fußgänger, schlug die Tür zu und raste weiter.
»Was meinst du«, wandte er sich an mich, »welcher Grundzug der Dialektik ist am wichtigsten?«
Mich ritt der Teufel: »Der dritte«, antwortete ich.
Er fuhr in einem Höllentempo durch die engen Straßen der Stadt. Trotzdem drehte er den Kopf wie ein Fuchs, der Gefahr wittert, zu mir her: »Warum der dritte?« fragte er.
»Daß die Gegensätze aufeinanderprallen, das ist wichtig!« sagte ich. Lippold schwieg.

»Du kommst zurück ins Präsidium«, sagte Hans.
»Ich? Warum?«
»Weiß nicht, Lippold hat's gesagt.«
So ist das also, dachte ich.
Aber es ging nicht so schnell. Zwei Wochen später war ich immer noch da.
»So was«, sagte Lippold, »erst fordern sie dich dringend an, und dann ist es ihnen gar nicht mehr so eilig.«
Er log offensichtlich. Das Präsidium hatte mich keineswegs verlangt. Aber warum wollte er mich loswerden?

Das Telefon klingelt. Ich fahre auf und mache schlaftrunken Licht. Es ist morgens halb fünf. Lippold ist am Telefon. Ich halte den Hörer schnell ein Stück vom Ohr ab; Lippold hat eine eigenartige Weise zu telefonieren, man spürt ihn förmlich durch den Draht pusten.
Lippold ist offensichtlich verärgert. »Schweinerei«, schimpft er,

»keiner ist zu erreichen!« Keiner? denke ich, was heißt das, er hat mich also gar nicht zuerst angerufen. Wollte er lieber einen anderen haben?
»Komm sofort in die Dienststelle!« Ich kleide mich mürrisch an.
Vor der Dienststelle hält ein Auto, Lippold sitzt am Steuer.
»Na endlich«, sagt er ungeduldig, »wir holen den Vetterlein aus dem Bett, von der Mühle.«
Wir rasen durch das nachtdunkle Städtchen. Er hockt hinter dem Steuer und sagt kein Wort.
Wir halten vor der Mühle. »Vetterlein schläft im zweiten Stock, hau ihn raus, wir müssen ins Kontor!«
Ich steige die Treppen hinauf und wundere mich noch über die unverschlossene Haustür. Ich klingle. Vetterlein steht vor mir, im Schlafanzug, aber sehr wach.
»Kommen Sie ruhig rein, ich zieh' mich schnell an.«
Ich setze mich.
Aus dem Schlafzimmer sagt Vetterlein: »Ich habe Sie erwartet!«
»Was? Die Aktion war geheim.«
»Ich bin diese Nacht angerufen worden.«
»Von wem?«
»Weiß nicht.«
»Was hat man Ihnen gesagt?«
»In wenigen Stunden wäre die Kripo hier im Haus, und alles sei verloren. Wenn ich mich retten wolle, solle ich mich an den Kriminalrat Lippold wenden, der könne mir vielleicht noch helfen.«
»Und haben Sie das getan?«
»Nein, weshalb sollte ich? Ich fürchte die Kripo nicht, meine Geschäfte sind in Ordnung.«
Vetterlein steht fertig angekleidet neben mir. Wir gehen zur Tür.
»Noch etwas«, sage ich, »die Stimme des Mannes, der Sie anrief, fiel Ihnen an der etwas auf?«
»Sie klang nicht natürlich. Sie war verstellt.«
»Trotzdem, erinnern Sie sich genau. Welches Gefühl hatten Sie bei dem Anruf?«

»Das kann ich Ihnen genau beschreiben. Ich schüttelte mich, es war, als puste mir jemand ins Ohr.«
Ich wußte genug.
Wir gingen hinunter. Ich orientierte Lippold in kurzen Worten. Mit einer Handbewegung schnitt er mir den Satz ab. »Schon gut, wer weiß, ob's stimmt, und wenn, wir können nichts beweisen.«
Im Kontor dachte ich, beweisen? Ich weiß etwas, aber kann ich es beweisen?
Wir suchten ein paar Stunden und kramten in Abrechnungen herum, Lippold rauchte Kette, Vetterlein, ruhig und bestimmt, unterschied sich stark von jenen, die, erschien die Kripo bei ihnen, sich vor Nervosität und servilem Geschmeichel kaum zu halten wußten. Wir fanden nichts und mußten wieder abfahren.
Mir war klar, daß kein anderer als Lippold in der Nacht mit Vetterlein telefoniert hatte. Wäre Vetterlein sich einer Schuld bewußt gewesen, hätte er sich hilfesuchend an den Kriminalrat gewandt, und dem wäre die geplante Erpressung gelungen. Ich überlegte, wie ich Lippold überführen könnte. Dann ging alles sehr rasch. Wir mochten etwa zwei Stunden wieder in der Dienststelle sein, als der Leiter der Abteilung K des Präsidiums erschien und in Lippolds Zimmer verschwand. Kurze Zeit später kamen er und der Kriminalrat heraus. Lippold gab sich den Anschein größter Ruhe.
»Ich muß nach Zwickau fahren«, sagte er. Sie stiegen die Treppe hinunter, wir blickten von oben dem davonfahrenden Auto nach. Lippold erhielt vier Jahre Zuchthaus. Eine seiner Machenschaften war aufgedeckt worden. Er hatte den mit ihm befreundeten Malermeister Nötzel zu einem Bauern geschickt, ein Schwarzmarktgeschäft abzuschließen, Getreide gegen Autoreifen. Als der Bauer mit den eingehandelten Reifen losfuhr, kreuzte Lippold im Wagen auf und beschlagnahmte die Fuhre. Der Bauer wurde auf die Dienststelle gebracht und in die Zelle gesperrt.
Es war der späte Nachmittag eines Sonnabends und sonst niemand anwesend. Der Kriminalrat sperrte noch den Malermei-

ster zu dem Bauern, und Nötzel ließ durchblicken, er sei mit Lippold bekannt. Der Bauer ward so zu einem Angebot gebracht, Lippold schäumte und schrie, er lasse sich nicht bestechen, sagte aber doch schnell ja, als der Bauer sein Angebot erhöhte. Der Kriminalrat erhielt die Autoreifen und ein paar tausend Mark, das Bäuerlein erhielt seine Freiheit, und Malermeister Nötzel wurde an Lippolds Gewinn beteiligt. So hatte ein jeder sein Gutes, bis der Bauer in einer Kneipe von dem Handel erzählte. Der anwesende Dorfpolizist notierte das Gehörte, Lippold kam endlich zu Fall.

Ich mußte meine Beobachtungen zu Protokoll geben und verheimlichte nichts. Hans sagte, während ich meinen Bericht tippte:

»An deiner Stelle wüßte ich nichts.«

»Du meinst, ich soll den Kerl decken?«

»Das nicht«, meinte Hans gedehnt, »aber Lippold hat viele Freunde im Präsidium.«

»Trotzdem hat man ihn jetzt festgenagelt.«

»Das schon, es war zu dick und zu weit in die Öffentlichkeit gedrungen, aber man wird versuchen, das Ganze auf kleiner Flamme zu kochen. Sieh dich lieber vor.«

Ich schrieb meinen Bericht zu Ende und lieferte ihn im Präsidium ab. Lange Zeit hörte ich nichts. Als ich nachfragte, wurde mir gesagt, meine Beobachtungen entbehrten jeglicher Indizien. Das traf nicht zu, man wollte bei Lippold gar nicht tiefer schürfen. Ich schrieb eine Beschwerde und erhielt die Antwort darauf schon zwei Tage später. Sie stammte von einem Sachbearbeiter der Personalstelle, der mir mitteilte, ich würde mit Wirkung vom Ersten des nächsten Monats zurück zur Bereitschaft versetzt.

»So ergeht's einem«, sagte Hans, »der gute Ratschläge in den Wind schlägt.«

Ich erwiderte nichts darauf. In die Bereitschaft würde ich nicht zurückgehen – das schwor ich mir, eher – aber es sollte ganz anders kommen.

Eine Frau sitzt vor meinem Schreibtisch. Sie sieht aus wie vierzig, ist aber erst achtundzwanzig Jahre alt. Unsicher und ver-

stört streichen ihre Hände über ihren fleckigen dunklen Kostümrock.
»So reden Sie doch.«
»Verstehen Sie mich nicht falsch«, beginnt sie schließlich zögernd, »ich bin keine – ich bin keine Denunziantin, aber ich möchte – ich muß Ihnen – etwas sagen.«
»Bitte!«
»Es handelt sich – es betrifft meinen – meinen Mann.«
»Und was ist mit ihm?«
»Er hat Geld, aber er – er arbeitet nicht.«
»Er schiebt?«
»Das auch.«
»Und was noch?«
»Das – also das herauszufinden ist wohl eher Ihre Aufgabe.«
»Ach so.«
Ich lasse mir die Personalien geben und sehe in der Kartei nach. Der Mann ist kein unbeschriebenes Blatt. Achtzehn Vorstrafen.
»Sie wohnen mit ihm zusammen?«
Die Frau schüttelt den Kopf.
»Woher wissen Sie denn, daß er Geld hat?«
Ihre Augen füllen sich mit Tränen. »Er kommt, zeigt mir Geld und beschimpft mich.«
»Haben Sie Kinder?«
»Zwei – von ihm.«
»Und er gibt Ihnen kein Geld?«
»Nein, er zeigt es mir nur.«
Ich sehe den Fall zur Überprüfung vor: Paul Kirsten, arbeitet nicht, verfügt über Geld.
Am nächsten Morgen stürzt eine blondierte, kreidebleiche Geschäftsfrau in die Anmeldung. »Kommen Sie, alles ausgeraubt!«
Die Kerle waren wirklich frech. Die Haustür war mit einem Nachschlüssel geöffnet worden, eine zweite Tür gewaltsam aufgebrochen. In der dritten Tür klaffte ein Loch, daß man bequem durchsteigen konnte. Die Einbrecher hatten mit einem Schnellbohrer Loch an Loch gebohrt und so einen großen, run-

den Deckel herausgehoben. Im Geschäft fehlten mehrere Ballen Stoffe, Damenstrümpfe und andere begehrte Kleinigkeiten. Fingerabdrücke gab es viele, aber wie sich zeigte, alle vom Verkaufspersonal.

Da sich keinerlei Anhaltspunkte ergaben, beschlossen wir, einen größeren Kreis von Verdächtigen zu überprüfen. Ich fertigte eine Liste an. Sie enthielt ein rundes Dutzend Namen, das waren etwa die Spezialisten, die unsere Stadt für derartige Delikte aufzuweisen hatte. Als ich mit der Aufstellung zu Ende war, fiel mir die Frau vom Vortage ein. Ganz unten schrieb ich hin: Paul Kirsten. Der Wagen zur Überprüfung fuhr los. Ich blieb zurück und nahm das Verkaufspersonal unter die Lupe, denn es war nicht ausgeschlossen, daß die Einbrecher darunter Verbindungsleute hatten.

Es war noch keine halbe Stunde vergangen, da kam der Wagen zurück. Man schob mir einen blonden jungen Mann zu: Paul Kirsten.

Hans strahlte: »Volltreffer! Wir begannen deine Liste von hinten. Dieser Herr Kirsten war nicht in seinem Zimmer, wohl aber seine Aktentasche. Wir erlaubten uns hineinzusehen. Was lag drin?«

Hans langte in die Tasche und brachte ein Papierband hervor, wie es an verkaufsfertigen Damenstrümpfen zu sehen ist.

Ich fragte die Geschäftsfrau: »Ist das Ihre Marke?«

Sie machte große Augen: »Ja!«

»Und wo habt ihr Herrn Kirsten dann getroffen?« fragte ich Hans.

»Er kam, als wir gerade wieder gehen wollten. Er hatte achthundert Mark bei sich.«

»Er ist ein Mann mit Geld!« sagte ich.

»Und mit Charakter!« setzte Paul Kirsten dazu und sieht mich freundlich an.

Die Vernehmungen sind langwierig. Kirsten ist Fachmann auf dem Gebiet, er hat viel Übung. Ich hole ihn jeden Tag vom Gefängnis und bringe ihn zur Dienststelle. Manchmal fahren wir, oft laufen wir. Er hat einen Gang, um den ich ihn beneide. Er läuft geschmeidig wie ein Tiger.

In der Dienststelle nehme ich ihm die Fessel ab. Ich muß das tun. Herr Kirsten hat mich davon überzeugt, daß ich es tun muß. Lass' ich sie ihm dran, spricht er kein Wort. Der Tiger ist kampferprobt und willensstark.
Aber Kirsten ist auch ein leidenschaftlicher Raucher. Ich wache darüber, daß er nirgendwo eine Zigarette erhält. Nur ich biete ihm freundlich eine an. Er wird blaß dabei. Aber er beherrscht sich und dankt mir sogar höflich, bevor er die Zigarette zitternd zwischen die Lippen schiebt.
Einmal passiert es, daß ich drei Tage lang nichts zu rauchen dahabe. Kirsten bittet mich inständig, etwas aufzutreiben. In der Erregung wird er unvorsichtig. Ich beschaffe ihm zwei Zigaretten, und zwei Stunden später können wir die beiden Brüder Taucher festnehmen. Der Fang lohnt sich, es sind gefährliche Gewohnheitseinbrecher. Bei ihnen findet sich auch der Schnellbohrer.
Ich inszeniere eine Begegnung der drei. Sie verbeugen sich wohlerzogen voreinander und reichen sich die Hand. Eine feine Gesellschaft.
Es ist Mittagszeit. Kirsten sitzt vor meinem Schreibtisch und raucht. In den letzten Tagen ist er einsichtig geworden. So versorge ich ihn mit Zigaretten und er mich mit Informationen. Er kennt die ganze hiesige Unterwelt.
»Es freut mich wirklich, Herr Kirsten«, sage ich, »daß Sie das Schweigen und Leugnen aufgegeben haben. Es hätte auch keinen Zweck gehabt. Deshalb werde ich mich für Sie verwenden. Einfluß auf die Strafe habe ich nicht, doch ein anständiges Verhalten wird immer angerechnet.«
Er lächelt diskret und verbeugt sich im Sitzen.
Ich verbeuge mich gleichfalls. Es ist nicht nur Farce. Ich fühle wirklich eine gewisse Hochachtung, dieser Mann ist ein Ganove mit Grundsätzen. Daß ihn seine Raucherleidenschaft zum Verräter der Komplizen werden ließ, trage ich ihm ganz sicher nicht nach, wovon soll ein Kriminalist leben, wenn nicht von den kleinen Schwächen der Kriminellen.
Ich lasse Kirsten im Zimmer sitzen und gehe zum Essen. Im nächsten Raum arbeitet Hans. Er paßt auf Kirsten auf.

Ich fühl' mich gut in der Gaststätte. Es gibt Nudeln mit Rindfleisch, das esse ich gern. Da wird die Tür aufgerissen. Das Mädchen von unserer Anmeldung steht vor mir, außer Atem: »Kirsten ist weg!«

Ich lasse den Löffel sinken und laufe zur Dienststelle. Keine Spur mehr von meinem Gauner. Hans war einen Augenblick hinausgegangen. Kirsten hatte sich durch die Dienststelle und die Treppe hinuntergeschlichen.
Ich gebe sofort Meldung durch. Der Stadtfunk wird eingeschaltet. Eine Viertelstunde ist vergangen, da kommt Mehlhorn, unser neuer Leiter, der Nachfolger Lippolds. Er sieht mich kopfschüttelnd an und sagt: »Ich habe Anweisung, dich sofort festzunehmen und nach Zwickau zu bringen!«
Ich gebe meinen Ausweis ab, die Dienstmarke, die Waffe. Wir machen uns auf die Reise.
In Zwickau fahren wir am Präsidium vorbei. Also dahin, denke ich. Vor den hohen Mauern der Strafanstalt halten wir. Mehlhorn bringt mich hinein und übergibt mich.
Ich sitze in einer Zelle.
Die erste Nacht ist lang, das harte Lager ungewohnt. Ich hatte in Gefangenschaft jahrelang auf Holzpritschen gelegen, inzwischen war mir ein bequemes Bett wieder zur Gewohnheit geworden.
Das ist gut, denke ich, der Einbrecher Kirsten ist frei, und ich sitze hinter Gittern.
Am zweiten Tag verfrachten sie mich in eine bessere Zelle. Man gibt mir sogar Bettwäsche. Die Tür wird nicht mehr verriegelt, ich darf hinausgehen. Am Abend ruft mich die Personalstelle an, es gäbe einen Befehl, bei Gefangenenbefreiung sofortige Festnahme, mein Fall werde überprüft, und man werde mir das Ergebnis bald mitteilen. Am dritten Tag bekomme ich Besuch, es ist Mieke, und wir müssen beide ein bißchen weinen.
Sie packt die Tasche aus. Natürlich hat sie wieder Gebackenes mitgebracht.
»Wie geht es Margot?« frage ich.

»Sie sind verheiratet. Heinz studiert.«
»Was studiert er?«
»Theologie.«
Sie weint wieder.
»Was ist«, sage ich, »wegen meiner paar Tage brauchst du keine Tränen zu vergießen.«
»Es geht um Vater«, schluchzt sie.
»Ist er etwa?«
Sie nickt: »Acht Jahre.«
Ich sehe den krummen, kranken Mann vor mir. Er hatte schon bei den Nazis gesessen, fünf Jahre KZ – und jetzt wieder, weil er Bibelforscher ist.
Am Abend werde ich angerufen von der Landesbehörde. Ich bin erstaunt darüber, das Wachpersonal behandelt mich schon wie einen Ehrenhäftling, sie wissen nicht genau, was mit mir los ist, aber das Telefonieren mit den hohen Bonzen läßt sie aufhorchen. Ein Mann, dessen Namen und Rang ich nicht richtig verstehe, teilt mir mit, ich würde noch heute frei sein. Ich bedanke mich.
Eine halbe Stunde später stehe ich vor dem Zuchthaus und kann meiner Wege gehen. Ich überlege, wer das war, vorhin am Telefon, die Stimme erinnerte mich an jemanden – aber an wen?
Am nächsten Tag erhalte ich meinen Ausweis, die Dienstmarke und die Pistole wieder. Ich arbeite eine halbe Stunde. Der Dienststellenleiter kommt, räuspert sich verlegen und sagt:
»Gib bitte das Zeug wieder ab. Du bist fristlos entlassen!«
Ich leg' die drei Dinge ordentlich nebeneinander auf den Schreibtisch und stehe da ohne Stellung.

Zwei Wochen später erhalte ich ein Telegramm aus Dresden. Ich solle sofort zur Landesbehörde der Volkspolizei kommen.
Die Behörde ist riesengroß. Es sind Kasernen, überall Uniformen, Litzen und Sterne. Ich muß durch ein halbes Dutzend Anmeldungen. Man gibt mir einen Begleiter, wir marschieren durch Gänge und Flure und halten vor einem Zimmer mit der Aufschrift:

»Chef der Landesbehörde«.
Donnerwetter, das ist der Höchste.
Mein Begleiter klopft zaghaft, drinnen rührt sich etwas, ich trete ein. Das Zimmer ist sehr hoch und kahl. Links von der Tür steht ein riesiger Schreibtisch, an dem ein Mann sitzt und den Kopf so geduckt hält, daß ich sein Gesicht nicht sehen kann. Der Mann steht auf, er ist sehr groß und kräftig gebaut. Er hat ein gutes, braunes Gesicht und ist mein Major aus Fürstenwalde.
»Freut mich, einen alten Bekannten wiederzusehen«, sagt er.
»Es sind zwei Jahre vergangen inzwischen«, ich zeige keinerlei Erstaunen, die erste Regel der Kriminalpolizei lautet: Nimm alles wie selbstverständlich hin, sei nie überrascht!
Er lächelt, und die Fältchen um seine Augen springen lustig auf und nieder. »Du hast es weit gebracht«, sagt er dann.
Ich setze mich auf den angebotenen Stuhl. »Weit? Ja, vom Obergefreiten der deutschen Wehrmacht zum zwangsweisen Volkspolizisten und von diesem zum Häftling.«
»Na, na, da hab' ich dich doch rausgeholt.«
»Das warst du?« Natürlich, die Stimme am Telefon, die mir so bekannt vorkam, denke ich. Jetzt wird mir manches klar.
»Aber du hast es wirklich weit gebracht«, fahre ich fort, »vom Obergefreiten der deutschen Wehrmacht zum Chef der Landesbehörde!«
»Stellvertreter«, berichtigt er, »ich bin nur Stellvertreter.«
»Na schön, also Stellvertreter, das ist auch allerhand. Nur versteh' ich nicht, in welches Durcheinander ich verwickelt bin. Erst sperrt man mich ritzeratze ein, dann wird hin und her telefoniert, man läßt mich frei, schickt mich in die Dienststelle zum Arbeiten und wirft mich anschließend doch noch raus. Plötzlich ruft ein Telegramm mich zum Putzobersten...«
»In eurem Präsidium scheinen ein paar unfreundliche Burschen zu sitzen, die sind absolut gegen dich.«
Der Fall Lippold fällt mir ein.
»Ja«, sage ich, »das stimmt, da möchten mich welche gern los sein.«
»Den Eindruck hab' ich schon lange«, sagt mein Major. Und dann: »Aber das versalze ich denen, ich stell' dich wieder ein!«

»Wieder einstellen? Ich fühl' mich ganz wohl ohne Polizei.«
Der Stellvertreter-Chef lächelt listig: »Ich möchte gern, daß du deinen Dienst wieder aufnimmst.«
»Den Dienst wieder aufnehmen? Und weshalb?«
»Weshalb? Das ist gleichgültig. Vielleicht aus Sympathie. Auf alle Fälle ist es gut, du fängst wieder an bei unserer Firma. Und schließlich, gib zu, die Arbeit macht dir doch Spaß?«
»Soweit es sich um die Verfolgung von Kriminellen handelt – ja.«
»Das andere macht der Staatssicherheitsdienst.«
»Aber was wird dein Chef sagen, wenn er zurückkommt?«
»Der kommt nicht zurück!«
»Der kommt nicht zurück?«
»Nein, er ist verhaftet.«
»Warum?«
»Weiß nicht, wird das Übliche sein. Entweder hat er sich was zuschulden kommen lassen, oder er hatte einen eigenen Gedanken, oder ein Vorgesetzter fühlte sich von ihm bedroht.«
Die fortwährende Fluktuation scheint eine neue Gesetzmäßigkeit zu sein. Der Apparat ist dauernd in Bewegung. Verhaftung, Absetzung, Ausschluß – und dann die Kehrseite mit Freilassung, Beförderung, Aufstieg – sollte so die Dialektik in der Praxis aussehen?
»Wirst du nun hier der Chef?«
»Nein, ich übernehme eine andere Dienststelle.«
»Du verbesserst dich?«
»Verbessern? – Staatssicherheitsdienst!«
»Au!« sage ich.
Er lacht, aber es klingt nicht sehr überzeugend.
»Es ist ja auch egal«, sagt er, »ob hier oder bei der Stasi, mach's ich nicht, macht's ein anderer.«
»Wann wirst du eigentlich mal verhaftet?«
»Vielleicht heute abend, vielleicht morgen früh, wer weiß. Ich glaub' aber, mich verhaften sie erst ganz zuletzt. Ich bin nämlich vorsichtig, ich sage nie einem Vorgesetzten, was ich wirklich denke.«
»Wäre ich dein Vorgesetzter –«

»Wärst du mein Vorgesetzter, würdest du glauben, ich sei ein sturer Hund!«

»Das ist gut«, sage ich, »du kannst es noch weit bringen, aber wie ist das mit dir, bist du eigentlich noch Kommunist?«
»Natürlich.«
»Obwohl du mich aus der Haft holst und damit gegen einen Befehl verstößt, der verlangt, bei Gefangenenbefreiung – auch bei fahrlässiger – die Verantwortlichen in Haft zu nehmen?«
»Dieser Befehl ist so rigoros wie dumm.«
»Aber er ist erlassen, er besteht und ist Bestandteil der kommunistischen Ordnung und Disziplin.«
»Laß es gut sein«, sagt mein Major, »ich sehe, du bist in der Zwischenzeit ein besserer Kommunist geworden als ich.«
Er sitzt vor mir, kräftig und braun und mit einem guten, etwas zerknitterten Gesicht, und plötzlich wird mir bewußt, daß ich mich verändert habe. Vor zwei Jahren, als wir uns kennenlernten, war ich ein Wojna Plenni, ein Kriegsgefangener, müde, resigniert, besessen von dem einen Wunsch, nach Hause zu kommen; war ich nach Hause gekommen? Und war ich wirklich, wie der Major sagte, ein Kommunist geworden? Ich spüre, was ich jetzt unternehme, ist für mich entscheidend. Was soll ich tun? Ich habe mehrere Möglichkeiten. Ich könnte mich weigern, wieder zur Kripo zu gehen, ich könnte sagen, nein, nie wieder Dienst, ich könnte nach Westdeutschland gehen, ich könnte... ich komme mir vor wie das deutsche Volk. Es hätte Hitler zerschmettern können, den Krieg abschütteln, es könnte die Spaltung abschütteln, seine Stimme erheben, die Grenze fortschieben, aber es bleibt still und macht nur einfach, was ihm vorgeschrieben wird. Ich mache auch mit, fahre auf Gleisen, die andere legen. Wohin führen sie? Wer legt die Gleise? Das Schlimmste aber ist, ich fühle, wie ich mich verdoppele, ich erkenne in mir eine erschreckende Schizophrenie, jetzt, da mich der Major einen Kommunisten nennt, komme ich mir vor wie ein siamesisches Zwillingspaar. Der eine Teil von mir ist für den Kommunismus als einer vernünftig eingerichteten Welt, und dieser Teil sieht nur die Ungerechtigkeiten der alten

Welt, er verschließt sich den Leiden und Kerkern der neuen Welt. Der andere Zwilling in mir vergißt die Versäumnisse und Fehler des Westens, nimmt nur das Unrecht im Osten wahr und verhöhnt das Ideal einer vernünftig eingerichteten sozialistischen Ordnung, weil er dafür keinen Glauben aufzubringen vermag.
So bin ich, hol's der Teufel.
»Ein richtiger Kommunist, das bist du geworden«, wiederholt mein Major.
Stillschweigend schieb' ich diese Definition meiner einen Hälfte zu. Laut sage ich: »Da magst du recht haben. Zwar versteh' ich nicht, wie es kam, doch stimmt es wohl.«
»Ich kann dir sagen, wie das kommt. Menschen wie wir werden Kommunisten, wenn sie viel Unrecht sehen müssen.«
Viel Unrecht sehen? Gewiß, ich habe viel Unrecht gesehen. Es gehörte sogar zu meinem Beruf. Aber ebensoviel Unrecht geschah durch uns selbst. Vom Kriminalrat Lippold etwa, der seine Stellung ausnutzte, um sich die eigenen Taschen zu füllen. Und wie viele Lippolds gab es.
»Aber«, sag' ich, »sind nicht an vielem Unrecht gerade Kommunisten beteiligt?«
»Das macht nichts. Leute wie wir werden dadurch nur bestärkt. Wir verabscheuen die Übeltäter, wir sagen, das sind keine richtigen Kommunisten gewesen, die haben sich nur eingeschlichen wie der Dieb ins fremde Haus. Und je mehr schlechte und egoistische Kommunisten wir sehen, um so mehr fühlen wir uns als die wahren Kommunisten.«
»Und wie viele sind wir?«
»Nicht wenige. Nur glaube ich, angesichts der anderen sind wir nicht genug.«
»Das heißt, wir können uns nicht durchsetzen gegen die anderen?«
»Ich fürchte es.«
»Das bedeutete, daß es aussichtlos ist und unsere Rechnung am Ende nicht aufgeht.«
»Ja«, sagt er, »und dann beginnen wir uns dumme Gedanken zu machen, bekritteln Anordnungen, sabotieren Befehle –«

Ich muß aufstehen, mich hält es nicht mehr auf dem Stuhl. Vom Hof herein dringen Kommandos. Ich habe das Geständnis eines Menschen gehört, an den ich oft denke, der eine exponierte Stellung einnimmt und der, wie ich jetzt weiß, ratlos ist.
»Einen Vorteil wird meine zukünftige Position haben«, sagt mein Major, »ich werde mich immer ein wenig um dich kümmern können, ein wenig Vorsehung spielen, damit dir nichts passiert. Und ich fürchte, du wirst so eine kleine Aufsicht nötig haben, wie ich dich kenne...«

Drei Monate sind vergangen. Ich bin längst wieder im Kriminaldienst, die Personalstelle des Präsidiums sträubte sich zwar, doch mein Major erwies sich als stärker.
Wir stehen vor dem hinteren Dienstzimmer und machen den Oberkörper frei. Einer nach dem andern wird untersucht, es geht ziemlich schnell.
»Waren Sie immer so dick?« fragt mich der Polizeiarzt freundlich.
»Nein, erst seit der Rückkehr aus Gefangenschaft.«
»Sowjetische?«
»Ja.«
Er nickt und hört mich ab.
»Waren Sie unterernährt – ich meine – Dystrophie?«
»Ja.«
»Sie gehen morgen ins Krankenhaus zur Spezialuntersuchung.«

Das Ergebnis überraschte mich nicht. Ich hatte schon im Minsker Sonderlager begonnen, Blut zu spucken. Das kam und ging und begleitete mich als Drohung. Später wertete ich es als Folge meiner seelischen Kümmernisse, nicht in die Freiheit des Zivillebens, sondern in die Volkspolizei entlassen zu werden, die sich dann auch noch als kasernierte neue Kadertruppe herausstellte. Seitdem weiß ich, die psychischen Krankheitsursachen werden trotz aller modernen Einsichten immer noch gern übersehen und geringgeschätzt. Oft ist zuerst unsere Psyche verletzt, und der Körper antwortet mit einem Leiden darauf, dessen psychosomatische Natur uns nicht einleuchten will. Das gilt auch für meinen späteren Gesundungsprozeß. Ein erster halbjähriger Sanatoriumsaufenthalt brachte keine durchgreifende Besserung. Im zweiten Halbjahr ergaben die ersten drei Monate keine günstigere Prognose, dann besserte sich mein Befinden plötzlich. Ich hatte in der Bibliothek einen Stapel Originalhefte der »Weltbühne« entdeckt. Lesen bildet nicht nur, es erhebt zugleich, steigert Lebenswillen und Lebensrhythmus und kann zur Wunderheilung führen. Ich lebte von Tag zu Tag deutlicher auf. Was ich in den ziegelroten Heftchen aus der Weimarer Republik las, gab meinen längst empfundenen dumpfen Gefühlen verstandesmäßige Klarheit. Wozu noch Blut spucken, schien sich mein lädierter Körper zu sagen, wenn es ein Leben gibt, das es wert ist, verteidigt zu werden. Mag ja sein, daß ich der einzige Tbc-Patient bin, der an bedrucktem Papier genas. Aber was war das für ein Papier, auf dem ich meine eigene, bisher vorenthaltene, legitime Vergangenheit entdeckte.

Daß ich wenige Jahre später, 1953, selbst für die in Ost-Berlin wieder erscheinende Zeitschrift »Weltbühne« schrieb, war ein Akt persönlicher Dankbarkeit. Für mich sind Kurt Tucholsky und Carl von Ossietzky keine Toten. Ich sehe in ihnen Lebende, bei denen wir Jüngeren in die Lehre gehen können.

DAS FUNFTE LEBEN

Vermächtnis der Eiszeit

Sklavensprache

Ein Schatten auf Suche
nach seinem Körper

Lies erbleichte, als sie von meiner Tbc hörte. Sie kannte nur tödlich ausgehende Fälle. Hast Krieg und die langen Jahre in Rußland überlebt, und jetzt das! Der Schreck mobilisierte ihre Energien, gleich kam sie an mit ihren Naturmedizinrezepten, den Ärzten traute sie sowieso nicht, baute mehr auf ihre eigenen Erfahrungen, und wenn einer genug krank gewesen ist in seinem Leben, dann weiß er, man kann alles auf dieser Erde achten und ernst nehmen, nur nicht die ärztliche Heilkunst. Lies also schleppte mich zu allerhand alten Weibern, Freundinnen, Heilpraktikern und was weiß ich noch. Die einen rieten mir, nachts barfuß durch nasse Farnkräuter zu laufen, was ich unterließ aus einer angeborenen Scheu vor Kreuzottern. Andere schworen auf bestimmte Tees, auf einen Roßkastaniensud, mit kleingehacktem Mäusefleisch verkocht. Ich weigerte mich, lehnte alles ab, ausgenommen ein Rezept, das vorsah, fünfzig Eier samt Schale mit Milch, Zucker und Alkohol zu versetzen und vier Wochen stehenzulassen.
Weil man seiner Mutter gegenüber schließlich zur Achtung verpflichtet ist, erklärte ich mich bereit, diesen Versuch zu wagen, wobei Lies die gesamten Vorbereitungen übernahm und ich verschwieg, daß mich die seltsame Mischung interessierte.
Vier Wochen später rief Lies mich zu sich. In der Küche neben dem Fenster stand eine Art Trog, mit vielen verschiedenen Tüchern abgedeckt. Lies befand sich in aufgekratzter Stimmung, ihre mütterlichen Augen leuchteten wie bengalisch beleuchtet, ihr Gesicht war gerötet, sie sprach zugleich schwerer und flüssiger als sonst, ich bemerkte es verwundert und nicht ohne Ehrfurcht, schließlich rührte mich ihre Besorgnis um mich. Man ist der Liebe, die einem entgegengebracht wird, ja so leicht ausgeliefert, daß man immer Gefahr läuft, in ihr zu versinken.
Lies hatte einen ganz besonderen kleinen Emailletopf besorgt, in den genau ein Liter ging.
Sie nahm die vielen Tücher weg, und ich erblickte vor mir ein stattliches Gehäuse aus Steingut. Darinnen schwammen mindestens fünfzig Liter einer sonderbar trüben und keineswegs geruchlosen Brühe.

Lies schöpfte einen Liter ab und hielt mir den gefüllten Topf auffordernd vor die Nase.
Aber, protestierte ich, die Eier sind doch mit den Schalen da drin?
Keine Angst, beruhigte mich Lies, versuchte es jedenfalls, die Eischalen sind Kalk, der Kalk hat sich aufgelöst, und das genau ist es, was du für deine Lungen brauchst, damit die Tuberkel eingekalkt werden.
Noch einmal, ein allerletztes Mal, was diese Heilungsroßkur anging, versuchte ich mich zu widersetzen. Natürlich ohne Erfolg. Lies setzte das Litermaß an, zwang mir die Lippen auseinander, ich konnte mir lebhaft vorstellen, wie sie mich früher als Baby ins Leben genötigt und zur Nahrungsaufnahme gezwungen hatte.
Ich begann zu schlucken.
Das Zeug schmeckte wie Jauche mit Staubzucker. Es ließ sich nur unter größten Schwierigkeiten runterbringen, weil es zäh und gallertartig beschaffen war, auch fuhr mir der Gestank derart scharf in die Nase, daß ich sie sofort zuhielt, was ich gut tun konnte, waren meine Hände doch frei geblieben dabei, Lies führte mir den Topf an die Lippen, kippte ihn sachte im Maße meiner Schluckbewegungen, und als es soweit war und ein ganzer Liter in mir, da spürte ich einen scharfen Schmerz in Mund und Kehle, und als ich etwa eine Stunde später wieder zu Bewußtsein gelangte, lag ich auf Lies' Bett.
Was ist passiert? fragte ich.
Nichts weiter, antwortete Lies, das ist nur beim ersten Mal so. Keine Bange, das hab' ich gewußt. Aber ich schwöre dir, es kuriert sogar Pferde.
Genau das hatte ich befürchtet. Und genauso war mir zumute. Wie einem Pferd, das der Viehdoktor heilen will, wobei er es zu Tode medikamentiert.
Aber wehre sich ein Sohn gegen die übernatürlichen Kräfte seiner Mutter. Lies blieb unbarmherzig auf meine Gesundung bedacht. Drei Tage lang beherbergte sie mich bei sich. Ich war nicht in der Lage, ihre Wohnung zu verlassen. Jeden Morgen füllte sie mich wieder mit einem Liter von dem Zeugs an. Danach war ich fertig. Es reichte für vierundzwanzig Stunden.

Erst am dritten Tag dämmerte mir, daß der Alkohol, der beigegeben worden war, sich mit den anderen Ingredienzen derart vermischte und verstärkte, daß ich nach meinem tagtäglichen Liter stockbesoffen zurücksank.
Na und? antwortete Lies karg, als ich sie darauf ansprach.
Das muß der Mensch kapieren! Diese Frau war ihr Leben lang Antialkoholikerin, schon weil ihr Mann jeden Tropfen Alkohol, den er irgendwo hatte erwischen können, sich einverleibt hatte. Tatsache, der Mann meiner Mutter Lies, mein Vater, war die großartigste Bierleiche, die ich jemals kennenlernte. Doch darüber in einem anderen Buch. Hier geht es um seine Witwe, die mich auf Teufel komm raus gesund machen wollte und mir dazu Ströme von Alkohol einflößte.
Am Morgen des vierten Tages erhielt ich nur die halbe Portion.
Ist das alles? fragte ich.
Du willst doch nicht mehr! antwortete Lies.
Ich überlegte. Die erwartete Wirkung, an die ich mich in den drei vorangegangenen Behandlungstagen gewöhnt hatte, ließ auf sich warten.
Gib noch einen halben Liter! bettelte ich.
Nein! antwortete Lies.
Und blieb hart und erbarmungslos.
Genau das sah die Kur vor. Drei erste Tage einen ganzen Liter, daß es den Kranken einfach umhaut. Dann vier Wochen lang jeden Morgen einen halben Liter.
Wütend, unzufrieden, übelgelaunt, hungrig und durstig verließ ich die mütterliche Wohnung.
Jeden Morgen trat ich frühzeitig bei Lies zur Tränkung an, die man genausogut Atzung nennen könnte. Die erste Woche litt ich ein wenig unter Entzugserscheinungen, wegen der Herabsetzung der Menge von einem auf einen halben Liter.
Nach der Woche hatte ich mich auf das verkleinerte Quantum eingestellt. Das aber brauchte ich nun wirklich. Es tat mir wohl, baute mich auf, stärkte meine Lebensgeister, meine seelischen Innenkräfte und nicht zuletzt meine sexuelle Physis. War mein früheres Normalgewicht achtzig Kilo gewesen, hatte sich das

dann auf runde hundert Kilo vergrößert, was die Ärzte als Krankheitsfolge ansahen, meine kranken Lungen wirkten sich auf den gesamten Organismus dahingehend aus, daß er zuviel Wasser in sich aufnehme und behalte, meinten sie. Es gebe eine Auszehrungstuberkulose und eine Aufschwemmungstuberkulose.
Meine sei die letztere.
Das konnte schon stimmen, obwohl ich mich nie so gut und stark und in Ordnung gefühlt hatte wie seit dem Beginn dieser Krankheit. Genauer gesagt: seit sie diagnostiziert worden war. Ich legte mir natürlich allerhand dumme und gescheite Erklärungsmodelle zurecht, und das mir liebste lautete so, daß ich mir als kranker Mensch keine Sorgen mehr ums Leben machen mußte. Ich brauchte nicht zu arbeiten, wurde gut behandelt, ja bevorzugt, erhielt Krankengeld, war dem harten Kampf um Lohn und Brot entzogen.
Das Jahr im Sanatorium verbrachte ich lesend. An letzter, fast unzugänglicher Stelle der Bibliothek fand ich die erwähnten hundert originalen Hefte der »Weltbühne«, die ich Stück für Stück mit auf den Liegeblock nahm. So entdeckte ich im Jahre 1950 Kurt Tucholsky und las erstmals die drei Wörter »Soldaten sind Mörder«.
Es war ein Keulenschlag. Dann eine Erleuchtung. Warst du als Soldat Mörder? Ich hatte mein Lebensmotto gefunden. Es wurde meine Umkehr. Der Schlußstrich unter das bisherige Leben. Der Beginn des neuen. Es hatte mir schon lange nicht behagt, kleine Gauner und Ganoven zu jagen. Wer sich aber mit den großen Kriminellen anlegen wollte, der mußte auf ganz andere Gebiete wechseln. Die wirklichen Gangster gab es in Politik, Wirtschaft, Wissenschaft, Kultur, und da kam keiner von der Kripo heran. Nur wollte ich in jene Sphären auch nicht aufsteigen. Im Grunde genommen, so dämmerte mir, gehörte ich zu den Gesuchten, Gejagten, Verurteilten, und wenn es mir an Masochismus zum Opfergang fehlte, so gab es doch noch ein Drittes. Ich verstand, daß ich überall zum Beobachten und Notieren benötigt wurde. Aufsteigen und Karrieremachen lagen mir nicht. Aber so weit hinaufsteigen, daß sich dort der richtige

Beobachtungsstand einrichten ließe, das erschien mir nun doch als erstrebenswertes Ziel. Fragte sich nur, wie so einer wie ich von ganz und gar unten überhaupt dort hinauf vordringen könnte.

Die letzten Schilderungen, mit der Dienstverpflichtung im Minsker Lager beginnend bis zum Abgang durch Krankheit, wurden 1957 in der West-Berliner Zeitung »Der Kurier« veröffentlicht. Ich lege sie jetzt genau in der damaligen Fassung, aufgeschrieben 1955 in der DDR, vor. Beim Wiederlesen nach drei Jahrzehnten fällt mir der Charakter der formalen, stilistischen *Abbreviatur* auf, die für mich wenig typische Schreibweise mit Dialog und knappen Zwischensätzen. Diese Text-Dramaturgie skizziert den Zellencharakter der Vorgänge. Ich hätte mein Leben bei der Kripo verbringen oder, mich aus dem Staatsdienst herauswindend, ein nörgelndes, unzufriedenes Zivilleben in der DDR führen können. In beiden Fällen müßte ich heute zu der niederschmetternden Feststellung gelangen, eines der vielen Millionen kleinen Opfer Stalins zu sein. Ohne genau zu wissen, was ich tat und wollte, entzog ich mich Stalin wie vordem Hitler und ging aus eigener Kraft auf Distanz. Nicht, daß ich stolz wäre darauf, was schon Mitleid und Sympathie mit denen, die es nicht schafften, verhindern, nein, doch fühle ich mich vom weiteren Gang der Ereignisse rehabilitiert. (Ja, rehabilitiert, denn die Anklagen und Vorwürfe hagelten nur so.) Ich lernte daraus: Wo, wann und wie sie einen auf diese Welt ziehen, steht nicht in unserer Hand. Aber, nach einer gewissen Eingewöhnungszeit ist der Mensch sowohl für sein Gesicht wie für seinen Weg verantwortlich. Jeder hat nur ein einziges Leben, kein Grund also, es fremdbestimmt zu verbringen. Geh deinen Weg und laß die Leute hinter dir reden.

Nach einem Jahr bin ich wieder arbeitsfähig, nicht völlig, nur zu vierzig Prozent, immerhin. Alle zehn Tage gehe ich aufpumpen. Zuerst kommt man sich vor wie ein Autoreifen, dann gewöhnt man sich dran.

Die Partei schickt zu mir. Ich muß eine Prüfung hinter mich bringen, dann bin ich angestellt als Dozent für Gesellschafts-

wissenschaften an der Ingenieurschule Zwickau. Ich hätte ablehnen können, aus Gesundheitsgründen, viel sprechen ist nicht gut für mich. Doch die Beschäftigung mit dem Drum und Dran der Theorie zieht mich an. Ich weiß nicht, bin ich Kommunist, oder bin ich's nicht? Fortwährend ertappe ich mich bei dem Wunsch, es zu sein, aber je mehr ich zusammen bin mit denen, die sich als Kommunisten ausgeben, desto stärker zweifle ich. Ich finde, ich weiß zuwenig, man muß viel mehr wissen, man muß alles wissen.
Als Dozent bin ich gezwungen, die Theorie zu lehren. Tagsüber spiele ich den felsenfest überzeugten Lehrer, nachts wälze ich Buch um Buch. Die Fragen fressen sich noch in meine Träume hinein. Oft denke ich: Wirf alles hin, tritt aus der Partei aus, suche dir irgendeine Arbeit, und sei sie noch so leer und langweilig, aber gib die Politik auf. Dann befehle ich mir: Ab morgen ist Schluß!
Am andern Tag mach' ich weiter wie bisher.
Nach einem Jahr ziehe ich noch einen Schlußstrich. Ich bin siebenundzwanzig Jahre alt und stehe seit zehn Jahren stets unter irgendeinem Oberkommando. Ein ganzes Jahrzehnt hindurch befindet sich weit über mir eine Zentrale, die Befehle ausgibt, von denen mein Wohl und Wehe abhängt. Ich verstehe nur einen Bruchteil dieser Befehle, aber befolgen muß ich jeden. Und zu hundert Prozent in Kauf nehmen, was daraus für mich resultiert: Krieg, Gefangenschaft, Polizeidienst, Parteigehorsam, Gefängnisdisziplin. Jetzt endlich will ich wissen, wer da jeweils oben sitzt und sich das Amt des lieben Gottes anmaßt. Ich will wissen, wie sie das begründen, will die Worte kennen, die sie zu ihrer Entschuldigung anführen, die Tarnungen, hinter denen sie sich verbergen. Ich will der Zentrale ins Gesicht blicken. Ich gehe nach Leipzig und studiere Philosophie.

Indem ich diese vor vielen Jahren geschriebenen Zeilen jetzt für den Druck vorbereite und durchlese, empfinde ich meinen damaligen Entschluß als glatten Größenwahn. Was er wohl auch ist, so daß es mir von Kritikern und Mißgunstverwaltern verübelt wird. Allein, ich schreibe diesen meinen etwas längeren Lebenslauf ja nicht, um bei den Funktionären der kulturellen Vergünstigungswirtschaft einen angenehmen Eindruck herauszuschinden. Im Gegenteil. Nichts ist mir uninteressanter als das kulturelle Unwesen Zeitgeist. Ich notiere meine Erfahrungen für jene anderen, denen es wie mir schwergemacht und keinesfalls an der Wiege gesungen wurde, ein Wörtchen mitzureden. Da darfst du dich nicht abschrecken lassen. Da mußt du größenwahnsinnig deine Rechte einfordern, und du wirst sehen, die andern schrumpfen mit einem häßlichen »Blubb« ein auf ihre naturgegebene Zwergenhaftigkeit.

Der jüdische Linksdenker, Prophet und Philosoph kam Ende der vierziger Jahre aus dem amerikanischen Exil nach Leipzig und übernahm die Leitung des Philosophischen Instituts, wo ich ihn Anfang des Jahres 1952 aufsuchte. Er saß in seinem tabakverräucherten Geschäftszimmer, rätselhaft wie die Sphinx, berühmt wie das Völkerschlachtdenkmal am östlichen Stadtrand und begierig nach Informationen wie ein Spion. Spät erst begriff ich, daß er alles das war, Sphinx, Denkmal, Spion und vieles mehr, weil es zum Kern seines Denkens gehörte, rätselhaft, großartig, neugierig und nie ganz und gar kenntlich zu sein. Ich hätte nicht im Traum daran gedacht, von dem Mittsechziger für das nächste Vierteljahrhundert in Bann geschlagen zu werden. Ein Hochschullehrer ist so was wie ein Lehrer, nur ein wenig höher, dachte ich, man lernt bei ihm etwas und dann adieu, Meister. Keine Ahnung, was draus werden würde. Er saß da, erkundigte sich nach dem Leben im Lande, das er offensichtlich nicht kannte, gab Kindheitseindrücke aus seiner Geburtsstadt Ludwigshafen von sich und reagierte mit sympathischer Neugier auf meine Eröffnung, ein eidetisches Gedächtnis zu besitzen und darunter zu leiden. Kaum hatte ich das heraus, begann es hinter den dicken Brillengläsern zu funkeln, die theatralische Gesichtslandschaft geriet in Zuckungen, von heftigen Handbewegungen begleitet. Eine Dame erschien, offenbar die Sekretärin, die irgendeinen wichtigen Termin anmahnte, der zur Nebensächlichkeit degradiert, verschoben oder annulliert wurde, was die Dame zu einem resignierten Rückzug unter leichten Seufzern bewog.

Ich nahm alle meine unordentlich verstreuten Energien zusammen und erklärte ungefähr: »Als Kind einer durchschnittlich sächsischen Arbeiterfamilie aufgewachsen, war ich ein Mensch, bis ich Soldat wurde. Um wieder Mensch zu werden, ging ich zu den Russen, die mich über vier Jahre lang behielten und danach in eine Volkspolizeikaserne schickten. Um dort nicht zu verkommen und am Ende gar noch General werden zu müssen, ärgerte ich mir eine Tbc in beiden Lungenflügeln an, und als ich das Sanatorium verließ, ernannte die Partei mich ohne Umschweife zum Dozenten für Gesellschaftswissenschaft an der Staatlichen Ingenieurschule Zwickau. Dort geht es mir gut, ich habe eine Karriere hinter mir und eine vor mir, bin bei den Kollegen und Studenten gut angesehen, gelte als zuverlässiger Genosse und leide lediglich darunter, daß ich gar keine Karriere machen wollte.«

Eine Atempause einlegend, wie es der herabgeminderte Zustand meiner Lungen verlangte, ich trug links einen Pneu und ging von Zeit zu Zeit aufpumpen, schnappte ich nach Luft, was den Zuhörer zur Zwischenfrage veranlaßte.

»Warum wollen Sie studieren? Mehr als Sie jetzt sind können Sie danach auch nicht werden.«

Ich wiederholte mein Desinteresse an jeder Karriere und öffnete mein jumpendes Herz einen Spalt weiter. »Als Leseratte las ich bereits im Kindesalter mehr, als daß ich lebte. Bei den Sowjets und danach und im Sanatorium und jetzt noch jede Nacht lese ich alles, was ich kriegen kann.«

»Lesen muß kein Übel sein«, sagte der Philosoph. Das konnte ich nur bestätigen, aber: »Sehen Sie, das ist so, mein eidetisches Gedächtnis ermöglicht mir, ganze Buchseiten abzurufen und herzusagen.«

»Tatsache?« Er stand auf und holte ein Büchlein aus dem Regal. Ich sah, es war das »Kommunistische Manifest«. Er schlug aufs Geratewohl Seiten auf, ich gab ihm einige Proben meines idiotischen Könnens.

Er schlug das schöne Buch zu. »Phänomenal!«

»Sie können es auch mit der Bibel versuchen oder mit –«

»Schon gut.«

»Ich kann mein vergangenes Leben genauso in einzelnen Bildern zurückrufen, aber –«
»Aber?«
»Es wird ein Panorama in Bruchstücken. Mir fehlt das Verbindende. Sie verstehen, ich vermute, mir ist mein Ich abhandengekommen.«
»So wie Peter Schlemihl der Schatten?«
»Schlimmer. Ich bin der Schatten.«
»Und Sie glauben, das läßt sich reparieren?«
»Ich bin in meiner Kindheit schon einmal klüger gewesen. Lehren Sie mich die Rückkehr.«
Er schüttelte unwillig das zerknitterte Haupt. »Keine Rückkehr. Nach vorn gehen.«
Ich begriff, vor mir saß der Philosoph des tätigen Optimismus, der Zusammendenker von Judentum und Bolschewismus, der eine Straße baute von Leningrad nach Moskau und Jerusalem und wieder zurück. Ich wollte ihn gern verstehen, nur standen einige meiner Erfahrungen dagegen. Ich sagte: »Um nicht gegen aufständische Polen schießen zu müssen und weil ich nicht gegen die Rote Armee kämpfen wollte, desertierte ich im August 1944 – ich warf das Gewehr weg, mit dem Resultat, daß sie mir Oktober 1948 wieder ein Gewehr in die Hand drückten.«
»Für die Verteidigung des roten Oktober«, sagte der Philosoph.
Ich versuchte herauszukriegen, war es Sarkasmus oder revolutionäre Religiosität, was ihn so sprechen ließ. Ich wollte kein Gewehr mehr und keine Kompromisse, und er lieferte die Gegenargumente. Mein Nie-wieder-Waffen stand gegen sein Nie-wieder-Kapitalismus. Das mir indessen auch gefiel.
Wir einigten uns auf das Abenteuer, den Fall zu studieren. Ich legte eine Sonderreifeprüfung ab, was mir bei meinen eidetischen Energien nicht schwerfiel, begann im Herbstsemester 1952 das Studium und begab mich mit klopfendem Herzen auf die Reise zum verlorenen Ich.
Von Zeit zu Zeit informierte ich den hochgelehrten Herrn Philosophen über das Leben im Lande und den Zustand der Köp-

fe, und nach unserm ersten Gespräch gab es viele Wiederholungen, denn der Philosoph war kein abgeschlossenes kluges Haus mit weit heruntergezogenem Dach, im Gegenteil, er kannte die Bücher und wollte die Menschen kennenlernen. Wir schwadronierten also immer wechselseitig von unseren Erfahrungen, er redete von Ludwigshafen, ich von Crimmitschau, Zwickau, Chemnitz, Dresden, er ließ mich in seine US-Exil-Vergangenheit blicken, ich schilderte ihm das Deutschland des Dritten Reiches und das Rußland der Sowjetunion. In diesen Gesprächen begann ich mich zum ersten Male über meinen sonderbar wechselhaften Lebensweg zu wundern. Ich betrachtete das mit Distanz: von der Weimarer Republik ins Dritte Reich und nach Rußland und in die SBZ, die sich in DDR umtaufte und unsereinen väterlich anzog und bald wieder abstieß. Gewonnen, zerronnen. Bis zur Olympiade 1936, bis zu seinem elften Lebensjahr, verstand der Knabe sich im engsten Familienverband als Sozi, Sapper, Kommunist, was immer das auch sein mochte, die Männer ringsherum waren es, bald marschierte er in der Hitlerjugend, mißmutig widerstrebend anfangs, dann gehorsam, bis er unter die Soldaten ging, halb zog es ihn, halb sank er hin, ohne schießen zu wollen. Nun schoß er sich doch mit den Amerikanern auf Sizilien, Monte Cassino und den Albaner Bergen herum, aber nicht gegen Polen und Russen, weshalb er, nach Warschau verladen, die Fahne verließ, was die Russen bewog, ihn vier Jahre später erneut in die Kaserne zu schicken, aus der er sich herausschwindelte mit List und Krankheit. Der Knabe hätte jederzeit irgendwo anhalten und was Vernünftiges werden können. Offizier bei Wehrmacht oder Volksarmee etwa. Heute zeigen sie gern im Fernsehen die süße DDR-Volkskammer, da erblickt er einen wohlbetuchten, stämmigen General in Uniform mit vielen Orden, den hohen Herrn kannte er vor Jahrzehnten gut, da war der noch ein schmales, ausgehungertes Bürschlein, der zu den aus Gefangenschaft entlassenen, der Volkspolizeibereitschaft überstellten Gefreiten gehörte.

Karrieren fallen kinderleicht, wenn du sie willst und die andern bedenkenlos in die Pfanne haust. Manchmal lese ich in den An-

erkennungsschreiben der Ämter für meine Zeit als Dozent an der Ingenieurschule in Zwickau. Da hättest du bleiben und Karriere machen und Direktor werden können. Warum strebt einer, der Dozent ist, noch an die Universität, wenn er doch keine Karriere beabsichtigt? Legt sich mit Staat und Partei an? Endlich, in den Westen geflüchtet, nicht übergesiedelt, aber geflohen nach Kämpfen, die nicht gesucht und nicht gemieden worden waren, im Westen also, warum hier keine Karriere und statt dessen mehr als drei Jahrzehnte Schreiben im Rhythmus wechselnder Oppositionen? Er beharrt auf seinem einzigen Privileg, das darin besteht, nicht dazuzugehören, wenn welche sich zusammentun, andere zu benutzen. Karriere zu machen erschien ihm inzwischen eine Krankheit, und er hatte keine große Lust, sich dann immer unter die Fittiche von Mama Lies zu begeben und sich gesundlöffeln zu lassen mit einem elendig starken, stinkenden Brechreizlikör.
Es war an einem Morgen des Jahres 1936 gewesen, als ich in die Schule kam und um mich herum lauter steife, frischgebügelte Braunhemden bemerkte. Der Aufwand nannte sich Staatsjugendtag und fand künftig jährlich am gleichen Tage statt, so eine Art Mutter- oder Vatertag für vom Staat beschlagnahmte Kinder. Alle in Uniform, nur wir Ausnahmen in Zivil. Nach der ersten Verwunderung schämte ich mich der vielen gestopften Löcher meines abgeschabten Pullovers. Die neuen Uniformen der anderen glänzten. Ihr Koppelzeug knarrte. So wurde ich gleichzeitig auf die soziale Frage und in die Politik gestoßen. Jetzt, im Leipzig des Jahres 1952, lagen 16 Jahre Politik und ihrer Folgen hinter mir. Damals zählte ich elf, jetzt 27 Jahre. Ich ahnte nicht, daß es erst der Anfang aller Tubulenzen und Konflikte war, die sich über weitere fast vier Jahrzehnte fortsetzen würden bis in mein Rentenalter.
Es dauerte keine drei Jahre, und der Philosoph stand mitten in den Konflikten zwischen Ost und West, und wir, viele andere mit ihm. Dabei hätte ich doch ein so angenehmes, geruhsames Leben führen können als Dozent in Zwickau.
In den siebziger Jahren, als der Philosoph längst in Tübingen lebte und wir beinahe mit Wohlgefallen auf die Wirren der

Vergangenheit zurückblickten, erkundigte er sich danach, ob ich inzwischen mein verlorenes Ich wiedergefunden hätte. Ich antwortete, es handle sich um einen fortlaufenden und noch nicht zu Ende gegangenen Prozeß, was den alten gelehrten Freund sichtlich befriedigte, denn es gehörte zu seinen philosophischen Lehren.
Was ich ihm bis zu seinem Tode im Jahre 1977 nicht sagte, war jene kleine, anhaltende Unsicherheit, an der ich noch heute leide.
Manchmal ist mir zumute, als hätte ich 1952 mit meinem Aufbruch an die Universität einen Fehler begangen. Mag ja sein, daß das Ich zum aufrechten Gang gehört. Leichter jedoch lebt es sich in gebückter Haltung. Und noch leichter als Schatten. Das aber merkt man erst hinterher, und da hat man den ganzen Schlamassel am Halse.

Die Stadt an der Pleiße prägte meine zweiten drei Jahrzehnte: An der Universität lernte ich Ingrid kennen. Januar 1957, während der ärgsten Verfolgung, heirateten wir und zeugten, aus Trotz und Übermut, ein Kind, unsere Tochter Catharina. Hier in Leipzig begannen die lebenslangen Freundschaften zu dem Kabarettisten Conrad Reinhold und dem Schriftsteller Erich Loest. Dem Philosophen und, bald, väterlichen Freund Ernst Bloch verdanke ich meine eigene Lebensphilosophie, die in langen persönlichen Gesprächen entstand und im Streitgespräch über Relativismus ihren Anfang nahm, wobei ich dem üblichen Relativismus, der alles relativiert und keine absoluten Werte und Größen anerkennt, meinen »Relationismus« entgegensetzte, was heißt, sich stets ins Parallelogramm vorhandener Kräfte so einzufügen, daß die Unterdrückten solidarisch bestärkt werden. Allerdings spreche ich den Unterdrückten die Qualität der Unterdrückung nicht als ewigen, absoluten Wert zu, sondern nur so lange, wie die Unterdrückung geschieht. Für mich sind Israelis nur so lange Unterdrückte, wie sie wirklich unterdrückt werden. Sobald sie ihrerseits andere unterdrücken, verlangt meine Theorie des Relationismus, daß ich mich zu den jetzt Unterdrückten solidarisch verhalte. Das führt zu Konsequen-

zen, die oft schwerfallen. Da hilft der zweite Teil meiner Lehre der individuellen Revolte. Der Mensch, der individuell rebelliert, gewinnt seine ihm eigene individuelle Humanität. Ich habe seit Leipzig stets so zu leben versucht, meine Ansichten darüber aber nie niedergeschrieben. Wenn es jetzt geschieht, so aus Dankbarkeit gegenüber dem Lehrer Ernst Bloch, ohne dessen Einfluß ich nie dazu gekommen wäre, mir bewußt zu werden, wie unsere Freiheit erkämpft werden kann. Waffenlos, doch nicht willenlos. Ich verachte die Waffenträger ebenso wie die vermulmten, meinungs- und ziellosen Kleinbürger, die heute bei uns Kultur und Kunst bestimmen.
Im ersten Gespräch 1952 mit dem Philosophen in Leipzig hatte ich auf seine Frage, weshalb ich meine Dozentur aufgeben und mit meinen siebenundzwanzig Jahren noch ein Studium beginnen wolle, nicht die ganze Wahrheit offenbart. Ich hätte antworten müssen: Weil ich weiß, daß ich lüge, wenn ich als Lehrer am Katheder stehe...
Ein Studium der Philosophie würde, so hoffte ich wohl, soviel Wahrheit erbringen, daß jedes Lügen sich erübrigte. Als wir dann Mitte der fünfziger Jahre die Wahrheit zu erforschen und zu sagen begannen, schlug die Staatsmacht zurück. Seitdem weiß ich, du mußt deine Wahrheit ganz allein erobern und verteidigen. Sie ist nichts anderes als Einsamkeit, Widerspruch, individuelle Rebellion. Sonst gibt es keinerlei Frieden. Nirgendwo. Denn der Mensch, der nicht liebt, mordet.
Im Jahre 1956 erschienen, noch in der DDR, meine ersten beiden Bücher. Zur selben Zeit machte ich mich selbständig als freier Schriftsteller. Vom Frühjahr bis Herbst 1956 reichte das Tauwetter, vom 20. Parteitag der KPdSU bis zur Niederlage der aufständischen Ungarn. Danach begannen erneut kalte Zeiten. Ich schrieb mich von damals bis heute durch diese mehr als drei Jahrzehnte unentwegt hindurch. Es war mein Versuch, nicht lügen zu müssen. Mein Abenteuer, keine Kompromisse mit der Gewalt einzugehen. Ob es gelang, steht mir zu beurteilen nicht zu. Auf den Versuch kommt es an. Was wäre ein Leben ohne dies schon wert. Und im übrigen lernte ich, meinen Feinden jederzeit eins zu husten.

Da saß also einer in Leipzig und blickte auf seinen weiten, exotischen Bekanntenkreis, dessen unglaubliche Widersprüchlichkeit lauter entgegengesetzte Pole enthielt. Seine früheren Kameraden und Freunde und nachmaligen Genossen aus den sowjetischen Kriegsgefangenenlagern, die mit ihm als eine Vierhundertschaft ehemaliger Deserteure zurückkehrten, waren Volkspolizei- und Armee-Offiziere geworden, saßen in Kriminaldienststellen und bei der Staatssicherheit, in Partei- und Staatsämtern, und wo er in diesen Jahren auch vorbeikam, traf er diesen oder jenen an. Jetzt in Leipzig fügte sich eine ganz andere Gesellschaft hinzu, das hochmögende Personal von Universität, Wissenschaft, Kunst. Durch die Freundschaft mit Ernst Bloch entstanden Verbindungen mit Alfred Kantorowicz, dem Unbestechlichen, Wolfgang Harich, dem Undurchschaubaren, Hanns Eisler, dem Mister Sarkasmus.
Nachdem er ein kleines Büchlein über Brecht und Aristoteles geschrieben hatte, suchte Alfred Kurella diesen Zwerenz in seine Anti-Brecht-Front einzubauen, wogegen er sich wehrte. Sie fuhren nach Ost-Berlin zu Brecht. Er fand in Johannes R. Becher einen Fürsprecher, bis er sich mit seinen Veröffentlichungen zu weit vorwagte und Becher erneut auf Parteilinie ging. Hier, von der Stadt an der Pleiße aus, spann er die ersten Fäden zu seinen späteren Freunden Erich Fried, Arthur Koestler, Ludwig Marcuse, Robert Neumann, und als er die DDR fliehen mußte, rettete sich zur selben Zeit Alfred Kantorowicz in den Westen, die herzliche Freundschaft dauerte bis zum schweren, bitteren Tod des Unbestechlichen in Hamburg. Inzwischen waren auch Bloch und andere im Westen. In den sechziger Jahren meinte er manchmal, Leipzig sei überall. Wenn er Uwe Johnson traf, dachte er an die Bloch-Vorlesungen in Leipzig, zu denen Johnson eine Zeitlang anrückte, nach Schnaps riechend, schwerzungig, schwerfällig, artikulationsfaul, das Schweigen des Nordens im sündigen Geschwätz des Südens der Republik. Sie würden ihn manipulieren, vernützen, von Geheimdiensten narren lassen, er würde aus der Mitte zur Peripherie tappen und verschwinden, ein unaufgelöstes Kreuzworträtsel der Literatur-Illustrierten. Über all das schrieb er, würde er noch veröf-

fentlichen, wäre die Zeit reif, nahm er sich vor. Sie saßen zu dritt im Frühjahr anno 1956 in Auerbachs Keller, drei Freunde, die beschlossen, jetzt, nach dem 20. Parteitag in Moskau, mit allem Risiko auf Chruschtschows neuen Kurs zu gehen. Der Sozialismus, unter dem sie lebten, war keiner. Vielleicht würde sich einer draus machen lassen. (Er wußte zuviel und zweifelte daran. Doch seit wann macht Zweifel abenteuer*un*lustig und feige? Hatte er nicht bei Bloch gelernt, die Skepsis als Energiespender zu nutzen? Hatte er sich etwa jemals durch seine schwarzen Gedanken und Melancholien von einer selbstmörderischen Dummheit abhalten lassen? Ach was, das Leben gewagt, verloren gewonnen...) Später, als er für die Anthologie »Klassenlektüre«, herausgegeben von Walter Jens und Bernt Engelmann, sein Leben in Kurzfassung stenographierte, schrieb er dazu:

Unsterblich wie Steine, nur weniger hart

Als ich sieben Jahre alt war, also beinahe erwachsen, ging ich eines schönen Abends unschuldig zu Bett, und am nächsten Morgen, als ich aufwachte, war die Weimarer Republik verschwunden. Wir schrieben damals Ende Januar des Jahres 1933. – Meist merkt man ja nicht sofort, wenn einem was geklaut worden ist, besonders über Nacht. Außerdem litt ich nicht an Schlaflosigkeit, im Gegenteil, ich schlief tief und lange.
An jenem Morgen war ich mir auch nicht gänzlich sicher. Man weiß manchmal nicht recht, ob es einem an etwas mangelt. Ich suchte hier und dort und guckte aus lauter Verlegenheit unters Bett. Fehlt dir was? fragte meine liebe Großmutter. Ach ja, sagte ich, die Weimarer Republik! Na, meine Großmutter war allerhand gewöhnt, Fragen stellt der Junge! stöhnte sie manchmal, ihr war die Republik gar nicht geklaut worden, sie hatte früher im Königreich Bayern gelebt, da gab's so was nicht, dann war sie ins Königreich Sachsen ausgewandert, und als dort Ende des Ersten Weltkriegs die Republik ausbrach, hatte meine Großmutter nur damit zu tun, die hungrigen Mäuler ihrer Fa-

milie zu stopfen, da gab es unter Hohenzollern und Hindenburg wie unter Ebert und Hindenburg für die kleinen, armen Leute nichts zu lachen.
Ich fand die geklaute Republik an dem Morgen jedenfalls nicht, und es tat sich für mich die Jahre hindurch auch nichts weiter, nur einmal, ich war inzwischen elf Jahre alt geworden, da traute ich doch meinen Augen nicht, da saß ich in der Klasse – ganz plötzlich von einem Tag zum andern – unter lauter braunen Affen.
Das Dritte Reich hatte seine Hitlerjugend und sein Jungvolk zur Staatsjugend erhoben, und um es zu zeigen, kamen alle, Lehrer wie Schüler, an diesem Tag in Uniform zur Schule. Davon hatte ich bis dahin nichts geahnt. Wir waren nur ganz wenige, eine kleine nichtradikale Minderheit in Zivil.
Das tat nicht gut. Ich lag meinem Vater so lange in den Ohren, bis er mir auch das Braunhemd der Jugend kaufte, seitdem fiel ich nicht mehr auf. Ein Opportunist war geboren worden.
Zweimal die Woche war an den Nachmittagen »Dienst«. Ältere Jungs traten vor die Front und brüllten was, und dann hatte man entweder still zu stehen oder sich nach links oder rechts umzuwenden, zu marschieren, zu singen, sich mit dem Bauch in den Dreck zu werfen.
Das gefiel mir wenig. Einmal stellten sie mich vor die Front, weil jeder Pimpf seinen Marschallstab im Tornister habe, ich sollte lernen, Kommandos zu geben, ich brüllte so laut herum, daß sich alle erschreckt wie die Bleisoldaten benahmen. Ich begriff, Kommandieren war viel leichter und einfacher als Gehorchen. So begann meine Laufbahn als Hitlerjugendführer. Man heftete mir eine rot-weiße Schnur an die Brust, später eine grüne, und ich hatte immer einen Trupp dummer Jungs unter mir und daheim in der Zweizimmerwohnung eine mit meiner Karriere höchst unzufriedene Mutter, die in der Fabrik arbeitete und von Kolleginnen berichtete, denen man den Mann weggeholt hatte, ins »Konzertlager«, wie die KZ genannt wurden.
Manchmal tauchten diese Männer später wieder bei ihren Frauen auf, waren arm dran und krank und siechten dahin oder starben bald.

Du gehörst nicht zu denen, schalt Mama mich, wenn ich in meiner braunen Idiotenuniform mit Affenschaukel vor ihr stand und zum Dienst abmarschierte. Ich gehöre weder zu denen noch zu euch und schon gar nicht ins Konzertlager, dachte ich und: Als ich damals, mit sieben, nach der geklauten Republik suchte, da habt ihr mich ausgelacht, ein dummer Junge, ja, na so klug wie ihr bin ich noch allemal.
Ich hab' immer in armen, verrufenen Gegenden gewohnt. Wir lebten damals in der Textilindustriestadt Crimmitschau in einem Vorort, dem »Berg«, wo es nur arme Leute gab, Arbeiter, durchweg Kommunisten, Sozis, SAPer (Sozialistische Arbeiter-Partei), einer Gründung, die zwischen SPD und KPD stand und in unserer Gegend großen Zulauf hatte. Mein Onkel war mit dem SAP-Führer Max Seydewitz aus einigen Saalschlachten bekannt. Auch mein Vater war zeitweise ein Sapper, ich aber las in der Zeit Karl May, mir wäre Vater als Trapper viel lieber gewesen. Was ich nicht wußte damals, auch Seydewitz, der SAP-Führer, las am liebsten Karl May. Walter Ulbricht, nach 1945 der erste König der DDR, hatte Seydewitz zum ersten sächsischen Ministerpräsidenten gemacht, das war, bevor in der DDR die Länder aufgelöst und in Bezirke umgewandelt wurden. Als man Ulbricht auf Seydewitz' revisionistische SAP-Vergangenheit aufmerksam machte, soll Walter geantwortet haben: Na, wenn schon, der hat doch sowieso nur Karl May im Kopp!
Ich lebte also immer in verrufenen Gegenden. Geboren in einem winzigen sächsischen Kaff, aufgewachsen auf dem »Berg«, später in Leipzig logierte ich in einer Studentenbude in der »Seepiepe«, einem stadtbekannten Nachtjackenviertel. Na und noch viel später wohnte ich sogar ein paar Jahre in Offenbach am Main. Aber ich hab's immer durchgestanden.
Im Krieg hatte ich nach zwei Jahren genug gelernt. Im August 1944 lief ich zur Roten Armee über. Die Weimarer Republik fehlte mir nun schon ganze elf Jahre, und ich beschloß, sie mal bei den Kommunisten zu suchen. Sie behielten mich mehr als vier Jahre in ihren Lagern, und dann sagten sie, ich könnte heim nach Sachsen, wenn ich mich zur Volkspolizei verpflich-

tete. Ich zeigte wenig Lust, aber sie sagten: Dann geht's auch nicht heim. Na, dachte ich, bevor sie dich noch mal gute vier Jahre bei sich behalten, unterschreibst du eben.
So kehrte ich heim und gleich wieder in die Kaserne, denn die Volkspolizei war eine Volksarmee, die wir gründeten, und in die Partei mußten wir auch gleich dürfen, ich zählte mittlerweile 24 Jahre, hatte zwei Jahre Militär und vier Jahre Kriegsgefangenschaft hinter mir und heimlich geschworen: Nie wieder fasse ich ein Gewehr an.
Jetzt marschierte ich, als Bereitschaftspolizist, wieder mit dem Karabiner auf der Schulter durch die Straßen der Stadt und hustete mir vor lauter Wut und Ärger eine schwere Tbc an. Das verschaffte mir endlich den Abgang von der Armee, der neuen, und ein Jahr Aufenthalt in Heilstätten.
Als ich daraus entlassen wurde, rief gleich die Partei. Der Genosse zeigte auf ein großes Gebäude, eine Ingenieurschule, dort wirst du morgen früh antreten, sagte er, als Dozent für Gesellschaftswissenschaften. Aber ich hab' doch gar keine Ahnung von so was, entgegnete ich, tut nichts, sagte er, der Platz für einen Dozenten der Literatur ist auch noch frei, das übernimmst du mit. Na, ich hatte schon drei Bücher gelesen, Karl-May-Romane, vor der Dozentur in Literatur hatte ich wenig Angst, die Sache mit den Gesellschaftswissenschaften aber stimmte mich ein wenig elegisch. Ich ging abends statt mit meiner Frau mit zwanzig Lehrbüchern zu Bett und hielt zweimal die Woche so schöne Vorlesungen, daß alle davon begeistert waren.
Ganze Lexikon-Seiten lernte ich auswendig, versah sie mit dem nötigen ideologischen Vorzeichen und kam hurtig voran. Ich hätte in der DDR noch Minister für Gesellschaftswissenschaften und Literatur werden können. Von Karl May bis Karl Marx kannte ich mich glänzend aus. Ich war daher der einzige, der genau wußte, daß ich gar nichts wußte und alles nur auswendig lernte.
Also gab ich meine schöne Doppeldozentur auf und ging nach Leipzig, um Philosophie zu studieren. Das wollten damals, 1952, nur sehr wenige, die Herren Professoren fürchteten

schon, arbeitslos zu werden, und begrüßten jeden Philosophiestudenten noch persönlich mit Handschlag. Zeiten waren das.
Das schärfste Kabarett der DDR ist die Leipziger *Pfeffermühle.* Sie war gerade mal wieder zu scharf gewesen und hatte dabei ihren Leiter eingebüßt. An seiner Stelle stand jetzt ein blutjunger blondhaariger Schauspieler namens Conrad Reinhold, der seine Ernennung in Auerbachs Keller, wie seit Goethe üblich, mit Unmengen Bier feierte. Ich hatte sechs Semester Philosophie hinter mir und war gerade mit Nietzsche zu der Überzeugung gelangt, daß Gott tot sei und seither nur noch von schrägen Laiendarstellern gespielt werde, als Conrad Reinhold mich aufforderte, für sein nächstes Kabarett-Programm Texte zu schreiben. Gott ist tot, das Kabarett aber lebt, dachte ich. Voll von den guten Geistern des Königs Alkohol eilte ich auf meine Seepiepenbude und begann zu schreiben. Auch andere schrieben. Es wurde das schärfste Pfeffermühlen-Programm seit tausend Jahren. Die Leute standen Stunden vor Beginn in Reihen mehrfach um die schöne alte Kirche herum, in der schon der Bach Sebastian gespielt hatte, aber sie wollten nicht in die Kirche, sondern nebenan ins Kabarett.
Der Erfolg war so enorm, daß Conrad Reinhold bald darauf in hohem Bogen aus dem Kabarett flog und aus der Partei noch mit hinzu. Ich befand mich aus diesen und mehreren anderen Gründen auch bereits im vollen Fluge, und so landeten wir 1957 in einem Westberliner Keller, den außer uns nur fünf eingeborene Ratten bewohnten. Wir taten ihnen nichts an, sie bissen uns nicht, so ergibt sich eine Koexistenz bei allen ideologischen Gegensätzen, Strauß hat recht – alles Elend beginnt mit linken Ratten –, abends litten wir unter dem ohrenbetäubenden Lärm, der aus dem Keller des Nachbarhauses drang, ein Gerede, Gegrummel, Gelächter, Gedröhne, dann gab es einen unerhörten Bums: Wumm!
Wir gingen rüber, kamen in eine drangvolle Enge, mitten unter den Massen saß eine saukomische Figur mit dem guten Gesicht eines grundehrlichen Tagediebes, an einer Hand fehlte dem Kerl ein Finger, er sang freche Lieder, brüllte schräge Wor-

te und haute dann dröhnend auf eine große Trommel: Wolfgang Neuss, der Mann mit der Pauke.
Paar Jahre später kam ich mal wieder nach West-Berlin, ging zu Neuss ins *Domizil,* da war noch so 'n komischer Kleiner dabei, klimperte auf seiner Gitarre rum, stocherte sich faule Witze aus den Zähnen und blickte einen mit seinen wunderbar treuherzigen Glupschaugen an: Wolf Biermann (Ost) zu Besuch bei Wolfgang Neuss (West), damals gab's eine Zeitschrift »twen«, die brachte grad Platten raus und machte aus dem Duo eine LP, ich schrieb den Text fürs Cover, das Ding ist heute eine gesuchte Rarität.
Später verzweifelte Biermann an der DDR, ging westwärts auf Reisen und durfte nicht zurück, Wolfgang Neuss aber hatte schon verzweifelt zu Drogen gegriffen und sah noch wunderbarer aus als vordem, aber alle, alle sagten: Der ist hin und kaputt, und der Neuss dementiert seinen Tod mit so wunderbaren Worten und Blicken, daß die Leute ganz weg sind, wenn sie es sehen und hören, und dann sagen sie erneut: Der ist hin und kaputt, und der Neuss dementiert es noch wunderbarer. So steigern sich Künstler und Publikum in unerahnte Höhen und Tiefen hinein.
Ursula Herking, große Dame des westdeutschen Nachkriegskabaretts, bis sie daran starb, holte Conrad Reinhold aus unserem Keller neben dem Domizil weg zur Lach- und Schießgesellschaft, dann war er im Düsseldorfer Kom(m)ödchen und was weiß ich, wo noch, bis er in Frankfurt sein eigenes Kabarett aufmachte, *Die Maininger, das kleine Frankfurter Resistenztheater,* da spielte er an die zwanzig Jahre fast, bis er sich zu nahe an die SPD begab und u.a. daran starb. Etwas über vierzig Jahre alt geworden. Er hatte es eben noch mal versuchen wollen. In Leipzig hatte ihn die SED gleich ausgeschwitzt. Mit der SPD in Frankfurt wollte er's besser machen. Herzinfarkt infolge fehlender Distanz zu politischen Machern.
Wir begruben ihn in Offenbach auf dem Neuen Friedhof unweit des Main und direkt unter der Einflugschneise des Rhein-Main-Flughafens. Da hängt ihm nun immer sein Publikum im großen Jet-Brummer überm Grab, dem kann er was hinaufspie-

len in den mageren Himmel, das graue Blei der Höhe, Conni reißt seine Witze aus der Grube heraus und spuckt die Maschinen blitzeblank mit seinem Giftspeichelspott.
Ich hab' über ihn und den Frankfurter Oberbürgermeister ein lustiges Buch geschrieben, »Wozu das ganze Theater«, die Frankfurter und Offenbacher wollen es aber nicht lesen, weil, meinen sie, was bei ihnen selbst geschieht, das kann nicht viel wert sein. Manchmal lese ich ein Kapitelchen daraus vor, dann lachen sie sich krumm und buckelig und verstehen sich und die Welt nicht mehr, was? sagen sie, das soll bei uns passiert sein? Sie können es einfach nicht glauben. Was nicht glauben? Daß man über sie und ihre Gegend und alles, was vorfiel bei ihnen und vorfällt bei ihnen, so herzlich lachen kann, ohne sie auslachen zu wollen. Daß das Lachen ein wunderbar gnädiges Gut ist, christlich und unchristlich, atheistisch, kommunistisch, demokratisch, menschlich und sonstwie -isch, und daß es einfach guttut, so zu lachen.
Manchmal gehe ich zu dem Grab auf dem Neuen Offenbacher Friedhof, und dann lache ich dort, und wenn man genau hinhört, sind es zweie, die lachen. Dann reden wir von damals in Leipzig, von der Wahnsinnspremiere der Pfeffermühle, als die Leipziger ganz aus dem Häuschen waren, weil der Conrad Reinhold und seine Kabarettleute so spitz und steil aufspielten, dann reden wir von Wolfgang Neuss und Wolf Biermann, von der Ursula Herking, vom alten Bloch, vom alten Brecht und vom Ernst Busch und über wen wir sonst noch so stolperten in dem kleinen, kurzen Vierteljahrhundert, das wir uns kannten, und wenn ich den Friedhof verlasse und vorn in mein Auto steige und vorher schön aufgehört habe zu lachen wegen der Leute, die das nicht mögen, daß einer lacht auf 'nem Friedhof, also dann hör' ich den Conrad Reinhold hinter mir noch immer laut lachen aus seiner schönen, guten, sicheren Grube heraus und zu den schwer mit Menschenfracht beladenen Düsenjets hinauf an den Himmel, die dort im Landeflug hängen, denn das Leben, nicht wahr, geht weiter. Besonders für die toten Kabarettisten und Possenmacher und Witzereißer, die unsterblich sind wie die Steine, nur weniger hart.

Soviel über Conrad Reinhold. Ich sprach von drei Freunden, die 1956 in Auerbachs Keller auf Chruschtschows neuen Kurs zu gehen sich verabredeten. Der dritte war Erich Loest, ein, als ich ihn in Leipzig kennenlernte, schon arrivierter junger Schriftsteller. Er trug seinen Ruhm nicht ohne Stolz, war jedoch nicht eingebildet oder überheblich. Loest hatte harte Jahre hinter sich und das Risiko des aufrechten Gangs am eigenen Leib erfahren. Es gab eine Zeit, da litt er bitterste Not. Das war nach dem 17. Juni 1953, als man ihn aus dem Schriftstellerverband ausschloß.

Wenn Loest später davon erzählte, merkte ich, daß ihn die Umstände des Ausschlusses selbst weniger beeindruckt hatten. Worüber er nicht wegkam, war die Erfahrung absoluter Verlorenheit. Im Herbst 1953 lebte in der großen Stadt Leipzig kaum noch ein Mensch, der es wagte, mit ihm zu sprechen.

Sein Lächeln war gut. Es war ein echt sächsisches Lächeln, die Maske des kleinen Mannes, der seine Klugheit verbergen muß. Nur in Loests Augen verriet sich diese melancholische Klugheit. Ich habe einmal geschrieben, Loest sei seinem Lied auf die Kehle getreten. Da muß ich hinzufügen, es blieb ihm nichts anderes übrig.

Loest war verheiratet und hatte drei Kinder; das jüngste wurde 1957 geboren, am 8. Mai, dem »Tag der Befreiung«. Ein halbes Jahr nach der Geburt dieses Jungen wurden Vater und Mutter verhaftet.

Frau Loest ist nach einem halben Jahr wieder freigelassen worden. Sie litt lange Zeit mit ihren Kindern große Not.

Loest hatte viele Feinde in der Partei; es waren darunter ein paar einflußreiche gefährliche Gegner wie der später zum Leiter der Kulturabteilung ins Zentralkomitee berufene Siegfried Wagner. Bei aller naturgemäßen und seinem Charakter entspringenden Opposition war Loest Kommunist, unbeirrbar und unerschütterlich.

Es beunruhigte mich deshalb sehr, als ich sehen mußte, daß Loest nach Beendigung des Tauwetters im Herbst 1956 vor allem wegen seiner Freundschaft mit mir angegriffen wurde. Ich fürchtete, seine einflußreichen Gegner würden die Gelegenheit

nutzen, Loest abzuhalftern, womit ihnen jetzt das gelänge, was sie nach dem 17. Juni 1953 nicht hatten vollenden können.
Auf manchen Versammlungen wurden wir beide angefeindet, auf anderen wurde Loest auffallend geschont. Zwischendurch gab es eine kurze Zeit des Waffenstillstands.
Loest hielt in all dieser Zeit zu mir. Einmal waren in der Leipziger Bezirksparteileitung an die hundert führende Genossen versammelt worden. Mitten im Kreuzfeuer allgemeiner Feindschaft wagte es Erich Loest aufzustehen, mir entgegenzugehen und die Hand zu geben. Was eine solche Geste in dieser Lage bedeutet, kann nur ermessen, wer ähnliche Verhältnisse kennt. Loests Geste belastete mein Gewissen schwer. Ich fühlte mich mitschuldig an seinem späteren harten Schicksal. Ich fürchte, man hat meinen Freund entgelten lassen, was man mir nicht mehr antun konnte.
1956 hatten wir uns in Leipzig geschworen, im Lande auszuhalten und nicht in den Westen zu gehen. Als Günter Zehm verhaftet worden war und die Haussuchungen und Vernehmungen kein Ende nahmen, erhielt ich durch meine alten guten Verbindungen eine Warnung. Hinzu kam die Zeugenladung zum Prozeß gegen Zehm. Ich gab die Warnung weiter und flüchtete nach West-Berlin.
Im Herbst 1988 lasen Erich Loest und ich erstmals zusammen in der Bonner Buchhandlung Behrendt, da lag Leipzig 1956 glatte 32 Jahre zurück. Erich Loest war meiner Warnung nicht gefolgt und mußte sieben Jahre in Bautzen verbringen. Hatte er wirklich die Regierung der DDR stürzen wollen? Die Anklage war nichts als ein Racheakt für die Unbotmäßigkeit eines Schriftstellers. 1981 reiste Loest aus, mit einem Dreijahresvisum, nach dessen Ablauf er nicht zurückkehrte. Ein Umweg von kleinen 30 Jahren, sagten wir uns bei der Lesung in Bonn.
Im übrigen kämpft Loest, angefangen vom ersten Tag seiner Haft bis heute, 32 Jahre später, um seine Rehabilitation. Vergeblich, bis zum heutigen Tag. Wir nahmen uns vor, noch öfter gemeinsam aufzutreten und wechselseitig aus unsern Büchern vorzulesen, denn unser Leipzig ist überall und nirgendwo. Die

Staaten kommen und vergehen, wir, die Menschen bleiben. Was einzig zählt, ist Freundschaft.

Privilegien und jeder Abschied ein Anfang

Das Gebäude des Hessischen Rundfunks, das einmal als Sitz des bundesdeutschen Parlaments gedacht war, betrat ich 1960 zum ersten Male. Seit zwei Jahrzehnten gehe ich alle sechs Wochen hin und spreche in einem der Hörfunkstudios einen winzigen Beitrag für einen anderen Sender. Wir sind sechs Autoren, die nacheinander wöchentlich zum Sonntagabend 19 Uhr 5 für zehn Minuten drankommen, im Zweiten Programm, dem für Kultur, eines Senders im Süden. Selten gibt einer von uns freiwillig auf wie Walter Jens. Böll starb in den Sielen, Kogon setzte wegen Krankheit aus und starb kurze Zeit später.
Im kleinen Konsumentenkreis der Kulturwelle besitze ich eine minimale treue Zuhörerschaft. Ich spreche ungescheut und gerade heraus, und das wissen sie und wundern sich, weil's so lange gutgegangen ist, mich wundert's auch, daß da einer der Oberen vom Sender seine schützende Hand über mich hält. Offizielle Medien lieben mich nicht gerade. Seit dem deutschen Herbst anno 1977 gibt's am Eingang des Funkhauses gestrenge Kontrolle. Ich erscheine alle sechs Wochen, sage artig meinen Namen und in welches Studio ich möchte. Die Pförtner und Wächter wechseln. Immer neue Gesichter. Ich buchstabiere meinen Namen, er ist schwer zu merken, schwer zu schreiben, sie geben sich Mühe, fragen höflich, ob ich wüßte, wohin ich gehen müßte. Ja, ich kenne mich aus im Haus. Ich nehme meinen zum einmaligen Eintritt berechtigenden Ausweis in Empfang und trabe durch die Halle. Mit dem Lift in den dritten Stock, wo die Cutterin wartet. Ich sage meinen kleinen Text auf. Rückmarsch. Ausweis abgeben. Auf Wiedersehen.
Im Fernsehen erlebe ich die wichtigen Auftritte der Kulturmacher. Sie berichten von ihren Werken, aus ihrem Leben, von ihren Schwierigkeiten, was sie tun und denken. Manchmal le-

sen sie vor oder halten Reden. Ich nehme meinen Kalender vom Schreibtisch, auf dem meine acht Zehnminutenauftritte angekreuzt sind, verteilt übers ganze Jahr. Ich bin privilegiert, 80 volle Minuten darf ich pro Jahr sagen, was ich denke. Wenn's soweit ist, betrete ich das Funkhaus, buchstabiere dem Pförtner meinen Namen und erhalte den Ausweis. »Wissen Sie, wohin Sie gehen müssen?« erkundigt er sich höflich. »Ja«, antworte ich, »ich weiß hier einigermaßen Bescheid.«

Schwermut ist eine seelische Verdunkelung, an der wir so leiden wie die Russen. Kinder und alte Menschen haben ein intimes Verhältnis zum Tod. Wenn ich als Kind meine Großmutter mit Fragen nach dem Tod löcherte, reagierte sie entweder ratlos und leicht gereizt oder mit Beispielen aus dem Hausschatz der Erfahrungen ihrer Leichenfrau-Familie. Ihre Tochter wiederum, meine Mutter, die ich anfangs nicht akzeptierte, später Lies nannte und am Ende endlich Mama und Mam, ging zum Tod auf äußerste Distanz. Er interessierte sie nicht. Kam in ihrer Welt nicht vor. Sie glaubte auch nicht an meinen Tod während der Zeit, in der ich offiziell als vermißt galt. Als sie zwei Jahre nach der Vermißtenmeldung meine erste Postkarte in Händen hielt, habe sie vollkommen ruhig reagiert, teilte sie mir später mit. Mein Vater allerdings, nach einjähriger Gefangenschaft eben wieder heimgekehrt, berichtete mir, sie habe geweint.

Eines Abends fragte sie mich, wie ich den Krieg habe überstehen können, wo ich doch den Anblick fließenden Blutes nicht aushielte.

Ich dachte darüber nach und antwortete: »Das war, damals auf Sizilien, so, als hätte ich einen Schlag ins Genick gekriegt. Wie wenn Papa Kaninchen schlachtet, da haut er ihnen vor dem Stich eins hinter die Ohren. Sie zappeln etwas und merken nichts mehr. So ähnlich war es. Ich merkte gar nicht, wenn Blut floß, Fleisch aufriß. Es war weder Zeit noch Gelegenheit dazu, etwas zu denken oder zu fühlen. Im Grunde genommen sah man nicht, was geschah.«

Ich dachte, nach der Antwort, über meine Worte noch nach, auch sie schien etwas zu beschäftigen. Schließlich begann sie wieder von meiner neuen Leidenschaft zu reden, dem Boxen.

Ich bot ihr an, damit aufzuhören. Die Antwort befriedigte sie nicht ganz. Offenbar wollte sie auf was anderes hinaus. Ich blickte sie an und begriff.
»Nein, es ist nicht mehr wie früher, wenn es das ist, was du meinst. Mir wird nicht übel, wenn einem die Nase blutet.« Was ich nicht sagte, war der Umstand, daß ich, hatte ich selber eins hart auf die Nase gekriegt, wie ein wütender Stier über den andern herzog. Als Boxer erwies ich mich als Niete. Denn die Schlagwut macht einen blind und für gegnerische Treffer offen und anfällig. Allerdings gab's bei uns keine so kaltblütigen Boxer, die es hätten ausnützen können. Und weil bekannt wurde, wie rasend ich losschlug, hatte einer mich getroffen, wuchs der Respekt vor meinen Fäusten. Ich hörte aber bald auf mit dem Sport. Das war Lies recht. Boxen mochte sie einfach nicht. Wir alterten dann ein Vierteljahrhundert jeder für sich, sie daheim an der Pleiße, ich im Westen. Dann durfte sie reisen. Im letzten Lebensjahrzehnt entwickelte sich ihr Humor zu Tucholskyschen Dimensionen. Wenn es eine Mischung von Entzücken und Beklemmung gibt, so kennzeichnet das meine Verfassung beim Lesen ihrer Briefe.
Bei meiner Geburt zählte Lies 21 Jahre. Sie starb mit 77, da war ich 56 Jahre alt. Meine Briefe an sie hielt ich kurz und sachlich. Ihre Briefe schweiften aus und ab und glänzten mit irrwitzigen Fügungen. Ihre Schrift, die im Laufe der Jahre an Deutlichkeit verlor, behielt eine Spur schulmäßig angestrebter Ordnung und Schönheit. Die Orthographie war nie ganz in Ordnung gewesen. Mit dem Alter wuchs sie in abenteuerliche Dimensionen. Auch die Grammatik machte sich selbständig. Bis zuletzt blieb ihre Liebe zu den Fakten und Details lebendig. Sie berichtete von dem, was geschah und wie sie es erlebte. Ihre Kunst bestand in der Verkürzung. Ihr gelangen die wunderlichsten Ellipsen. Indem sie Worte einsparte, entwickelte sie einen schlagfertigen Witz, der naturwüchsig sächsisch ist. Mama bevorzugte Sätze wie diesen: »Mir geht es gut und Frau Mehlhorn ist auch gestorben.« Selbst wenn Mamas Briefe ihre niedergeschlagene Stimmung signalisierten, wirkten sie bei der Lektüre stimulierend. Mamas Briefe waren köstliche Botschaften, auch

wenn Trauriges mitgeteilt werden mußte. In Mamas schriftlicher Diktion verflüchtigten sich das Elend und der dumme Weltenernst zu einem sarkastischen Humor, den ich stets als tröstlich empfand. Am Ende ihres letzten Briefes vor ihrem Tode versprach sie in einem Zusatz, mich »auf dem laufenden zu halten«. Danach legte sie sich hin und stand nicht mehr auf.

In den Jahren 1979 und 1980 brachte es meine alte Mama fertig, ihr Leiden so weit zu mindern, daß sie ihre vierwöchige Westreise unternehmen konnte.

Vorher hatte sie es, nach einem Herzinfarkt, vier Jahre lang nicht wagen können.

Im Sommer 1981 wollte sie wieder zu uns kommen. Das galt als ausgemacht. Im Januar wurden ihre Briefe pessimistischer und auch ein wenig konfus.

Ende Juni hatte ich einen Fernsehauftritt in der ARD. Meine Mutter freute sich darauf. Wenn sie dieses Jahr die Reise nicht unternehmen könne, schrieb sie, könne sie den Sohn doch auf dem Bildschirm sehen.

Drei Tage vor der Sendung starb sie.

Was mich tröstete, war ihr hohes Alter: 77 Jahre war sie geworden. Sie, die immer krank und nie recht gesund gewesen war im Leben, erreichte ein hohes Alter, ihr Mann aber, mein Vater, ein Kerl mit Bärenkräften, war mit 52 Jahren schon gestorben.

Das im Kern zähe Leben meiner Mutter erstarkte an Widrigkeiten. Es war nicht gut Kirschen essen mit Mama. Sie konnte herzensgut sein. Aber wehe, wenn sie haßte. Beleidigungen vergaß sie nie. Manchmal bildete sie sich auch nur ein, beleidigt worden zu sein.

Mama mochte weder Katzen noch Hunde. War sie bei uns, duldete sie Ingrids Katzen, und das war eine enorme Leistung, denn es entsprach nicht ihren Herzensregungen.

Billy aber, unsern Chow-Chow, mochte Mama, und der Chow-Chow erwiderte die Freundschaft.

Ich war zu sehr Mamas Sohn, um das schweigend zu registrieren, und erklärte, die Tatsache, daß meine Mutter, die Hunde nicht mochte, unsern Hund mochte und er ihr Gefühl erwider-

te, ließe darauf schließen, daß beide ineinander die verwandten Seelen entdeckt hätten.
Das war ein wenig despektierlich gedacht und gesagt. Doch durfte ich es wagen. Als Mamas Sohn, ihr nahestehend wie meinem Hund, mithin beiden.
Einmal allerdings wurde Mama vom Hund feindselig angeknurrt. Sie hatte, auf der sonnigen Terrasse, in einem ihrer üblichen Aufräumanfälle, einen Knochen vom Boden aufgenommen.
Knochen aber gehören einzig und allein Billy, dem Hund. Ich erlebte, was ich bei Mama vordem nie hatte erleben können: Sie zeigte Angst und zog sich zurück. Obwohl ihr jemand feindlich gekommen war.
Die Feindschaft eines Menschen hätte sie nie so friedfertig hingenommen. Einem Hund sah sie es nach. Zumal es ja unser Hund war.
Von der kärglichen Rente und dem, was wir ihr an Paketen und Geld schickten, sparte Mama sich ab, was nur anging. Da half kein Zureden und kein Schelten. Sie wurde geizig, legte Pfennig auf Pfennig und sammelte den ungeheuren Reichtum von zehntausend Mark (Ost) auf ihrem Sparkonto an.
So viel Geld hatte sie ihr ganzes Leben lang nicht besessen. Eben deshalb wohl mußte es jetzt sein.
Das Geld war ihr Sieg über die Armut. Es versüßte den nahenden Tod.
Sie hatte das Gefühl, als reiche Frau zu sterben.
Ihre DDR-Altersrente bewegte sich von anfangs unter 200 auf gegen 300 Mark (Ost) zu. Ganz genau erfuhren wir es nicht. Sie sprach nicht gern davon.
Eine lebenslange Arbeiterfrau mit Minirente. Witwe seit 1952 – gestorben 1981.
In den letzten Jahren bedrückten sie die üblichen Sorgen der Reichen: Was wird, wenn ich tot bin, mit meinem Erbe?
Sie meinte die runden zehntausend Osteier auf ihrem Sparbuch. Ich sagte: Wenn du das Geld deinem Sohn vermachst, nimmt es der Staat möglicherweise in Besitz. Denn die DDR mag mich nun mal nicht. Ich bin ihr zu vorlaut. Vielleicht las-

sen sie mich nicht einmal zu deiner Beerdigung einreisen, und dann ist dein Geld hin. Außerdem kann ich mit Ostgeld nichts anfangen. Vermache es also deiner Cousine am Ort, und vielleicht hilft es, daß sie dich pflegt, falls du es brauchst. Mama machte ein vergrämtes Gesicht. Nie im Leben hatte sie sich wegen zu vielen Geldes grämen müssen. Immer war es zu knapp gewesen.
Die Zeiten ändern sich im Sozialismus.

Wie Mama starb.
Erst blieben ihre Briefe aus.
Die Verwandten meldeten sich. Sie sind arbeitsame DDR-Bürger und haben wenig Zeit.
Ich versuchte zu telefonieren. Die Industriestadt Crimmitschau im nicht mehr existierenden Land Sachsen ist telefonisch unterentwickeltes Gebiet. Dritte Welt oder vierte. Die Verwandten haben kein Telefon. Sie können nur über Nachbarn angerufen werden. Es gibt ewige Schwierigkeiten.
Endlich klappt ein Anruf. Da ist Mama schon tot.
Wir gefallen uns in den üblichen Formeln: Wenigstens hat sie nicht lange leiden müssen.
Als ob das Leben einer Arbeiterfrau ihrer Generation nicht ein langes Leiden gewesen wäre.
Krankheit und Krieg. Hunger und Elend. Ein ganzes 77jähriges Leben in der Schornsteingiftluft der Industrie. Lebend im östlichen Vorort, wohin alle Abgase ziehen bei Westwind.
Aber sie wollte in ihrem Alter, als ich's ihr anbot, nicht mehr fort von zu Hause.
Welch ein armseliges, erbärmliches, erbarmungswürdiges Zuhause. Wir halfen, wo es nur anging.
Wenigstens hat sie nicht lange leiden müssen.
Nur 77 Jahre lang.
Mamas Testament kam mit der Post.
Direkt vom Staatlichen Notariat in Werdau (DDR).
Es war ein Hammer.
Außerdem lag es offenbar in zweifacher Ausfertigung vor. Mit kleinen formalen Unterschieden. Inhaltlich gleich. Sie hat es handschriftlich verfaßt.

Ich bekam es in Maschinenschrift. Vom Staatlichen Notariat in die Maschine getippt.
Daß ich nicht »rüber« durfte, nagte an ihr. Sie spürte den Tod in sich, als sie das doppelte Testament niederschrieb. Zweimal in leicht veränderten Fügungen. Ich weiß nicht, warum. Sie war schon auf den Tod krank. Der Sohn hatte Einreiseverbot. Die Mama strebte die Urne an. Im Massengrab.

Feierliche Begräbnisse entfallen, wenn der Tote sich verbrennen und die Urne im »Massengrab« beisetzen läßt. Sie nennen das offenbar wirklich so.
Wochen vergingen zwischen Mamas Ableben und der Urnenbeisetzung. Endlich kam die Nachricht, es sei soweit. Ein Telegramm, das einen von den DDR-Staatsorganen genau abgefaßten Text erhält, dient an der Grenze als Sesam-öffne-dich.
Ich war einige Jahre früher, nach 19jähriger Abwesenheit, zum ersten Male in die DDR eingereist, und Ingrid und ich hatten bei der Grenzkontrolle warten und bangen müssen. Das war nach Mamas Herzinfarkt gewesen.
Diesmal, auf Urnenbeisetzungsfahrt, gab es wiederum Schwierigkeiten. Der Grenzverkehr in Richtung Ost ruhte. Wir standen an der Spitze der Wagenreihe. Der diensthabende Herr Grenzpolizist langweilte sich fürchterlich und zupfte seinen Handschuhen fast die Finger aus.
Endlich kamen die Papiere, wir durften Mamas Urne in die Erde bringen.
Crimmitschau an der Pleiße. Eine zerfallende Stadt mit größtenteils vernachlässigten Gebäuden. Graue Mauern, abgebröckelter Putz, die Straßen in einem katastrophalen Zustand. Wer ist verantwortlich für diese Propaganda gegen den realen Sozialismus? Das ist der steingewordene Antikommunismus. Crimmitschau sehen und die DDR fliehen, ist ein und dasselbe.
Wir fuhren am Mittwochmittag über die Grenze in die DDR ein und langten gegen 14 Uhr in Crimmitschau an. Genau 48 Stunden später, gegen 14 Uhr des Freitag, gelangten wir wieder über die Grenze auf den Boden der Bundesrepublik.

Hinter uns lagen exakt 48 Stunden Aufenthalt in der DDR. Ich wollte keine einzige Stunde länger dortbleiben.
Die Fahrt über die Autobahn durch Nordhessen bis zum Homburger Kreuz und dann durch Oberursel zum Feldberg hinauf war mir eine einzige Erleichterung. Die DDR lag hinter mir als ein Gespenst der Vergangenheit.
Ich nahm mir vor, nie wieder den Fuß auf das Staatsgebiet dieser DDR zu setzen.
Ich fröstelte, mitten im Sommer, in der Erinnerung an diese meine vormalige Heimat Crimmitschau, einen Alptraum, so grau und verfallen, unvorstellbar im Zerfall der Zeit.
Bei der Einwohnermeldebehörde hatte es eine Kontroverse mit der Dame des Amtes gegeben, als es um das Papier für den Geldumtausch zu Ehren des DDR-Staates ging. Fünfundzwanzig Westpiepen pro Tag und Person müssen umgetauscht werden, schreibt Ostvater Staat vor. Machte für Ingrid und mich fünfzig Westpiepen pro Tag.
Ich sagte: Wir kamen gestern an, waren heute bei der Urnenbeisetzung und werden morgen wieder wegfahren. Macht drei Tage à zwo Personen gleich 150 DeeMark West umgetauscht in Deutsche Mark DeeDeeÄrr.
Die Dame von der Behörde erkannte meine Drei-Tage-Rechnung nicht an und beharrte auf fünf Tagen. Ich blieb hartnäckig und willens, wenigstens die Mathematik, mindestens das kleine Einmaleins als gesamtdeutsch verbindend zu retten.
Macht fünf Tage! beharrte die Amtsdame.
Macht drei Tage! setzte ich erneut entgegen, altgedienter Oppositioneller und Antikommunist, der ich bin.
Schon wollte ich hinzufügen: Auch wenn Adam Riese DDR-Bürger ist, hat er weltweit Geltung!
Da mischte sich zu unserm Glück der durch die Ämter geleitende Begleitungs-Verwandte ein. An den Fingern abzählend, kam er wie ich auf nur drei Tage.
Gegen die Übermacht streckte die Amtsperson die Waffen. Unsere drei Tage wurden plötzlich anerkannt, das Papier ausgeschrieben, unterschrieben, gestempelt, ich trabte ab zur Bank, wo ich meine 150 Mark West gegen Osteier tauschen durfte.

Die beiden Mädchen am Schalter hatten voll zu tun, ausfüllen, unterschreiben, abstempeln, sie warfen ihren Bankkunden nicht einen Blick zu, lachten, erzählten sich Witze, tuschelten, steckten die Köpfe zusammen, lachten, nächster Schein, daß an den Papieren leibhaftige Menschen dranhängen, hatte den beiden Bankmädchen noch nie jemand erklärt. In jeder westlichen Bank hätte ich mir den Vorgesetzten kommen lassen, hier steckte ich wortlos die hundertfünfzig Ostpiepen ein und verließ das Gebäude fluchtartig.
Morgen bist du denen wieder entronnen, dachte ich, als ich auf der Straße stand.
Die Stadt um mich herum sah aus wie eine Schutthalde. Wie anders können hier arbeitende Menschen überstehen, als indem sie einander Witze erzählen, in schallendes Gelächter entfliehen, die Gesichter auf der andern Seite des Schalters möglichst ignorieren.
Aber dumme Kühe sind es dennoch, dachte es in mir trotzig und leicht irritiert, wo nicht beinahe beleidigt.
Sizilien liegt mir näher als dieses fremdgewordene vormalige Sachsen. London, Paris, Rom liegen unsereinem mehr am Herzen, Crimmitschau, Zwickau, Leipzig sind uns abhanden gekommene Städte.
Vergieße bloß jetzt nicht die üblichen gesamtdeutschen Tränen! fuhr ich mich an.
Was aber, wenn in Tränen Wahrheit ist?
Auf der Rückfahrt über die verlotterte Holper-DDR-Autobahn fiel es mir schwer, nicht geschwindigkeitsübertretend aufs Gaspedal zu drücken.

Früher waren Friedhöfe Muster an Ordnung, Ruhe, Sauberkeit. Friedhöfe als gepflegte Parklandschaften.
Unterdessen verkommen immer mehr von ihnen. Andere erweisen sich als zu klein. Man holzt Bäume ab, um Platz zu finden. Es werden Todeskasernen daraus.
Der Crimmitschauer Friedhof ist augenscheinlich verwahrlost. Nicht mehr als jeder zweite in Westdeutschland, und das genügt für einen schlechten Eindruck.

Der schwarze Diener trug uns paar Trauergästen die niedliche schwarzglänzende, kleine Urne voran. Der Versuch des Trauergangs scheiterte an den Unebenheiten des Weges. Man verstolperte sich immerzu.
Es ging durch Reihen verwitterter, regenzerfressener Altgrabsteine.
Endlicher Halt an einem vormaligen bürgerlichen Familiengrab an der Mauer.
Blick in ein großes Grabgewölbe. Hunderte von Urnen aufeinandergestellt wie kleine Bierfässer. Ein Kellerlager von Urnen, Mama bekam ihren Platz ziemlich vornedran und reichlich oben. Wenn die sich hier für ihre kleine Ewigkeit, die ihnen zur Verfügung steht, unterhalten wollen, gibt es kein unendliches Gespräch.
Jedenfalls ist keiner mehr allein.
Sie bilden hier ein Kollektiv, die Arbeitsgruppe Verstorbener.
Mamas Daten sind der Urne aufgeschrieben. Dazu eine Nummer. Lesen wird das nach uns niemand mehr. Ein Grabmal mit den Daten ist nicht vorgesehen. Geht gar nicht bei so vielen Genossen Toten in einem Raum. Reicht der Platz nicht.
Verstorbene leben weiter in der Erinnerung derer, die sie gekannt haben. Mit denen sterben sie ihren letzten Tod.
Vom Friedhof weg fahren wir zum Einwohnermeldeamt, unsere polizeiliche Anmeldung nachzuholen, die sich am Anreisetag, dem Tag vorher, nicht mehr bewerkstelligen ließ.
Es kommt zum rechnerischen Streit um die drei oder fünf Tage Aufenthalt auf dem Staatsgebiet der DDR.
Mama in ihrer kleinen, runden, schwarzglänzenden Urne dort draußen auf dem volkseigenen Friedhof mag lächeln.
Sie hat alle Ämter weit hinter sich gelassen. Vergangen aber ist sie nicht. Denn sie lebt und atmet und umgibt mich als schützender Bauch voller Fleisch und Blut und Liebe, und ich sitze tief in ihr drinnen und beginne zu ahnen, was geschehen wird. Ich breite meine Hände aus und freue mich darauf. Mag sein, ich habe alles schon hinter mir und unterwegs so manches, was sie mich lehrte, vergessen. Doch ich vergesse, daß ich vergaß,

lebe und lebe und bin einer von denen, die gerufen werden. So lausche ich hinaus in die fremde Welt, in die es uns drängt, denn wir wollen frei sein. Frei sein, was ist das? Die Details graben sich in die Haut ein wie alte Wunden, von denen Narben bleiben, denn wir besitzen die Privilegien der Unsterblichkeit. Wenigstens was unsere Seele betrifft, an die wir nicht glauben. Aber ja doch, ich weiß, es ist dumm und unmodern, nichts zu erfinden und alles statt dessen zu erleben. Meine Bücher erscheinen in zwei Verlagen. In dem einen in München sehe ich mich neben Karlheinz Deschner, Erich Kuby, Rudolf Krämer-Badoni, in dem andern in Hamburg neben Ralph Giordano, Alfred Hrdlicka, Stefan Troller, lauter Zeit-, Leidens- und Freudensgenossen in Feindschaft, Nähe, Zorn und unendlichen Äußerungszwängen. Salut, Kameraden und Genossen.

In Demut danke ich dafür, gedruckt zu werden. Um nicht sterben zu müssen, wie das Gesetz es befiehlt, das wir nicht anerkennen mögen. Denn wir werden als paulinische Menschen geboren, und sie versuchen alles, uns in saulinische Kreaturen umzukehren. Wenn wir widerstehen, kehren wir in den Anfang zurück.

Ich wollte nie etwas anderes sein als das Kind, das die Nacktheit des Kaisers ausruft. Der Fehler der Erwachsenen besteht darin, daß sie darüber schockiert innehalten, statt das Kind weiter seine Wahrheit verkünden zu lassen. Es hätte noch zu sprechen von der wildblühenden Poesie seiner Sicht, von der Wahrhaftigkeit dessen, was es erblickt.

Und trotzig, wer weiß, warum, sage ich: Ich bin Kommunist. Irgendwo wird es schon noch einen geben. Und vielleicht noch einen, und so wachsen wir der Erde entgegen.

Und nicht weniger trotzig, an Stalin denkend, sage ich: Ich bin Antikommunist, doch das wurde ich erst in den anschließenden Jahren, als ich studierte und meinen Kopf zu gebrauchen lernte.

Zurückblickend auf Kindheit und Jugend, auf Krieg und ersten Nachkrieg, erkenne ich verwundert, ich habe aus dem Bauche gelebt, vielleicht deshalb überlebt. Wer studiert hat, macht sich eine falsche Vorstellung von der Welt. Der Mensch lebt vom

Brot, denn indem er ißt, erhält er sein Leben. Erst wenn er genug zu essen hat, entdeckt er die Kultur. Ich wußte lange nicht, was das sein soll. Im Rückblick erinnere ich die ersten dreißig Jahre meines Daseins als eine Abfolge von Bildern. Sie sind schön und leuchtend, grell und mörderisch. Gestalten sehe ich vor mir wie aus der Bibel. Die Vorfahren lebten wie wir heute, die Bibel erzählt von ihren Schrecknissen und Hoffnungen. Um sich zu entlasten, erfanden sie sich die höhere Instanz eines Gottes, dem sie die Gründe für ihre Grausamkeiten und Schönheiten, für Liebe, Zorn, Haß, Verrat zuschieben.
Keiner von uns will es gewesen sein. Jeder handelte im guten Glauben. Solange ich zurückdenken kann, sah ich immer Menschen, die glaubten. Eine vage Erinnerung an gläubige Kommunisten und Sozialisten drängt sich auf. Gläubige Nationalsozialisten marschieren vorüber. Nach dem Kriege wechselten Stalinisten, Maoisten, Chruschtschowianer, Breschnewisten und Gorbatschowianer einander ab. Andere wollen das Deutsche Reich restaurieren. In den Kirchen bilden sich fundamentalistische Glaubensgruppen. Auch ich besitze einen Glauben. Meine Haut ist die Grenze, die feindlichen Armeen den Einmarsch absperrt. Für Waffenlose steht die Tür offen bis ins Herz.

Ich liebe die Soldaten, die das Gewehr wegwerfen, Opfer, die auf Rache *nicht* sinnen, Vertriebene, die keinen anderen vertreiben wollen, Techniker, die sich weigern, den Tod zu erbauen, Politiker, die keine Grenzen verändern wollen. Mir sind unsere Staaten zu verlogen großkotzig, die Staatskirchen empfinde ich als Beleidigung der menschlichen Logik, an den Parteien mißfallen mir die Politiker mit ihren Dummenfanggesichtern. Wäre ich jünger, gründete ich eine Partei der Vernünftigen mit einer Hymne aus vielstimmigem Gelächter. Vor Jahren begann ich Gedichte über Sklavensprache zu schreiben. Zu meiner Verwunderung wurden sie bei öffentlichem Vortrag mit größtem Applaus aufgenommen. Ich trat damit nur selten an, zweimal im Jahr, wenn eine Band zur Hand war, das steigert die Wirkung. Es liegt, glaube ich, an der Mischung von Sarkasmus und Liebe. Wir werden gezwungen, Sklavensprache zu sprechen.

Wir leben auf, verlernen wir sie. Unser Leben, unsere Kultur, Kunst, Politik, Wirtschaft, Publizistik, all das ist gefälscht, und indem wir nicht darwidersprechen und widerstehen, fälschen wir uns mit ein. Was zu widerrufen uns Lust bereitet. Am meisten gefiel mir, daß verstanden wird, die Sklavensprache kennt Dialekte und Idiome, die werden in West wie Ost gesprochen. Im Kern sind es dieselben Kräfte, die dazu zwingen, und dieselben, die sich nicht zwingen lassen wollen. Als ein Kritiker schrieb, diese Gedichte seien meine kurzgefaßte Anleitung zur individuellen Revolte, fühlte ich mich verstanden.

Sklavensprache I

Vom Filosofen aufgefordert, darüber nachzudenken,
was Sklavensprache sei, dachte ich dreißig Jahre
lang ein wenig nach. Immer dann, wenn die Geschichte
ein wenig pausierte, erkannte ich beschämt:

Ich selbst war es, der in den vorangegangenen
schweren Zeiten, bevor die Geschichte ein wenig
pausierte, die Sprache zurechtgebogen hatte, auf
daß sie mir nicht die blutende Wunde Wahrheit aufrisse.

Ja, ich bog die Sprache zu eleganten Illuminationen
zurecht, und ihre wundervollen tausendgesichtigen
Formen wellten wie Haar das Haupt der Gestalten, die
ich als Kunstfiguren ins öffentliche Leben entließ.

Ja, ich habe schön gesprochen, wo ich hätte ganz
einfach sprechen müssen. Ich verkaufte bunte Luft-
ballons und wußte, bald würden sie platzen. Ich
verfaßte stromlinienförmige Kreationen. Ich schönte.

Ich begab mich in Abhängigkeiten, indem ich meine
Worte zu Diplomaten ernannte und meine Sätze zu

goldbetreßten Majestäten. Jede meiner Silben trug
ein goldenes Komma im Tornister. Ich schmückte.

Aber man wird doch noch durch die Blume sprechen
dürfen, entschuldigte ich mich, notfalls, ertappt,
mit dem offen zur Schau gestellten guten Gewissen
des Mannes mit dem notorisch schlechten Gewissen.

Aber man kann doch nicht immer gleich mit der
Haustür in die Hütte fallen, deklamierte ich,
aus dem vollen schöpfend, abhebend vom Konto
der Bank für gegenseitige allgemeine Entschuldigungen.

Aber es gab auch Zeiten, da durften wir kein Wort
äußern. Auch ein Flüstern wurde schon bestraft.
Ein angedeutetes Murren kostete ein ganzes Jahr.
In diesen Jahren lernten unsere Blicke töten.

Aber es gab auch Zeiten, in denen wir uns verstanden,
weil wir uns von Tarnung zu Tarnung halfen und
verständigten. Wir Sklaven sprachen wie Sklaven.
Zur Täuschung der Herrschaft. Vorbereitend die Revolte.

In diesen Zeiten waren wir genau und gut und wahrhaftig.
Denn die Sklavensprache derer, die es nicht mehr
sein wollen, signalisiert den Zeitpunkt des Aufstands.
Wie aber wollen wir zueinander sprechen nach dem Sieg?

In welcher Sklavensprache? In welcher Sklaven Sprache?
In welcher Herren Sklaven Sprache?

Sklavensprache II

Meine Sünden sind: Manchmal sprach ich
mit geborgten Worten. Ich erbrach meine
Bibliotheksfrüchte. Mit hohlen Worten
predigte ich einen Glauben

An den ich selbst, weil zu klug, nicht
glaubte. Oder ich glaubte, weil zu
dumm, daran. Oder ich ließ mich einfach
engagieren von den Kirchengöttern.

Es kam vor, daß ich unachtsam sprach.
Oder achtsam, mit sorgsam ausgewählter
List. Weil ich mich nicht schon wieder
erwischen lassen wollte. Warum auch.

Oder ich sprach meinen Vorgesetzten
zum Munde, weil's das Leben leichter
werden läßt. Und voranbringt. Statt
in diese ewiglangen Schwierigkeiten.

Oder ich salbaderte akademisch in der
Runde. Schliff altes Kauderwelsch zu
neuem Kauderwelsch. Ich schluckte
unverdaubare Halbwahrheiten

Und gab sie als mein Leibgericht
aus, bis sie es wurden. Ich
mästete mich an den Stücken,
die die Aasgeier anziehn.

Ja, ich habe oft in Zeitungen
herumgestottert. Die Menge macht
das Honorar. Da werden kleine Sätze
groß und größer. Das sind so Imagefragen.

Ich habe angestanden in der Schlange,
wo's die Orden gibt, die Ehrenzeichen
und die Preise. Und wenn's verlangt
wird, kann ich flüsternd mich verbeugen.

Ich kann auch meine Lippen fest
verschließen. Andeutend, daß ich
schweigen kann, wenn meine Überzeugung
es verlangt. Die teure.

Oder ich schweige aus bequemen Gründen.
Weil's teurer würde, wenn ich spräche.
Weil's noch bequemer ist, von nichts
zu sprechen und zu wissen.

Als Blinder les' ich dann in meiner
Zeitung. Sehe fern. Vorm Radio
hocke ich, die Ohren fest geschlossen.
Herz + Hirn verrammelt.

Mir fehlt es nicht an guten Gründen.
Zu oft schon riß ich's Maul an
falscher Stelle auf. Die Freunde
haben mich im Stich gelassen.

Aufs Volk ist nie Verlaß. Es hinkt
stets mit den stärkren Bataillonen
voran und auch zurück in jene
längstvergangnen Lügensprachen.

So wird aus unsereinem bald ein
Pessimist, der schon aus Vorsicht
spricht, als ginge es um Kunst,
wo es ums Leben geht. Um deinen Kopf.

Sklavensprache III

Er redete, wie ihm der Schnabel gewachsen war.
Er durchlief Akademien und Universitäten und
drückte sich aus wie ein Gebildeter. Mal ganz
scharf, dann mitten durch die blaue Blume.

Er lernte das Reflektieren, die Assoziation als
Gepäckmarsch mit Gedanken und auch ohne durch
die Welt der Unterbewußtseinsströme. Er konnte
am Ende sogar lateinisch tanzen.

Er lag zwischen den Schlachtfeldern hingegossen,
sang Liebeslieder zur Laute, dichtete, genoß.
Als sie ihn zwangen, erfand er Tötungsmaschinen.
Meister war er geworden auch in Mathe.

Manchmal an den langen kurzen Abenden betrachtete
er sich in wandhohen Spiegeln, suchte sein Bild.
Es verschwamm ihm ins unkenntlich Kenntliche: Der
Mensch ist etwas, das erst noch erfunden werden muß.

Sklavensprache IV

Wenn ich etwas weiß,
das ich nicht sage,
kann es ein
Geheimnis sein.

Wenn ich etwas weiß,
das ich verberge,
kann es aus List
geschehen.

Wenn ich etwas weiß
und verleugne,
kann es aus List oder
Angst geschehen.

Wenn ich etwas weiß
und geheimhalte, um
leichter zu leben,
lebe ich sklavisch.

Wenn ich als Sklave
den Zeitpunkt der
Revolte verschweige,
tue ich recht.

Wenn ich den Zeitpunkt
der Revolte
nicht verschlafe.

Sklavensprache V

Manchmal mied ich die Anstrengung
des Gedankens. Zog lässig ein
Gefühl mir ein und sah angestrengt
und guten Gewissens weg.

An manchen frischgebackenen
Samstagen leistete ich mir einen
Ritt über den Bogen der Oberfläche.
Tiefergehen, Leute, macht krank.

Auch redete ich mich auf
irgendwelche Pflichten heraus.
Nur um nicht genauer hinsehen
zu müssen.

Oft gingen wir vorsichtig wie
über ganz dünnes Eis. Um nicht
einzubrechen, hielten den Atem wir
an. Und vergingen.

Ich habe für jede Ausflucht eine
dicke Entschuldigung. Zum
Spinnrad biegen sie sich. Ich
spinne kein Lügengarn.

Ich schaffe Gewebe zum Wegsehen.
Gegen den Durchblick. Flaggen
der Tarnung. Engmaschige Netze,
in denen ich mich fange.

Sklavensprache VI

Als ich gelernt hatte, die Dinge und
Menschen so scharf zu betrachten, daß
sie bald als durchschaut bezeichnet
werden konnten, war ich stolz.

Ich zerlegte Dinge und Menschen in
Einzelteile, Motive, Absichten, Stück
für Stück. Beobachtet, analysiert
und auseinandergenommen. Ein Schlachtfeld.

Spät erst lernte ich das Kreativieren.
Man hatte es mir in der Schule
verboten. Wir waren zu bleichgesichtigen
Anatomen erzogen worden.

Unsere Tätigkeit war Vivisektion.
Wir rechneten mit astronomischen Zahlen.
Wir zerteilten, zersägten, zerschnitten.
Mit Lebenden gingen wir um wie mit Toten.

In den bildenden Künsten ist die
Seele als Form vorhanden. Unsere
Seele heißt Mathematik, Computer,
elektronische Operation: Analyse.

Umgeben von immer mehr und weiter
zerlegbaren Einzelteilen vegetieren
wir dahin vorwärts ins Reich der
Freiheit. Angetrieben von Zwängen.

Unentwegt singe ich das Lied meiner
schönen Irrtümer.

Sklavensprache VII

In den universitären Maschinenfabriken
des Geistes erlernte ich das Herstellen
von Produkten sowie das Herstellen
von Produkte erzeugenden Produkten.

Ich erlernte die Technik des Augen-
verschließens vor den Folgen. Die
soziale Ignoranz. Das Beten im
Sonntagsgottesdienst. Vergib mir

Sagte ich, wie's vorgeschrieben war,
um schuldlos weiter schuldig
werden zu können beim Aufbau der
blauäugigen Zukunft am Horizont.

Leicht trug ich an meinen Diplomen.
Die Computer sprachen mich mit
»Herr Doktor« an. Der Staat stellte
mich auf einen seiner Lehrstühle.

Ich funktionierte glänzend und präzis.
Mein Gehirn war geschmiert.
Mein Benehmen gut.
Nur meine Träume dementierten mich.

Sklavensprache VIII

Manchmal, wenn diejenigen, für die
ich Mitleid empfand, sich gar so
barbarisch, dumm und mitleidlos
aufführten, kündigte ich ihnen

Das Mitleid auf, die Sympathie, die
Solidarität. Und ich verfluchte
die Freunde, verhöhnte sie. Ich
trennte mich ab von ihnen.

Wer es besser weiß, weiß es noch
nicht besser zu machen.

Sklavensprache IX

In jenem Alter, da andere in
Rente gehen, bekam der Filosof
seinen ersten Lehrstuhl. Er
besetzte ihn subversiv.

Nach einem Jahrzehnt hatte
er noch immer nicht jasagen
gelernt. Statt dessen lehrte
er Zweifel, Fantasie, Ästhetik.

Da er es unterließ, den
Staat zu loben, blieb das
Staatslob aus. Der Filosof
geriet in Schwierigkeiten.

Ich hätte es wissen müssen,
sagte der Filosof. Doch
hätte es nichts geändert.
Manches lerne ich nie.

Sklavensprache X

Gegenüber den Kollektiven beharre ich
darauf, ein außenseiterischer Einzelgänger
zu sein. Abseits, auf Distanz, eifersüchtig
meine schöne Fremdheit pflegend.

Gegenüber den blasierten Einzelgängern
beharre ich darauf, ein Herdenmensch
zu sein. Wollüstig teile ich die
Gewohnheiten der Masse, ihren Geruch.

Von Zeit zu Zeit laufen Parolen durch
die Reihen, werden die alten schönen
Lieder gesungen, wird die Beute verteilt.
Ich gehe zur Seite weg. Deserteur.

Ich weiß, in Friedenszeiten gibt es zu
wenig rauhe, warnende Stimmen. Während
der mörderischen Revolutionen mangelt
es an Disziplin. In Kriegen gibt's zuviel.

Wer es anders hält, wird verachtet.
Für unzuständig erklärt, elektrogeschockt.
Wer widersteht, wird erschossen.
Neue Alphabete werden ersonnen.

Sklavensprache XI

Denker benötigen wir nicht, sagten sie,
das besorgen unsere Hausangestellten, und
sie drückten dem Denker einen Pinsel in
die Hand und stellten ihn aufs Gerüst.

Nun streiche fleißig an, sagten sie, und
mache dich nützlich, du Glied am Körper
des souveränen Volkes. Gehorsam begann
der Denker sich einzuüben in Nützlichkeit.

Als sie kontrollierten, am Abend, begannen sie
ihn zu beschimpfen. Statt eines neuen
einheitlichen Anstrichs hatte der

Denker Gestalten geschaffen, Bildnisse
entworfen. Wegen erwiesener Unfähigkeit
verdammten sie ihn zum ständigen Nichtstun.
Vor seiner Hütte steht ein Posten unter Gewehr.

Jede Idee sei zu arretieren, jeder
Gedanke zu erschießen, lautet sein
Befehl. Der Denker im Lehnstuhl im
Innern der Hütte lächelt. Geschmeichelt.

Sklavensprache XII

Sie beherrschten die Bildschirme, die
Lehrpläne, Ministerien, die Zeitungen
und Buchdruckereien, die Armee sowie
das Freiwilligenheer der Höflinge.

Der Slang der Technik floß aus ihren
ständig geöffneten Mäulern. Ihren
Nutzen berechneten sie bis auf
tausend Stellen hinterm Komma.

Im Parlament beriefen sie sich züngelnd
auf den Gemeinnutzen. Bescheidenheit
predigten sie, mit salbungsvollen
Bibelsprüchen jonglierend.

Die heimlichen Schweinepriester, die
Maden im Speck. Wozu aufregen, sprach
der Filosof. Fallen wir denen nicht in
den Arm, die sich ihr Grab selber schaufeln.

Sklavensprache XIII

Als das Ding mitten auf dem Marktplatz
angekommen war, erschien der Bürgermeister,
ein erzkonservativer Verwaltungsfachmann,
und verlangte, das Ding solle zurück

An seinen alten Platz gebracht werden.
Aber da erhoben einige von den Anwesenden
Einspruch, und sie gaben sich als
Progressive zu erkennen. Öfter mal

Was Neues, riefen sie, ihre Fähnchen
schwenkend. Nun berieten die Parteigänger
der Mitte die künftige Taktik, um
sich den stärkeren Bataillonen anzuschließen.

Während des Streits um das Ding und
seinen Standort blieben alle anderen
Fragen offen. Emsig brachten kluge
Bürger ihre Schäfchen ins trockene.

Zwei Professoren studierten indessen
die Ästhetik des Dings. Drei Theologen
erforschten seine Moral. Die historische
Fakultät erkundete seine Geschichte.

Das Ding selber kam sich groß vor
im Streit der Meinungen. Und so
wog es immer mehr und wurde gewichtiger.
Lehnte sich zurück und blies sich auf.

Ich habe recht getan, sagte das
Ding sich insgeheim, hierherzukommen,
wo ich der Stadt eine Mitte abgebe
und den Bürgern einen Inhalt.

Langsam versteinte das Ding
auf dem Platz mitten in der City.
Mitten im Streit versteinter Meinungen.
Wir werden noch viel darüber zu reden haben.

Sklavensprache XIV

Es gibt Dinge, die mußt du tun.
Nichts hilft dir heraus. Manche
Dinge mußt du einfach tun. Sie
lassen sich nicht verweigern.

Ich rate dir, denk darüber nach.
Manche Dinge, die man tun muß,
lassen dir immerhin eine Wahl:
Sie lassen sich anders tun.

Distanziere dich in der Art, wie
du sie tust, vom Zwang. Tu, was
du tust, mit jener Abwendung,
die etwas signalisiert.

Sklavensprache XV

Das Haus, in dem sie wohnten, bestand
aus zu niedrig gehaltenen Räumen, die
Decken zwangen die Bewohner, sich
gebückt lebend zu bewegen. Keine Größe

wuchs hier heran. Wer aufrecht ging,
stieß den Schädel sich ein. So lobten
die Priester und Dichter die Schönheit
und Geduld gekrümmter Rücken.

Ich betrachtete die Fragezeichen und
Knickbeine, beobachtete die Künstler
des Kriechgangs und suchte sie zu
ihrer vollen Größe zu überreden.

Als sie nicht wollten, begann ich
sie zu beleidigen. Ich hetzte, sang
revoluzzernde Lieder. Ich rühmte
die Freiheit und Größe des Menschen.

Als sie ihre gekrümmten Wirbelsäulen
vergöttlichten, entwarf ich
gestochen-genaue Bilder. Ich
schrieb naturalistisch schwarze Romane.

Doch sie bestanden darauf, schön
zu sein, beugten Nacken und Kopf
und gefielen sich in lispelnden
frommen Gebeten und Gesängen.

Da begriff ich, das Leiden des
gekrümmten Wurms war ihnen zum
tagtäglichen Bedürfnis geworden.
Sie beweinten das Leid ihres

gekreuzigten Herrn, weil sie
danach lechzten, Gekreuzigte zu
sein und jede Empörung sich selbst
wegzukreuzigen mit Folter und Lust.

Hängen wollten sie, gebeugt leben,
die Dornenkrone spüren und jedem,
der aufbegehrte, aufdrücken. Heimat
war ihnen das Kreuz geworden. Im Rücken.

Da verstand ich auch ihre Klagelieder
besser. Die schönen Klänge voll
von der Lust am Leiden. Das AMEN –
Seufzer der besiegten Kreatur.

Ich kehrte ihnen den Rücken zu.
Ging auf Abstand, nicht mehr mit
anhören zu müssen die Litaneien.
Die Loblieder zu niedrig gezogener Decken.

Sklavensprache XVI

Kann ja sein, daß du manchmal nicht
die ganze Wahrheit sagen kannst. Dann
sage wenigstens nicht die Unwahrheit.

Schweige mit Nachdruck. Übe dich im
zweideutigen Lächeln. Paraphrasieren
kann wie Gymnastik wirken. Da übt

einer die Kunst der Andeutung ein.
Da bringt einer sich in Form. Der
trainiert. Nimmt Anlauf. Schätzt ab.

Ein rechtes Wort sprich zur Unzeit.
Das unrechte sprich zur Zeit. Nur
die Mücke summt. Sie kann nicht anders.

Ist die direkte Rede dir verboten,
so beginne Geschichten zu erzählen.
So kunstvoll, daß sie arglos werden.

Untergraben. Unterhöhlt. Unterminiert.
Dann laß sie hochgehn. In die Luft.
Das letzte Wort, das werden sie verstehn.

Sklavensprache XVII

Laß nie dich von Gefühlen täuschen,
die sie von außen überstülpen dir
und deinesgleichen. Sie wollen dich
nur lebensgroß im Sarge haben.

Von Anfang an, mit Wiegenliedern.
Statt von der Muttermilch sollst
du von Tranquilizern naschen. Auf
Sicherheit und Ruhe eingestellt.

Sie nehmen Maß an deinem Hosenboden,
sie stecken deine Zunge ab. In
deiner Bibel streichen sie die
schärfsten Stellen einfach durch.

Dann lassen sie dich fromme Lieder
singen, und wenn du aufbegehrst,
kriegst du eins drauf. Sie löchern
dich und hängen deinen Hals ins Seil.

Laß nie dich von den schönen Worten
täuschen, mit denen sie an deiner
Grube loben, was da liegt. Du bist
ein braver Hund gewesen deinem Herrn.

Sklavensprache XVIII

Lamettabehangene Obrigkeiten umsorgen
ihre Schäfchen mit hinreißender Geduld
und Umsicht. Fürsorgliche Schäferhunde
umkreisen die schutzbefohlene Herde.

Allwissende graue Akademieprofessoren
lehren den Schafen die Wonnen kritischer
Theorien. Jedes Lamm baut seinen Doktor.
Das Schlachtmesser wird durchreflektiert.

Vor einem gekreuzigten Schafbock mit
brechendem Blick diskutieren die studierten
Lämmer die Frage, ob es sich um Christus
oder Spartakus handelt.

Zweitausend Jahre hindurch verfassen
die gelehrten Lämmer Dissertationen
und Habilitationen. Danach beginnt
die ganze Chose von vorn.

Sklavensprache XIX

Wer auf die tägliche Dosis allgemein
üblicher Sklavensprache verzichtet,
handelt sich Unwillen ein. Erst lacht
man ihn aus, dann setzt die Maschinerie

der Verfolgung ein. Wer nicht in Demut
verharrt, muß es büßen. Wer mit dem
Kopf gegen die Decke stößt, ist zu
groß gewachsen. Er wird verkürzt.

Einige wenige gehen ihren Weg weiter.
Wenn sie stehen, stehen sie aufrecht.
Irgendwann wird man beim Häuserbau
das Maß berücksichtigen müssen.

Sklavensprache XX

Ich kümmere mich überhaupt nicht um
die Reaktionen der anderen. Um die
Nachreden, schiefen Blicke, Drohungen.
Sage ich mir, während ich pfeifend

durch den Wald gehe. Schutzlos sind
nur meine Barfüße. Vor Schlangen ist
gewarnt worden. Sollten sie beißen,
werden sie sterben. Ich bin giftiger.

Meine Ängste haben innere Ursachen.
Argwöhnisch beobachte ich mich.
Ob ich mir selbst genüge und genügend
friedfertig bin. Aber kein Opfer.

Manchmal an hellen Sommerabenden
treffen wir Waldgänger einander.
Und tauschen Erfahrungen aus. Am
Morgen sucht jeder allein weiter.

Sklavensprache XXI

In den Schulen werden die falschen
Exempel gelehrt, die falschen Lösungen
empfohlen. Ich sage mir, nur als Beispiel,
dieser Gordische Knoten des Alexander,

der seinen Blechsäbel zu Hilfe nahm,
wäre auch klüger zu lösen gewesen.
Nicht um die Herrschaft der Welt
anzutreten. Es gibt bessere Ziele.

Und was kundige Finger kunstvoll
knüpften, können kundige Finger
kunstvoll lösen. Wenn's denn sein
muß. Ihr knotenkundigen Brüder.

Sklavensprache XXII

Und wenn ich mich erbrochen habe,
lehne ich mich zurück und schwöre
ernsthaft, nie mehr zu speisen und
nie mehr zu trinken. Mich ekelt.

Manchmal gehe ich einfach weg und
still nach Hause. Vergrabe mich
unter meinen Zweifeln und mäste
meine stolze Verachtung. Mit Ekel.

Manchmal versichere ich hoch und
unheilig, mich nie mehr in die
Politik einzumischen, in die
Verwaltung der Irrtümer dieser Welt.

Pünktlich, nach längeren Pausen,
vergesse ich all meine klugen
Ernüchterungen und schwer genug
errungenen Weisheiten. Vom

Ekel allein läßt sich nicht leben.

Das sind die Prosa-Verse, die ich bei passender Gelegenheit und möglichst zu den einfallsreichen Rhythmen einer Jazz-Band flüsterte und hämmerte und brüllte. Immer wieder erstaunte mich das Verständnis beim Publikum, der Beifall, egal, ob in der Stadt oder auf dem Lande. Die Worte werden begriffen. Der Ton geht unter die Haut. Die Leute erkennen sich selbst. Ich bin sicher, das wäre auch auf DDR-Gebiet so, wohin ich nicht reisen darf. Und in der BRD darf ich auch mal hier und mal dort nicht. Neulich sagten die Kolpingbrüder von Fulda ab. Die Lesung in ihrem Hause hatten sie schon zugesagt. Dann entdeckten sie, ich sei nicht mit den Grundsätzen des Hauses vereinbar. Also ging ich in mich und spendete ihnen einen menschenfreundlichen Antwortbrief:

Mein Auftritt im Kolpinghaus Fulda ist, wird mitgeteilt, mit den Grundsätzen des Hauses nicht vereinbar. Ja wie denn, darf ich nicht, weil ich Tucholskys »Soldaten sind Mörder« zitiere? Oder darf ich nicht, weil ich den Krieg anders erlebte und bewerte als Hauptmann a.D. Dregger? Hätte ich bis zum letzten Schlachttag kämpfen müssen, um bei Kolping zu dürfen? Und wie wär's denn mit Matthai 5,21: »Du sollst nicht töten; wer aber tötet, der soll des Gerichts schuldig sein –« Im 2. Korintherbrief lese ich von »falschen Brüdern«. Aber auch: »Versöhne dich mit deinem Bruder.« Matthai 5,24

Wie soll ich mich mit dem Kolping-Vorstand versöhnen, da er mir das Maul verbietet? Also empfehle ich Matthai 3,8: »...tut rechtschaffen Früchte der Buße.«

Notfalls werde ich barfuß auf dem Marktplatz zu Fulda die Bibel zitieren und Tucholsky und Ossietzky dazu. Vielleicht, daß der Herr Bischof die Glocken läuten läßt, gegen das Abtreiben friedlicher Antikriegsworte.

DAS SECHSTE LEBEN

Philippika, traumhaft

Im »Zeitmagazin« Nr. 42 vom 9.10.1987 berichtet Christian Jungblut über seinen Besuch auf dem Kriegsschiff »Niedersachsen« der deutschen Bundesmarine:
»Nach der Mahlzeit sitzen der Kommandant, sein Eins-O, ein Offizier, der für Ausbildung zuständig ist, und ich noch etwas beisammen. Wie schon einige Male zuvor unterhalten wir uns über das Essen, und mir wird klar, daß Teile des Offizierskorps an einem Trauma leiden. Kaum glaublich: Das Trauma ist der Aufstand der Matrosen in Wilhelmshaven im Jahre 1917.«
Kaum glaublich, aber wahr: Zwei Weltkriege, von Deutschland begonnen und verloren, ändern nichts an der Bewußtseins- und Seelenlage deutscher Marineoffiziere, die sich 1987 noch dafür schämen, daß 1917 Matrosen revoltierten. Im Zweiten Weltkrieg sorgten Hitler, Oberste Seekriegsleitung und Juristen wie Filbinger dafür, daß keine Revolte stattfand. Filbinger: »Für die Marine bedeutete es viel, daß sie ihre Verbände bis zur Kapitulation und über den Tag der Kapitulation hinaus intakt erhalten konnte; anders als 1918, als Kieler Matrosen die rote Revolution zu entfachen versuchten.«
Was der Kriegsmarine 1945 gelang, muß der Bundesmarine 1987 ebenso gelingen. Jungblut: »Nach siebzig Jahren lebt dieses Ereignis in den Köpfen von manchmal milchbärtigen Offizieren immer noch, als wäre es gestern erst geschehen. Der Aufstand entzündete sich nämlich am Essen – es war für die Offiziere besser und reichlicher als für die Mannschaft. Längst essen alle Mann an Bord im Einsatz das gleiche. Wie die Offiziere versuchen, mir auseinanderzusetzen, war die eigentliche Ursache für den Aufstand nicht etwa die Kriegsmüdigkeit der Matrosen oder der Ärger über die dünkelhaften kaiserlichen Offiziere. Die Langeweile auf den zu lange im Hafen liegenden und nicht kämpfenden Schiffen sei es gewesen. Wohl wahr, das mit der Langeweile, denke ich, so hatten die Matrosen und besonders die Heizer, die oft erfahrene Facharbeiter waren und doch wie Kulis behandelt wurden, genug Zeit, sich Gedanken darüber zu machen, warum und wofür sie eigentlich kämpfen sollten – zuviel Zeit, in der sie nur auf dumme Gedanken kamen.«

Die Sorge der Bundesmarineoffiziere von 1987 war seit 1917/18 Sorge aller national gesinnten Offiziere. Dazu ein Geständnis aus dem berufenen Munde des Generaloberst Jodl: »Wir haben Treue und Gehorsam gehalten, und wir halten auch jetzt noch jeden, der nicht gehorsam gewesen ist, für einen Verräter.« Das war kurz nach Kriegsende gesagt und richtete sich auch gegen den Widerstand, dessen Offiziersteilnehmer inzwischen, nach fast einem Halbjahrhundert, rehabilitiert sind. Anders als die einfachen Soldaten, die Deserteure beider Weltkriege und, besonders schlimm, die revoltierenden Matrosen von 1917/18. Soldaten nämlich, die einen Krieg beenden, gelten als Verbrecher, anders als ihre Generale und Admirale, die das ewige Recht besitzen, bedingungslos zu kapitulieren, nachdem sie den Krieg zu ihren Bedingungen vom Zaun gebrochen und verloren haben. Die Führung hat das gottgegebene Recht, zu morden und morden zu lassen, sie fängt damit an und läßt anfangen, und bevor es ihr an den Kragen geht, kann sie wieder aufhören lassen. Wie das Fernsehen zeigt, ist die Fesselung Gefangener weltweit üblich geworden: zusammengeschnürt zu Paketen, die Augen verbunden – menschlicher Abfall. Als die Kanadier 1942 bei der Landung im französischen Dieppe deutsche Gefangene fesselten, beschloß Hitler im Führerhauptquartier, alliierte Gefangene als Repressalie ebenfalls zu fesseln.
Beide Seiten rückten davon ab. Inzwischen nazifizierte sich die Welt allgemein über den Standard des Zweiten Weltkrieges hinaus. Welch schöner Fortschritt zur Humanität. Selbst die Kultur der Kanadier, ihre Gefangenen derart zu binden, daß sie sich selbst erdrosselten, fand Weiterverbreitung. Denn der rechte Fortschritt schreitet fort bis zum Ende.
Alte Wehrmachtskameraden stellen entsetzt fest, damit verglichen sei die Wehrmacht human gewesen. Sie trugen zu Schulterklappen Scheuklappen. Dregger beteuert, er habe nicht sehen können, was hinter seinem Rücken geschah. Derart verübeln sie ihrem Anführer den Holocaust und sonst nichts. Denn sie begreifen sich als »ehrenhafte Soldaten«, so Jodl noch 33mal in Nürnberg, ganz Stellvertreter.

Tatsächlich blieb die deutsche Wehrmacht, die den Massenmord mit militärischer Gelassenheit vorbereitete, begleitete, duldete und ermöglichte, in gewissen Details traditionsgetreu. Das heute allgemein übliche Fesseln von Gefangenen gab es normalerweise nicht. (Man tötete, mordete, ließ verhungern, ja, aber gefesselte Gefangene waren dem deutschen Militär ein Greuel...) Der Fortschritt in die Barbarei führte zur Errungenschaft heutiger Fesselungskultur. Im Fernsehen werden israelische Soldaten gezeigt, die junge Palästinenser verschnürt ablegen. Einer wird aufs Autodach geschnallt, und ab geht die Post. Gegen die Barbarei der israelischen Armee kämpft eine kleine Minderheit linker, liberaler Israelis. Das Beispiel Israel wird mir in den Diskussionen oft entgegengehalten. Die tiefenpsychologischen Gründe für dieses Argumentationsmuster sollen jetzt nicht bedacht werden. Richtig ist, das Opfer von gestern ist nicht dagegen gefeit, zum Täter von heute zu werden. Wahr ist, daß die Kriegführung der Wehrmacht im Westen, also Frankreich und Italien, als klassisch und traditionell bezeichnet werden kann, was im Munde unserer alten Soldaten gemeinhin als »ehrenhaft« charakterisiert wird. Doch der Krieg im Osten und auf dem Balkan zeigt die andere Seite. Wahr ist, der Zweite Weltkrieg wurde von deutscher Seite so geführt, wie seitdem fast alle Kriege geführt worden sind und geführt werden: zunehmend barbarisch, kriminell, gangsterhaft, massenmörderisch schon in der Planung. Die Kämpfe werden weltweit immer »deutscher«. Ich leugne das nicht, in den Konfrontationen mit alten und jungen Soldaten. Das Übel, an der Wurzel gepackt, lautet: Solange Befehl und Gehorsam gelten, können Massen- und Völkermord jederzeit vollzogen werden. Das Übel abzuschaffen heißt, den Befehlsstrang durchzuschneiden, den absoluten Gehorsam aufzukündigen und Schluß zu machen mit der Verfügbarkeit des Menschen. Wessen Ehre die Treue ist, der macht sich zum Herrn und Sklaven des Todes.
Politische und militärische Führer, die den Mord als realistische Politik betreiben, gibt es in allen Ländern. Ihr gemeinsames Motto lautet: Wer den Frieden will, muß den Krieg riskieren. Wer regieren will, muß Härte zeigen.

Aber gewiß doch – um zum Frieden zu gelangen, ließen Nixon und Kissinger Vietnam zerbomben. Um Japan zum Frieden zu zwingen, wurden zwei seiner Städte atomzerstört. Um der befreundeten Kabuler Regierung zu helfen, schickte die Sowjetunion Truppen ins Land, die zerschossen, was geschützt werden sollte. Stalin ließ 50 000 Offiziere der eigenen Armee exekutieren, was Hitler den Angriff erleichterte. Während die Sowjets, obwohl siegreich, ihre Vergangenheit zu bewältigen beginnen, leben Deutschnationale im Versuch, die eigene Vergangenheit unbewältigt als Zukunft zu setzen.

Was als abstrakte Staatspflicht auftritt, stellt den einzelnen vor die moralische Frage der Mitschuld. Ernst Jünger beaufsichtigte die Erschießung eines Deserteurs. Filbinger fällte Todesurteile. Jeder Offizier, jeder Soldat steht vor Entscheidungen. Mancher merkt es ein halbes Jahrhundert später noch nicht. Waldheim, Höfer, Filbinger, mußte ihnen nicht recht sein, was Globke billig war? Giordanos Begriff der zweiten Schuld: der Verlust nicht der Innerlichkeit, aber der inneren Gewissenssubstanz. Der Staat als Gang, der Staatsbürger als legitimierter Gangster. Bar allen Schuldbewußtseins. Ganz wie Bleisoldaten. Die Sowjets holten eine südkoreanische Verkehrsmaschine vom Himmel, die Amerikaner eine iranische. Etwas geschieht, jemand reagiert mit Befehlen. Irgendwer führt den Mord aus. Denn die Staaten besitzen kein Gewissen. Die Mörder handeln stets im guten und besten Glauben: gehorsam, pflichtgetreu, schuldlos.

Die Gefallenen des Zweiten Weltkriegs haben bei uns keine Stimme, es sprechen nur die überlebenden Offiziere. Also haben auch die einfachen Landser keine Stimme. Soweit Böll, Andersch, Kuby darüber schrieben, wurde das vergessen gemacht. Borchert ist ferne, vergangene Literatur. Die einfachen Menschen der Nachkriegszeit sind nicht weniger untergebügelt. Die leidtragenden Menschen der DDR, die Häftlinge, Gefangenen, Erschossenen, nichts bleibt von ihnen. Die Täter dominieren die Opfer. Die Schere im Kopf ersetzt den Bürgersinn, denn die Kultur hat, in der modernen Supermedienlandschaft, die Hosen gestrichen voll. Ein namhafter Spätverweigerer wird in seinem Betrieb deswegen verwarnt und muß sich schicken. Ein Funkmoderator, der eine halbe Lippe riskierte, darf keine Live-Sendungen mehr machen. Ein kommunaler Angestellter, der im SPD-Ortsverein anregt, ein Denkmal für Deserteure aufzustellen, wird vom CSU-Bürgermeister abgemahnt. Die Freiheit büßt Tag für Tag ein Stück ein. So soll das Land zurückgeführt werden in die gebannte Ruhe des Obrigkeitsstaates. Denn das Dritte Reich ist nicht untergegangen. Jedenfalls nur einige Millimeter unter die Haut. Da sitzt es und lauert und will wieder heraus und herauf. Das drängt und sprießt hervor. Lassen die Gegenkräfte nur ein wenig nach, kann es breitflächig wuchern. Denn wir unterstehen den Lebensgesetzen der Anenzephalen.

Bei den Anenzephalen ergeben sich sowohl medizinische wie moralische Konflikte. Die ohne Großhirn Geborenen, also praktisch gehirntoten Wesen, werden von Medizinern oft zur Organentnahme genutzt, was strafrechtlich nicht ganz geklärt ist, denn der unklare Menschenstatus führt zur unklaren Rechtslage, so daß eine Anklage wegen Totschlags, wenn nicht Mordes möglich ist. Indessen gelingt es einer bisher unbekannt großen Gruppe von Gehirnlosen, der Aufdeckung ihres Zustandes zu entgehen. Aus Gründen, über die bis jetzt nur spekuliert werden kann, zieht es die unentdeckten Anenzephalen zum Militär und in die Politik, wo sie gewöhnlich, erst einmal untergeschlüpft, infolge ihrer natürlichen Eigenschaften Karriere machen. Wie Anatomen und Pathologen wissen, führt erst die Sektion verstorbener großer Politiker und Militärs außerordentlich oft zur Entdeckung. Allerdings wurde es schon um die Mitte des 19. Jahrhunderts allgemeiner Brauch, derartige Sektionsergebnisse nicht zu veröffentlichen. Schließlich regte es die Völker nur auf, erführen sie, von welchen großhirnlosen Wesen sie geführt worden sind.

Kehren wir vom Ausflug in die anatomische Metaphysik zurück in die Gefilde von Raum und Zeit, d.h. in die empirischen Wissenschaften, wo die Gehaltslisten nicht weniger blühen. Wir benötigen keine Umfragen, um zu begreifen, daß die Anenzephalen international auf dem Vormarsch sind.

Als Verteidigungsminister Wörner 1988 die Hardthöhe verließ, um als NATO-Generalsekretär nach Brüssel zu gehen, stand er nicht an, sich von Heeresinspekteur Ondarza jenes Wehrmachtsgewehr 98 k schenken zu lassen, das Flakoberleutnant Strauß nach dem Kriege weggeworfen hatte mit der denkwürdigen Bemerkung, die Hand solle verdorren, mit der wieder nach der Knarre gegriffen werde. Die Einsatzkommandos hatten damit eine Million Zivilisten erschossen. Dreiundvierzig Jahre nach der Wegwerf-Aktion bei Kriegsende ist die Waffe wieder in höchsten Ehren, Wörner grinst mit kindischer Waffennarrenfreude in die Kameras, die festhalten, wie da einer Hand und Hirn verdorren läßt. Die Strauß-Parole gilt längst nicht mehr. FJS wurde mit übermilitärischen Ehren mindestens viermal begraben und sechsmal zur letzten Ruhe geleitet, mitten durch München, Bayern und die deutschen Herzen, begleitet von Bischöfen, Generalen, Ministern, Managern, Fürsten, Magnaten, Industriellen und einer Vielzahl Uniformierter mit losungsgemäß verdorrten Händen. Daß die Juristen und Politiker im selben Zeitraum ein unsterbliches Friedenswort Kurt Tucholskys zu verbieten suchen, ist nicht Zufall, sondern Begleiterscheinung der staatlich verordneten Gedächtnisschwundprozesse.

Manchmal sehe ich mich bei Diskussionen von niedlichen Bundeswehr-Jugendoffizieren umgeben, deren Aufgabe es ist, Schülern den Willen zur Waffenwehr zu verkaufen. Ich sehe recht angenehme Typen darunter. Waren damals unsere Wehrhelden ähnlich beschaffen? Ob die Wehrwerber nett sind oder nicht – hinterher will es keiner gewesen sein. Und noch ein paar Jährchen später sind die Führer und Verführer erneut stolz darauf, es doch gewesen zu sein.

Ich wünschte, die heutigen Waffennarren hätten uns damals in Monte Cassino oder Anzio und Nettuno auf Rufweite gegenübergelegen statt der unschuldigen Amerikaner, Kanadier, Neuseeländer, Polen. Handgranaten drauf und mit der MP den Fall erledigt. Das war Soldatenalltag zu meiner Jugendzeit. Man bekommt immer die falschen Feinde. Nun ist's zu spät, unsereins rang sich zum Pazifisten durch und verweigert jeden

Rückfall. Da müssen sie also ihre Juristen auf die Spur hetzen.
Denn es ist Staatsverrat, die Wahrheit von einer Generation zur nächsten weiterzureichen.
August 1943 bei der Feuertaufe auf Sizilien verspürte ich keine Angst. Sie kam später. Angst ist das falsche Wort. Der Zustand, der jedes Wort abwürgt, vergiftet das Leben. Alle Säfte entweichen. Alle Gefühle, Sätze und Begriffe. Nur das Brüllen bleibt. Dann das Schweigen. Der Ekel. Du bist wie lebendig gestorben. Du spürst keine Angst mehr. Du hast einfach deinen Tod hinter dich gebracht. Wer den Krieg nicht in sich überwindet, verliert seine Seele und kehrt als Zombie heim, um seine Söhne zum neuen Gang auszusenden.
Was ich fühlte, als Soldat in dem Jahr, war Zorn. Ein unbezähmbarer, allesausfüllender, umfassender, sprengender Zorn. Manchmal macht er kreidebleich und kalt, dann wütend und rot. Endlich schwingt die Wut zurück in den Zorn. Ich blicke auf diese Nachkriegssoldaten und sage: Ihr seid die Parodie der Wehrmacht. An Zerstörungsenergien ihr tausendfach überlegen. An Lächerlichkeit. Ich könnt' mich totlachen, tät's mir nicht leid um mich. Ich brachte meinen kleinen Wanst durch so viele Schlachten. Da kann ich euch den Gefallen nicht tun, an euch einzugehen, und sei's in Lachanfällen.
Am meisten erzürnt mich, daß ich so viele ehemalige Soldaten sehe, die vom Kriege reden, als sei er ihr Abenteuerurlaub gewesen. Dann stehen sie zum Volkstrauertag am Ehrenmal und sehen genauso falsch aus, wie sie sind. Unentrinnbar denkt es in mir: Es sind die Falschen im Krieg geblieben und die Falschen heimgekehrt.

Als ich 1950 im Lungensanatorium auf Tucholskys Bekenntnis »Soldaten sind Mörder« stieß, fiel es mir wie Schuppen von den Augen, und auf die acht Jahre zurückblickend, in denen ich Soldat, Gefangener, Volksarmeepolizist war, verabschiedete ich mich für die restliche Lebensspanne, die mir im Santorium damals freilich sehr kurz bemessen schien, denn ich spuckte immer heftiger Blut.

Ich glaube, daß die Kreise sich nun, fünfzig Jahre nach Kriegsbeginn, schließen. Indem versucht wird, Tucholsky noch ein halbes Jahrhundert nach seinem Freitod mundtot zu machen, wollen sie uns zwingen, wortbrüchig zu werden wie Strauß. Das Dutzend Jahre des Dritten Reiches, in dem jeder Soldat zum Mord befohlen wurde und jeder, der es wagte, das zu sagen, mit seinem eigenen Ende zu rechnen hatte, genügt ihnen noch nicht. Die Bücherverbrennung vom Jahr 1933, als sie Tucholskys und Ossietzkys Werke mit ins Feuer warfen, genügt ihnen nicht. Das Wort »Soldaten sind Mörder« soll auch zwei Aufrüstungen, einen verlorenen Krieg und einen Holocaust später nicht gesagt werden dürfen.
Auf meinen Lesereisen 1988 durch die Republik erklärten mir immer wieder Buchhändler, sie könnten mein Buch »Soldaten sind Mörder« nicht ins Schaufenster stellen, weil ihnen gedroht würde, die Scheiben einzuwerfen. Die warnende Erkenntnis Tucholskys stammt aus dem Jahr 1931, und 57 Jahre später ist der Satz noch immer unerträglich provokativ für die deutsche Seele, daß er Gewalt provoziert. Tucholskys Stimme drang zu den Deutschen damals nicht durch. Sie wurden Soldaten, opferten 50 Millionen Menschen ihrem militärischen Nationalwahn und wollen auch heute noch nicht die Stimme aus dem Grab im schwedischen Mariefred hören.
Was tun? Alte Herren sehe ich in den Stuhlreihen vor mir sitzen und meinen Worten lauschen, und hernach erklären sie ungerührt, sie fühlten sich nicht schuldig. Sechs Millionen tote Juden? Sechs Millionen tote Polen? 20, neueren Ergebnissen zufolge 27 Millionen tote Bürger der Sowjetunion? Sie heben gelangweilt die Schultern und sprechen ungeniert vom Unrecht, das ihnen zugefügt wurde, von ihrer Kampfeswürde, Soldatenehre, und am Volkstrauertag salutieren sie vor den immergleichen Steinen. Trauer ohne Gedächtnis, Hirne ohne Vernunft, Herzen aus demselben Stein wie die Denkmale.
Mir kommt der Verdacht, sie schwelgten an Stammtischen und in der Familienrunde so oft und lange von ihren Heldentaten, daß sie nun ihren wahren Namen nicht ertragen können. Ihr

Krieg darf nicht auf seinen realen blutigen Begriff gebracht werden, denn dann verlören sie den falschen Stolz, der sie einzig noch zusammenhält, diese fatalen Gespenster aus verklärender Unwissenheit und verboster Ahumanität. Sie verargen der Welt, daß sie so gerecht war, sie zu schlagen. Sie hatten Sieger sein wollen und kehrten als abgerissene Verlierer heim, wo sie sich neue Existenzen und Verlogenheitsgebäude errichteten. Derart unwahr möchten sie auch sterben. Ganz wie sie gelebt haben. Ich sehe die Greise, denen ich ein anderes Geschick wünschte, vor mir sitzen, und in ihren Denkmalsgesichtern zuckt kein Nerv. Sie sind die wahrhaft Toten schon in ihrem vergeblichen Leben, Söhne der Ersten-Weltkriegs-Generation und die wirklichen Väter der Bundeswehr. Ihr militärischer Wahn ist die Achse des 20. Jahrhunderts. Und wenn sie gestorben sind, so erstehen sie uns als kindliche, kindische Greise neu aus den Gebäranstalten der Nation – wenn nicht eine Generation von Frauen heraufkommt, die sich weigert, bewaffnete Affen zur Welt zu bringen.

In Thomas Manns Roman »Doktor Faustus« wie in Goethes »Faust« sind als Kerngestalten Dr. Jekyll und Mr. Hyde enthalten, und wenn Jekyll seine Droge einnimmt, verwandelt er sich aus dem forschenden Faust in den Wüterich Hyde. Das Mittel, das Dr. Jekyll erfand, sich zu verwandeln, ist dem deutschen faustischen Charakter die Gabe Nationalismus, sein Werkzeug das Gewehr, die Waffe, womit er sich statt in den humanistischen Forscher in den massenmordenden Hitler, Eichmann, Ohlendorf transformiert, und jeder, der mithilft dabei, erfährt dieselbe Verwandlung und eskaliert zum Zwiegesicht Janus. Dies ist der tiefere Grund für unsere deutsche Unsicherheit. Eben sind wir noch die Freundlichkeit und Liebenswürdigkeit selbst, und eine Prise vom Pulver Nationalismus genügt zur Verwandlung in die Schreckgestalt.

Die Kunst signalisierte den Zustand früh. Stevensons Jekyll & Hyde hatten Murnau als Vorlage für seinen Film »Der Januskopf« gedient. Das sind wir, die Deutschen, und es ist unsere Entscheidung, entweder die eine Janushälfte oder die andere zu sein. Doch der alte Brauch, mal das eine und mal das andere

Gesicht vorzuweisen, ist nicht fortsetzbar. Die Fratze der Vernichtung hat keine Zukunft.
Der Satz »Sagen Sie ihm, daß er für die Träume seiner Jugend soll Achtung tragen, wenn er Mann sein wird...« wird in Schillers »Don Carlos« vom Marquis von Posa gesprochen. Tragen wir Achtung vor den Träumen unserer Jugend in Elternhaus, Gesellschaft, Staat. Rebellieren wir, als Individuen, wenn das Erwachsenwerden uns dazu zwingen will, die guten frühen Träume zu verleugnen. Kein Mensch wird als Mörder geboren. Wir leben nicht, um einander umzubringen, wenigstens sollten wir soviel zivile Courage aufbringen wie jene vielverlachte Bertha von Suttner, die einfach sagte: Die Waffen nieder.
Mag sein, daß ist unserer Moderne nicht kompliziert, kunstvoll und bösartig schwarz genug formuliert. Das können die Herrschaften auch haben, denn es stimmt so gar nicht, sie haben nur die Hosen gestrichen voll von dampfender Wohlstandsscheiße.
Ein letztes Geleitwort für die Militärs: Wir Soldaten des Zweiten Weltkrieges haben unsere Verbrechen hinter uns. Die Soldaten von heute haben ihre noch vor sich. Gehen ihre Waffen los, ob im Erst- oder Zweitschlag, war unser Krieg ein reines Kinderspiel dagegen.
Stalins Vorschlag, fünfzigtausend deutsche Offiziere erschießen zu lassen, wurde von den alliierten Führern als barbarisch abgelehnt, was den Generalissimus gewiß verwundert haben dürfte, hatte er doch erst seine Leninschen Mitrevolutionäre und kurz vor dem Krieg um die fünfzigtausend sowjetische Offiziere hinrichten lassen, wozu Anfang 1940 noch an die fünfzehntausend gefangene polnische Offiziere kamen, von denen sich bisher nur viertausend Leichen in den Wäldern bei Katyn fanden.
Weshalb also nicht fünfzigtausend Offiziere des Hauptkriegsverbrechers in den Tod schicken, den sie selbst so reichlich austeilten? Ich halte die Vernichtung Dresdens, Hiroshimas und Nagasakis sowie die mörderische Austreibung von Millionen deutscher Zivilisten für barbarischere Akte als die ehrenhafte Exekution jener Kommandeure und Führer, die den

Zweiten Weltkrieg mutwillig, gehorsam, gefühllos und in strafbarer Unwissenheit befangen vom Zaune brachen. Es zählt zur unfaßbaren Irrationalität der jüngsten Geschichte, daß der von Hitler geschätzte Stalin jede Menge Massenmorde an Unschuldigen begehen konnte, jedoch daran gehindert wurde, jene zu exekutieren, die tatsächlich so unermeßliche wie unfaßbare Verbrechen begangen hatten.
Ich bin mir ziemlich sicher, daß die deutschen Offiziere bei ihrem bekannten Sinn für Ehre und Pflichtgefühl mindestens im stillen Kämmerlein nach dem Kriege erkannten, sie hatten den Tod verdient und nicht ein Leben im Luxus. So, wie ich mir sicher bin, daß die Millionen toten deutschen Landser, erführen sie in ihren Gräbern, wem sie gehorcht hatten, die Schädelstätten verließen, um daheim unter denen aufzuräumen, die noch ein halbes Jahrhundert später behaupten, sie hätten nichts als ihre gute Pflicht getan. Die deutsche Wehrmacht war eine fehlgeleitete proletarische Armee, der mit der Roten Armee ein Proletariat gegenüberstand. Doch die Rotarmisten verteidigten ihre Heimat, ihre Zukunft, das Leben ihrer Völker, das die Wehrmacht auszulöschen suchte in ihrem Klassenverrat.

Wir wissen alle mehr, als wir wissen wollen. Aus dem flimmernden Sonnenlicht der Terrasse tritt meine verstorbene Mama herein und lobt die abgeschiedene Lage des Hauses im Taunus, die gute Luft und Stille. Ich sitze und blicke an ihr vorbei auf den waldbestandenen Hang, der die Sicht von der Terrasse begrenzt. Und ich träume die Träume meiner Kindheit und Jugend.
Lies sagt: Weißt du noch, du wolltest dir als kleiner Junge ein eigenes Zimmer einrichten mit nichts als Teppichen drinnen, auch an den Wänden, und vor der Tür ein Schild: Betreten verboten. Besonders für Eltern.
Mit glasklarer, schmerzhafter Deutlichkeit, so, als schneide es ins Herz, wird mir kenntlich, daß in allen Autobiographien, die ich las, die Traumberichte fehlen, als fände das Nachtbewußtsein nicht statt. Jetzt verlassen alle meine lieben Toten die Terrasse und drängen ins Zimmer, das ganz mit Teppichen verhan-

gen ist und nur an der Stirnseite verspiegelt, die beiden Großelternpaare sind da, die Geschwister der Eltern, mein 1950 am Böhlener Werkstor tot umgesunkener Herr Papa blickt mich schmallippig-großäugig-vorwurfsvoll an. Die ewigen Märchen der Kindheit, höre ich eine rauchige Stimme sagen. War es Lale Andersen? Soldaten mit Herzschüssen und fehlender Schädeldecke drängen herbei, die ausgemergelten Dystrophikergestalten der Gefangenschaft, die röchelnden Tuberkulösen des Nachkriegs.

Und nun kommt der jüngst verstorbene Franz Josef Strauß mit seiner Rechnung: Den Verlusten des Deutschen Reiches von fünf Millionen stehen allein in Europa Verluste von 40 Millionen gegenüber, also kommen auf jeden toten Deutschen acht tote Nichtdeutsche. Tatsächlich, der Mann lernte in der Hölle Buße und richtiges Rechnen.

Das Gesicht des Oberleutnants verwandelt sich in das von Helmut Schmidt. Ich höre seine Worte: Wir empfanden es als unsere Pflicht, die Befehle unserer militärischen Vorgesetzten zu befolgen. Neben Schmidt steht der neunzigtausendfache Mörder Dr. Otto Ohlendorf und beteuert: Es war mir undenkbar, daß ein untergeordneter Führer die Befehle der Staatsführung nicht durchführt.

Hinter Ohlendorf schreitet Hauptmann Dr. Alfred Dregger herbei: Wer sich dafür entschieden hat, dem Kriegsgegner bis zuletzt zu widerstehen, der hat eine ehrenhafte Wahl getroffen.

Ich liege im Haus im Hohen Taunus und träume und reibe mir die Augen und sehe, wie Strauß sein Gewehr endgültig wegwirft und Helmut Schmidt Bertha von Suttners Buch »Die Waffen nieder« hoch hält und Alfred Dregger Buße tut für seine Kriegsteilnahme: Ich hätte nicht bis zum letzten Tage kämpfen dürfen. Ich stand auf der falschen Seite. Du sollst nicht töten. Hätte unser Krieg noch länger angedauert, wären die Atombomben auf Deutschland niedergegangen.

Da höre ich mich sagen: Guten Morgen, Bußdeutsche.

Ich weiß, daß ich träume, und ich sehe die Büßer weder zwerghaft klein noch in Sack und Asche grau einhergehen. Nie sahen sie so gut, so schön, so natürlich und menschlich aus wie

jetzt in meinem späten, nachgeholten Kindertraum. Und meine Verwandtschaft, Großfamilie, Sippschaft und all die andern hinzugekommenen Toten erheben sich zur Übergröße, so daß die hohe Sonne sie mit ihrem goldgelben gleißenden Licht illuminiert.
So stark und schön können wirklich nur unsere kindlichen Traumgestalten sein. Warum nur. Das muß, Freunde, Kameraden, Genossen, gar nicht so sein.

DAS SIEBTE LEBEN

Steht noch aus in Nirwana

Kleines Testament für den Fall, daß der Fall *Nirwana* eintrete: Die Zeitungen, die ich verachte, sollen meinen Tod mit Schweigen übergehen (ihre Redakteure wissen Bescheid). In den andern Blättern soll, so möchte ich, statt eines Nachrufs mein eigenes Gedicht stehen:

Dichters Ende
(1984)

Die beste Werbung ist der Tod des Dichters.
Alle streben, ihn zu loben.
Sein Verleger weiß vor Glück sich nicht zu fassen,
er möchte alle seine Autoren sofort sterben lassen.

Die von der Presse atmen auf.
Wir sind das Ekel endlich los,
so denken sie im stillen,
und hauen ihm ein schönes Nachwort drauf.

Er sei noch viel zu früh gestorben
und dennoch zugehörig zu den Größten.
(Er hatte oft genug ihr stilles Glück verdorben.)
Sie dankten's ihm, indem sie ihn verbösten.

Doch nun ist endlich Ruh.
Der Kerl ist früh den Bach hinabgegangen.
Sein trauernder Verleger legt kein Geld mehr zu.
Achtung, Gewinnzone! Der Erfolg
hat endlich angefangen.

Die Leser lesen ihn.
Die Rezensenten sperren seine Leich
mit jedem Jubiläum tiefer in das
Erdenreich.

Gott sei's gedankt, der Kerl ist weg.
Seine Knochen deckt der Dreck.
Seine wirren Wahngebilde
nähren nun die Büchergilde.

Eine Zeitlang gibt es noch Tantiemen.
Seine Erben haben Glück.
Dann bleibt von ihm, dem staubzerfallnen Stück,
ein Grab im Lexikon zurück.

Abgeschlossen in Oberreifenberg/Taunus im Jahre 1989 – ein Halbjahrhundert nach Kriegsbeginn

Teile dieses Buches erschienen zuerst in
»Heldengedenktag« (1964)
»Casanova oder der Kleine Herr in Krieg und Frieden« (1966)
»Erbarmen mit den Männern« (1968)
»Das Großelternkind« (1978)
»Venus auf dem Vulkan« (1982)
»Antwort an einen Friedensfreund« (1982)
sowie in Anthologien, Zeitungen und Zeitschriften im In- und Ausland.
Die jetzige Ausgabe wurde vom Autor überprüft, korrigiert und durch bisher unveröffentlichte Kapitel vervollständigt. Ereignisse, die in dem autobiographischen Roman »Kopf und Bauch« (1971) und in dem autobiographischen Bericht »Der Widerspruch« (1974) beschrieben wurden, sind im jetzigen Werk nach Möglichkeit ausgespart.